KB090148

GNS3 시뮬레이터를 활용한

IPv6

네트워크의 이해

GNS3 시뮬레이터를 활용한

IPv6
네트워크의 이해

BM (주)도서출판 성안당

서 문

2014년 1월 초판이 나오고 무려 6년의 시간이 흘렀습니다. 처음 초판을 냈을 당시에는 2~3년마다 개정판을 낼 계획이었지만, 바쁜 회사 업무로 인해 개정 작업에 미처 신경을 쓸 수 없었습니다. 그럼에도 불구하고 개정판이 나오는 데 6년이나 걸릴 줄은 상상치 못했습니다.

2018년에 이미 초판이 다 팔렸지만, 2020년이 돼서야 개정판을 내놓게 됐습니다. 2년간 개정판 초안을 기다렸던 출판사와 개정판을 기다리고 있던 독자들께 죄송할 따름입니다. 제가 개정판 작업을 이어갈 수 있었던 이유는 초판이 절판된 후에도 틈틈이 제 개인 블로그를 방문해 개정판의 진행 상황을 묻는 독자들의 문의 글 때문이었습니다.

초판이 출간된 후 역사적인 사건이 있었습니다. 2014년 9월 25일 SK텔레콤이 전 세계 두 번째로 LTE Network에 IPv6 서비스를 상용화한 것입니다. T-Mobile USA의 경우 일부 LTE 애플리케이션에만 IPv6 서비스를 시작한 반면, SK텔레콤은 모든 LTE 애플리케이션에 IPv6 서비스를 적용했으므로 'SK텔레콤의 모바일 IPv6 상용 서비스'가 전 세계 최초라고 해도 과언이 아닙니다.

이 역사적 사건이 있었던 시절, 필자는 SK텔레콤 연구소에 파견 생활을 하고 있었습니다. 그래서 IPv6 상용화 서비스를 가능하게 한 기술들을 정확히 알 수 있었습니다. 더욱이 제가 당시 맡은 역할이 '전 세계 최초로 LTE 네트워크에 적용한 IPv6 전환 기술'을 해외 통신사/제조사 등에 알리는 것이었습니다. 따라서 이 책의 독자분들은 LTE/5G 네트워크에 적용된 최신 IPv6 전환 기술을 배울 수 있습니다.

초반 출간 이후 많은 의견을 들었습니다. 개정판에는 해당 의견을 최대한 반영했습니다. 개정판에 새롭게 추가된 내용은 다음과 같습니다.

첫째, 통신 사업자들의 IPv6 도입 노력과 IPv6 전환 기술들을 더욱 자세히 설명했습니다. 해당 내용들은 장비 개발자 또는 통신 사업자로 근무하지 않으면 모르는 것들입니다. 특히, SK텔레콤이 전 세계 최초로 IPv6를 상용화한 기술인 464XLAT 전환 기술(RFC 6877)을 국내 최초로 설명했습니다.

둘째, 초판 출간 이후 온라인/오프라인을 통해 받은 IPv6 관련 질문들을 '콕콕! 질문 있어요!' 코너에 소개하고 답변을 공유했습니다. 또한 국내 최대 네트워크 카페인 네이버 '네전따'에 올라온 IPv6 관련 질문들을 수집해 소개하고 답변을 추가했습니다.

셋째, 초판에 IPv6 실습 부분이 적다는 의견이 있어서 실습 내용을 좀 더 추가했습니다.

SK텔레콤의 성공적인 IPv6 상용화 이후로 KT, LG U+도 LTE 네트워크에 IPv6 상용 서비스를 시작했습니다. 대한민국 국민 누구나 LTE/5G 네트워크에서 IPv6 주소를 할당받고, 구글/넷플릭스와 End-to-End로 IPv6 통신을 하고 있습니다. 이제 IPv6 네트워크는 교과서에만 등장하는 개념이 아니라 실제 우리 생활에 적용된 기술입니다.

이 책이 IPv6 네트워크 전문가의 꿈을 이루는 데 많은 도움이 되길 바랍니다.

저자 고득녕, 김종민

이 책은 총 6개의 장(Chapter)과 부록(A~G)으로 구성돼 있습니다.

본문의 예제는 시스코 라우터 시뮬레이터(Cisco Router Simulator)인 GNS3를 활용해 동일한 환경에서 실습할 수 있도록 구성했으며, 부록은 실제 기간 통신 사업자가 상용 가입자들에게 IPv6 네트워크를 제공하면서 생기는 여러 가지 이슈를 바탕으로 구성했습니다.

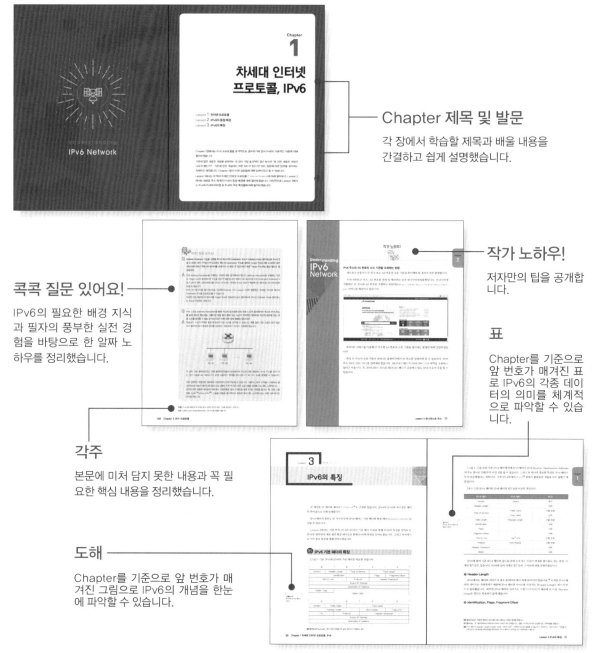

Chapter 제목 및 발문
각 장에서 학습할 제목과 배울 내용을 간결하고 쉽게 설명했습니다.

작가 노하우!
저자만의 팁을 공개합니다.

콕콕 질문 있어요!
IPv6의 필요한 배경 지식과 필자의 풍부한 실전 경험을 바탕으로 한 알짜 노하우를 정리했습니다.

표
Chapter를 기준으로 앞 번호가 매겨진 표로 IPv6의 각종 데이터의 의미를 체계적으로 파악할 수 있습니다.

각주
본문에 미처 담지 못한 내용과 꼭 필요한 핵심 내용을 정리했습니다.

도해
Chapter를 기준으로 앞 번호가 매겨진 그림으로 IPv6의 개념을 한눈에 파악할 수 있습니다.

자료 다운로드 방법

성안당 홈페이지(www.cyber.co.kr)에 접속한 후 홈페이지 상단의 성안당 로고 맨우측의 [회원가입]을 클릭하여 회원 가입을 먼저 마치시고 만드신 아이디와 패스워드로 로그인을 합니다. 그런 다음, 메인 화면 카테고리 메뉴 중 [자료실]을 클릭합니다. 우측 화면에서 자료실 [바로 가기 ▶] 버튼을 다시 한번 클릭합니다. 이후 화면의 검색창에서 'IPv6'를 입력하신 뒤 [검색] 버튼을 클릭하시면 해당 자료가 검색됩니다. (반드시 로그인된 상태에서) 검색된 도서 제목 부분을 클릭한 뒤 [자료 다운로드 바로가기] 버튼을 클릭해 해당 위치에 압축을 풀어 사용하세요.

저자 직강 동영상과 RFC 문서

● 동영상 폴더

IPv6의 이해(Chapter 1), Multicast(Chapter 5), GNS3를 활용한 IPv6 실습(부록 G)에 관련된 동영상이 있습니다.

▲고득녕 저자   ▲김종민 저자

● RFC 문서 폴더

IPv6를 공부하는 데 필요한 자료를 담았으므로 꼭 확인해서 여러분의 것으로 만드세요.

학습하다가 궁금한 점이 있다면?

- **E-mail**: engineer@sk.com(고득녕), jmkim0130@hfrnet.com(김종민)
- **웹 사이트**: https://blog.naver.com/nackji80 → Q&A 게시판

차례　Contents

Chapter 1　차세대 인터넷 프로토콜, IPv6

Chapter 2　IPv6 주소 체계

Chapter 3 코어 프로토콜

IPv6 유니캐스트 주소 생성 알고리즘

멀티캐스트

Chapter 6   IPv6 전환 기술

Understanding

IPv6 Network

차세대 인터넷 프로토콜, IPv6

Chapter 1장서는 IPv6 프로토콜을 본격적으로 공부하기에 앞서 IPv6의 기본적인 내용에 대해 알아보겠습니다.

기존에 없던 새로운 개념을 공부하는 데 있어 가장 효과적인 접근 방식은 '왜 이런 새로운 개념이 나오게 됐는가?', '기존에 있던 개념과는 어떤 차이가 있는가?'라는 질문에 대한 답변을 찾으려는 자세라고 생각합니다. Chapter 1이 이런 질문들에 대한 답변이라고 할 수 있습니다.

Lesson 1에서는 이 책의 주제인 인터넷 프로토콜(IP, Internet Protocol)에 대해 알아보고, Lesson 2에서는 새로운 주소 체계인 IPv6의 등장 배경에 대해 알아보겠습니다. 마지막으로 Lesson 3에서는 IPv4와 IPv6의 차이점 및 IPv6의 주요 특징들에 대해 알아보겠습니다.

인터넷 프로토콜

Lesson 1을 읽다 보면 마치 인터넷의 역사에 대해 공부하는 느낌을 받을 것입니다. 인터넷 프로토콜[1]은 인터넷의 가장 중요한 특징이고, 인터넷과 동일한 개념으로 받아들여도 무방하기 때문입니다. 그럼 지금부터 인터넷 프로토콜의 탄생 배경과 이것이 갖는 의의에 대해 알아보겠습니다.

매우 오래전부터 상대방에게 정확한 내용을 전달하는 통신 방법은 인류 사회의 큰 관심거리였습니다. 현대의 연구들이 대부분 그랬던 것처럼 (상대방에게 정확한 내용을 전달하는) 통신 기술 역시 전쟁을 겪으면서 비약적으로 발전했습니다.

미국 국방부 산하의 고등연구계획국(Advanced Research Project Agency)은 (제2차 세계대전의 영향으로) '핵 전쟁이 일어나도 상대방에게 데이터(Data)[2]를 무사히 전달할 수 있는 통신 시스템'을 연구했고, 이에 따라 네트워크(Network)[3]를 기존 통신 방식인 회선 교환망(Circuit Switched Network) 대신 패킷 교환망(Packet Switching Network)으로 구축합니다. 이것이 인터넷의 시초인 ARPANET[4](Advanced Research Projects Agency Network)입니다.

패킷 교환망이란, 데이터를 패킷(Packet)[5]이라고 명명된 정보 단위로 나눠 목적지로 보내는 네트워크를 말합니다.

기존의 회선 교환망은 [그림 1-1]과 같이 PC A에서 PC B까지의 경로가 하나뿐이기 때문에 해당 경로가 망가지면 데이터를 목적지까지 전달할 수 없었습니다.

---

1 프로토콜(Protocol): 한 장비와 다른 장비 사이에 데이터를 원활히 주고받기 위해 미리 약속한 통신 규약입니다.

2 데이터(Data): 컴퓨터 장비에 입력할 수 있는 비트 스트림(Bits Stream)으로 이뤄진 정보입니다.

3 네트워크(Network): 사용자들끼리 통신을 가능케 할 목적으로 구성해놓은 단말(Device), 라우터(Router), 서버(Server) 등의 같은 집합입니다.

4 ARPANET: 1969년 10월 29일, UCLA(University of California, Los Angeles)와 Stanford University의 Augmentation Research Center 간에 처음으로 TCP/IP 통신에 성공했습니다.

5 패킷(Packet): TCP/IP Model의 인터넷 레이어(Internet Layer)에서 사용되는 정보의 기본 단위로, IP 헤더와 페이로드로 구성돼 있습니다.

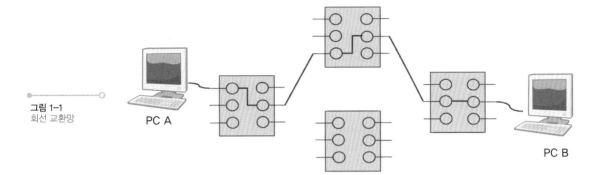

그림 1-1
회선 교환망

PC A

PC B

반면, 패킷 교환망은 [그림 1-2]와 같이 PC A에서 PC B까지의 경로가 다양하기 때문에 설사 핵폭탄이 떨어져 하나의 길이 망가지더라도 다른 길을 통해 데이터를 전달할 수 있게 됐습니다.

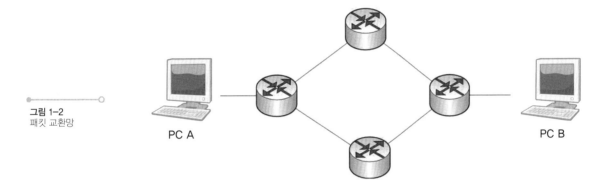

그림 1-2
패킷 교환망

PC A

PC B

또한 데이터가 여러 개의 패킷으로 나뉜 상태로 전달되기 때문에 설령 몇 개의 패킷이 소실된다 하더라도 목적지에 있는 사람이 나머지 패킷들로 원래의 데이터를 유추하는 것이 가능하게 됐습니다. 이처럼 패킷 교환망은 기존 회선 교환망보다 네트워크의 안정성 측면에서 상당한 우위를 가진 통신 알고리즘입니다. 이에 따라 이후 통신 연구는 패킷 교환망을 중심으로 이뤄집니다.

1974년, IEEE[6](Institute of Electrical and Electronics Engineers)는 노드(Node)[7]들 간의 패킷 스위칭(Packet Switching)을 이용한 통신 알고리즘인 'A Protocol for Packet Network Intercommunication'을 발표했습니다. 이 통신 알고리즘은 후에 Connection-Oriented 통신 방법인 TCP(Transmission Control Protocol)와 Inter-Networking 통신 방법인 IP(인터넷 프로

---

6 IEEE(아이 트리플 이): 전기 전자 공학 전문가들의 국제 조직으로, 주요 표준 및 연구 정책을 발전시키고 있습니다. 주요 역할은 전기·전자에 대한 규약을 산업 표준 회의를 통해 정하고, 이를 공표함으로써 산업 기기 간의 표준화를 구현합니다.

7 노드(Node): 인터넷 프로토콜을 이용해 통신할 수 있는 장비를 말합니다.

토콜)로 발전하게 됐습니다. 이것이 Internet Protocol Suite(또는 TCP/IP 모델)의 시초입니다.

인터넷과 같이 다수의 단말/서버로 구성된 망에서 단말과 서버가 통신하기 위해서는 여러 가지 프로토콜이 필요합니다. [그림 1-3]은 인터넷 표준을 주도하는 IETF[8](Internet Engineering Task Force)에서 제안한 인터넷 내의 통신 알고리즘 계층 구조입니다.[9]

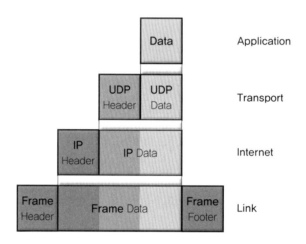

그림 1-3
TCP/IP 모델

IETF는 RFC[10]1122 문서에서 인터넷에 일어나는 모든 통신 과정을 4개의 계층으로 나눴습니다. [그림 1-3]은 각 계층에서의 데이터 포맷(Data Format)[11]을 가리킵니다.

TCP/IP 4계층(Internet Protocol Suite)은 위에서부터 애플리케이션 계층(Application Layer), 트랜스포트 계층(Transport Layer), 인터넷(네트워크) 계층(Internet Layer) 그리고 링크[12] (네트워크 인터페이스) 계층(Link Layer)으로 나뉩니다. 각 계층 간의 통신 전달 방법을 간단히 설명하면 다음과 같습니다.

웹(Web), 텔넷(Telnet), FTP, 이메일(E-mail)과 같은 애플리케이션은 애플리케이션 계층에서 작동합니다. 이때 애플리케이션에서 상대방의 노드에 데이터를 전달할 일이 생겼다고 가정해 보겠습니다. 그러면 애플리케이션은 보내고자 하는 데이터를 그 아래 계층인 트랜스포트 계층에 전달합니다. 트랜스포트 계층에서는 단말과 서버 간에 통신 경로를 만들어 해당 정보를 TCP 헤더

---

8 IETF: 인터넷의 원활한 사용을 위한 인터넷 표준 규격을 개발하고 있는 미국 IAB(Internet Architecture Board)의 조사위원회입니다.
9 RFC 1122, 'Requirements for Internet Hosts – Communication Layers', 1989
10 RFC(Request For Comments): 인터넷 기술에 적용 가능한 새로운 연구, 혁신 기법 등을 아우르는 메모를 나타낸 것입니다. IETF 에서는 일부 RFC를 인터넷 표준으로 받아들이고 있습니다.
11 데이터 포맷(Data Format): 데이터를 기억하거나 인쇄하기 위해 설정하는 일정한 양식을 말합니다.
12 링크(Link): 이더넷, 토큰링(Token Ring), 프레임 릴레이(Frame Relay) 등에서 통신할 수 있게 해주는 물리적인 매체를 말합니다.

(Header)[13]에 삽입하고 그 아래 계층인 인터넷 계층으로 전달합니다. 인터넷 계층에서는 단말과 서버의 IP 주소를 통해 데이터를 목적지까지 전달할 수 있는 정보를 IP 헤더(IP Header)에 삽입해 이를 링크 계층으로 전달합니다. 마지막으로 링크 계층에서는 다시 이더넷(Ethernet)[14]과 같은 물리적인 인터페이스(Interface)[15](물리적인 계층)에 전달하도록 구성돼 있습니다. 이더넷과 같은 물리 매체를 통해 메시지를 수신한 단말은 상기 과정의 역순으로 각 계층의 헤더 정보를 제거한 후 상위 계층으로 메시지를 올려보내고 최종적으로 애플리케이션 계층의 애플리케이션이 해당 데이터를 수신해 필요한 처리를 하게 되는 것입니다.

우리가 이 책에서 다루고 있는 인터넷 프로토콜은 바로 [그림 1-3]의 TCP/IP 모델에서 인터넷 계층에 동작하는 프로토콜입니다. 이렇게만 말하면 TCP/IP 모델의 수많은 프로토콜 중 하나라고 생각할 수도 있지만, 인터넷 프로토콜이 TCP/IP 모델에서 차지하는 비중은 다른 프로토콜들의 중요성을 압도합니다. 오죽하면 TCP/IP 모델의 원래 명칭이 인터넷 프로토콜 스위트(Internet Protocol Suite)이겠습니까? 지금부터 인터넷 프로토콜이 인터넷 통신(즉, TCP/IP 통신)에서 얼마나 큰 비중을 차지하고 있는지 알아보겠습니다.

[그림 1-4]는 인터넷 프로토콜 스위트에 쓰이는 각 프로토콜들의 연관 관계를 나타낸 것입니다.

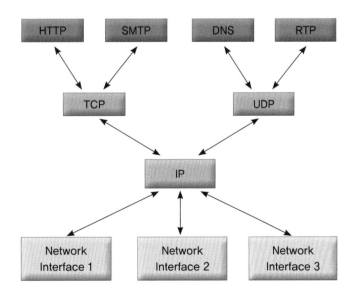

그림 1-4
인터넷 프로토콜
스위트(Internet
Protocol Suite)

- -

13 헤더(Header): 실제 데이터를 정확하게 전송하기 위해 데이터 앞에 추가로 붙이는 데이터의 집합을 말합니다.

14 이더넷(Ethernet): IEEE 802.3로 정의된 근거리 통신망(LAN)의 통신 표준입니다.

15 인터페이스(Interface): 링크에 연결된 노드의 연결 장비입니다.

예를 들어 HTTP, SMTP와 같은 애플리케이션 프로토콜(Application Protocol)은 TCP를 기반으로 동작하는 반면, DNS, RTP와 같은 애플리케이션 프로토콜은 UDP(User Datagram Protocol)를 기반으로 동작합니다. [그림 1-4]를 통해 트랜스포트 계층에서 동작하는 TCP/UDP 프로토콜 모두 IP 프로토콜을 기반으로 동작한다는 사실을 쉽게 유추할 수 있습니다.

[그림 1-4]의 네트워크 인터페이스(링크) 1, 2, 3은 이기종 네트워크(Heterogeneous Network)를 뜻합니다. 우리에게 너무나 익숙한 이더넷 네트워크(Ethernet Network)일 수도 있고, 토큰링(Token Ring)[16]이나 G-PON[17]또는 LTE(Long Term Evolution) 네트워크일 수도 있습니다.

우리는 [그림 1-4]에서 특이한 사실을 발견할 수 있습니다. TCP/IP 모델에서 인터넷 계층을 제외한 모든 계층에는 복수 개의 프로토콜이 있지만, 인터넷 계층에는 오직 인터넷 프로토콜만 있다는 것입니다. 즉, TCP/IP 모델은 마치 [그림 1-5]와 같이 호리병 모양을 띠고 있습니다.

그림 1-5
호리병

이는 트랜스포트 계층에서 동작하는 TCP/UDP 프로토콜은 어떤 네트워크 인터페이스(예 와이파이, LTE, G-PON, 이더넷 등)와도 동작한다는 뜻입니다. 왜냐하면 IP 프로토콜은 어떤 네트워크 인터페이스하고도 호환되기 때문에 IP 계층 위에 있는 TCP/UDP 프로토콜들 또한 어떤 네트워크 인터페이스하고도 호환할 수 있게 됐습니다. 이와 마찬가지로 TCP/UDP 위에서 동작하는 애플리케이션 프로토콜들 역시 어떤 네트워크 인터페이스에서도 동작할 수 있습니다. 즉, (애플리케이션 계층에서 동작하는) 애플리케이션 개발자들은 자기가 개발한 애플리케이션이 어떤 네트워크

---

16 토큰링(Token Ring): IEEE 802.5로 정의된 근거리 통신망의 통신 표준입니다.

17 G-PON: 'Gigabit Passive Optical Network'의 약자로, 통신 거리를 근거리 통신망보다 늘리기 위해 사용하는 광케이블을 이용한 중·장거리 통신망입니다. 유선 통신 사업자들의 가입자망 네트워크 중 하나로 널리 쓰이고 있습니다. 정식 명칭은 ITU-T에서 표준을 제정한 G.984입니다.

인터페이스에서 동작하는지(즉, LTE에서 동작하는지, 와이파이에서 동작하는지) 전혀 신경 쓸 필요가 없습니다. 오로지 API(Application Program Interface) 함수들만 이용해 애플리케이션을 만들면 되기 때문입니다.

이처럼 모든 네트워크 인터페이스(링크)들이 인터넷 프로토콜과 호환됨으로써 TCP/IP 모델을 완벽하게 모듈화해 설계하는 것이 가능해졌습니다. TCP/IP 모델의 모듈화 설계가 가능하다는 것은 개발자의 입장에서 자신이 담당한 계층만 신경 쓰면서 개발하면 된다는 것을 의미합니다. 또한 새로운 기술이 등장하거나 기존 기술에 문제점이 발생한다 하더라도 해당하는 계층만 수정하면 단말 간의 TCP/IP 통신을 원활하게 수행할 수 있습니다.

지금까지 이 책의 주제인 인터넷 프로토콜의 탄생 배경과 인터넷 프로토콜이 TCP/IP 통신에 차지하는 중요성에 대해 알아봤습니다. 이후 Lesson부터는 인터넷 프로토콜의 새로운 버전인 인터넷 프로토콜 버전 6(Internet Protocol version 6, IPv6)에 대해 알아보겠습니다.

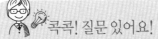

콕콕! 질문 있어요!

Q TCP/IP 모델에는 수많은 프로토콜이 있는데 하필이면 왜 TCP와 IP 프로토콜을 선택해 TCP/IP 모델이라고 정했을까요? 그리고 'TCP/IP' 형상이 마치 IP 프로토콜 위에 TCP 프로토콜이 있는 것 같은데, 이에는 무슨 의미가 있는 것인가요?[18]

A 우선 정확한 명칭은 'TCP/IP 모델'이 아니라 'Internet Protocol Suite'입니다. 정식 명칭이 있음에도 TCP/IP 모델이라 부르는 이유는 TCP와 IP 프로토콜이 (다른 프로토콜에 비해) 많이 사용되기 때문인 것 같습니다. Internet Protocol Suite의 기원은 IEEE에서 발표한 'A Protocol for Packet Network Intercommunication'인데, 그곳에는 (다른 프로토콜은 정의돼 있지 않고) TCP와 IP만 정의돼 있기 때문에 TCP/IP 모델이라 부르게 된 것입니다.

'TCP/IP' 글자의 모양이 마치 IP 위에 TCP가 있는 형상을 띠는 이유는 TCP/IP 모델에서 TCP가 있는 트랜스포트 계층이 IP가 있는 인터넷 계층보다 상위 계층에 있기 때문에 그렇게 표현한 것입니다.

---

18 회사에 입사한 후 사람들 앞에서 맨 처음 강의했던 주제가 'TCP/IP 통신'이었습니다. 이때(2009년 4월) 같은 팀 매니저님에게 받은 질문입니다.

작가노하우!

네트워크 관련 업무를 하다 보면 '네트워크 공부를 제대로 해보고 싶다.'라는 생각을 하게 되는 경우가 있습니다.

하루 중 대부분을 회사 업무에 시달리고 퇴근 후에는 배우자, 자녀들과 시간을 보내야 하는 상황에서 이런 생각을 했다는 것 자체가 대단한 것입니다(그래서 결혼 전이 공부와 다양한 경험을 쌓을 수 있는 최적의 시기라고 생각합니다). 저는 이런 결심을 했다는 것만으로도 (그런 결심을 하지 못한) 다른 엔지니어들보다 발전 가능성이 더 있다고 생각합니다. 이런 어려운 결심을 한 독자들을 위해 제 자신의 경험을 공유합니다.

네트워크 지식을 쌓는 데는 여러 가지 방법이 있겠지만, 저는 다음 두 가지 방법을 추천합니다 (같은 직종에 있는 후배들에게도 꾸준히 강조하는 내용이기도 합니다).

1 책을 보고 공부하기 바랍니다.

지식을 쌓는 데는 여러 가지 방법이 있습니다. 가장 대표적이고 널리 사용되는 것이 경험에 의한 지식 습득입니다. 그래서 네트워크 운용 10년차, 20년차 엔지니어가 입사한 지 얼마 안 된 엔지니어보다 네트워크 지식이 많은 것이 당연합니다. 하지만 경험에 의해 지식을 습득하는 것은 매우 비효율적이고 제한적인 방법입니다. IT의 발전 속도는 엄청 빠른데, 일일이 경험을 통해 지식을 얻는 것은 불가능하며 실경험으로는 얻기 힘든 지식들도 상당히 많습니다(실제로 실네트워크를 운용하는 운용자가 라우터에 입력할 수 있는 명령어는 상당히 제한적입니다).

네트워크 지식을 쌓는 가장 효율적인 방법은 책을 보는 것입니다(여기서 책은 종이로 만든 일반적인 책만을 말하는 것이 아니라 동영상 강의 등의 다양한 미디어 채널. 학원 수강도 포함된 개념입니다).

이 책에는 저자가 알고 있는 지식을 체계적으로 정리한 내용이 포함돼 있습니다. 독자는 (저자에 비해) 저자가 오랫동안 쌓아온 지식들을 훨씬 짧은 시간에 습득할 수 있습니다. 저자의 지식을 흡수하는 과정에서 자신의 경험과 비교해보고, 다른 책과 비교하면서 지식을 비판적으로 습득하면 네트워크 지식을 매우 효율적으로 쌓을 수 있습니다.

책은 가능한 한 (영어를 할 수 있다면) 원서를 추천합니다. 한글로 된 책들 중에는 좋은 책이 많지 않기 때문입니다(우리나라에서도 네트워크 업계에 실력이 출중하신 분들이 많습니다. 하지만 그분들은 자신들의 주 업무가 있는 상황이라 별도로 책을 집필하는 것이 상당히 어렵습니다. 따라서 안타깝게도 한글로 된 책들 중에 제대로 된 것이 많지 않습니다). 하지만 시스코(Cisco)에서 만든 라우팅 책은 한 번쯤 읽어볼 것을 추천합니다. 하지만 그렇다고 해서 서점에서 돈을 내고 책을 살 필요는 없어 보입니다. 유튜브에 양질의 콘텐츠가 많기 때문입니다. 학원 수업을 듣는 것도 좋은 방법입니다. 학원 강사분들은 가르치는 것이 본업이다 보니 양질의 책과 동영상을 (현업 엔지니어들보다) 많이 접했을 것입니다. 따라서 이런 강사분들을 통해 양질의 콘텐츠와 지식들을 전달받는 것도 좋습니다.

> 공부할 의지가 없어서 그렇지 공부를 하는 데 도움을 주는 양질의 책/동영상 강의 등은 주변에 얼마든지 있습니다. 만약 아주 자세하게 네트워크 동작 원리를 알고 싶다면 표준 문서를 보시면서 공부하시길 추천합니다.

인터넷 전반에 걸쳐 표준화를 제정하는 단체는 IETF이고, 이곳에서 만든 문서를 'RFC(Request For Comments)'라고 합니다. RFC 문서를 구하는 방법은 부록 E를 참조하기 바랍니다.

2 CCIE 자격증에 한번 도전해보시기 바랍니다.

CCIE(Cisco Certified Internetwork Expert) 자격증은 시스코 사에서 만든 라우팅 자격증입니다. 그래서 혹자는 'Cisco Routing 명령어를 누가 많이 아는지 테스트하는 시험이다.'라고 폄훼하는 분들도 있습니다. 하지만 제 생각은 다릅니다.

어떤 동작 방식과 알고리즘을 구현/검증하기 위해서는 툴(Tool)을 필수적으로 익혀야 합니다. 컴퓨터 프로그래밍을 공부하기 위해 C 언어나 자바 언어 등과 같은 프로그래밍 언어들 중에서 하나를 선택해 공부하는 것과 동일합니다. 프로그래밍 언어를 알아야 자신의 생각하고 있는 알고리즘을 구현할 수 있습니다. 이와 마찬가지로 라우터 제조사의 언어(라우터 명령어)를 알아야 라우팅의 동작 방식을 이해할 수 있습니다. 그런 면에서 시스코 사의 라우터 명령어들은 여전히 네트워크 업계에서 가장 많이 통용되고 있는 공용어입니다.

> CCIE 자격증을 공부하면 좋은 또 다른 이유이자 아주 중요한 이유는 상용망에서 경험하지 못하는 다양한 트러블 슈팅(Trouble Shooting)을 경험하게 되고 그것을 해결하는 능력을 키울 수 있기 때문입니다.

여러분이 관리(또는 운용)하고 있는 상용망은 상당히 안정적인 네트워크입니다. 여기서 안정적이라는 의미는 장애 요소가 전혀 없다는 것이 아니라 장애 요소가 있든 없든 아무도 건드리지 않으려고 하는 네트워크라는 의미입니다(영어로 'Safe Network'가 아닌 'Stable Network'라는 의미입니다).

이런 환경에서는 배울 수 있는 점이 많지 않습니다. 자기가 어떤 설정을 했을 때 그 영향으로 다른 네트워크에 어떤 영향을 미치는지를 추측하면서 네트워크 지식을 쌓아가야 하는데, 상용망에

서는 이런 공부법이 불가능합니다.

반면 CCIE 시험에는 다양한 트러블 슈팅 문제가 있습니다. 해당 문제들을 해결하는 과정에서 다양한 시도를 하게 되고, 그것은 그대로 자신의 경험으로 쌓이게 됩니다.

물론 CCIE 자격증이 있다고 해서 네트워크 지식이 많은 엔지니어라고 말할 수는 없습니다. 하지만 최소한 기본 수준 이상의 실력은 갖고 있다고 생각합니다.

CCIE 자격증에 한번 도전해보시기 바랍니다. 상용망에서는 경험할 수 없는 것들을 체험하고 배우게 될 것입니다.

IPv6의 등장 배경

IPv6는 기존 IPv4와 다른 새로운 주소 체계입니다. 새로운 주소 체계가 필요했던 이유는 기존 주소 체계(IPv4)로는 [그림 1-6]과 같이 늘어나는 인터넷 주소의 수요를 감당할 수 없을 것이라 예측했기 때문입니다.[19]

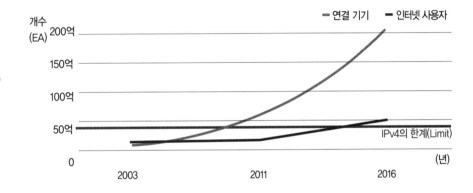

그림 1-6
IPv4 주소와 연결 기기의 증가 추세 비교[20]

이에 1995년 IPNG(IP Next Generation) Working Group은 IPv4 주소 체계를 대신하는 새로운 주소 체계를 만들었습니다. 그것이 RFC 1883[21], "Internet Protocol Version 6 Specification(1995)"이며, 이것이 바로 IPv6의 시초입니다.

IPv6는 기존 주소 체계인 IPv4의 고갈 때문에 생긴 주소 체계라고 했습니다. 그렇다면 (아직도 많은 사람이 궁금해하고 있는) 과연 IPv6 주소 체계의 도입만이 기존 IPv4 주소 고갈의 유일한 해결 방법일까요? 다른 기술로는 IPv4 주소 고갈의 문제점을 해결할 수 없는 것일까요? IPv6를 공부하기에 앞서 이 질문에 대한 답변을 하지 않을 수 없습니다.

IPv4 주소 고갈이 오래전부터 예견돼 왔듯이 IPv4 주소 고갈에 따른 해결 방법도 오랫동

---

19 IP 주소가 필요한 스마트폰과 새로운 기기(New Device)의 등장 그리고 인도/중국의 인터넷 보급 등을 예로 들 수 있습니다.
20 http://www.google.com/intl/en/ipv6
21 추후 RFC 2460과 RFC 8200으로 대체됐습니다.

안 연구돼 왔습니다. 유동 IP 주소를 효율적으로 사용하는 DHCP, 네트워크의 사이즈를 줄여 IP 주소의 낭비를 줄이는 서브넷팅(Subneting) 기술들이 그 대표적인 예입니다. 이밖에도 NAT[22](Network Address Translation) 기술이 있는데, 이번에는 NAT 기술에 대해 자세히 이야기해보겠습니다.

IPv6 주소 사용에 대한 공감대가 형성되기 전에는 많은 사람이 NAT 기술로 인해 IPv6 주소의 사용이 필요하지 않다고 주장했습니다. 하지만 NAT 기술이 발전했음에도 NAT가 IPv4 주소 고갈의 완전환 해결책이 될 수 없는 이유가 있습니다.

특정 애플리케이션(예 SIP를 이용한 애플리케이션)들은 NAT 환경에서 작동하지 않을 여지가 있습니다. 네트워크 관리자는 그럴 때마다 특정 애플리케이션이 작동할 수 있도록 NAT 장비에 소프트웨어 업그레이드를 해야 합니다.[23] 이는 NAT 장비에 필연적으로 부하를 일으킵니다. 실제로 스마트폰이 급격하게 증가했던 2011년대 초에 스마트폰에서 작동하는 특정 애플리케이션들이 NAT 장비에서 동작하지 않는 일이 발생하기 시작했습니다. 그럴 때마다 이동통신 사업자들은 (특정 애플리케이션이 동작할 수 있도록) NAT 장비의 소프트웨어 업그레이드를 해야 했으며, 이는 운용자들의 노동 부하 및 NAT 장비의 부하로 이어졌습니다. 특히 NAT 장비들의 부하 증가는 결국 스마트폰의 품질 저하 문제로까지 이어졌습니다. 스마트폰의 품질 저하를 막는 데에는 NAT 장비를 추가로 증설하는 방법밖에 없었고, 이는 다시 통신사의 네트워크가 NAT 장비에 귀속되는 결과를 초래했습니다.

그리고 스마트폰이 도입된 2011년 이후 모바일 트래픽(Mobile Traffic)이 급증하게 됐으며, 이동통신 사업자들은 폭증하는 모바일 트래픽을 감당할 수 있도록 NAT 장비를 정기적으로 도입할 수밖에 없었습니다. 이는 이동통신 사업자에게 상당히 큰 투자비 부담을 안겨줬습니다. 이러한 이유로 네트워크가 NAT 기술에 종속되면 쉽게 빠져나올 수 없는 악순환에 빠지게 됩니다.

이처럼 NAT 기술의 도입은 IPv4 주소 부족의 근본적인 해결 방법이 될 수 없으며, 오히려 더 큰 문제를 야기할 뿐입니다. 따라서 IPv4 주소 부족의 근본적인 해결 방법은 IPv6를 채택하는 방법 밖에 없다는 것을 명심하기 바랍니다. 실제로 지금까지 CGN[24](Carrier Grade NAT)을 사용했던 T-Mobile USA와 SK텔레콤은 CGN 방식의 한계를 인식하고 IPv4 주소 고갈 문제를 해결하기 위해 IPv6를 도입했습니다. 그리고 뒤이어 KT와 LG U+ 역시 모바일 네트워크에 IPv6를 도입했습니다.

---

22 NAT(Network Address Translation): Private IP 주소를 Public IP 주소로 바꿔주는 주소 변환 기술입니다. 일반적으로 Public IP 주소 1개를 공유해 Private IP 주소 n개로 통신할 수 있기 때문에 IPv4 주소를 아끼는 방법으로 널리 쓰이고 있습니다.

23 Lesson 1에서 설명했던 것처럼 TCP/IP 모델에서는 각 계층마다 구분돼 있어 계층별 설계가 가능합니다. 하지만 IPv4 헤더의 정보(IP 주소)를 수정하는 NAT 장비로 인해 이런 기본 원칙이 지켜지지 않는 일이 발생하는 것입니다.

24 CGN(Carrier Grade NAT): LSN(Large Scale NAT)라고도 불리며, 소규모 네트워크에서 사용되는 NAT 장비와 비교해 대규모의 Private Network를 수용할 수 있는 NAT 장비를 말합니다. 'Chapter 6. IPv6 전환 기술'의 'Lesson 3. NAT'에서 해당 알고리즘을 자세히 설명합니다.

앞서 얘기한 바와 같이 IPv6 주소 체계는 기존 인터넷 주소 체계인 IPv4 주소 고갈 문제 때문에 생겨났습니다. 따라서 IPv6 주소 체계로 바뀌면(IPv4 주소 대비) 얼마나 많은 인터넷 주소를 사용할 수 있게 되는지 알아볼 필요가 있습니다.

기존 인터넷 주소 체계인 IPv4는 32비트 체계입니다. 대략 43억 개[25]의 IPv4 주소를 사용할 수 있습니다. IPv6 주소 체계는 128비트를 사용해 32비트 체계를 사용하는 IPv4 주소 대비 길이가 4배 증가했습니다. 주소 길이는 4배 증가했지만, 사용할 수 있는 IP 주소의 개수는 엄청나게 증가했습니다. IPv6의 인터넷 주소 개수는 2^{128}인 340,282,366,920,938,463,463,374,607,431,768,211,456입니다. 기존 IPv4보다 10^{32}배의 IP 주소를 더 사용할 수 있는 수량입니다. 사실 이 숫자가 얼마만큼 큰지 실감나지 않을 것입니다. 간단한 예를 들어 얼마나 큰 숫자인지 느끼게 해 드리겠습니다.

❶ 전 세계의 인구가 70억 명임을 고려하면 인구 한 명당 5×10^{29}개의 IP 주소를 할당할 수 있는 수량입니다.

❷ 지구상 모든 바닷가의 모래알에 5×10^{19}개의 IP 주소를 할당할 수 있는 수량입니다.[26]

❸ 만약 IP 주소 1개를 1g이라고 한다면, IPv4 주소의 총 무게는 뉴욕 맨해튼에 있는 엠파이어스테이트 빌딩 무게의 1/85, IPv6 주소의 총 무게는 지구 무게의 567억 배입니다.[27]

당연히 위의 예를 외울 필요는 없습니다. 그냥 단순히 'IPv6 주소 체계를 도입하면 인터넷 주소를 무한대로 사용할 수 있다.'라는 사실만 기억하면 됩니다.

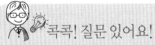
콕콕! 질문 있어요!

Q IPv6는 기존 IPv4를 대체하는 새로운 주소 체계라고 했는데, 순서상으로 본다면 IPv6가 아니라 IPv5라고 불러야 하지 않나요?

A 사실, IPv6 이전에 IPv5라는 기술이 있었습니다. IPv5는 IP 네트워크에서 QoS(Quality of Service)를 보장하기 위해 만들어진 프로토콜입니다(RFC 1190, "Experimental Internet Stream Protocol, Version 2"). 스트림 프로토콜(Stream Protocol)은 비디오/오디오 스트리밍 데이터를 IP 네트워크상에서 원활하게 전송하기 위해 만들어진 프로토콜인데, 이때 IP 헤더의 Version Field에 '5'를 기입했습니다. 따라서 스트림 프로토콜이 자연스럽게 IPv5라고 불리게 된 것입니다. 하지만 성능이 더 좋은 QoS를 보장하는 프로토콜들이 생겨남에 따라 이제 IPv5는 사용되지 않고 있습니다.

---

25 2^{32}= 4,294,967,296개
26 출처: http://www.numberof.net/number-of-grains-of-sand-in-the-world/
27 진강훈 님의 『후니의 쉽게 쓴 시스코 네트워킹(3rd edition)』, p. 226에 나오는 문구를 인용했습니다.

Q IP 주소는 인터넷을 하기 위해 꼭 필요한 자원이라고 알고 있는데요. 그렇다면 이 귀중한 자원을 누가, 어떻게 관리하고 있는지요?

A 전 세계의 인터넷 주소(IPv4, IPv6), AS 번호, 도메인(Domain) 등의 인터넷 자원은 IANA(Internet Assigned Numbers Authority)에서 총괄 관리합니다. IANA는 전 세계 인터넷 주소 자원을 대륙별로 나눠주는 역할을 합니다. 대륙별 인터넷 주소 자원 관리 기관을 RIR(Regional Internet Registry), 국가별 인터넷 주소 자원 관리 기관을 NIR(National Internet Registry)이라 부릅니다. 총 5개의 RIR이 존재합니다. 아프리카 지역(AFRINIC, African NIC), 아시아-태평양 지역(APNIC, Asia-Pacific NIC), 북미 지역(ARIN, American Registry for Internet Numbers), 중남미 및 카리브해 지역(LACNIC, Latin America and Caribbean NIC) 그리고 유럽과 중동 지역(RIPE NCC, Réseaux IP Européens Network Coordination Centre)이 존재합니다.

RIR은 IANA로부터 할당받은 인터넷 주소 자원을 자신에 속해 있는 NIR에 분배하는 역할을 합니다.
우리나라는 APNIC RIR에 속해 있습니다. APNIC에는 총 6개의 NIR(Korea, China, Japan, Taiwan, Vietnam, Indonesia)이 활동하고 있습니다. 우리나라의 인터넷 주소 관리는 한국인터넷진흥원(www.kisa.or.kr)에서 수행하고 있습니다.

Q 우리나라에서 IP 주소를 얻으려면 어떻게 해야 하나요?

A 가장 손쉬운 방법은 ISP[28](Internet Service Provider)에서 제공하는 인터넷 서비스에 가입하는 것입니다. 예를 들어 SK브로드밴드가 서비스하고 있는 초고속 인터넷 서비스에 가입하면, SK브로드밴드는 해당 서비스에 가입한 고객에게 인터넷 주소를 제공합니다. 이때 고객에게 제공하는 인터넷 주소는 유동 IP 주소입니다. 만약 고정 SK브로드밴드가 해당 서비스에 가입한 IP 주소를 원하거나 더 많은 인터넷 주소를 제공받길 원한다면 별도의 서비스 상품에 가입하면 됩니다.

우리나라의 IP 주소 관리는 한국인터넷진흥원에서 담당하고 있다고 했습니다. SK브로드밴드, SK텔레콤과 같은 ISP들이 IP 주소를 고객에게 재할당해줄 수 있는 이유는 해당 ISP들이 인터넷진흥원의 '주소 관리 대행자' 사업자에 가입돼 있기 때문입니다. 참고로 '주소 관리 대행자' 사업자의 연회비는 300만 원(VAT 별도)입니다. '주소 관리 대행자'를 통하지 않고 인터넷진흥원으로부터 직접 IP 주소를 할당받는 방법도 있습니다. 인터넷진흥원에 '독립 사용자' 신청을 하는 것입니다. '독립 사용자' 연회비는 30만 원(VAT 별도)입니다. '주소 관리 대행자'와 다른 점은 한국인터넷진흥원으로부터 받은 IP 주소를 제삼자에게 재할당할 수 없다는 것입니다.

'주소 관리 대행자', '독립 사용자'는 IP 주소의 사용료를 한국인터넷진흥원에 납부해야 합니다. IPv4 주소의 경우에는 매년 /32당 30원(VAT 별도)의 사용료를 납부해야 합니다. IPv6 주소의 경우에는 처음에 할당받을 때만 /32당 21,391원(VAT 별도)을 납부하고, 별도의 사용료는 없습니다.

'주소 관리 대행자' 및 '독립 사용자' 회원 가입에 관한 사항은 한국인터넷진흥원의 IP 주소 관리팀(ip.kisa.or.kr)에 문의해보기 바랍니다.

---

28 개인이나 기업에게 인터넷 접속 서비스, 웹 사이트 구축 등의 서비스를 제공하는 회사를 말합니다. 우리나라의 대표적인 ISP로는 SK텔레콤, SK브로드밴드, KT, LG U+ 등이 있습니다.

Q 대륙별로 IPv4 주소를 보유하고 있는 수량이 다르다는 말을 들었습니다. 따라서 APNIC 지역에서는 IPv4 주소가 고갈됐지만 아프리카, 중남미 쪽에는 아직도 IPv4 주소가 많이 남아 있다고 하더군요. 그렇다면 IANA가 관여해 남아 있는 대륙의 IPv4 주소를 IPv4 주소가 모자라는 APNIC 지역에 재배치하면 IPv4 주소 고갈 문제를 조금이라도 해결할 수 있는 것 아닌지요?

A 대륙별로 보유하고 있는 IPv4 주소 자원의 개수가 다른 것은 맞습니다. 실제로 APNIC는 IPv4 주소가 고갈된 반면, AFRINIC는 아직도 IPv4 주소가 많이 남아 있는 상태입니다.

하지만 아시아-태평양(APNIC) RIR에서 다른 RIR에 (자기네 IPv4 주소가 모자란다고 해서) IPv4 주소를 달라고 해도 IPv4 주소를 줄 RIR은 한 곳도 없습니다. IP 주소는 귀중한 자원이기 때문입니다.

다만 2014년도경에는 서로 다른 RIR에 속해 있는 기관이라도 IPv4 주소를 양도하는 것이 가능했습니다. 예를 들어 미국의 A라는 회사가 자신이 보유하고 있던 IPv4 주소 자원들을 우리나라에 있는 ISP들에게 양도하는 것이 가능하다는 것입니다. 당연히 IPv4 주소를 공짜로 양도하지는 않겠지요? 이에 따라 IPv4 주소를 매매하는 신규 시장이 생겼습니다.

그 당시 IPv4 주소가 전 세계적으로 고갈됨에 따라 IPv4 주소의 가격이 천정부지로 치솟았습니다. 하지만 현재 제가 2판 작업을 하는 2015년에는 다른 RIR에서 IPv4 주소를 구매하는 것이 금지됐습니다.[29]

Q IPv4 주소가 고갈된다는 이야기를 오래전부터 들었는데요. 실제로 언제쯤 IPv4 주소가 고갈될 것으로 보이나요?

A 이미 IPv4 주소가 고갈됐습니다. 2011년 2월 3일, 최상위 IP 주소 관리 기구인 IANA에서 IPv4 주소 고갈을 선언했습니다. 더 이상 RIR 기관에 배분할 IPv4 주소가 없다고 선언한 것입니다.

5개의 RIR 중에서는 우리나라가 속한 APNIC의 IPv4 주소 고갈이 가장 빨라, 2011년 4월 19일에 IPv4 주소가 고갈됐습니다. 이에 따라 (APNIC 소속인) 한국인터넷진흥원 역시 비상용으로 아주 소량의 IPv4 주소만 보유하고 있습니다. 따라서 우리나라도 IPv4 주소가 고갈됐다고 생각해도 무방합니다. 실제로 SK텔레콤을 비롯한 대형 ISP들은 더 이상의 IPv4 주소 자원을 한국인터넷진흥원로부터 할당받을 수 없습니다.

APNIC 다음으로 주소가 고갈된 RIR은 유럽 지역과 중남미 지역입니다. 각각 2012년 9월 14일과 2014년 6월 10일에 주소가 고갈됐습니다. 각 대륙별 주소 고갈 시기는 http://www.potaroo.net/tools/ipv4/index.html에서 확인할 수 있습니다.

---

29 정책이 정확히 언제 변경됐는지는 알 수 없습니다.

Q 우리나라의 IPv4 주소가 고갈됐다면 통신사들은 인터넷 서비스를 할 수 없는 것 아닌지요?

A '우리나라의 IPv4 주소가 고갈됐다.'라는 의미는 IP 주소 관리 기구인 한국인터넷진흥원에서 IPv4 주소를 보유하고 있지 않다는 의미입니다. 따라서 각 통신 사업자들은 아직 여분의 IPv4 주소를 갖고 있습니다. 다만 여분의 IPv4 주소가 많지 않은 관계로 IPv4 주소를 아끼기 위해 많은 노력을 하고 있습니다.

참고로 인터넷 서비스 제공 사업자들의 IPv4 주소를 아끼는 노력들을 일부 소개하면 다음과 같습니다.
❶ IPv4 주소 사용 현황을 파악한 후, 사용되지 않은 유휴 IPv4 주소들을 회수하는 작업을 수행하고 있습니다. 우리나라의 경우, 인터넷 가입자 수가 급격히 증가해 인터넷 서비스 초창기에 IPv4 주소를 제대로 관리하지 못했습니다. 그 당시에는 아무도 IPv4 주소가 고갈될 것이라고 생각하지 않았기 때문입니다. 설령 예상했더라도 다른 업무에 비해 우선순위가 많이 낮았습니다. 그래서 통신 사업자들마다 효율적으로 사용되지 않고 있는 IPv4 주소들이 매우 많습니다. 통신 사업자들은 그런 IPv4 주소들을 파악하고 재배치함으로써 IPv4 주소의 고갈 시기를 늦추고 있습니다.
❷ 장비 Management IP 용도로 사용되는 인터페이스에서는 사설 IPv4 주소를 할당하고 있습니다.
❸ IP 장비들 간에 연결되는 Point-to-Point 인터페이스에 Subnet 30(/30)이 아니라 Subnet 31(/31)로 할당합니다.
기존에는 관습적으로 Point-to-Point 인터페이스에 Subnet 30을 할당했습니다. 기존 대부분의 IP 관련 책들에도 예제가 Subnet 30으로 만들어지곤 했습니다. 사실 Subnet 31로 할당해도 동작하는 데는 아무런 문제가 없습니다. 글로벌 제조사의 라우터의 경우 인터페이스에 Subnet 31을 할당해주는 것이 가능합니다.[30] 하지만 국산 제조사의 라우터의 경우 아직까지도 Subnet 31을 할당하지 못하는 제품군들이 있습니다.

Q 조만간 통신 사업자들이 보유하고 있는 IPv4 주소도 고갈될 것이라고 했는데요. 그렇다면 우리나라의 IPv6 전환 준비 상황은 어떠한지요?

A 현재 우리나라의 IPv6 주소 전환은 미래창조과학부와 한국인터넷진흥원의 주도 아래 준비하고 있으며, 매년 'Korea IPv6 Day' 행사를 진행해 IPv6 전환을 독려하고 있습니다.

2012년 'Korea IPv6 Day' 행사에는 주요 ISP 11개 사(SK브로드밴드, KT, LGU+ 등), 포털 9개 사(네이트, 다음, 네이버 등), 제조사(아이비트, 솔내시스템) 등 총 22개 기관이 동시에 IPv6 통신을 테스트했습니다. 2012년 'Korea IPv6 Day'의 결과 보고서는 http://vsix.kr/board/layout.jsp?bbsNo=7에서 볼 수 있습니다(글 목록 번호 238번). 참고로 이 책의 공동 필자 중 한 명인 고득녕 매니저가 이 행사에 참가해 SK브로드밴드 IPv6 도입 현황을 발표했습니다. SK텔레콤의 경우에는 2012년 LTE IPv6 시험 사업자로 선정돼 국내 최초로 LTE 네트워크에 IPv6 시험 도입한 결과 사례를 발표했습니다.[31]

2013년 'Korea IPv6 Day' 행사는 같은 해 12월 13일 건국대학교 행사장에서 열렸습니다. 주요 ISP 11개 사를 비롯한 총 26개 업체가 참가해 IPv6 장비 접속 테스트 및 IPv6 장비를 전시했습니다. 'Korea IPv6 Day'의 결과 보고서는 http://vsix.kr/board/layout.jsp?bbsNo=7에서 볼 수 있습니다(글 목록 번호 243번).

---

30 예전 시스코 IOS 라우터의 경우 /31을 할당해주기 위해서는 #ip subnet-zero라는 별도의 명령어를 입력해야 했습니다. 하지만 IOS 12.0 버전부터는 해당 명령어를 입력하지 않아도 /31 할당이 가능합니다.

31 관련 데모. 동영상은 유튜브를 참조하기 바랍니다(https://youtu.be/wYzN0c7go4M).

2014년에는 12월 3일 건국대학교에서 '2014 IoT를 위한 IPv6 전략 컨퍼런스'라는 이름으로 열렸습니다.[32, 33] 해당 행사에서 SK텔레콤의 김종신 팀장은 IPv6 상용화 사례, SK텔레콤의 고득녕 매니저는 'LTE 무선 환경에서의 IPv6 보안 이슈 및 대응 방안 소개'에 대해 발표했습니다.[34] 특히 SK텔레콤의 김은철 매니저는 성공적인 IPv6 상용화의 성과를 인정받아 한국인터넷진흥원 공로상을 수상했습니다. 행사 관련 발표 자료는 https://vsix.kr/board/layout.jsp?bbsNo=7에서 볼 수 있습니다(글 목록 번호 260번).

참고로 한국인터넷진흥원의 IPv6 관련 홈페이지는 http://vsix.kisa.or.kr입니다. 이 사이트에는 IPv6 관련 자료가 많으니 도움이 될 것입니다.

Q IPv6 주소를 할당받아 사용해보고 싶습니다. 어떻게 해야 하는지요?

A SK텔레콤 LTE/5G 서비스와 SK브로드밴드 초고속 인터넷 서비스를 사용하고 있는 고객들을 대상으로 설명하겠습니다.

무선 인터넷 서비스(SK텔레콤)는 2014년 하반기에 출시한 갤럭시노트4 단말부터 IPv6 주소가 적용됐습니다. 따라서 2014년 9월 이후로 출시한 단말을 갖고 있다면 해당 단말은 IPv6 주소를 사용해 인터넷 통신을 하고 있는 것입니다. 반면, (2020년 4월 현재) 유선 인터넷 서비스(SK브로드밴드)는 일부 지역에서만 서비스하고 있습니다. 따라서 유선으로 IPv6 주소를 할당받아 사용해보고 싶다면, 해당 지역 SK 대리점이나 106번으로 전화해서 해당 지역에 IPv6가 적용돼 있는지 문의하면 됩니다.

대형 기업 고객의 경우, 일반 가입자용 초고속 인터넷 망과 물리적으로 분리된 별도의 인터넷 망을 제공하고 있습니다. 따라서 기업 고객이 IPv6 서비스를 원할 경우, IPv6 서비스를 신속하게 제공할 수 있습니다. 이것 역시 해당 영업 담당자에게 문의해보거나 (SK 인터넷을 사용하고 있는 경우) 108번으로 전화해 문의하면 됩니다.

통신 사업자에게 IPv6 주소를 할당받는다고 해서 곧바로 IPv6 서비스를 이용할 수 있는 것은 아닙니다. 자신의 IP 장비가 IPv6 기능을 지원해야 합니다. 예를 들어 마이크로소프트 계열의 운영 체제 중에서는 윈도우 7 이상이 IPv6를 완벽하게 지원합니다.

---

32 http://www.boannews.com/media/view.asp?idx=44447&kind=2
33 행사 관련 사진들을 필자 개인 블로그에 포스팅했습니다(http://blog.naver.com/nackji80/220518584235).
34 관련 발표 동영상은 유튜브를 참조하기 바랍니다(https://youtu.be/y4YuMAL73Qg).

Lesson 3 IPv6 Network

IPv6의 특징

IP 패킷은 IP 헤더와 페이로드(Payload)[35]로 구성돼 있습니다. IPv4와 IPv6의 차이점은 헤더의 차이점으로 인해 발생합니다.

IPv4 헤더의 종류는 한 가지인 반면 IPv6 헤더는 기본 헤더와 확장 헤더(Extension Header)로 나눌 수 있습니다.

Lesson 3에서는 가장 먼저 IPv4와 IPv6의 기본 헤더 비교를 통해 IPv6의 특징을 알아보고, IPv6로 변하면서 새로 생긴 확장 헤더들을 통해 IPv6의 특징을 알아보겠습니다. 그리고 마지막으로 기타 중요 특징에 대해 알아보겠습니다.

01 IPv6 기본 헤더의 특징

[그림 1-7]은 IPv4와 IPv6의 기본 헤더를 비교한 것입니다.

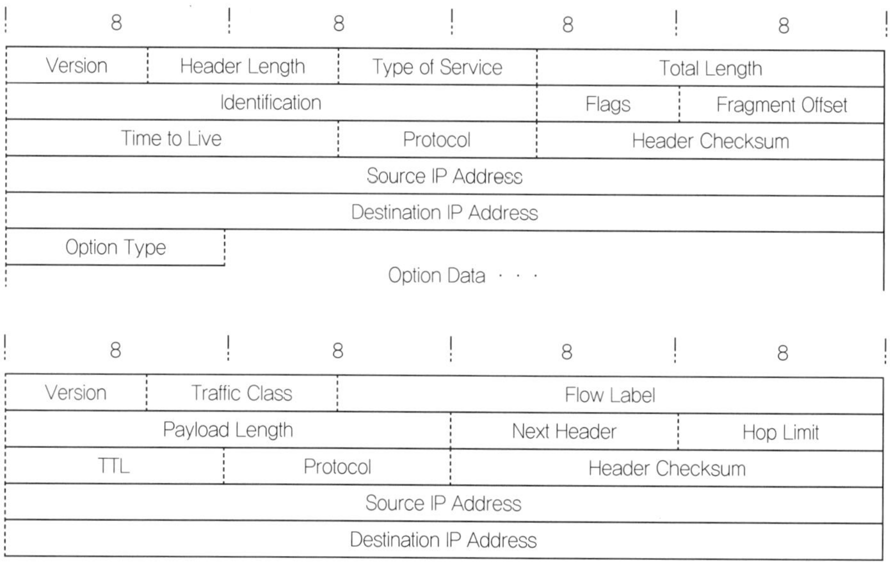

8
8
8
8
Version
Header Length
Type of Service
Total Length
Identification
Flags
Fragment Offset
Time to Live
Protocol
Header Checksum
Source IP Address
Destination IP Address
Option Type
Option Data · · ·
8
8
8
8
Version
Traffic Class
Flow Label
Payload Length
Next Header
Hop Limit
TTL
Protocol
Header Checksum
Source IP Address
Destination IP Address

그림 1-7
IPv4와 IPv6 헤더 비교

35 페이로드(Payload): 헤더 뒤에 따라붙으며 실제 데이터가 저장되는 공간

[그림 1-7]을 보면 기존 IPv4 헤더에 비해 IPv6 헤더가 IPv6 Source, Destination Address 의 주소 길이로 인해 무척 커진 것을 알 수 있습니다. 그리고 또 하나의 중요한 특징은 IPv6 헤더가 무척 단순해졌다는 것입니다. 기존 IPv4의 필드(Field)[36] 중에서 불필요한 것들을 모두 없앴기 때문입니다.

[표 1-1]은 IPv4 헤더와 IPv6 헤더의 필드들을 비교한 것입니다.

표 1-1
IPv4, IPv6 헤더의
필드 비교

IPv4 헤더	IPv6 헤더	비고
Version	Version	유지
Header Length	–	삭제
Type of Service	Traffic Class	이름 변경
	Flow Label	신규
Total Length	Payload Length	이름 변경
Identification	–	삭제
Flags	–	삭제
Fragment Offset	–	삭제
Time to Live	Hop[37] Limit	이름 변경
Protocol	Next Header	이름 변경
Header Checksum	–	삭제
Option	–	삭제

IPv6에 들어 기존 IPv4 헤더의 필드들 중에 유지 또는 이름이 변경된 필드들도 있는 반면, 삭제된 필드들도 있습니다. IPv6에 들어 삭제된 필드들과 그 이유에 대해 설명하겠습니다.

❶ Header Length

IPv4에서는 헤더의 사이즈가 최소 20바이트에서 최대 60바이트였습니다.[38] 이처럼 IPv4 헤더의 사이즈는 가변적이기 때문에 IPv4 헤더의 사이즈를 가리키는 'Header Length' 필드가 반드시 필요했습니다. 하지만 IPv6 헤더의 사이즈는 고정(320비트)이기 때문에 더 이상 'Header Length' 필드는 필요하지 않게 됐습니다.

---

36 필드(Field): 특정한 종류의 데이터를 위해 사용되는 지정된 영역을 말합니다.

37 홉(Hop): IP 네트워크에서 라우터와 라우터 사이의 거리 단위입니다. 1홉은 자기자신과 바로 인접해 있는 라우터들을 말합니다.

38 IPv4 헤더의 Header Length Field는 4비트, 0부터 15(2^4-1)까지의 숫자로 표현할 수 있습니다. 하지만 5~15의 숫자가 기입됩니다. 이때 숫자 1의 의미는 4바이트를 의미하므로 IPv4 헤더의 사이즈는 20~60바이트가 됩니다.

❷ Identification, Flags, Fragment Offset

Identification, Flags, Fragment Offset은 라우터(Router)[39]가 IPv4 패킷을 분할 (Fragmentation)할 때 사용하는 필드들입니다. 하지만 IPv6 네트워크에 들어 라우터가 IPv6 패킷을 분할할 필요가 없어졌습니다.[40] 따라서 Identification, Flags, Fragment Offset Field는 더 이상 필요치 않게 됐습니다.

❸ Header Checksum

IPv4 네트워크에서는 라우터가 전송되는 패킷들의 오류 정정을 수행했습니다. IPv4 네트워크가 설계되던 초기에는 노드 간의 통신에서 비트 오류(Bit Error)가 많이 발생할 수 있는 환경이었으며, 더욱이 IP 헤더에는 IP 패킷을 처리하는 데 중요한 정보가 많이 포함돼 있었기 때문에 링크 간의 오류 정정이 반드시 필요했습니다. 따라서 각각의 노드에서 수신된 IPv4 헤더에 오류가 포함 돼 있는지 확인하기 위해 Header Checksum Field를 사용했습니다. 하지만 최근 들어 통신 전송 기술이 급격하게 발전하면서 링크 간에 패킷 전송이 거의 오류 없이 전달되고 있습니다. 더욱이 링크 계층에서 이미 CRC Error를 체크해 오류가 포함된 패킷을 삭제하고 있기 때문에 인터넷 계층에서 다시 Header Checksum Field를 이용해 확인할 필요가 없어졌습니다. 따라서 IPv6 네트워크에서는 이러한 불필요한 행동을 함으로써 발생하는 라우터의 부하를 줄이기 위해 Header Checksum Field를 삭제했습니다.

IPv6 헤더에는 기능이 바뀌면서 이름이 바뀐 필드들도 있습니다.

- Type of Service ➡ Traffic Class
- Total Length ➡ Payload Length
- Time to Live ➡ Hop Limit
- Protocol Type ➡ Next Header

지금까지는 IPv4 헤더의 필드들과 비교하면서 삭제된 필드들과 이름이 변경된 필드들에 대해 설명했습니다. 지금부터는 IPv6 헤더 필드들의 용도를 하나씩 자세히 설명하겠습니다.

❶ Version(4비트)

IP 패킷의 버전을 나타내는 필드입니다. IPv4 헤더에서는 숫자 4, IPv6 헤더에서는 숫자 6이 기입됩니다.

---

39 라우터(Router): IP 패킷을 다른 네트워크로 전달할 수 있는 노드를 말합니다. 참고로 IP 패킷을 다른 네트워크로 전달할 수 없는 노드는 '호스트(Host)'라고 합니다.

40 IPv6 라우터가 IPv6 패킷을 분할하지 않게 된 이유는 뒤에서 자세히 설명합니다.

❷ Traffic Class(8비트)

IPv4 헤더의 'Type of Service' 필드가 바뀐 것입니다. IPv6 패킷 중 QoS를 보장해야 할 필요성이 있는 패킷과 그렇지 않은 패킷을 구별할 때 쓰입니다.

❸ Flow Label(20비트)

IPv6에서 새로 생긴 필드입니다. IPv6 규격이 만들어질 당시에 다양한 용도가 제안됐지만 (다른 IPv6 Header Field들에 비해) 비교적 최근에 이르러서야 표준으로 확립됐습니다.[41] 따라서 아직 Flow Label 기능이 적용되지 않은 장비들이 있으며,[42] 이런 장비에서 IPv6 패킷을 생성하거나 처리할 때 모든 Flow Label Field가 '0'으로 세팅됩니다.

Flow Label의 용도는 (이름에서 이미 짐작했겠지만) 실시간 트래픽(Real-Time Traffic)[43]처럼 매우 중요도가 높은 트래픽을 기타 다른 트래픽(예 일반 인터넷 데이터)들보다 빨리 처리하기 위해 만든 것입니다.

기존 IPv4 및 Upper 계층(트랜스포트 계층 또는 애플리케이션 계층)에서는 중요도가 높고, 낮은 트래픽(Traffic)을 Source Address, Destination Address, Source Port, Destination Port 그리고 Transport Type을 이용해 구별했습니다. 이를 5-Tuple(Source Address Destination Address, Source Port, Destination Port, Transport Type)을 이용해 트래픽을 구별한다고 말합니다. 하지만 이런 5-Tuple 방식에는 단점이 존재합니다. 파편화된(Fragmented) IP 패킷의 경우에는 첫 번째 IP 패킷만 UDP 또는 TCP 포트 번호를 포함하고, 두 번째 분할 패킷부터는 TCP/UDP 포트 정보가 포함돼 있지 않습니다. 따라서 파편화된 모든 패킷에 대해 우선순위 처리를 보장하지 못하는 문제가 발생합니다. 또한 IPsec의 경우에는 보안을 위해 IP Payload 부분을 암호화해 전송하는데, 이 경우에도 TCP/UDP 포트가 암호화돼 있기 때문에 TCP/UDP 포트를 이용한 트래픽 식별이 불가능해집니다.

하지만 Flow Label을 이용한 3-Tuple(Source Address, Destination Address, Flow Label)을 이용한 방식은 이런 단점이 없어집니다. 왜냐하면 QoS에 필요한 모든 필드 정보가 IP 헤더 내에 위치하기 때문입니다. 따라서 3-Tuple 방식을 이용하면 패킷이 분할되거나 IP Payload가 Encryption된다 하더라도 IP 헤더에 위치한 Flow Label 값과 Source/Destination Address를 이용해 모든 플로를 식별하고 플로별 우선순위 처리 또는 플로별 대역폭 제한 등의 다양한 기능을 수행할 수 있습니다.

....

41 RFC 6437, 'IPv6 Flow Label Specification', 2011

42 2015년 하반기에 ISP의 백본망에 사용되는 고성능 대용량 라우터를 시험한 적이 있습니다. 이때도 적지 않은 벤더(Vendors)의 신규 라우터 장비가 Flow Label을 이용한 QoS 기능을 지원하지 못했습니다.

43 트래픽(Traffic) : 특정 링크상에 일정 시간 동안 흐르는 데이터들의 집합을 말합니다.

자세한 Flow Label의 용도 및 사용 방법은 RFC 6437, 'IPv6 Flow Label Specification'과 RFC 6294, 'Servey of Proposed Use Cases for the IPv6 Flow Label' 문서를 참조하기 바랍니다.

❹ Payload Length(16비트)

IPv4 Header의 'Total Length' 필드가 'Payload Length' 필드로 바뀌었습니다. 단, IPv4의 'Total Length'는 헤더와 페이로드의 사이즈를 합한 반면, IPv6의 'Payload Length'는 순수하게 (IPv6 기본 헤더 뒷부분에 따라오는) 페이로드의 사이즈만을 가리킵니다. 이때 기본 헤더의 뒷부분에 따라오는 Extension Header들은 페이로드로 취급됩니다.

Payload Length가 Extension Header들의 사이즈까지 합한 이유는 IPv6 Extension Header들의 사이즈와 수량이 가변적이기 때문입니다.

❺ Next Header(8비트)

IPv4에서의 'Protocol Type' 필드가 'Next Header' 필드로 바뀌었습니다. 필드에 기입되는 값들의 의미는 동일합니다. 주요 값들의 의미는 [표 1-2]와 같습니다.[44]

값	설명
0	Hop-by-Hop Options
1	ICMPv4
2	IGMPv4
4	IPv4
6	TCP
8	Exterior Gateway Protocol
9	Interior Gateway Protocol
17	UDP
41	IPv6
43	Routing Header
44	Fragmentation Header
45	Interdomain Routing Protocol
46	Resource Reservation Protocol
47	General Routing Encapsulation
50	Encrypted Security Payload Header
51	Authentication Header
58	ICMPv6

표 1-2
인터넷 프로토콜 넘버
(Internet Protocol
Numbers)

[44] 모든 인터넷 프로토콜 넘버의 정보는 https://www.iana.org/assignments/protocol-numbers/protocol-numbers.xhtml에서 확인할 수 있습니다.

❻ Hop Limit(8비트)

IPv4에서의 'Time to Live' 필드의 용도와 비슷합니다. IPv6 패킷이 라우터를 거칠 때마다 Hop Limit Field의 숫자가 1씩 감소합니다.

라우터는 자신이 수신한 패킷을 다른 네트워크로 전달하기 전에 Hop Limit Field 값을 조사합니다. 만약, Hop Limit의 값이 '1'이면 해당 패킷을 전달하지 않고 버립니다.

❼ Source/Destination Address(128비트)

IPv6 헤더의 가장 큰 특징은 주소 공간이 IPv4 헤더에 비해 엄청나게 넓어졌다는 것입니다.

IPv4와 IPv6의 헤더 사이즈는 가변적이기 때문에 IPv4와 IPv6의 이더넷 프레임(Ethernet Frame)의 길이 역시 가변적입니다. 이때 IPv4 이더넷 프레임과 IPv6 이더넷 프레임의 최소 사이즈를 아는 것이 도움됩니다.[45]

예를 들어 라우터와 L3 스위치의 성능을 검증할 때입니다. 라우터와 L3 스위치가 이더넷 프레임을 스위칭할 때 이더넷 프레임의 사이즈가 작을수록 장비 CPU에 부하를 일으킵니다. 따라서 통상적으로 라우터와 L3 스위치의 성능을 검증할 때 가장 가혹한 조건을 만들기 위해 가장 작은 사이즈의 이더넷 프레임으로 설정해 테스트를 진행합니다. 그러므로 최소 사이즈의 이더넷 프레임을 아는 것은 분명 의미가 있습니다.

IPv4/IPv6의 최소 IP 헤더 사이즈와 그때의 이더넷 프레임 사이즈는 [표 1-3]과 같습니다.

구분	IPv4	IPv6
IP 헤더	20바이트	40바이트
IP 패킷	46바이트	60바이트
이더넷 프레임	64바이트	78바이트

IPv4 헤더는 옵션 필드(Option Field)에 의해 헤더 사이즈가 가변적입니다. 따라서 옵션 필드에 아무런 데이터가 실리지 않을 때가 최소 IPv4 헤더 사이즈이며, 그 값이 20바이트입니다. IPv6 헤더의 경우에는 확장 헤더가 없는 헤더일 때가 최소 IPv6 헤더 사이즈이며, 그 값이 40바이트입니다.

이제 IPv4와 IPv6 패킷을 실어나르는 최소 사이즈의 이더넷 프레임에 대해 알아보겠습니다. 이더넷 프레임은 [그림 1-8]과 같이 구성돼 있습니다.

---

45 실무를 하다 보면 계측기와 라우터 등에서 이더넷 프레임의 사이즈를 설정해야 하는 경우가 종종 발생합니다.

그림 1-8
이더넷 프레임 구성

Destination Ethernet Address (6바이트)	Source Ethernet Address (6바이트)	Eth 타입 (2바이트)	IP 패킷	FCS (4바이트)

즉, 이더넷 프레임은 'IP 패킷 + 18바이트(이더넷 헤더, FCS[46])'로 구성돼 있습니다.

IPv4 패킷을 실어나르는 최소 이더넷 프레임의 사이즈는 64바이트입니다. 이 사이즈는 최소 IPv4 패킷(46바이트)에 이더넷 헤더와 FCS를 합친 것입니다. 이와 마찬가지로 IPv6 패킷을 실어 나르는 최소 이더넷 프레임의 사이즈는 78바이트입니다. 이 사이즈는 최소 IPv6 패킷(60바이트) 에 이더넷 헤더와 FCS를 합친 것입니다.

만약 여러 제조사가 라우터, L3 스위치의 스위칭 성능을 비교하는 기회가 생긴다면 계측기에서 IPv4, IPv6 이더넷 프레임의 사이즈를 각각 64바이트, 78바이트로 설정한 후에 PER[47]을 측정하 는 것이 가장 좋습니다.

지금까지 IPv6 헤더를 IPv4 헤더와 비교했을 때 달라진 점과 새로 생긴 필드들에 대해 알아봤 습니다. 지금부터는 IPv4에 없었던 확장 헤더(Extension Header)에 대해 자세히 알아보겠습니다.

02 IPv6 확장 헤더의 특징

IPv4는 IP 헤더에 추가 정보를 집어넣고자 할 때 IPv4 헤더 내의 옵션 필드(Option Field)를 이 용했습니다. 하지만 [그림 1-9]와 같이 IPv6 규격에서는 확장 헤더라는 별도의 헤더를 만들어 해 당 헤더에 추가 정보를 집어넣는 것으로 만들어졌습니다. 이렇게 설계한 이유에 대해 간단히 설명 하겠습니다.

그림 1-9
IPv4 옵션 필드와
IPv6 확장 헤더

IPv4 네트워크
"IPv4 옵션 필드 이용"

IPv6 네트워크
"IPv6 확장 헤더 이용"

IPv4에서는 헤더의 옵션 필드에 여러 정보를 담을 수 있었습니다. 문제는 이로 인해 IPv4 헤더 의 길이가 가변적으로 변한다는 것입니다. 이는 IPv4 패킷을 스위칭할 때마다 IPv4 헤더의 사이 즈를 체크해야 하는 별도의 프로세스가 필요하기 때문에 스위칭 성능에 좋지 않은 영향을 미쳤습

---

46 FCS: 'Frame Check Sequence'의 약자로, 이더넷 프레임에 오류가 발생했는지를 판단하는 코드입니다. 이더넷(Ethernet)에서 가 장 널리 사용되는 코드는 CRC(Cyclic Redundancy Check)입니다. 참고로 CRC 알고리즘에 의해 오류가 발생했다고 판단되면 해 당 이더넷 프레임을 수정하지 않고 그냥 버립니다.
47 PER: 'Packet Error Ratio'의 약자입니다.

니다. IPv6 규격에서는 이를 방지하기 위해 기본 헤더의 사이즈를 40바이트로 항상 일정하게 만들었습니다.

만약 기본 헤더에 담긴 정보 이외에 추가 정보들을 전달하고 싶다면 확장 헤더를 이용하면 됩니다.

[그림 1-10]은 IPv6에서의 기본 헤더와 확장 헤더들의 연결 관계를 나타낸 것입니다. IPv6 기본 헤더의 사이즈는 항상 40바이트로 일정하고, 기본 헤더 뒤에 확장 헤더들이 비엔나 소시지처럼 연결돼 있는 것을 알 수 있습니다.

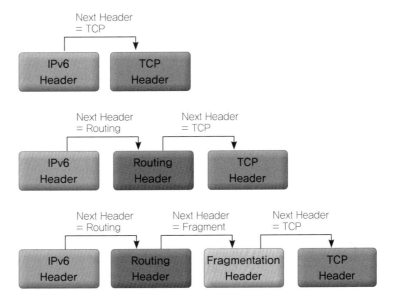

그림 1-10
IPv6의 기본 헤더와 확장 헤더들 간의 연결 관계

확장 헤더에는 여러 종류가 있기 때문에 헤더 내의 넥스트 헤더 필드(Next Header Field)를 통해 명시적으로 뒤따라 오는 확장 헤더를 알려줍니다. [표 1-4]는 넥스트 헤더 필드의 값들을 나타낸 것입니다.

프로토콜 번호	설명	참고
0	IPv6 Hop-by-Hop Option	RFC8200
43	Routing Header for IPv6	RFC8200, RFC5095
44	Fragment Header for IPv6	RFC8200
50	Encapsulating Security Payload	RFC4303
51	Authentication Header	RFC4302
59	No Next Header for IPv6	RFC 8200
60	Destination Options for IPv6	RFC8200
135	Mobility Header	RFC6275
139	호스트 Identity Protocol	RFC7401
140	Shim6 Protocol	RFC5533
253	Use for experimentation and testing	RFC3692, RFC4727
254	Use for experimentation and testing	RFC3692, RFC4727

표 1-4
넥스트 헤더 필드의
값들

[그림 1-10]과 같이 2개 이상의 확장 헤더들이 IPv6 기본 헤더 뒤에 연결되는 경우가 있을 수 있습니다. 이때는 미리 정해진 규칙에 의해 순서대로 연결됩니다. 그 순서는 [표 1-5]와 같습니다.

우선순위	확장 헤더의 종류
0	IPv6 기본 헤더
1	Hop-by-Hop 옵션 헤더
2	Destination 옵션 헤더(라우팅 헤더에서 지정한 장비에서 처리해야 할 옵션)
3	라우팅 헤더
4	프레그먼트 헤더
5	인증 헤더(Authentication Header)
6	Encapsulating Security Payload 헤더
7	Destination 옵션 헤더(최종 목적지에서 처리해야 할 옵션)
8	Upper-Layer(TCP/UDP) 헤더

표 1-5
확장 헤더들의 연결
순서

각 확장 헤더들은 IPv6 패킷에서 단 한 번만 나올 수 있으며 대부분 경로상의 중간 노드가 아닌 최종 목적지 노드에서만 검사할 수 있는 것을 기본으로 합니다. 하지만 경로상의 중간 노드가 검사하는 확장 헤더는 2개입니다. 하나는 Hop-by-Hop 옵션 헤더, 다른 하나는 Destination 옵션 헤더입니다.

Hop-by-Hop 옵션 헤더가 포함된 IPv6 패킷을 수신한 목적지 경로상의 모든 라우터는 반드시 Hop-by-Hop 옵션 헤더의 내용을 확인해야 합니다. 이 확장 헤더는 목적지까지 전달되는 경로상에 있는 모든 라우터가 알아야 하는 정보를 포함하고 있기 때문입니다. 따라서 Hop-by-

Hop 옵션 헤더는 확장 헤더들 중에서 가장 앞자리에 위치해 라우터에서 찾거나 처리하기 쉽도록 합니다.

Destination 옵션 헤더는 일반적으로는 IPv6 패킷의 확장 헤더들 중 가장 마지막에 위치하고 있고, 최종 목적지에서 확인하고 처리해야 할 내용을 포함하고 있습니다. 하지만 IPv6 패킷에 라우팅 헤더가 포함된 경우, 지정된 라우터에서 처리해야 할 옵션 사항들을 알려줄 수도 있습니다. 따라서 이 경우에는 Destination 옵션 헤더가 라우터 헤더 앞에 존재할 수 있으며, 이와 함께 최종 목적지에서 확인해야 할 옵션 사항이 함께 존재하는 경우, 이를 위해 확장 헤더의 마지막에 Destination 옵션 헤더가 다시 위치할 수 있습니다.

[표 1-5]의 확장 헤더들 중 매우 많이 쓰이는 프레그먼트 헤더에 대해 알아볼 필요가 있습니다.

프레그먼트 헤더는 IPv6 패킷을 분할(Fragmentation) 하는 데 쓰이는 확장 헤더입니다. IPv6 노드는 자신이 보내려고 하는 패킷이 링크의 MTU(Maximum Transfer Unit)[48] 값보다 클 경우, 원래의 IPv6 패킷을 MTU 값보다 작게 분할해 보냅니다. 이때 IPv6 패킷이 분할되는 과정에 대해 알아보겠습니다.

IPv6 노드가 원래의 IPv6 패킷을 분할해야 할 필요성이 생겼을 때 IPv6 노드는 먼저 원래의 IPv6 패킷을 [그림 1-11]처럼 Unfragmentable Part와 Fragmentable Part로 나눕니다.

그림 1-11
Unfragmentable과
Fragmentable Part로
나뉜 IPv6 패킷

Unfragmentable Part와 Fragmentable Part로 나누는 기준은 다음과 같습니다. IPv6 패킷이 최종 목적지까지 가는 데 있어서 최종 목적지의 노드만을 조사하고(디코딩, Decoding) 다른 중간 노드들은 조사할 필요가 없는 확장 헤더들은 모두 Fragmentable Part로 분류됩니다.

Fragmentable Part로 분류되면 말 그대로 데이터가 분할돼(최종 목적지에서 다시 합쳐지기 전 까지) 중간의 노드들은 분할되기 전의 데이터를 전혀 유추할 수 없게 됩니다. 이와 반대로 최종 목적지까지 가는 데 있어서 경유되는 노드들이 패킷 안의 데이터 내용을 조사(디코딩)할 필요가 있는 확장 헤더들은 Unfragmentable Part로 분류됩니다.

예를 들어 확장 헤더 중에서 Hop-by-Hop 옵션 헤더, Destination 옵션 헤더(경로상의 중간 라우터에서 처리해야 할 옵션을 포함하는 경우), 라우팅 헤더는 목적지까지 전달되는 중간 경로의 라우터가 확인해야 하므로 Unfragmentable Part로 분류됩니다. 이 밖의 모든 확장 헤더는 [그림 1-11]의 Fragmentable Part로 분류됩니다.

----

48 MTU(Maximum Transfer Unit): 링크를 통해 전송할 수 있는 최대 데이터 양을 말합니다.

IPv6 Sender Node는 IPv6 패킷을 Unfragmentable Part와 Fragmentable Part로 나눈 후, Fragmentable Part를 다시 8바이트의 배수로 [그림 1-12]처럼 나눕니다.

그림 1-12
N개의 Fragment
Part로 나뉜 IPv6
패킷

IPv6 Sender Node는 [그림 1-13]과 같이 n개의 분할 패킷을 만들고 난 후에 n개의 IPv6 패킷들을 보냅니다. 각각의 분할 패킷들은 당연히 (최종 목적지 노드까지 가는 데 있어 경유되는) 모든 링크의 MTU 값보다 작게 생성됩니다. [그림 1-11]의 Unfragmentable Part는 [그림 1-13]의 Unfragmentable Part와 거의 동일합니다.

그림 1-13
n개의 분할 패킷

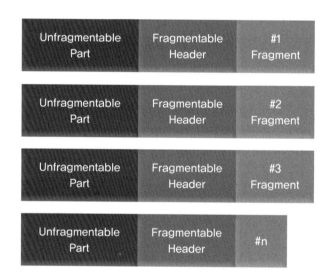

[그림 1-11]의 Unfragmentable Part에 있는 IPv6 기본 헤더의 필드들 중에 [그림 1-13]의 분할 패킷으로 바뀌면서 Payload Length Field 값이 변경됩니다. IPv6 패킷의 사이즈가 줄어들었으므로 바뀌는 것이 당연합니다.

[그림 1-13]의 IPv6 패킷들이 분할 패킷임을 알리기 위해 IPv6 기본 헤더 뒤에 프레그먼트 헤더가 추가됩니다.

[그림 1-13]의 프레그먼트 헤더의 메시지 데이터 포맷은 [그림 1-14]와 같습니다.

그림 1-14
프레그먼트 헤더 포맷

8	8	8	8		
Next Header	Reserved	Fragment Offset		Res	M
Identification					

- **Next Header**: 프레그먼트 헤더 다음에 위치한 헤더의 프로토콜 번호를 표시합니다.

- **Reserved**: 모두 '0'으로 세팅됩니다.
- **Fragment Offset**: 전체 메시지 중에서 이번 분할 패킷의 위치(오프셋)를 알려줘 재조립할 때 활용할 수 있도록 해줍니다. 단위는 8바이트(64비트)를 사용하며 IPv4의 헤더에 있던 프레그먼트 오프셋(Fragment Offset)과 유사하게 사용됩니다. 즉 [그림 1-13]의 #1~#n의 Fragment Part를 구분하는 식별자라고 이해하면 됩니다. #1 분할 패킷일 경우, '0'이 기입됩니다. 따라서 #n 분할 패킷일 경우에는 'n-1'이 기입됩니다.
- **Res**: 2비트 필드(Field)입니다. 모두 '0'으로 세팅됩니다.
- **M Flag**: '1'이면 분할 패킷이 더 있다는 뜻이고, '0'이면 자신이 마지막 분할 패킷이라는 뜻입니다.
- **Identification**: IPv4의 identification Field와 동일한 방식으로 사용하지만, 길이가 32비트로 커졌습니다. 하나의 메시지에서 생성된 모든 분할 패킷은 모두 동일한 값을 가지며, 이는 다른 IPv6 패킷에서 생성된 분할 패킷과 식별하기 위해 사용합니다.

[그림 1-13]의 n개 분할 패킷들은 최종 목적지 노드에서 다시 [그림 1-11]처럼 합쳐집니다. 만약 최종 목적지 노드에서 여러 가지 이유로 원래의 패킷대로 합쳐지지 않는다면, 오류 메시지가 송신 노드(Sender Node)로 전달됩니다. 이 부분과 관련해서는 Chapter 3의 Lesson 1.1을 참조하기 바랍니다.

03 기타 주요 특징들

이번에는 IPv6 기본 헤더와 확장 헤더에서 다루지 않았던 주요 특징에 대해 설명하겠습니다.

첫째, End-to-End Reachability가 가능하게 됨으로써 데이터 무결성을 검증하는 것이 가능해졌습니다.

IPv6에서는 사용할 수 있는 주소가 무한대입니다. 따라서 전 세계의 어느 곳이나 겹치지 않는 주소를 할당해줄 수 있습니다. 이는 우리나라 노원구에 사는 필자의 집에서 아프리카에 있는 어느 가정집에 IPv6 패킷을 보낼 때 (IPv4와 달리) 어떠한 네트워크 주소 변환 장비(예 NAT 장비)를 거치지 않고도 패킷을 전달할 수 있다는 의미입니다. 기존 IPv4 네트워크에서는 인터넷 식별자(IPv4 주소)가 부족하다 보니 네트워크 변환 장비를 통해 패킷들을 전달했습니다.

따라서 노원구에 있는 필자의 집에서 보냈던 IPv6 패킷의 헤더가 아프리카에 있는 어느 가정집에 도착할 때까지 헤더 내의 단 하나의 비트도 변하지 않고 전달된다는 의미입니다. 즉, 인터넷을 만들었을 당시에 구상했던 End-to-End Reachability가 비로소 구현되는 것입니다.

End-to-End Reachability가 가능하다 보니 송신자와 수신자가 인터넷 데이터에 대해 무결성을 체크하는 것이 가능해졌습니다. 기존 IPv4 네트워크에서는 송신자가 보낸 데이터와 수신자가 받은 데이터가 다르더라도 이것이 네트워크 변환 장비에 의해 정상적으로 변환된 것인지, 악의를 지닌 제삼자에 의해 변환된 것인지 구별할 수 없었습니다.

둘째, 패킷 스위칭(Packet Switching)의 성능이 향상됐습니다.

패킷 스위칭(Packet Switching)의 성능이 증가하게 된 이유는 기존 IPv4 헤더에 있었던 불필요한 필드를 제거하고 불필요한 행동을 하지 않음으로써 라우터가 라우터 본래의 기능인 패킷 스위칭에만 신경 쓸 수 있게 됐기 때문입니다. 구체적으로 예를 들어 설명하겠습니다.

[표 1-1]을 보면 IPv6 헤더에 Checksum Field가 없어진 것을 알 수 있습니다. 라우터가 Checksum을 계산하지 않다 보니(즉, 불필요한 업무를 하지 않다 보니), 패킷 스위칭 속도가 빨라진 것입니다. 그렇다면 'IPv6 계층에서는 오류 체크(Error check)를 하지 않는 것일까?'라는 생각을 할 수 있습니다. 이는 맞는 말이기도 하고 틀린 말이기도 합니다.

기존 IPv4 네트워크에서는 IPv4 헤더에 Header Checksum Field가 있어서 라우터를 지날 때마다(매 홉마다) 라우터가 IPv4 패킷의 오류 체크를 수행했습니다. 하지만 IPv6 네트워크에서는 목적지까지 가는 데 있어 중간 라우터에서는 IPv6 패킷의 오류 체크를 수행하지 않고 오직 목적지 노드에서만 오류 체크를 수행합니다.

'IP 패킷의 오류 체크의 수행을 이렇게 줄이면 네트워크 안정성에 나쁜 영향을 미치는 것은 아닐까?'라는 생각을 할 수 있습니다. 하지만 이런 걱정은 할 필요가 없습니다. 그 이유는 이미 물리 계층(Layer 1)에서 이론 값에 가까운 오류 복원 기능을 갖고 있기 때문입니다. 그리고 링크 계층(Layer 2)에서 오류 체크를 다시 한번 수행합니다.

즉, IPv4가 만들어졌던 당시에 비해 Layer 1, 2에서 이미 비약적인 오류 복원 향상이 있었기 때문에 인터넷 계층에서 오류 체크를 또 한 번 할 필요가 없어진 것입니다. 더욱이 IPv6의 상위 계층인 TCP 또는 UDP 프로토콜에서도 오류 체크 기능을 수행하므로 별 문제가 되지 않습니다.

이처럼 최근에는 전송 기술의 발달로 인해 패킷에 오류가 거의 발생하지 않으므로 (매 홉마다 오류 체크를 하지 않고) 최종 목적지에서만 오류 체크를 해도 문제가 발생하지 않게 된 것입니다.

그리고 패킷 스위칭의 성능이 높아진 이유가 하나 더 있습니다. IPv6 라우터가 더 이상 패킷을 분할하지 않음으로써 패킷 스위칭의 성능을 높일 수 있게 된 것입니다. 예를 들어 설명하겠습니다. [그림 1-15]와 같은 네트워크가 있다고 가정해보겠습니다.

그림 1-15
MTU 값이 서로 다른
네트워크의 예

노드 A 와 라우터 B 사이의 MTU는 1,500바이트, 라우터 B와 노드 C 간의 MTU는 1,280바이트입니다. 노드 A가 4,000바이트 사이즈의 IPv4 패킷을 보내면 기존 IPv4 네트워크에서는 라우터 B가 IPv4 패킷을 노드 C에게 전달하기 위해 1,280바이트로 분할합니다. 이는 라우터에게 불필요한 노동을 가하게 되며, 본래의 기능인 패킷 스위칭에 집중하지 못하게 되는 결과를 초래했습니다. 따라서 IPv6에서는 더 이상 라우터가 분할되지 않게 만들었습니다. 그 대신 노드 A(출발지 노드)가 IPv6 패킷을 보낼 때 목적지까지 가는 링크 중의 최소 MTU에 맞춰 분할합니다.[49]

이처럼 IPv6에서는 불필요한 라우터의 행동(오류 체크, 분할)을 없앰으로써 라우터가 본래 기능인 패킷 스위칭에 집중할 수 있게 만들었습니다. 이로 인해 패킷 스위칭의 성능을 향상시킬 수 있게 된 것입니다.

셋째, 운용자의 IP 주소 할당 및 설계가 편리해졌습니다.

IPv6 주소가 무한대이다 보니 [그림 1-16]과 같이 계층적으로 주소 할당이 가능하게 됐다는 것입니다.

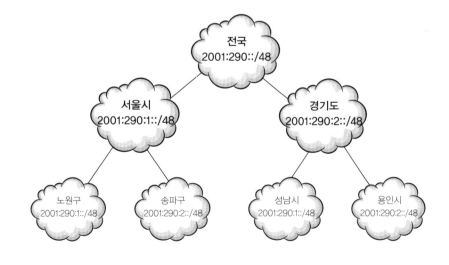

그림 1-16
계층적 IPv6 주소
설계 예

---

49 IPv6 패킷 분할 관련 동작 원리는 Chapter 2의 Lesson 2에서 자세히 설명했습니다.

네트워크에 할당된 IP 주소가 계층적이다 보니 Routing Aggregation과 Routing Entry Summary가 훨씬 효율적이 됐습니다.

대형 ISP의 백본 네트워크(Backbone Network)에 수용돼 있는 라우터에는 라우팅 엔트리(Routing Entry) 개수가 엄청나게 많습니다. 라우팅 엔트리 개수는 라우팅 성능에 영향을 미칩니다. 따라서 라우터 모델들별로 라우팅 엔트리 개수가 제한이 있습니다. 따라서 네트워크 운용자는 수시로 라우팅 엔트리 개수를 확인하고 줄이는 작업을 해야 합니다.

만약 계층적으로 IP 주소를 설계하지 않으면 각각의 목적지를 향한 라우팅 정보를 모든 라우터들에서 관리해야 합니다.

하지만 IP 주소가 계층적으로 설계된다면 상위의 라우터는 자신의 인터페이스에 연결된 라우터에 대한 조그마하고 수많은 네트워크 대역을 큰 네트워크 대역으로 Routing Summary해 운용할 수 있으므로 라우팅 엔트리를 많이 줄일 수 있습니다.

예를 들어 [그림 1-16]은 IP 주소가 계층적으로 설계된 것을 보여주고 있습니다. [그림 1-16]에서 '서울시' 네트워크를 처리하는 라우터는 라우팅 테이블을 노원구 네트워크 대역(2001:290:1:1/48)과 송파구 네트워크 대역(2001:290:1:2/48)을 가질 필요 없이 1개의 라우팅 엔트리인 2001:290:1/48 대역만 관리해도 인터넷 통신을 하는 데 전혀 문제가 없습니다.

그리고 IPv6에서는 주소를 설정하는 방식이 매우 편해졌습니다.

운용자의 설정이나 DHCPv6 서버의 도움 없이도 IPv6 노드들은 자기 스스로 주소를 생성할 수 있게 되었습니다.[50]

그리고 IPv6 환경에서는 Network Renumbering[51]이 매우 편해졌습니다. IPv6 라우터에서 네트워크 프리픽스(Network Prefix) 정보만 바꿔주면 그 네트워크 안의 모든 IPv6 노드의 IPv6 주소가 바뀌는 기능이 생긴 것입니다. 기존 IPv4 네트워크 환경에서 Network Renumbering 작업을 하기 위해서는 운용자가 일일이 IPv4 노드들의 IPv4 주소를 수동으로 바꿔줘야만 했습니다.

넷째, 인터넷 보안이 강해졌습니다.

IPv6 네트워크에서는 IPv4 네트워크에 비해 보안이 강화됐습니다. 보안이 강화된 몇 가지 예를 들어보겠습니다.

▶ IPsec 기능을 기본적으로 제공합니다.

---

50 좀 더 자세한 내용은 Chapter 4의 Lesson 2에서 설명합니다.

51 네트워크에 할당된 IP 주소들을 변경하는 작업을 말합니다. 예를 들어 서울 노원구 지역에 192.168.1.0/16의 대역을 할당했는데 여러 가지 사유로 인해 172.23.0.0/16 대역으로 변경해야 하는 일이 생깁니다.

IPsec(Internet Protocol Security)는 Host-to-Host와 Network-to-Network 간의 데이터 흐름(Data Flow)를 암호화시키는 프로토콜입니다.

IPv4에서는 IPsec 기능이 옵션이었던 반면, IPv6에서는 IPsec이 기본으로 제공됩니다. IPv4에서는 옵션이었기 때문에 IPsec 기능을 사용하기 위해서는 소프트웨어적으로 구현해야 하는 불편함이 있었습니다. 더욱이 IPsec 기능을 소프트웨어적으로 구현해야 했기 때문에 장비 CPU에 부하를 일으키게 됐습니다.

반면 IPv6에서는 [표 1-6]과 같이 확장 헤더에 IPsec를 지원하는 Encrypted Security Payload Header와 Authentication Header가 있습니다. 이로 인해 IPv6에서는 하드웨어적으로 IPsec를 처리하는 것이 가능해졌고 CPU에 부하를 일으키지 않게 됐습니다.

표 1-6
IPv6 확장 헤더들 중
IPsec 관련 헤더

넥스트 헤더 필드 값	설명
50	Encrypted Security Payload Header
51	Authentication Header

참고로 초창기 IPv6 규격을 만들 당시, 모든 IPv6 노드는 IPsec를 필수적으로 지원하게 만들었습니다. 하지만 최근 들어 사물인터넷에서 사용되는 센서 노드들(Sensor Nodes)과 가정용 기기들이 성능이 낮은 네트워크 프로세서를 갖게 됐습니다. 따라서 해당 IPv6 노드로 인해 RFC 6434, 'IPv6 Node Requirements, 2011'에서 IPsec의 기능이 'Recommended' 수준으로 하향 조정됐습니다. 따라서 IPv6 네트워크에서도 Unencrypted Packet Transmission이 허용됐습니다. 하지만 IPsec이 'Option'으로 지원되는 IPv4 네트워크에 비해 IPv6 네트워크가 여전히 높은 보안성을 갖는 것은 사실입니다.

참고로 노드의 IPsec에 대한 Requirement Level은 [표 1-7]과 같습니다.

표 1-7
IPsec에 대한
Requirement Level

	IPv4 노드	IPv6 노드
Requirement Level	Should/Recommended	Optional

▶ IPv6 네트워크에서는 Control Message의 목적지 주소가 링크로컬 유니캐스트 주소(Link-Local Unicast Address)[52] 로 돼 있어 보안이 강화됐습니다.

IP 패킷으로 전달되는 메시지들은 크게 데이터 메시지(Data Message)와 컨트롤 메시지(Control Message)로 나눌 수 있습니다. 데이터 메시지는 애플리케이션에 사용되는 데이터들을 포함하는 메시지, 컨트롤 메시지는 노드를 제어하는 데 사용되는 메시지입니다. 당연히 컨트롤 메시지가 제삼자에 의해 변조되거나 왜곡되면 안 됩니다.

52 링크로컬 유니캐스트 주소는 링크 내에서만 통용되는 주소, 글로벌 유니캐스트 주소는 전 세계적으로 통용되는 주소입니다. 좀 더 자세한 내용은 Chapter 2의 Lesson 2에서 설명합니다.

기존 IPv4 네트워크에서는 데이터 메시지이든 컨트롤 메시지이든 목적지 주소가 Global Unicast Address였습니다. 따라서 2홉 이상 떨어져 있는 공격자(Attacker)가 IPv4 노드에 전달되는 컨트롤 메시지를 변조/왜곡할 가능성이 있었습니다.

하지만 IPv6 네트워크에서는 컨트롤 메시지(예 ICMPv6)는 링크로컬 유니캐스트 주소로만 전송되도록 만들어져 있기 때문에 1홉 이상 벗어나 전송되지 않습니다. 따라서 2홉 이상의 거리에 있는 공격자가 컨트롤 메시지를 변조/왜곡해 전송하더라도 IPv6 노드에 전달되지 않습니다.

▶ 브로드캐스트 통신을 없앴습니다.

브로드캐스트 통신은 하나의 송신자 노드(Sender)가 네트워크 내에 있는 모든 노드에 IP 패킷을 전달하는 통신 방식입니다. 이 통신 방식은 네트워크 내에 단 1명이라도 악의적인 노드가 있다면 해당 노드에 의해 네트워크 내의 모든 노드가 영향을 받을 수 있는 여지를 만들었습니다. 따라서 IPv6 네트워크에서는 이런 단점을 없애고자 브로드캐스트 통신을 없앴습니다.

▶ 주소의 길이가 길어져 공격자가 네트워크의 구조를 파악하는 것이 어려워졌습니다.

공격자가 인터넷 공격을 하는 데 있어 가장 먼저 하는 일은 공격할 대상인 네트워크의 구조를 파악하는 것입니다.

공격자는 네트워크의 구조를 파악하기 위해 네트워크 전체에 불특정 주소로 ping(ping) 메시지(또는 traceroute)를 보냅니다. 그리고 응답이 오는 메시지들을 통해 공격 대상 네트워크의 IP 주소와 구조를 추정합니다.

IPv6의 경우에는 주소 길이가 128비트로 늘어나 공격자가 네트워크 구조를 파악하는 것이 한층 더 어려워졌습니다.

예를 들어 설명하겠습니다. 공격자가 공격 대상 네트워크의 IPv6 주소 1개(예 2001:DB8::1)의 주소를 알아냈다고 가정해보겠습니다. 이 경우 공격자는 공격 대상 네트워크에 속한 노드들을 추정하기 위해 엄청나게 많은 ping 메시지를 전송해야 합니다.

만약 공격 대상의 네트워크가 IPv4와 IPv6 네트워크를 모두 갖고 있는 듀얼 스택(Dual Stack) 네트워크이고 각각의 서브넷 프리픽스(Subnet Prefix) 24와 64라고 가정해보겠습니다. 그러면 공격자가 IPv4 네트워크와 IPv6 네트워크를 파악하기 위해 전송해야 하는 핑 메시지의 개수는 각각 2^8과 2^{64}입니다. 이처럼 IPv6 네트워크의 구조를 파악하는 것이 매우 어렵게 됐습니다.

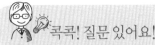

콕콕! 질문 있어요!

Q [표 1-4]를 보면 'Next Header Field'의 값이 '59'이면 'No Next Header for IPv6'의 의미라고 돼 있습니다. 그렇다면 과연 넥스트 헤더가 없는 경우가 있는지요? 예를 들어 IP 헤더 뒤에는 TCP 또는 UDP 헤더가 무조건 붙어야 하는 것이 아닌지요? 아주 간단한 ping 메시지조차도 기본 헤더 뒤에 ICMPv6 헤더가 따라붙거든요. 과연 IPv6 기본 헤더만 되는 경우가 있는지요?

A 일반적으로는 IP 기본 헤더만 보내는 경우는 없습니다. 규격에 정의되길 테스트용으로 페이로드가 없는 Pv6 헤더만으로 구성되는 패킷을 생성할 수 있다고 합니다.

Q IPv6 네트워크에서는 매 홉마다 오류 체크를 거의 수행하지 않지만, 그래도 목적지 노드에서는 오류 체크를 한다고 했습니다. 그런데 [그림 1-7]의 IPv6 헤더에는 Checksum Field가 없는데 목적지 노드에서 어떻게 오류 체크 기능을 수행하나요?

A IPv6 기본 헤더에는 Checksum Field가 없어서 기본 헤더만으로는 오류 체크 기능을 수행할 수 없습니다. 하지만 IPv6 확장 헤더에는 Checksum Field가 포함돼 있어서 오류 체크 기능을 수행할 수 있습니다. 예를 들어 Chapter 3의 [그림 3-4]에서 ICMPv6 메시지 데이터 포맷을 보면 Checksum Field가 있는 것을 확인할 수 있습니다. 이처럼 IPv6 확장 헤더에는 Checksum Field가 있어 최종 목적지 노드에서 오류 체크 기능을 수행할 수 있습니다.

Q IPv6에서는 라우팅 성능 향상을 위해 패킷 분할 수행을 라우터가 아닌 송신자 노드가 수행한다고 했습니다. 그러면 이와 반대로 송신자 노드가 패킷 분할 수행을 하느라 부하가 걸리는 것이 아닌지요?

A 예. 맞습니다.
IPv6 송신자 노드는 IPv4 송신자 노드에 비해 패킷 분할 기능을 추가로 수행하기 때문에 IPv4 노드보다 부하가 걸리는 것이 맞습니다. 하지만 라우터가 라우팅에만 집중하는 것이 전체 네트워크 성능 향상에 더욱 도움이 되기 때문에 패킷 분할 수행을 라우터가 아닌 노드에게 맡긴 것입니다.

Q IPv6의 여러 기능으로 인해 IPv6 패킷 스위칭이 IPv4 패킷 스위칭에 비해 성능이 향상됐다고 했습니다. 얼마만큼 향상됐는지요?

A 아쉽게도 저 역시 해당 자료를 찾으려고 노력했지만 찾을 수 없었습니다. 왜냐하면 실제 상용 네트워크에서 전체 Network Performance(다음 그림의 라우터 X와 라우터 Y 간의 스위칭 성능)를 측정하기에는 워낙 많은 변수가 있어서 정확한 측정 값을 구하기 힘들기 때문입니다.

라우터 X   네트워크   라우터 Y

다만 다음 그림과 같이 아주 단순한 네트워크 환경(단 두 대의 라우터만 연동돼 있는 환경)에서 동일한 라우터의 IPv4, IPv6 패킷의 스위칭 성능(다음 그림의 라우터 A가 라우터 B로 패킷을 보낼 때의 스위칭 성능)은 직접 비교 평가해본 적이 있습니다.

라우터 A   라우터 B

결론부터 말씀드리면, 제가 테스트를 진행한(글로벌 라우팅 제조사) H, J, N, C 사의 모든 최신 라우터에서는 IPv4 패킷과 IPv6 패킷의 스위칭 성능 차이가 없었습니다. 그 이유는 패킷의 스위칭이 ASIC에 의해 하드웨어적으로 처리되기 때문에 이런 아주 단순한 네트워크 환경에서는 IPv4, IPv6 패킷의 차이가 패킷 스위칭 성능에 영향을 미치지 않았던 것으로 보입니다.

참고로 IP 패킷의 스위칭 성능에 영향을 미쳤던 것은 패킷 사이즈였습니다. 당연히 패킷 사이즈가 작을수록 라우터에게는 가혹한 조건이었기 때문에 스위칭 성능이 떨어졌습니다.

예를 들어 64바이트(이더넷 프레임 기준)인 IPv4 패킷과 78바이트(이더넷 프레임 기준)인 IPv6 패킷을 비교했을 경우에는 IPv6 패킷의 스위칭 성능이 더 좋았습니다. 하지만 이더넷 프레임 사이즈를 동일하게 78바이트로 하고 IPv4 패킷과 IPv6 패킷의 성능을 비교하면 스위칭 성능이 동일했습니다. 이와 반대로 92바이트(이더넷 프레임 기준)인 IPv4 패킷과 78바이트(이더넷 프레임 기준)인 IPv6 패킷을 비교했을 경우에는 IPv4 패킷의 스위칭 성능이 더 좋았습니다.

Q IPv6의 특징 중 플러그 앤 플레이(Plug&Play)가 가능하다는 얘기를 들었습니다. IPv4는 플러그 앤 플레이가 안 되는데 IPv6에서는 플러그 앤 플레이가 가능한 이유가 무엇인지요?(2016. 1. 6, SK텔레콤 윤○○ 팀장)

A IP 노드가 IP 통신을 하기 위해서는 ❶ 자기자신의 IP 주소, ❷ 디폴트 라우터(Default Router) 주소, ❸ DNS 주소, ❹ 자신이 속한 네트워크의 사이즈 등과 같은 네트워크 매개변수(Network Parameters)를 알고 있어야 합니다.

IPv4 노드의 경우, 네트워크에 연결했을 때 네트워크 매개변수를 스스로 알지 못합니다(단, DHCPv4 서버를 이용하는 경우라면 DHCPv4 서버가 네트워크 매개변수를 알려줄 수 있습니다). 따라서 IPv4 노드는 네트워크에 연결한 후 사용자가 별도의 설정 작업을 수행해야 통신이 가능합니다.
반면, IPv6 노드는 네트워크에 연결했을 때 사용자의 도움 없이도 자기 스스로 네트워크 매개변수를 설정할 수 있습니다. 간단한 개념만 설명하면 다음과 같습니다.
[1단계] IPv6 노드는 전원을 켜면 자동으로 RS(Router Solicit) 메시지를 보내며 해당 메시지는 인접 라우터가 수신합니다.

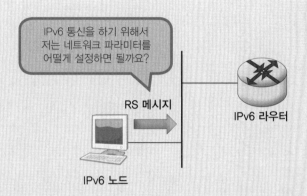

[2단계] RS 메시지를 수신한 라우터는 응답으로 RA(Router Advertisement) 메시지를 보냅니다. RA 메시지 안에는 모든 네트워크 매개변수가 들어 있습니다.

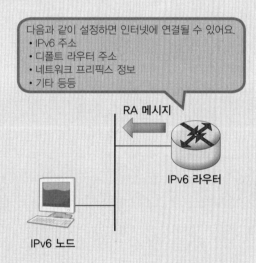

[3단계] RA 메시지를 수신한 IPv6 노드는 RA 메시지를 참조해 자신의 네트워크 매개변수를 설정하며 IP 통신이 가능합니다. 좀 더 자세한 내용은 Chapter 3의 Lesson 3에서 설명합니다.

Understanding

IPv6 Network

IPv6 주소 체계

Chapter 2에서는 IPv6 프로토콜의 철학이 담겨 있는 IPv6 주소 체계에 대해 알아보겠습니다.

Lesson 1에서는 IPv6 주소의 표기 방식, Lesson 2에서는 IPv6 주소의 종류에 대해 알아보겠습니다. 그리고 Lesson 3 ~ Lesson 5에서는 각각 IPv6 유니캐스트 주소, 멀티캐스트 주소 , 애니캐스트 주소에 대해 알아보고, Lesson 6에서는 IPv6 노드에 기본적으로 필요한 IPv6 주소들에 대해 살펴보겠습니다. 마지막으로 Lesson 7에서는 실제로 IPv6 주소들을 수동으로 생성하는 방법에 대해 실습해보겠습니다.

Chapter 2는 자칫 지루하다고 느낄 수 있습니다. 하지만 IPv6 주소 체계에는 IPv6의 철학이 담겨 있으므로 꼭 이해하고 넘어가기 바랍니다.

IPv6 주소의 표기 방식

여러분이 처음 IPv6 주소를 접했을 때 거부감이 생기는 이유는 주소 표현 방식이 IPv4와 다르기 때문입니다. 따라서 IPv6 프로토콜을 공부하기에 앞서 IPv6의 주소 표기 방식에 익숙해질 필요가 있습니다.

IPv6의 주소 길이는 128비트입니다. IPv4가 10진수로 표기되는 것에 반해, IPv6은 16진수로 표기됩니다.

IPv6 주소 표기 방식[53]에는 세 가지 규칙이 있습니다. 세 가지 규칙만 이해하면 IPv6 주소 역시 IPv4 주소와 마찬가지로 익숙해 보일 것입니다.

❶ [규칙 #1]

16진수로 표시하고 16진수 4개를 쓰며, 콜론(:)으로 구분합니다.

> *(1) 2001:0DB8:010F:0001:0000:0000:0000:0D0C*

위 네모 박스 안의 (1)은 IPv6 주소를 표기한 것입니다. (1)의 각 숫자는 16진수를 의미합니다. 따라서 [그림 2-1]과 같이 숫자 하나가 4비트를 의미합니다.

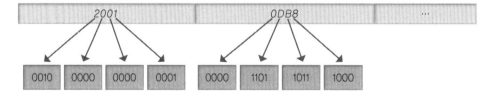

그림 2-1
IPv6 주소 128비트의
16진수와 2진수 표기
법

16진수가 모두 32개 있으므로 총 128비트(32×4비트)라는 것을 알 수 있습니다. (1)의 표기 형태를 보면 16진수 4개를 쓰고 콜론으로 구분돼 있는 것을 확인할 수 있습니다.

---

53 이와 관련된 RFC 문서는 RFC 4291, 'IP Version 6 Addressing Architecture'입니다.

❷ [규칙 #2]

앞쪽에 오는 '0'은 생략할 수 있습니다.

> *(2) 2001:DB8:10F:1:0:0:0:D0C*

(1) 형태의 IPv6 주소 표기에서 [규칙 #2]를 적용한 것이 (2)의 IPv6 주소 표기입니다. (1) 형태의 IPv6 주소 표기에서 앞쪽에 있는 '0'을 모두 생략하면 (2)의 형태가 됩니다.

❸ [규칙 #3]

'0'이 연속으로 나올 때는 여러 개의 콜론을 1개의 더블 콜론(::)으로 축약할 수 있습니다. 단, 한 번만 사용할 수 있습니다.

> *(3) 2001:DB8:10F:1::D0C*

(2) 형태의 IPv6 주소 표기에서 [규칙 #3]을 적용한 것이 (3)의 IPv6 주소 표기입니다. (2) 형태의 IPv6 주소 표기에서 '0'이 연속으로 나오는 부분을 더블 콜론으로 대체한 표기 방식입니다. 단, 더블 콜론으로 축약하는 것은 한 번만 허용됩니다. 왜냐하면 두 번 이상 더블 콜론으로 축약하면 '도대체 0이 몇 개가 생략된 것인지' 추측할 방법이 없기 때문입니다.

이해를 돕기 위해 예를 더 들어보겠습니다. [표 2-1]의 IPv6 주소들은 모두 동일한 것입니다.

2001:DB8:0:0:1:0:0:1
2001:0DB8:0:0:1:0:0:1
2001:DB8::1:0:0:1
2001:DB8::0:1:0:0:1
2001:0DB8::1:0:0:1
2001:DB8:0:0:1::1
2001:DB8:0000:0:1::1
2001:DB8.0.0.1..1

표 2-1
동일한 IPv6 주소에 대한 다양한 표현 방식

처음에는 [표 2-1]의 주소 표현 방식이 모두 허용됐지만, 점차 동일한 IPv6 주소에 대한 다양한 표현 방식이 존재하는 것에 대한 문제점이 대두됐습니다. 따라서 위 규칙 ❶~❸이 모두 적용된 주소 표기 방식만이 표준으로 제정됐습니다.[54] 이에 따라 운용자가 IPv6 주소를 수동으로 장비에 입력할 때 어떤 형식으로 입력하든 장비는 (오류 없이) 입력을 받아들이지만, 화면에 표시할 때는 상기 규칙 ❸까지 적용된 가장 간단한 표기 방식으로 출력됩니다.[55]

---

54 RFC 5952, 'A Recommendation for IPv6 Address Text Representation', 2010

55 Juniper JunOS 14.X 버전의 경우에는 운용자가 입력한 IP 주소 형식대로 입력되고 출력됩니다. 만약 RFC5952가 적용된 IPv6 주소 형태로 출력되도록 하고 싶다면 'show configuration | display rfc5952'와 같이 별도 옵션을 입력해야 합니다.

예를 하나 더 들겠습니다. [표 2-2]는 IPv6 주소를 표준 방식(RFC 5952)에 따라 표기한 예입니다.

표 2-2
IPv6 주소 요약 표현
예

IPv6 주소	표준 요약 표현
2001:0DB8:0001:0000:0000:A321:34FE:0205	2001:DB8:1::A321:34FE:205
FE80:0000:0000:0000:0210:7BFF:FE7E:DD9D	FE80::210:7BFF:FE7E:DD9D
FF02:0000:0000:0000:0000:0000:0000:0001	FF02::1

그러면 연습 문제 두 개를 함께 풀어보겠습니다.

그림 2-2
IPv6 주소 표기 방식
관련 연습 문제

1 다음 중 올바른 IPv6 주소 표현 방식은?

❶ 2001:DB8:34::23:2::3
❷ 2001:DB8:034::23:02:03
❸ 2001:DB8:34::23::2:300
❹ 2001:DB8:34::23:2:300

2 다음 IPv6 주소 중 다른 1개는?

❶ 2001:DB8:0:0:1:0:0:1
❷ 2001:DB8:0:0:1::1
❸ 2001:DB8::1:0:0:1
❹ 답 없음

연습 문제 **1**의 답은 ❸입니다.

❶의 경우 더블 콜론이 두 번 사용돼 잘못된 주소 표현입니다. ❷의 경우 앞쪽에 오는 0 중 일부만 생략됐습니다. 0이 모두 생략된 2001:DB8:34:23::2:3가 돼야 합니다. ❹의 경우 128비트가 아닙니다. 128비트를 만들기 위해서는 더블 콜론이 사용돼야 하는데, 사용되지 않았기 때문에 잘못된 주소 표현입니다.

연습 문제 **2**의 답은 ❹입니다. ❶, ❷와 ❸ 모두 동일한 주소이기 때문입니다.

지금까지는 IPv6 주소 128비트의 표기 방식에 대해 공부했습니다. 지금부터는 IPv6 주소의 네트워크 프리픽스를 표현하는 방법에 대해 알아보겠습니다.

네트워크의 사이즈는 모두 제각각입니다. [그림 2-3]의 네트워크 A처럼 노드를 최대 두 대까지만 연결할 수 있는 네트워크가 있는 반면, 네트워크 B처럼 노드를 최대 254대까지 연결할 수 있는 네트워크도 있을 수 있습니다. 따라서 IP 주소에는 이 IP 주소가 어떤 네트워크에 소속된 IP 주소인지 그리고 그 네트워크는 얼마나 큰지 추측할 수 있도록 만들어져 있습니다.

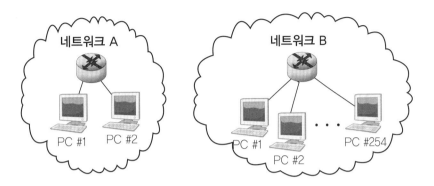

그림 2-3
서로 사이즈가 다른
네트워크 A와 네트워
크 B

IP 주소로 네트워크 사이즈를 가늠할 수 있는 방법에는 ❶ Classful Routing과 ❷ Classless Inter-Domain Routing(CIDR)이 있습니다.

Classful Routing 방식으로 IPv4 주소를 표현할 경우, IPv4 주소는 A Class, B Class 그리고 C Class로 구분해 네트워크와 호스트(Host)[56] 주소를 구분했습니다. [표 2-3]은 A, B, C Class로 구분한 IPv4 주소의 네트워크 영역과 호스트 영역을 나타낸 것입니다.

표 2-3
Classful로 구분한
네트워크 사이즈

클래스 구분	시작 주소	끝 주소	네트워크 부분	네트워크당 IP 주소 개수
Class A	0.0.0.0	127.255.255.255	MSB[57] 8비트	16,777,216(2^{24})
Class B	128.0.0.0	191.255.255.255	MSB 16비트	65,536(2^{16})
Class C	192.0.0.0	223.255.255.255	MSB 24비트	256(2^{8})

[표 2-3]에 대해 잠시 설명하겠습니다. 만약 192.168.10.10이라는 IPv4 주소가 있다면 그 IPv4 주소는 [표 2-3]에 따라 Class C로 분류됩니다.[58] Class C에서는 MSB 24비트가 네트워크 부분이기 때문에 192.168.10.0이 네트워크 주소가 되고, 호스트 주소의 범위는 192.168.10.1~192.168.10.254가 되는 것입니다.

하지만 [표 2-3] 방식의 클래스풀 라우팅(Classful Routing)은 IP 주소를 효율적으로 사용하지 못하는 문제점이 대두돼 더 이상 사용되지 않고, 현재는 CIDR(Classless Inter-Domain Routing) 표기 방법을 따르고 있습니다.[59] CIDR에서는 서브넷(Subnet) (네트워크) 주소와 호스트 주소를 구

---

56 호스트(Host): 라우터가 아닌 노드를 말합니다.

57 MSB: 'Most Significant Bit'의 약자로, 최상위 비트를 말합니다.

58 192.168.10.10의 주소가 192.0.0.0 주소와 223.255.255.255 주소 사이에 있기 때문에 그렇습니다.

59 필자는 SK브로드밴드에서 IP 주소를 관리하는 일을 했습니다. IP 주소와 관련된 일을 하면서 너무나 많은 사람이 IP 주소의 단위로 'C Class'의 용어를 사용하는 것을 알게 됐습니다. 이 책에서도 언급했듯이 이제는 Classful Routing을 사용하지 않습니다. 따라서 A, B, C Class라는 구분이 없어졌습니다. 최소한 이 책을 읽는 독자라면 C Class라는 용어 대신 'Subnet 24'라는 용어를 사용하길 바랍니다.

분하기 위해 서브넷 마스크(Subnet Mask) 또는 네트워크 길이(Subnet Prefix Length)를 사용해 구분합니다.

서브넷 마스크 방식의 경우 10.123.234.123 255.255.255.0과 같이 IP 주소 뒤에 비트 마스크 (bit Mask)를 추가해 네트워크와 호스트의 주소 구간을 구분했고, 서브넷 프리픽스 Length 방식의 경우, 10.123.234.123/24와 같이 IP 주소 뒤에 '네트워크 주소 부분의 비트 길이'를 숫자로 표시해 네트워크와 호스트의 위치를 구분합니다.

필자가 갑자기 IPv4의 CIDR 방식을 설명하는 이유는 IPv6 주소 표현 방식 역시 CIDR 표기 방식을 따르기 때문입니다. 다만, IPv6의 경우 128비트의 주소 체계를 사용하므로 서브넷 마스크 방식을 쓸 경우, 오타 등이 발생할 여지가 있습니다. 따라서 서브넷 마스크 방식은 사용하지 않고 서브넷 프리픽스 Length 표현 방식만을 사용해 네트워크와 호스트 주소의 구간을 구분합니다.

예를 들어보겠습니다. 다음과 같은 IPv6 주소가 있다고 가정해보겠습니다.

> 2001:0DB8:0000:CD30:0000:0000:0000:0000/60

위 주소는 (우리가 조금 전에 배웠던) IPv6 주소 축약 방식에 따라 다음과 같이 축약할 수 있습니다.

> 2001:DB8:0:CD30::/60

위 주소의 의미는 [그림 2-4]와 같이 총 128비트 중에서 MSB 60비트가 네트워크 주소 구간, 나머지 68비트가 호스트 주소 구간이라는 의미입니다.

그림 2-4
2001:DB8:0:CD3::/60
주소의 네트워크 구간과 호스트 구간의 구분

네트워크 구간(60비트)	호스트 구간(68비트)
2001:0DB8:000:CD3	0:0000:0000:0000:0000

좀 더 자세히 설명하면, '2001:DB8:0:CD30::/60' 주소가 내포하는 의미는 다음과 같습니다.

- 네트워크 주소는 2001:DB8:0:CD30::/60입니다.
- 해당 네트워크가 가질 수 있는 호스트 주소의 범위는 '2001:0DB8:0:CD30::1'부터 '2001:0DB8:0:CD3F:FFFF:FFFF:FFFF:FFFF'까지입니다.

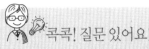
콕콕! 질문 있어요!

Q IPv4의 경우, 보편적으로 /24으로 서브넷팅을 하는데요. IPv6는 서브넷 몇을 보편적으로 사용하는지 궁금합니다(2014. 3. 27. 이○○ 님 질문).

A 말씀하신 대로 기존의 IPv4 네트워크에서는 네트워크 관리자(또는 운용자)들이 보편적으로 /24를 많이 사용했습니다. 하지만 유선 IPv6 네트워크에서는 아직 IPv6 서비스가 활성화돼 있지 않은 관계로 보편적으로 서브넷 프리픽스를 몇으로 사용할지 모르겠습니다. 다만, 무선 IPv6 네트워크(LTE)에서는 LTE 단말(가입자 1명)에게 /64를 할당하는 것이 규격입니다.

Q IPv6 주소 표기 방식의 규칙 ❸에 따르면 더블 콜론은 한 번밖에 안 된다고 했습니다. 더블 콜론으로 축약할 수 있는 부분이 두 군데 이상이라면 어느 부분을 축약하는 것이 맞나요? 그리고 컴퓨터와 라우터상에서도 자동으로 축약이 이뤄진다고 했는데요. 그렇다면 두 군데 이상 축약이 가능할 때 어느 부분이 축약되는지요?(2014. 4. 16. 유○○ 님 질문).

A 축약할 수 있는 곳이 두 군데 이상인 경우에는 아무곳이나 한군데만 축약하면 됩니다. 반드시 어떤 것을 축약해야 한다는 규칙은 없습니다. 한군데만 축약하면 전체 IPv6의 주소 길이가 정해져 있기 때문에 원래의 IPv6 주소로 변환할 수 있으며, 이것이 가능하다면 어떤 부분을 축약하더라도 관계 없습니다.
컴퓨터와 라우터에서 자동으로 축약이 이뤄질 때 가장 먼저 오는 부분을 축약하거나 가장 긴 부분을 축약하는 것은 각 프로그램의 구현 방식에 따라 달라질 수 있습니다.

IPv6 주소의 종류

IPv6 주소를 본격적으로 알아보기에 앞서 우선 IP 통신 방법에 대해 알아볼 필요가 있습니다.

[표 2-4]는 IPv4 네트워크와 IPv6 네트워크에서의 통신 방법을 나타낸 것입니다.

표 2-4
IP 통신 방법 종류

IPv4	IPv6
유니캐스트(Unicast)	유니캐스트(Unicast)
멀티캐스트(Multicast)	멀티캐스트(Multicast)
브로드캐스트(Broadcast)	애니캐스트(Anycast)

유니캐스트 통신은 [그림 2-5]와 같이 1:1 통신 방식입니다.

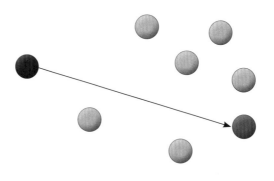

그림 2-5
유니캐스트

브로드캐스트 통신은 [그림 2-6]과 같이 1:All, 즉 자신의 네트워크 안에 있는 모든 노드와 통신하는 방식입니다.

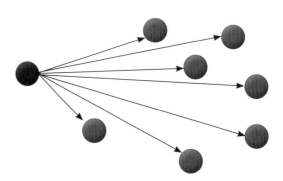

그림 2-6
브로드캐스트

멀티캐스트 통신은 [그림 2-7]과 같이 1:N 또는 N:M 간의 통신 방식입니다.

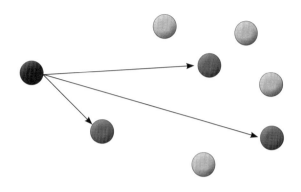

그림 2-7
멀티캐스트

[표 2-4]를 보면 IPv6 네트워크에는 브로드캐스트 통신 방식이 없다는 것을 확인할 수 있습니다. 브로드캐스트 통신을 없앤 이유는 브로드캐스트 통신이 네트워크에 불필요한 트래픽을 유발하기 때문입니다. 그러면 기존 IPv4 네트워크에서 요긴하게 사용됐던 브로드캐스트 통신의 역할을 어떻게 수행할 것인지 궁금할 것입니다. IPv6 네트워크에서는 다양한 기능으로 한층 더 강력해진 멀티캐스트 통신이 브로드캐스트의 기능을 대체합니다.

애니캐스트 통신은 IPv6 네트워크에서 새로 생긴 통신 방법입니다. 애니캐스트 통신은 어떤 통신 방법인지 설명하겠습니다.

[그림 2-8]의 모든 노드에 동일한 애니캐스트 주소(Anycast Address)가 할당됐다고 가정해보겠습니다. 이때 [그림 2-8]의 맨 왼쪽의 노드가 해당 애니캐스트 주소(Anycast Address)를 목적지 주소로 갖는 패킷을 전송하면 IPv6 패킷은 [그림 2-8]의 맨 왼쪽 노드에서 가장 가까이에 있는 노드로 전달됩니다. 이처럼 자기자신에게 가장 가까운 노드로 패킷을 보내는 것이 애니캐스트 통신입니다.

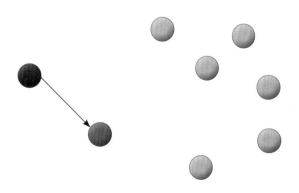

그림 2-8
애니캐스트

애니캐스트 통신이 사용될 수 있는 예를 들어보겠습니다. 애니캐스트 통신은 로드 밸런싱 (Load Balancing) 목적으로 쓰일 수 있습니다. 글로벌 회사인 구글은 전 세계에 걸쳐 웹 서버(Web

Server)를 갖고 있을 것입니다. 구글의 입장에서는 한국에 있는 사용자가 가장 가까이에 있는 웹 서버에 접속하길 원하지 생뚱맞게 한국에 있는 사용자가 아프리카에 있는 구글 웹 서버에 접속하 길 원하지도 않을 것입니다. 기존 IPv4 네트워크에서는 네트워크 관리자가 라우팅 설정을 통해 한 국에 있는 사용자가 한국에 있는 웹 서버에 접속하게 만들었습니다. 하지만 IPv6 네트워크에서는 전 세계의 모든 구글 웹 서버에 동일한 애니캐스트 주소를 할당해주기만 하면 됩니다. 그렇다면 한 국에 있는 사용자가 구글 웹 서버에 접속하려고 할 때(이때 목적지 주소가 애니캐스트 주소가 됩니다) 자동으로 가장 가까운 웹 서버에 접속합니다. 이 경우에 애니캐스트 통신이 사용될 수 있습니다.

유니캐스트, 멀티캐스트, 애니캐스트 통신에 쓰이는 IPv6 주소를 각각 유니캐스트 주소 (Unicast Address), 멀티캐스트 주소(Multicast Address), 애니캐스트 주소(Anycast Address)라 고 합니다. 세분화된 IPv6 유니캐스트 주소는 [표 2-5]와 같습니다.

표 2-5
IPv6 주소(Address)
의 종류

유니캐스트 주소	글로벌 유니캐스트 주소(Global Unicast Address)
	링크로컬 유니캐스트 주소(Link-Local Unicast Address)
	유니크로컬 유니캐스트 주소(Unique Local Unicast Address)
	기타 주소
멀티캐스트 주소(Multicast Address)	
애니캐스트 주소(Anycast Address)	

[표 2-5]의 IPv6 주소 특징들과 주소 포맷들을 Lesson 3~Lesson 5에 걸쳐 자세히 알아보겠 습니다. 그전에 IPv6 주소들이 공통으로 갖는 특징에 대해 설명하겠습니다.

다음은 IPv6 주소들의 공통적인 특징들입니다.

IPv6 노드의 인터페이스는 복수 개의 유니캐스트 주소, 멀티캐스트 주소, 애니캐스트 주소를 가질 수 있습니다. 이와 관련해서는 Lesson 6에서 자세히 알아보겠습니다.

IPv6 주소에는 스코프(Scope)라는 새로운 개념이 등장했습니다. 스코프는 글로벌 스코프 (Global Scope)와 사이트로컬 스코프(Site-Local Scope) 그리고 링크로컬 스코프(Link-Local Scope)으로 나뉩니다. 여기서 글로벌 스코프(Global Scope)는 말 그대로 지구 전체를 의미한다고 이해해도 됩니다. 즉, 지구 전체에서 통용되는 주소입니다. 링크로컬 스코프의 개념은 브로드캐스트 도메인(Broadcast Domain)으로 이해하면 됩니다. 즉, 인트라네트워크(Intra-Network)에서만 통 용되는 주소입니다. 사이트로컬 스코프(Site-Local Scope)는 네트워크 관리자가 설정한 여러 개 의 네트워크에서만 통용되는 주소입니다. 학교, 공공 기관, 회사 등의 범위를 생각하면 됩니다.

[그림 2-9]는 IPv6 주소의 스코프별 통용되는 범위를 상대적으로 나타낸 것입니다.

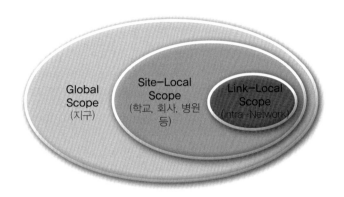

그림 2-9
IPv6 주소의 스코프
별 통용되는 범위

IPv6 주소의 스코프 개념을 이해하기 위해 예를 들어 설명하겠습니다. [그림 2-10]과 같은 네트워크가 있다고 가정해보겠습니다. SK브로드밴드가 관리하는 네트워크에는 라우터 A, B, C와 D가 있습니다. 이 중 라우터 D는 K 사가 관리하는 네트워크에 속하는 라우터 E와 연결돼 있습니다.

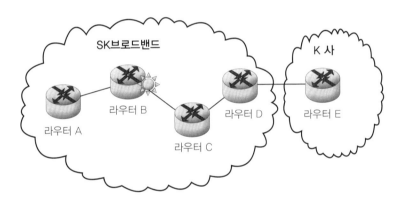

그림 2-10
SK브로드밴드 네트
워크와 K 사 네트워크
구성도

[그림 2-10]의 라우터 B의 '해 모양' 표시가 돼 있는 인터페이스에서 패킷을 보낼 경우, 각각 글로벌 스코프, 링크로컬 스코프와 사이트로컬 스코프가 미치는 범위를 설명하겠습니다.

글로벌 스코프가 미치는 범위는 당연히 [그림 2-11]처럼 모든 인터페이스입니다.

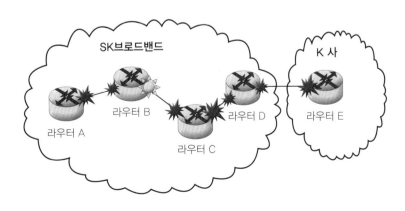

그림 2-11
글로벌 스코프가
미치는 범위

링크로컬 스코프(Link-Local Scope)가 미치는 범위는 [그림 2-12]처럼 직접 링크돼 있는 인터페이스입니다.

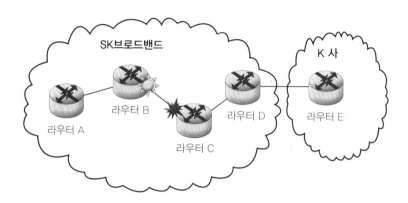

그림 2-12
링크 로컬 스코프가
미치는 범위

그렇다면 사이트로컬 스코프가 미치는 범위는 어디까지일까요? 사이트로컬 스코프가 미치는 범위는 [그림 2-13]처럼 SK브로드밴드에 속한 모든 인터페이스입니다. 라우터 D와 라우터 E를 연결하는 링크는 포함되지 않는다는 점에 유의하기 바랍니다.

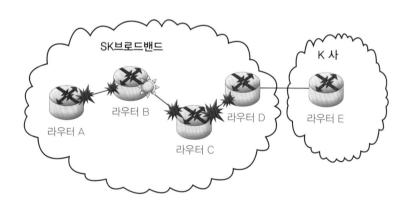

그림 2-13
사이트로컬 스코프가
미치는 범위

링크로컬 스코프와 글로벌 스코프는 직관적인 반면, 사이트로컬 스코프는 다소 직관적이지 않습니다. 그 이유는 네트워크 관리자가 사이트로컬 스코프의 범위를 설정하기 때문입니다.

[그림 2-13] 역시 SK브로드밴드의 네트워크 관리자가 각 라우터의 인터페이스에 사이트로컬 스코프를 설정합니다. 만약 라우터 D와 라우터 E를 연결하는 링크도 동일한 사이트로컬 스코프로 설정하면 SK브로드밴드 내에서만 전달돼야 할 패킷이 K 사에게도 전달됩니다.

참고로 현재 IANA[60](Internet Assigned Numbers Authority)에서 할당된 IPv6 주소는 [표 2-6]과 같습니다.

IPv6 프리픽스	할당(Allocation)	참고
0000::/8	Reserved by IETF	[RFC4291]
0100::/8	Reserved by IETF	[RFC4291]
0200::/7	Reserved by IETF	[RFC4048]
0400::/6	Reserved by IETF	[RFC4291]
0800::/5	Reserved by IETF	[RFC4291]
1000::/4	Reserved by IETF	[RFC4291]
2000::/3	Global Unicast	[RFC4291]
4000::/3	Reserved by IETF	[RFC4291]
6000::/3	Reserved by IETF	[RFC4291]
8000::/3	Reserved by IETF	[RFC4291]
A000::/3	Reserved by IETF	[RFC4291]
C000::/3	Reserved by IETF	[RFC4291]
E000::/4	Reserved by IETF	[RFC4291]
F000::/5	Reserved by IETF	[RFC4291]
F800::/6	Reserved by IETF	[RFC4291]
FC00::/7	Unique Local Unicast	[RFC4193]
FE00::/9	Reserved by IETF	[RFC4291]
FE80::/10	Link-Local Unicast	[RFC4291]
FEC0::/10	Reserved by IETF	[RFC3879]
FF00::/8	Multicast	[RFC4291]

표 2-6
할당된 IPv6 주소
현황

---

60 IAB(Internet Architecture Board)의 하부 조직으로, 전 세계에 IP 주소 및 AS 번호를 할당하는 업무를 맡고 있습니다.

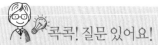

콕콕! 질문 있어요!

Q 본문에서는 링크로컬 스코프가 브로드캐스트 도메인과 동일하다고 했습니다. 링크로컬 스코프를 컬리전 도메인(Collision Domain)으로 이해해도 괜찮은 것인지요?(2014. 2. 25. 최○○ 님 질문)

A 브로드캐스트 도메인과 컬리전 도메인은 다릅니다. 따라서 링크로컬 스코프를 컬리전 도메인으로 이해하면 안 됩니다.

많은 사람이 브로드캐스트 도메인과 컬리전 도메인의 차이에 대해 헷갈려하는데 이에 대해 설명하겠습니다. 컬리전 도메인은 물리적으로 신호의 충돌이 발생할 수 있는 영역을 의미합니다. 예를 들어 허브를 통해 IP 장비들이 연결된 경우에는 하나의 IP 장비에서 신호를 보낼 경우, 다른 IP 장비들에 신호가 그대로 전달되므로 동일한 컬리전 도메인에 있는 것으로 생각할 수 있습니다. 하지만 허브(Hub)가 아닌 브리지(Bridge)를 통해 IP 장비들이 연결된 경우에는 신호가 그대로 전달되는 것이 아니므로 Collision Domain이 분리된 것으로 봅니다.

브로드캐스트 도메인은 브로드캐스트 패킷 또는 Destination Lookup Fail로 인해 플러딩되는 패킷이 전달될 수 있는 영역을 의미합니다.

정리하면, 브리지나 L2 스위치를 통해 연결된 경우에는 동일한 브로드캐스트 도메인에 있습니다. 다만 라우터 또는 L3 스위치와 연결된 경우에는 플러딩된 패킷이 라우터나 L3 스위치를 통과할 수 없으므로 브로드캐스트 도메인이 분리됩니다.

Q 링크로컬 도메인을 브로드캐스트 도메인과 동일한 개념이라고 하셨습니다. 그런데 브로드캐스트 도메인보다 컬리전 도메인에 가깝지 않은지요? 컬리전 도메인의 정의가 이더넷 프레임을 양쪽에서 보냈을 때 충돌이 발생한다면 해당 도메인이 컬리전 도메인이라고 알고 있습니다.
예를 들어 다음 라우터 A와 라우터 B의 인터페이스에 각각 링크로컬 주소인 FE80::1과 FE80::2를 할당했다고 가정해보겠습니다.

위 그림에서 라우터 A와 라우터 B에서 이더넷 프레임을 동시에 보내면 바로 충돌이 발생하는 것이 아닌지요? 따라서 링크로컬 주소는 컬리전 도메인으로 봐야 하는 것이 아닐까요?(2015. 7. 4. ○○○ 님 질문)

A 라우터 A와 라우터 B에서 동시에 이더넷 프레임을 보내는 경우에도 물리적인 신호의 충돌이 발생하지 않습니다. 왜냐하면 이더넷 포트의 듀플렉스 타입이 풀 듀플렉스(Full Duplex) 상태이기 때문입니다.

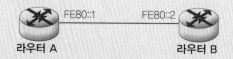

풀 듀플렉스는 양쪽에서 동시에 패킷을 송신할 수 있는 모드를 의미합니다. 다만, 링크 연결이 하프 듀플렉스 (Half Duplex) 모드로 돼 있다면, 한쪽에서 패킷을 송신하는 동안 상대편에서 패킷을 송신하지 못합니다. 최근의 이더넷은 대부분 풀 듀플렉스 모드로 운용하기 때문에 양쪽에서 동시에 패킷을 송신하더라도 문제가 발생하지 않습니다.

참고로 컬리전 도메인은 예전에 버스(Bus)형 망 구조에서 여러 노드가 선로를 공유한 경우에 주로 존재했습니다. 버스형 또는 링(Ring)형 전달 매체를 공유한 상태에서 한 노드에서 패킷을 전송하면 다른 노드에서는 패킷을 전송하지 못하며, 동시에 여러 노드에서 패킷 전송을 시도하면 충돌이 발생합니다. 하지만 최근의 스위치들은 모두 풀 듀플렉스로 운용하고, 선로도 모두 개별적으로 사용하기 때문에 충돌은 발생하지 않습니다. 라우터 A와 라우터 B 사이에 L2 스위치가 있는 경우를 가정해보면 개념이 훨씬 명확해집니다.

위 그림에서도 라우터 A와 라우터 B 는 링크로컬 주소인 FE80::1과 FE80::2를 갖고 있습니다. 따라서 라우터 A와 라우터 B 구간은 링크 도메인(Link Domain)됩니다.
라우터 A와 라우터 B에서 동시에 이더넷 프레임을 전송하면 과연 그 프레임에서 충돌이 발생할까요? 당연히 충돌이 발생하지 않습니다. 따라서 링크 도메인(Link Domain)은 브로드캐스트 도메인으로 생각하는 것이 맞습니다.

유니캐스트 주소

앞에서 IPv6 주소는 유니캐스트 주소, 멀티캐스트 주소 그리고 애니캐스트 주소로 나뉜다고 했습니다. 그리고 유니캐스트 주소는 다시 글로벌 유니캐스트 주소, 링크로컬 유니캐스트 주소, 유니크로컬 유니캐스트 주소 그리고 기타 유니캐스트 주소로 나뉩니다.

표 2-7
IPv6 주소 분류

유니캐스트 주소	글로벌 유니캐스트 주소(Global Unicast Address)
	링크로컬 유니캐스트 주소(Link-Local Unicast Address)
	유니크로컬 유니캐스트 주소(Unique Local Unicast Address)
	기타 유니캐스트 주소
멀티캐스트 주소(Multicast Address)	
애니캐스트 주소(Anycast Address)	

[표 2-8]은 IPv6 유니캐스트 주소를 스코프별로 구분한 것입니다.

표 2-8
유니캐스트 주소의 스코프에 따른 구분

스코프	IPv6 유니캐스트 주소의 종류
링크로컬	링크로컬 유니캐스트 주소 루프백 주소(Loopback Address)
사이트 로컬	없음
글로벌 유니버설 스코프	다른 모든 주소

IPv6 유니캐스트 주소에는 링크로컬 스코프와 글로벌 스코프를 갖는 주소가 있는 반면, 사이트로컬 스코프를 갖는 주소는 없다는 것을 알 수 있습니다.

원래 사이트로컬 주소는 IPv4에서의 사설 IP 주소와 유사한 개념으로 설계됐으며 FEC0::/10 주소 대역을 할당받았습니다. 하지만 사이트로컬 스코프가 갖고 있는 여러 가지 모호성과 이로 인해 발생할 수 있는 혼선 때문에 결국 폐기 처분됐습니다.[61]

61 RFC 3879, 'Deprecating Site Local Addresses', 2004

이러한 사이트로컬 주소(Site-Local Address)를 대신해 유니크 로컬 주소(Unique Local Address)가 정의되고 새로운 주소 대역인 FC00::/7이 할당됐습니다. FC00::/7의 용도는 2개의 /8 대역인 FC00::/8과 FD00::/8로 나뉩니다. FC00::/8 대역은 아직 활용 용도가 정의되지 않았습니다. 따라서 현재 사설 용도로 사용할 수 있는 대역은 FD00::/8입니다.

이번 Lesson에서는 IPv6 유니캐스트 주소가 갖는 공통적인 특징에 대해 설명하겠습니다. 그리고 각 유니캐스트 주소별 고유한 특징들에 대해서는 글로벌 유니캐스트 주소, 링크로컬 유니캐스트 주소, 유니크로컬 유니캐스트 주소 그리고 기타 유니캐스트 주소에서 순차적으로 설명하겠습니다.

유니캐스트 주소는 [그림 2-14]와 같이 모두 동일한 주소 포맷을 가집니다.

그림 2-14
유니캐스트 주소
포맷

n 비트	(128–n) 비트
Subnet Prefix	Interface ID

유니캐스트 주소의 MSB n 비트는 서브넷 프리픽스를 가리키고, 유니캐스트 주소의 LSB[62](128-n) 비트는 Interface ID를 가리킵니다. 'Subnet Prefix'와 'Interface ID'의 의미에 대해 설명하겠습니다.

어떤 임의의 네트워크에서 동일한 네트워크를 공유하는 노드들은 동일한 서브넷 프리픽스를 갖습니다. 예를 들어 설명하겠습니다. [그림 2-15]와 같은 IPv6 네트워크가 있습니다. [그림 2-15]의 PC들과 라우터들은 동일한 링크를 공유하기 때문에 동일한 서브넷 프리픽스를 가집니다.

그림 2-15
IPv6 네트워크 예

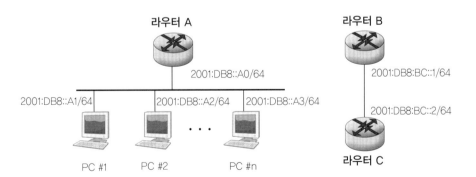

라우터 A
2001:DB8::A0/64

라우터 B
2001:DB8:BC::1/64

2001:DB8::A1/64   2001:DB8::A2/64   2001:DB8::A3/64

2001:DB8:BC::2/64

PC #1   PC #2   PC #n

라우터 C

[그림 2-15]의 왼쪽 네트워크에서 라우터 A와 PC #1~PC #9는 2001:DB8::/64 네트워크에 속해 있습니다. 따라서 라우터 A와 PC #1~PC #9는 IPv6 주소 128비트 중에서 동일한 서브넷 프리픽스인 2001:DB8::/64를 갖습니다. 이와 마찬가지로 [그림 2-15]의 오른쪽 네트워크에서 라

---

62 LSB: 'Least Significant Bit'의 약자로, 최하위 비트를 의미합니다.

우터 B와 C는 2001:DB8:BC::/64 네트워크에 속해 있습니다. 따라서 라우터 B와 C는 IPv6 주소 128비트 중에서 동일한 서브넷 프리픽스인 2001:DB8:BC::/64를 갖습니다.

Interface ID는 동일 링크상에 있는 인터페이스들을 구별하기 위한 식별자로 쓰입니다. 당연히 Interface ID는 Intra-Network(서브넷) 안에서 서로 다른 값을 가져야 합니다. 예를 들면 [그림 2-15]의 왼쪽 네트워크에서 라우터 A의 Interface ID는 A0, PC #1, PC #2는 각각 A1과 A2입니다. 이와 마찬가지로 [그림 2-15]의 오른쪽 네트워크에서 라우터 B와 C의 Interface ID는 각각 1과 2가 됩니다.

01 글로벌 유니캐스트 주소

이름에서 느껴지듯이 전 세계에서 유일한(Global Unique) 유니캐스트 주소입니다. 우선 글로벌 유니캐스트 주소의 주소 체계에 대해 알아보겠습니다. 글로벌 유니캐스트 주소의 주소 체계는 [그림 2-16]과 같습니다.

그림 2-16
글로벌 유니캐스트
주소 포맷

	n비트	(64-n)비트	64비트
001	Global Routing Prefix	Subnet ID	Interface ID

글로벌 유니캐스트 주소는 [그림 2-16]과 같이 MSB 3비트가 무조건 '001'로 시작합니다. 따라서 어떤 IPv6 Address가 '2XXX:' 또는 '3XXX:'로 시작하면 이는 100% 유니캐스트 주소입니다.

[그림 2-14]에서 유니캐스트 주소의 상위 64비트를 서브넷 프리픽스라고 하며, 나머지 하위 64비트를 Interface ID라 한다고 했습니다. 지금부터는 글로벌 유니캐스트 주소의 서브넷 프리픽스와 Interface ID가 어떻게 구성되는지 알아보겠습니다.

글로벌 유니캐스트 주소의 서브넷 프리픽스는 [그림 2-16]과 같이 최상위 3비트('001')와 글로벌 라우팅 프리픽스(Global Routing Prefix) 그리고 Subnet ID으로 분류됩니다.

글로벌 유니캐스트 주소의 최상위 3비트는 '001'로 시작합니다. 라우팅 프리픽스는 IANA(Internet Assigned Numbers Authority), RIR[63](Regional Internet Registry) 그리고 ISP(Internet Service Provider)가 순차적으로 할당합니다. 이로 인해 글로벌 유니캐스트 주소는 계층적(Hierarchical) 주소를 갖습니다. Subnet ID는 네트워크 관리자가 할당하는 부분입니다.

Chapter 1의 Lesson 3에서 IPv6의 특징으로 IPv6 주소의 계층성(Hierarchy)을 들었습니다. IPv6 주소의 계층성 때문에 Routing Aggregation 기능이 IPv4 때보다 뛰어나다고 했습니다.

---

63 IANA의 산하 기구로, 대륙별로 IP 주소, AS 번호를 할당하는 기관입니다. 총 5개의 RIR이 있으며, 우리나라는 아시아-태평양을 담당하는 APNIC(Asia-Pacific Network InFormation Center) RIR에서 IP 주소, AS 번호를 할당받습니다.

실제 SK브로드밴드의 글로벌 유니캐스트 주소 할당 정책을 예로 들어 글로벌 유니캐스트 주소의 서브넷 프리픽스가 어떤 식으로 구성되고 이로 인해 글로벌 유니캐스트 주소가 어떻게 계층성을 갖는지 설명하겠습니다.

[그림 2-17]은 IPv6 글로벌 유니캐스트 주소의 서브넷 프리픽스가 IANA에서 SK브로드밴드의 고객에게 할당되기까지 어떤 식으로 생성되는지를 나타낸 것입니다.

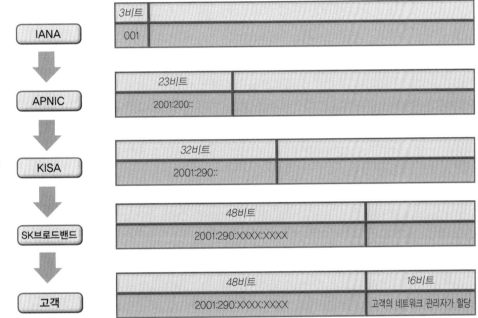

그림 2-17
SK브로드밴드의 IPv6
주소 체계 예

IANA는 [표 2-6]처럼 '2000::/3' 대역의 수많은 글로벌 유니캐스트 주소를 소유하고 있습니다. IANA는 그중 '2001:200:: /23' 대역을 APNIC(Asia-Pacific Network Information Centre) RIR에게 할당했습니다. APNIC는 IANA로부터 받은 '2001:200::/23' 대역을 여러 개로 쪼개 그중 '2001:290:: /32'를 [그림 2-17]처럼 다시 대한민국(한국인터넷진흥원, KISA)에 할당했습니다. 그리고 한국인터넷진흥원은 이 대역을 SK브로드밴드에 할당했습니다.

SK브로드밴드는 '2001:290::/32' 주소 대역을 여러 지역에 맞게(예 서울, 대전, 부산 등) '2001:290:XXXX:XXXX::/48'로 설계했습니다. 따라서 SK브로드밴드의 인터넷을 사용하는 학교, 관공서 등의 고객은 '2001:290:XXXX:XXXX::/48' 주소를 할당받게 됩니다. 예를 들어 서울대학교가 SK브로드밴드의 고객이라면 '2001:290:XXXX:XXXX::/48' 대역을 할당받게 될 것이고 서브넷 프리픽스의 나머지 16비트(Subnet ID)를 서울대학교의 네트워크 관리자가 설계할 것입니다. 이처럼 IPv6 글로벌 유니캐스트 주소는 IPv4 주소와 달리 철저하게 계층성을 갖게 됩니다.

이제 [그림 2-16]의 Interface ID 생성 방법에 대해 설명하겠습니다. 글로벌 유니캐스트 주소의 하위 64비트인 Interface ID는 링크상에 존재하는 여러 인터페이스를 구별하는 식별자로 사용된다고 했습니다. 따라서 동일한 서브넷 프리픽스 내에서의 Interface ID 값은 유일해야 합니다.

Interface ID는 다음과 같이 여러 방식으로 만들 수 있습니다.[64]

- Modified EUI-64
- DHCPv6
- Manually Configured
- Auto-generated Pseudo-Random Number[65]

지금부터 각 방식에 대해 순차적으로 설명하겠습니다.

우선 'Modified EUI(Extended Unique Identifier)-64'를 이용한 방식이 있습니다. EUI-64 포맷은 IEEE(Institute of Electrical and Electronics Engineers)가 기존 IEEE 802 MAC 주소를 대체하기 위해 만든 주소 형식입니다.[66] EUI-64 포맷을 약간 수정한 주소가 Modified EUI-64 포맷입니다. 알기 쉽게 예를 들어 설명하겠습니다.

1) 어떤 노드의 48비트 MAC 주소가 '00:90:27:17:FC:0F'입니다.

2) 이것의 EUI-64 포맷은 [그림 2-18]과 같이 MAC 주소 중간에 'FF:FE'를 추가해 64비트를 만드는 것입니다. 48비트 MAC 주소 '00:90:27:17:FC:0F'를 EUI-64로 변경하면 '00:90:27:FF:FE:17:FC:0F'가 됩니다. 이때 EUI-64 포맷에서 최상위 일곱 번째 비트는 'Universal/Local' 비트입니다. 일곱 번째 비트가 '0'이면 Universal Scope, '1'이면 Local Scope를 뜻합니다.

그림 2-18
EUI-64 포맷

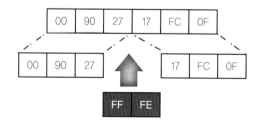

---

64 어떤 방식을 사용할지는 장비 제조사 또는 네트워크 관리자가 선택할 수 있습니다.

65 Interface ID로부터 특정 사용자를 유추할 수 있다면 사생활 침해의 여지가 있을 수 있습니다. 따라서 사생활 보호의 목적으로 Interface ID를 임의의 수로 생성하는 것이 표준에 제안됐습니다. 관련 표준은 RFC 3014, 'Privacy Extensions for Stateless Address Autoconfiguration in IPv6'입니다.

66 48비트의 MAC 주소도 조만간 고갈될 예정이므로 새로운 이더넷 주소가 필요하게 됐기 때문입니다.

3) Modified EUI-64 포맷은 EUI-64 포맷의 일곱 번째 비트를 인버터한 것입니다. 원래 이더 넷 MAC 주소에서 일곱 번째 비트가 '1'이면 Private(Link Local), '0'이면 Universal/Global Scope임을 의미했습니다. 그런데 Modified EUI 64에서는 이를 반대로 표시하도록 했습니다. 즉 Universal/Global Scope로 사용하고 싶다면 일곱 번째 비트가 '1', 이와 반대로 Local Scope로 사용하고 싶다면 '0'으로 세팅합니다.

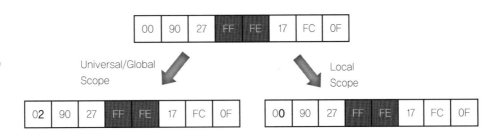

그림 2-19
Modified EUI-64

표준으로 정의된 EUI-64 포맷에서 군이 일곱 번째 비트의 의미를 인버터(Inverter)하는 이유 는 Global IPv6 주소보다 Non-Global IPv6 주소(예를 들어 링크 도메인(Link Domain)에서만 통 용되는 장비 간의 Point-to-Point IPv6 주소)를 좀 더 쉽게 생성하기 위해서입니다. 무슨 말인지 잘 이해가 안 될 것입니다. 예를 들어보겠습니다.

보통 장비의 Point-to-Point 구간의 인터페이스에는 (보안상의 이유로) Non-Global IP 주 소를 할당합니다. 이때 장비 운용자들은 Point-to-Point 인터페이스의 IPv6 주소를 매우 단 순하게 만들고 싶을 것입니다. 예를 들어 하드웨어 주소(MAC 주소)가 00-00-00-00-00-00 인 인터페이스가 있다고 가정해보겠습니다. 만약 기존 EUI-64 포맷을 이용해 Interface ID를 생성한다면 운용자들은 Non-Global Scope인 Point-to-Point 구간에 2:0:0:FF:FE:0:0:0 인 Interface ID를 사용해야 합니다. 하지만 Modified EUI-64 방식을 사용해 Interface ID를 생성하는 경우, 운용자들은 Point-to-Point 구간 인터페이스의 Interface ID에 0:0:0:FF:FE:0:0:0과 같이 (입력할 때 실수를 덜하게 되는) 더 직관적인 주소를 사용할 수 있습니 다. 더욱이 MSB 64비트인 서브넷 프리픽스와 합칠 경우, Interface ID(0:0:0:FF:FE:0:0:0)의 상위 24비트의 '0:0:0'은 '::'으로 생략될 가능성이 높아집니다. 이런 이유 때문에 EUI-64를 변형 한 Modified EUI-64 포맷이 등장하게 된 것입니다.

Interface ID는 (Modified EUI-64 방식뿐 아니라) DHCPv6 서버를 통해 만들어질 수도 있습니 다. IPv4에서의 유동 IP 주소처럼 부팅될 때마다 DHCPv6 서버로부터 LSB 64비트 주소를 할당 받는 것입니다. 이 밖에 운용자가 Interface ID를 직접 생성하는 방식도 있습니다.

마지막으로 임의의 숫자를 이용해 Interface ID를 만드는 방법도 있습니다. 마이크로소프트 사의 윈도우 운영 체제와 안드로이드 운영 체제가 이 방식을 이용하고 있습니다. 이 방식의 장점은 개인의 사생활이 보호된다는 것입니다. Modified EUI-64 방식이나 DHCPv6를 이용한 방식은 IPv6 주소의 Interface ID를 갖고 인터넷 사용자를 추측할 수 있습니다. 인터넷상에 자신의 사용

기록을 남기고 싶어하지 않는 사람들을 위해 불특정 숫자로 Interface ID를 생성하는 방법이 생긴 것입니다.

지금까지 글로벌 유니캐스트 주소의 서브넷 프리픽스와 Interface ID를 생성하는 방법에 대해 알아봤습니다. 지금부터는 특수 용도로 사용되는 글로벌 유니캐스트 주소에 대해 설명하겠습니다.

'2000::/3' 주소 대역은 글로벌 유니캐스트 주소 대역이라고 했습니다. 그중 특수 사용 목적으로 할당된 IPv6 주소 대역들도 있습니다. [표 2-9]는 이 주소들을 나타낸 것입니다.

표 2-9
특수 용도로 할당
된 Global Unicast
Addresses

IPv6 주소	용도	표준
2001:0::/32	Teredo	RFC4380
2001:2::/48	BMWG	RFC5180
2001:10::/28	ORCHID	RFC4843
2001:DB8::/32	Documentation Purpose	RFC3849
2002::/16	6to4	RFC3056

[표 2-9]의 Teredo와 6to4의 주소는 IPv6 전환 기술의 일종인 터널링 기법에 사용되는 주소 대역입니다. BMWG는 'Benchmarking Methodology Working Group'의 약자로, 벤치마킹 테스트 용도로 할당된 대역입니다. Orchid는 'Overlay Routable Cryptographic Hash Identifiers'의 약자로, 오버레 네트워크(Overlay Network)에서 사용하기 위한 목적으로 할당됐지만, 2014년 IANA로 반환해 사용이 중지됐습니다.

'2001:DB8::/32' 대역은 문서상에서만 사용되는 주소입니다. 누군가에게 IPv6를 설명할 때 IPv6 주소를 예로 들 필요가 있습니다. 이때 만약 실제 사용되는 IPv6 주소를 예로 든다면 누군가 그 IPv6 주소로 공격할 수 있습니다. 따라서 문서상에서만 존재하는 IPv6 주소를 만들 필요가 있습니다. [67, 68] 마치 드라마에서 휴대전화 번호를 모자이크 처리하는 것과 같은 이치입니다. 당연히 '2001:DB8::/32' 대역은 모든 장비에서 블로킹(Blocking) 처리돼 있기 때문에 통신이 되지 않는 주소입니다.

참고로 각 SK, KT, LG U+의 글로벌 유니캐스트 주소 현황은 [표 2-10]과 같습니다.

---

67 실제로 RFC 문서에 나와 있는 모든 유니캐스트 주소는 '2001:DB8::/32' 대역입니다. 참고로 멀티캐스트 주소는 'FF0X::DB8:0:0/96' 대역이 같은 용도로 쓰입니다.

68 이와 마찬가지로 IPv4 주소에도 문서상으로만 존재하는 IPv4 주소가 있습니다. RFC 5737, 'IPv4 Address Blocks Reserved for Documentation'에 정의됐으며 해당 IPv4 주소 대역은 192.0.2.0/24, 192.51.100.0/24와 203.0.113.0/24입니다.

SK텔레콤	SK브로드밴드	KT	LG U+
2001:2D8::/32 2001:F28::/32	2001:290::/32 2001:378::/32	2001:280::/32 2001:0220::/32 2001:02B0::/32 2001:0E60::/32 2001:0EF0::/32 2400::/20	2001:270::/32 2001:0ED0::/32 2001:4430::/32 2001:0E78::/32 2406:5900::/32

표 2-10
우리나라 주요
통신 사업자의 글로
벌 유니캐스트 주소
현황

SK, KT, LG U+ 외에 우리나라의 글로벌 유니캐스트 주소 할당 현황과 RIR별 주소 할당 현황 (부록 C)에 담았으므로 관심 있는 분들은 참조하기 바랍니다.[69]

02 링크로컬 유니캐스트 주소

링크로컬 유니캐스트 주소는 유니캐스트 주소 중에서 링크로컬의 범위를 갖는 주소입니다. 따라서 링크 내에서만 통용됩니다. 만약 라우터가 링크로컬 유니캐스트 주소를 목적지 주소로 갖고 있는 패킷을 수신하면 다른 네트워크로 전달하지 않습니다.

링크로컬 유니캐스트 주소도 유니캐스트 주소이기 때문에 상위 64비트를 서브넷 프리픽스, 하위 64비트를 Interface ID라 부릅니다. 하지만 서브넷 프리픽스는 'FE80::/64'로 고정돼 있다는 것이 글로벌 유니캐스트 주소와 다릅니다. [그림 2-20]은 링크로컬 유니캐스트 주소의 주소 체계를 나타낸 것입니다.

그림 2-20
링크로컬 유니캐스트
주소 포맷

10비트	54비트	64비트
1111 1110 10	0	Interface ID

글로벌 유니캐스트 주소의 Interface ID는 DHCPv6 서버를 이용해 만들기도 하지만, 링크로컬 유니캐스트 주소의 Interface ID는 DHCPv6 서버를 이용해 만드는 방법이 없습니다.

링크로컬 유니캐스트 수소와 글로벌 유니캐스트 주소는 둘 다 유니캐스트 주소이지만, 용도는 스코프와 다릅니다. 순수 데이터 패킷(Data Packet)을 전달할 때는 글로벌 유니캐스트 주소, 컨트롤 메시지를 주고받을 때는 링크로컬 유니캐스트 주소를 사용합니다.

표 2-11
글로벌 유니캐스트
주소와 링크로컬
유니캐스트 주소의
용도

유니캐스트 주소 구분	용도
글로벌 유니캐스트 주소	데이터 통신용
링크로컬 유니캐스트 주소	주요 컨트롤 메시지 통신용

그렇다면 군이 글로벌 유니캐스트 주소를 사용하지 않고 링크로컬 유니캐스트 주소를 사용함

69 최신 현황은 KISA 홈페이지에서 확인할 수 있습니다.

으로써 얻는 이득은 무엇일까요? 링크 내의 통신에서 글로벌 유니캐스트 주소를 사용하지 않고 링크로컬 유니캐스트 주소를 쓰는 장점은 다음과 같습니다.

첫째, 불필요한 서브넷 프리픽스를 할당하지 않아도 되기 때문에 운용상의 편의성이 증가합니다.

둘째, 링크로컬 유니캐스트 주소를 사용해 라우팅 프로토콜을 연동하면, 해당 인터페이스에 설정한 글로벌 유니캐스트 주소의 삭제 또는 변경 시에도 라우팅 프로토콜이 끊기지 않습니다. 따라서 운용자는 라우팅 프로토콜의 끊김을 걱정하지 않고 글로벌 유니캐스트 주소를 자유롭게 변경할 수 있습니다.

셋째, 컨트롤 메시지들은 더욱 외부의 공격에 노출되면 안 됩니다. 따라서 ICMPv6 메시지와 같은 컨트롤 메시지들을 링크로컬 유니캐스트 주소로만 전송되도록 만들면 (글로벌 유니캐스트 주소를 갖고 있는) 외부의 해커의 공격으로부터 보호할 수 있기 때문입니다.

03 유니크로컬 유니캐스트 주소

유니크로컬 유니캐스트 주소는 IPv4의 사설(Private) IP 주소와 같은 개념입니다. 즉, 일부 지역에서만 사용할 수 있도록 정의한 IP 주소입니다. 주소 체계는 [그림 2-21]과 같습니다.

그림 2-21
유니크 로컬
주소 포맷

7비트	1비트	40비트	16비트	64비트
1111110	L	Global ID	Subnet ID	Interface ID

유니크로컬 유니캐스트 주소는 'FC00::/7'로 시작합니다. [그림 2-21]에서 L Field가 '1'이면 지역적으로(Locally) 사용한다는 뜻입니다. 따라서 (유니크로컬 주소의 이름대로) L Field는 무조건 '1'입니다.[70] L Field가 무조건 '1'이므로 유니크로컬 유니캐스트 주소는 'FD00::/8'인 것과 마찬가지입니다.

[그림 2-21]의 Global ID 필드는 임의의 수(Pseudo-Random)로 생성합니다. 그 이유는 유니크로컬 유니캐스트 주소 간의 중복이 생기지 않도록 하기 위해서입니다. 따라서 40비트를 임의의 수로 생성하기 때문에 유니크로컬 유니캐스트 주소는 (아이러니하게도) 전 세계적으로 유일한 IPv6 주소일 확률이 매우 높습니다.

유니크로컬 유니캐스트 주소는 (IPv4의 사설 IP 주소처럼) 특정 지역 내에서만 사용되는 주소입니다. 그렇다면 굳이 전 세계적으로 유일한 주소일 필요가 없어 보입니다. 따라서 [그림 2-21]의 Global ID 필드(Field)를 임의의 수로 생성해 유니크로컬 유니캐스트 주소를 전 세계 유일한 주소로 만드는 것이 불필요해 보입니다. 그런데 왜 굳이 유니크 로컬 주소를 전 세계 유일한 주소로 생

---

[70] L field가 '0'인 것의 용도는 아직 정의돼 있지 않습니다.

성하려는 것일까요? 그 이유는 특정 지역에서만 쓰이는 IP 주소라 하더라도 다른 지역의 주소와 겹치지 않게 생성하는 것이 좋기 때문입니다.

예를 들어 설명해보겠습니다. 네트워크 사업자들은 사설망(Private Network)을 갖고 있습니다. 그러다가 간혹 서로 다른 네트워크 사업자들끼리 합쳐지는 경우가 있습니다. 이때 Public IP의 경우, 네트워크 사업자 간에 겹치지 않기 때문에 별 문제가 발생하지 않습니다. 하지만 사설망에 쓰이는 IP 주소 대역들의 경우, 겹쳐서 곤란한 문제가 발생하곤 합니다. 예전에 두루넷과 하나로텔레콤이라는 통신 사업자가 합쳐질 때 이러한 경우가 발생했습니다.[71]

두루넷과 하나로텔레콤은 각자 사설 네트워크를 운용하고 있었는데 두 사업자의 네트워크가 합쳐지자 Private IP 대역이 겹치게 된 것입니다. 이에 따라 구내망을 다시 설계해야 하는 번거로운 작업을 했습니다.

이처럼 특정 지역에서만 쓰이는 유니크로컬 유니캐스트 주소라도 추후 네트워크가 합쳐지거나 분리되는 것을 감안해 전 세계 유일한 주소 성질을 갖는 것이 유리하다는 판단 아래 [그림 2-21]처럼 40비트를 임의의 수로 생성하도록 만든 것입니다.

[그림 2-21]의 Subnet ID와 Interface ID는 글로벌 유니캐스트 주소와 동일한 방법으로 생성됩니다.

04 기타 유니캐스트 주소들

▶ 루프백 주소

루프백(Loopback) 주소는 실제 물리적인 인터페이스에 할당될 수 없으며, 가상의 인터페이스인 루프백 인터페이스에 할당되는 주소를 말합니다.

실제 물리적인 인터페이스는 여러 가지 요인[72]으로 인해 통신 불능 상태가 될 수 있는 반면, 가상의 인터페이스인 루프백 인터페이스는 장비 전체가 불능 상태가 되지 않는 한 계속 통신이 가능한 인터페이스입니다. 따라서 장비의 대표 ID 또는 관리용 IP 주소로 사용합니다.

"라우터나 스위치의 루프백 주소는 운용자가 수동으로 설정합니다. 하지만 호스트(PC, Server)는 루프백 주소를 설정할 수 없습니다. 그 대신 호스트용 루프백 주소가 설정돼 있습니다."

IPv4 네트워크에서는 127.0.0.0/8 대역이 전부 루프백 주소로 할당된 대역이었고, 이 중 127.0.0.1 주소가 가장 널리 사용되고 있습니다. IPv4 네트워크에서의 루프백 주소는 127.0.0.1부터 127.255.255.254 주소들 중 한 가지를 사용할 수 있는 반면, IPv6 네트워크에서의 루프백

---

71 2006년 1월, 통신 사업자 두루넷과 하나로텔레콤이 합병됐습니다. 그리고 2008년에 SK텔레콤에 인수돼 현재 SK브로드밴드라는 회사명을 갖고 있습니다.

72 광케이블/UTP의 단절 또는 광수신 수신 레벨의 저하 등과 같은 이유

주소는 오직 0:0:0:0:0:0:0:1 주소만 사용할 수 있습니다.

▶ Unspecified 주소

0:0:0:0:0:0:0:0 주소를 'Unspecified Address'라고 합니다. 이를 줄여 '::'으로 표기합니다. Unspecified Address는 아직 인터페이스에 IPv6 주소가 할당돼 있지 않은 상태를 뜻합니다.

▶ IPv4-Mapped IPv6 주소

IPv4 노드의 주소를 IPv6 주소처럼 사용하기 위한 용도입니다. 주소 포맷은 [그림 2-22]와 같습니다.

그림 2-22
IPv4-Mapped IPv6
주소

80비트	16비트	32비트
0000..........................000	FFFF	IPv4 주소

작가 노하우!

IPv6 주소와 AS 번호의 소속 기관을 조회하는 방법

네트워크 운용자는 IP 주소 또는 AS 번호의 소유 기관을 확인해야 할 경우가 자주 발생합니다.

우리나라의 IP 주소, AS 번호를 관리 및 배분하는 곳은 한국인터넷진흥원입니다. 한국인터넷진흥원은 IP 주소와 AS 번호를 조회하는 WHOIS(https://whois.kisa.or.kr/kor/whois/whois.jsp) 서비스를 제공하고 있습니다.

WHOIS 서비스를 이용해 IP 주소와 AS 번호의 소유 기관을 알아내는 방법에 대해 설명하겠습니다.

특정 IP 주소의 소유 기관은 WHOIS 홈페이지에서 IP 주소를 입력하면 알 수 있습니다. IPv6 주소 2001:290::10:1을 입력해보겠습니다. SK브로드밴드가 2001:290::/32 대역을 소유하고 있다고 나옵니다. 즉, 2001:290::10:1은 SK브로드밴드가 소유하고 있는 IPv6 주소인 것을 알 수 있습니다.

Understanding
IPv6
Network

BGP Table을 조회하면 BGP Routes와 해당 라우터를 전달한 AS 번호들이 나옵니다. BGP Table에 나오는 AS 번호들의 소유 기관을 알고 싶을 경우, WHOIS 홈페이지에서 'AS 번호'를 입력하면 됩니다.

Lesson 4 IPv6 Network

멀티캐스트 주소

IPv6에서는 브로드캐스트 통신이 없어지는 대신, 멀티캐스트 통신이 IPv4일 때에 비해 훨씬 다양한 기능을 갖게 됐다고 설명했습니다. 강력해진 기능만큼 주소 체계가 IPv4 멀티캐스트에 비해 많이 복잡해졌습니다.

복잡한 IPv6 멀티캐스트 주소의 주소 체계 및 특징을 쉽게 이해하기 위해 IPv6 멀티캐스트 주소를 편의상 2개의 큰 분류로 나누겠습니다. 전 세계적으로 통용되는 ❶ Well-Known 멀티캐스트 주소와 지역 네트워크 관리자에 의해 생성돼 지역 내에서만 통용되는 ❷ Temporary 멀티캐스트 주소로 나누겠습니다.

가장 먼저 전 세계적으로 통용되는 Well-Known 멀티캐스트 주소의 주소 체계 및 생성 방법에 대해 알아보겠습니다. 그런 다음, 특정 지역 내에서만 통용되는 Temporary 멀티캐스트 주소의 주소 체계 및 특징들에 대해 소개하겠습니다. 마지막으로 IPv6 멀티캐스트 통신일 때 이더넷 주소가 어떤 식으로 생성되는지 알아보겠습니다.

Lesson 4에서는 중요한 멀티캐스트 주소들만 소개했습니다. 멀티캐스트 주소의 현황을 좀 더 자세히 알고 싶은 분들을 위해 모든 멀티캐스트 주소들을 부록 D에 표기했습니다.

01 Well-Known 멀티캐스트 주소

IPv6의 멀티캐스트 주소 주소 체계를 살펴보면 [그림 2-23]과 같습니다. [그림 2-23]의 MSB 8비트는 '1111 1111'이므로 멀티캐스트 주소는 무조건 '0xFF'로 시작합니다.

그림 2-23 멀티캐스트 주소 포맷

8비트	4비트	4비트	112비트
1111 1111	Flags	Scope	Group ID

지금부터 [그림 2-23]의 각 필드별 생성 방법 및 특징에 대해 설명하겠습니다.

▶ 플래그 필드

멀티캐스트 주소에서 플래그 필드(Flag Field)는 [그림 2-24]와 같이 구성돼 있습니다.

그림 2-24
멀티캐스트 주소의
플래그

지금부터 각 플래그(Flag)가 무엇을 의미하는지 알아보겠습니다. 첫 번째 플래그인 O 플래그는 무조건 0으로 세팅됩니다.

R 플래그의 용도는 멀티캐스트 주소 안에 Rendezvous Point(랑데부 포인트로 발음) 정보를 포함하고 있는지를 나타낸 것입니다. R = 1인 경우 Rendezvous Point 정보가 담겨 있고, R = 0인 경우 정보가 담겨 있지 않다는 의미입니다. Rendezvous Point의 의미는 Chapter 5를 참조하기 바랍니다.

이처럼 IPv6 멀티캐스트 주소는 Rendezvous Point의 주소를 멀티캐스트 그룹 주소에 포함하기 때문에 별도로 Rendezvous Point 주소를 설정하지 않더라도 PIM-SM이 동작할 수 있다는 것이 IPv4 네트워크와 대비되는 장점입니다.

P 플래그는 멀티캐스트 주소가 유니캐스트 네트워크 프리픽스 정보를 갖고 있는지를 나타낸 것입니다. P = 1인 경우에는 Group ID 안에 유니캐스트 네트워크 프리픽스 정보가 담겨 있고, P = 0인 경우에는 담겨 있지 않습니다. P 플래그의 용도는 뒷부분에 다시 자세히 설명하겠습니다.

플래그 필드 중에서 가장 중요한 플래그는 'T' 플래그입니다. T = 0이면 'Well-Known 멀티캐스트 주소', T = 1이면 'Temporary 멀티캐스트 주소'를 뜻합니다. 즉, T 플래그가 0이면 전 세계적으로 통용되는 '멀티캐스트 주소'라는 의미입니다. 그중 대표적인 것을 [표 2-12]에 나타냈습니다. 네트워크 관리자는 자신의 네트워크에서만 통용되는 멀티캐스트 주소를 필요할 수도 있습니다.[73] 이 경우 T 플래그를 1로 세팅하면 됩니다.

▶ 스코프 필드

[그림 2-23]의 스코프 필드(Scope Field)는 멀티캐스트 주소의 범위를 정의합니다. 스코프 필드는 [표 2-12]와 같이 정의돼 있습니다.

---

73 IPTV 사업자들은 사설 IPv4 멀티캐스트 주소를 이용해 IPTV 트래픽을 전송합니다. 자신이 소유한 콘텐츠(Multicast Traffic)가 다른 사업자에게 전달되는 것을 막기 위함입니다.

값	설명
0	Reserved
1	Interface-Local Scope
2	Link-Local Scope
3	Reserved
4	Admin-Local Scope
5	Site-Local Scope
6	unassigned
7	unassigned
8	Organization-Local Scope
9	unassigned
A	unassigned
B	unassigned
C	unassigned
D	unassigned
E	Global Scope
F	Reserved

표 2-12
스코프 필드 값에
따른 의미

인터페이스로컬 스코프(Interface-Local Scope)는 멀티캐스트의 루프백(Loopback) 주소로 쓰입니다. 링크로컬 스코프(Link-Local Scope)를 갖는 멀티캐스트 주소는 동일 네트워크 안에서만 유효합니다. 즉, 다른 네트워크로는 전달되지 않는 멀티캐스트 주소입니다. 그리고 사이트로컬 스코프(Site-Local Scope)는 말 그대로 특정 지역 내에서만 유효한 멀티캐스트 주소입니다.[74] 즉, 다른 지역으로는 전달되지 않는 멀티캐스트 주소입니다.

링크로컬 스코프의 의미는 쉽게 이해되겠지만, 사이트로컬 스코프의 개념은 잘 이해되지 않을 것입니다. 스코프의 의미를 확실히 이해하기 위해 예를 들어 설명해보겠습니다. [표 2-14]는 Well-Known 멀티캐스트 주소를 나타낸 것입니다. [표 2-14]에서 FF02:2, FF05::2는 모두 All-Routers 멀티캐스트 주소의 주소지만 스코프가 다른 것이 차이점입니다. 이 둘의 차이를 설명함으로써 사이트로컬 스코프의 의미를 설명하겠습니다.

[그림 2-25]는 멀티캐스트 기능이 활성화된 라우터들로 이뤄진 네트워크를 나타낸 것입니다.

---

74 유니캐스트 주소에는 사이트로컬 스코프가 없다고 설명했습니다.

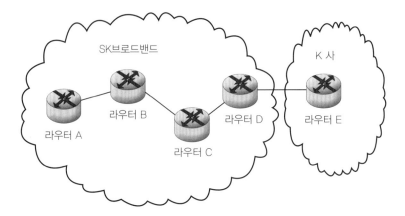

그림 2-25
멀티캐스트 라우터
구성도

    라우터 A, B, C, D는 SK브로드밴드 소유의 라우터, 라우터 E는 K 사 소유의 라우터라고 가정
해보겠습니다. 그리고 라우터 D와 E는 (네트워크 관리자가 다르더라도) 서로의 트래픽을 교환하기
위해 연동돼 있습니다. SK브로드밴드의 네트워크 관리자는 라우터 A, B, C, D를 사이트로컬 멀
티캐스트 주소에 조인(Join)[75]시켰다고 가정해보겠습니다.[76] 이때 라우터 B가 FF02::2, FF05::2
의 목적지 주소로 각각 패킷을 보낼 때 과연 어떤 라우터들에게 전송되는지 알아보겠습니다.

    우선 링크로컬 스코프를 갖는 FF02::2 패킷은 라우터 A, C만 수신합니다. 그리고 사이트로컬
스코프를 갖는 FF05::2 패킷은 라우터 A, C, D까지 전달됩니다. 그 이유는 라우터 A, B, C, D가
SK브로드밴드 네트워크 관리자에 의해 동일한 사이트로컬 스코프를 갖는 라우터라고 설정돼 있기
때문입니다. 라우터 E로 패킷이 전달되지 않는 이유는 라우터 D와 라우터 E를 연결해주는 인터페
이스에서는 사이트로컬 멀티캐스트에 조인돼 있지 않기 때문입니다.[77] 좀 더 자세히 설명하면 [표
2-16]처럼 링크로컬 스코프를 갖는 FF02::2는 자동으로 조인되는 멀티캐스트 주소이지만, 사이
트로컬 스코프를 갖는 FF05::2는 운용자가 수동으로 조인시켜야 하는 멀티캐스트 주소입니다.

▶ Group ID 필드

    우리는 IPv6 멀티캐스트 주소의 주소 체계를 쉽게 이해하고자 IPv6 멀티캐스트 주소를 편의
상 2개의 큰 분류인 ❶ 전 세계적으로 통용되는 Well-Known 멀티캐스트 주소와 ❷ 지역 내에
서만 통용되는 Temporary(Dynamic) 멀티캐스트 주소로 나눴습니다. Well-Known 멀티캐
스트 주소는 [표 2-13]과 같이 다시 ❶-ⓐ Permanent 멀티캐스트 주소와 ❶-ⓑ Permanent
Multicast Group IDs로 나눌 수 있습니다.

---

75 멀티캐스트 트래픽을 수신하기 위한 상태를 '조인(Join) 또는 구독(Subscribe)돼 있다.'라고 표현합니다. 좀 더 자세한 내용은 Chapter
5의 Lesson 2, 3을 참조하기 바랍니다.

76 사이트로컬 멀티캐스트(Site-Local Multicast Address)에 조인하는 실습을 Chapter 5의 Lesson 3과 Lesson 4에 설명했습니다.

77 만약, 라우터 D와 라우터 E를 연결해주는 인테페이스가 사이트로컬 멀티캐스트에 조인돼 있다면 SK브로드밴드에서 보내는 모든 사이트
로컬 멀티캐스트 패킷들은 K 사의 라우터들에도 전달될 것입니다.

표 2-13
멀티캐스트 주소의
사용 용도에 따른
Group ID 생성 방법

멀티캐스트 주소 용도 구분	Group ID	Group ID의 범위
❶-ⓐ Permanent IPv6 멀티캐스트 주소	전 세계적으로 정해져 있음	0x00000000 ~ 0x3FFFFFFF
❶-ⓑ Permanent IPv6 Multicast Group IDs	전 세계적으로 정해져 있음	0x40000000 ~ 0x7FFFFFFF
❷ Dynamic IPv6 멀티캐스트 주소	정해져 있지 않음	0x80000000 ~ 0xFFFFFFFF

[그림 2-23]의 Group ID를 만드는 규칙은 멀티캐스트 주소의 사용 용도에 따라 [표 2-13]과 같이 세 가지로 나뉩니다. 각 멀티캐스트 주소의 사용 용도에 따라 Group ID가 만들어지는 규칙에 대해 설명하겠습니다.

❶-ⓐ Permanent IPv6 멀티캐스트 주소는 말 그대로 전 세계적으로 통용될 수 있도록 128비트 전부 정해져 있는 멀티캐스트 주소를 말합니다. [표 2-14]가 이에 해당하는 주소들입니다. 멀티캐스트 주소가 Permanent Multicast Address일 경우, Group ID의 스코프는 0x0000 0001부터 0x3FFF FFFF까지입니다.

❶-ⓑ Permanent IPv6 Multicast Group IDs는 전 세계적으로 통용될 수 있도록 (멀티캐스트 주소의 프리픽스는 제외) Group ID가 정해져 있는 멀티캐스트 주소를 말합니다. 즉, Permanent IPv6 멀티캐스트 주소는 128비트 전부 미리 정해져 있는 멀티캐스트 주소인 반면, Permanent IPv6 Multicast Group ID는 오직 Group ID만 미리 정해져 있는 멀티캐스트 주소입니다. 예를 들어 전 세계적으로 NTP(Network Time Protocol)에 쓰이는 멀티캐스트 주소는 (MSB 16비트 프리픽스는 일정하지 않지만) 0x4040 4040이라는 동일한 Group ID를 갖습니다. 멀티캐스트 주소가 Permanent IPv6 Multicast Group IDs일 경우, Group ID의 스코프는 0x4000 0000부터 0x7FFF FFFF까지입니다.

이처럼 멀티캐스트 주소가 ❶-ⓐ, ❶-ⓑ의 용도일 경우, Group ID가 용도에 따라 이미 정해져 있기 때문에 크게 신경 쓸 필요가 없습니다. 하지만 멀티캐스트 주소가 ❷ Temporary(Dynamic) 멀티캐스트 주소일 경우, Group ID를 생성하는 방법이 많이 복잡해집니다. ❷ Dynamic IPv6 멀티캐스트 주소의 Group ID를 생성하는 규칙 및 특징은 Lesson 4.2를 참조하기 바랍니다. 우선 Dynamic IPv6 멀티캐스트 주소일 경우, [표 2-13]과 같이 Group ID의 스코프가 0x8000 0000부터 0xFFFF FFFF까지라는 것만 알아두면 됩니다.

지금까지 Well-Known 멀티캐스트 주소의 주소 체계 및 생성 방법에 대해 알아봤습니다. 이번에는 Well-Known 멀티캐스트 주소들 중 특히 유용한 멀티캐스트 주소들에 대해 알아보겠습니다.

[표 2-14]는 매우 중요하게 사용되는 멀티캐스트 주소들을 나타낸 것입니다.

의미	멀티캐스트 주소	스코프
All-Nodes 멀티캐스트 주소	FF02::1	Link-Local
All-Routers 멀티캐스트 주소	FF02::2	Link-Local
	FF05::2	Site-Local
Solicited-Node 멀티캐스트 주소	FF02::1:FFXX:XXXX	Link-Local
All-DHCP-Agents 멀티캐스트 주소	FF02::1:2	Link-Local
All-DHCP-Servers 멀티캐스트 주소	FF05::1:3	Site-Local

표 2-14
미리 정의된
멀티캐스트 주소

모든 노드는 All-Nodes 멀티캐스트 주소를 갖고 있습니다. 모든 라우터 역시 All-Routers 멀티캐스트 주소를 갖고 있습니다. 따라서 만일 패킷을 전송할 때 목적지 주소를 All-Nodes 멀티캐스트 주소인 FF02::1로 세팅해 보내면 동일한 링크 내에 있는 모든 노드가 해당 패킷을 수신합니다. 이와 마찬가지로 목적지 주소를 FF02::2로 세팅해 패킷을 보내면 동일한 링크 내에 있는 호스트를 제외한 모든 라우터가 해당 패킷을 수신합니다. FF02::1과 FF02::2는 앞으로 빈번하게 등장할 주소이므로 꼭 기억하기 바랍니다.

또한 [표 2-14]에서 주의 깊게 살펴봐야 할 것이 Solicited-Node 멀티캐스트 주소입니다. IPv6 노드가 유니캐스트나 애니캐스트 주소를 생성할 경우에 각 주소에 1:1 대응해 자동으로 생성되는 멀티캐스트 주소입니다. 예를 들어 운용자가 특정 인터페이스에 글로벌 유니캐스트 주소 2개와 링크로컬 유니캐스트 주소 1개를 생성했다면 그 인터페이스에는 유니캐스트 주소 3개에 대응되는 Solicited-Node 멀티캐스트 주소가 자동으로 3개 생성됩니다.

Solicited-Node 멀티캐스트 주소의 상위 104비트는 FF02:0:0:0:0:1:FF00::/104입니다. 하위 24비트는 1:1로 대응하는 Unicast 혹은 Anycast 주소의 하위 24비트와 동일합니다. 예를 들어 운용자가 IPv6 노드의 인터페이스에 2001:DB8::1:800:200E:8C6C라는 글로벌 유니캐스트 주소를 생성했다면 자동으로 2001:DB8::1:800:200E:8C6C에 대응하는 Solicited-Node 멀티캐스트 주소가 생성된다고 설명했습니다. 이때 생성되는 Solicited-Node 멀티캐스트 주소의 하위 24비트는 자신을 생성하게 만든 **유니캐스트** 주소, 2001:DB8::1:800:200**E:8C6C**의 하위 24비트와 동일하게 생성됩니다. 따라서 해당 인터페이스에는 FF02::1:FF**0E:8C6C**라는 Solicited-Node 멀티캐스트 주소가 자동으로 생성됩니다.

IPv6 네트워크에 Solicited-Node 멀티캐스트 주소라는 새로운 주소가 생김으로써 기존 IPv4 네트워크에 비해 불필요한 네트워크 트래픽을 줄일 수 있게 됐습니다.

예를 들어 설명하겠습니다. [그림 2-26]과 같이 총 100대의 PC가 있으며, 각 PC의 IPv6 주소는 2001:DB8::1, 2001:DB8::2, …, 2001:DB8::100입니다. 그리고 각 PC는 Solicited-Node 멀티캐스트 주소 역시 갖고 있으며, 그 주소들은 각각 FF02::1:FF00:1, FF02::1:FF00:2, …, FF02::1:FF00:100입니다.

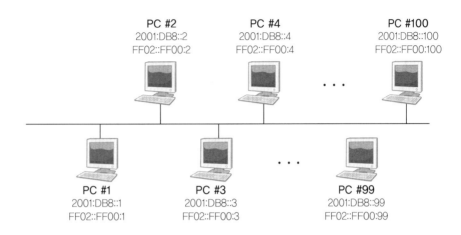

그림 2-26
100대의 PC

PC #2
2001:DB8::2
FF02::FF00:2

PC #4
2001:DB8::4
FF02::FF00:4

PC #100
2001:DB8::100
FF02::FF00:100

. . .

PC #1
2001:DB8::1
FF02::FF00:1

PC #3
2001:DB8::3
FF02::FF00:3

PC #99
2001:DB8::99
FF02::FF00:99

[그림 2-26]에서 PC #100이 패킷을 PC #1으로 보내려고 하는데, PC #1의 IPv6 주소만 알고 MAC Address를 알지 못한다고 가정해보겠습니다. 따라서 PC #100은 IPv6 패킷의 목적지 주소를 2001:DB8::1로 하고 이더넷 프레임의 목적지 주소를 브로드캐스트 주소(FFFF.FFFF.FFFF)로 해서 보낼 수밖에 없습니다. PC #100이 보내는 해당 패킷은 PC #1~PC #99가 모두 해당 이더넷 프레임을 수신합니다.

PC #1은 유니캐스트 주소(2001:DB8::1) 뿐만 아니라 Solicited-Node 멀티캐스트 주소인 FF02::FF00:1도 소유하고 있습니다. 그리고 그 사실을 PC #100을 포함한 다른 모든 PC들도 알고 있습니다. 따라서 PC #100은 IPv6 패킷의 목적지 주소를 Unicast Address(2001:DB8::1)가 아닌 Solicited-Node Multicast Address인 FF02::FF00:1로 한다면 이더넷 프레임의 목적지 주소는 3333.FF00.0001이 되고 (IPv6 멀티캐스트 주소의 이더넷 주소를 만드는 방법은 Chapter 2의 Lesson 4.3 참조). 해당 이더넷 프레임은 PC #1만 수신합니다. 이처럼 목적지 주소와 Solicited-Node 멀티캐스트 주소를 사용하기 전과 후를 비교하면 네트워크 트래픽이 확연하게 줄어든다는 것을 알 수 있습니다.

02 Temporary 멀티캐스트 주소

Temporary 멀티캐스트 주소(다이내믹 멀티캐스트 주소)는 Well-Known 멀티캐스트 주소와 달리 주소가 미리 정해져 있지 않습니다. 따라서 Temporary 멀티캐스트 주소는 주소를 할당하는 서버(예 DHCPv6 Server)나 가입자단의 엔드 호스트(End Host) 또는 네트워크 운용자에 의해 생성됩니다.

Temporary 멀티캐스트 주소는 Well-Known 멀티캐스트 주소(즉, [표 2-14]에 나와 있는 멀티캐스트 주소)와 구별하기 위해 [그림 2-24]의 T 플래그가 '1'로 설정됩니다. 따라서 이 Lesson에 나오는 모든 멀티캐스트 주소들은 T 플래그가 '1'인 경우입니다. 중요 다이내믹 멀티캐스트 주소들을 순차적으로 소개하겠습니다.

유니캐스트 프리픽스 기반 IPv6 멀티캐스트 주소

다이내믹 IPv6 멀티캐스트 주소를 생성하는 데 있어 중요한 점은 다른 지역에서 생성되는 다이내믹 IPv6 멀티캐스트 주소와 중복되지 않아야 한다는 것입니다. 이를 위해 다이내믹 IPv6 멀티캐스트 주소에 유니캐스트 네트워크 프리픽스 정보를 집어넣게 됐습니다. 왜냐하면 유니캐스트 네트워크 프리픽스는 전 세계적으로 유일하기 때문에 유니캐스트 네트워크 프리픽스 정보를 갖고 있는 다이내믹 IPv6 멀티캐스트 주소를 생성하면 네트워크 관리자는 다른 지역 다이내믹 IPv6 멀티캐스트 주소와의 중복을 걱정할 필요가 없기 때문입니다. 따라서 다이내믹 IPv6 멀티캐스트 주소를 생성할 때는 [그림 2-23]이 유니캐스트 네트워크 프리픽스 정보를 멀티캐스트 주소 안에 넣을 수 있는 새로운 주소 형태인 [그림 2-27]로 변경됩니다.

8비트	4비트	4비트	8비트	8비트	64비트	32비트
1111 1111	Flags	Scope	Reserved	Plen	Network Prefix	Group ID

새로운 멀티캐스트 주소의 주소 형태인 [그림 2-27]에는 유니캐스트 네트워크 Prefix 정보가 담겨 있고 Group ID는 32비트로 제한돼 만들어집니다. [그림 2-27]의 플래그 필드는 [그림 2-28]과 같이 P, T 플래그가 무조건 '1'로 세팅됩니다. 스코프 필드(Scope Field)에는 아무런 값이 나 올 수 있습니다.

4비트

0	0	1	1

따라서 유니캐스트 프리픽스 기반 IPv6 멀티캐스트 주소는 무조건 'FF3X'로 시작합니다.[78]

[그림 2-27]의 Reserved Field는 모두 '0'으로 세팅됩니다. Plen Field는 Network Prefix Field 중에서 실제로 유효한 Network Prefix(Subnet Prefix) 정보가 몇 비트인지 가리킵니다. Plen Field의 정보가 필요한 이유는 네트워크마다 Network Prefix의 사이즈가 다르기 때문입니다. 예를 들어 유니캐스트 Network Prefix가 3FFE:FFFF:1:: /48인 네트워크가 있다고 가정해보겠습니다. 이 네트워크에서 운용자가 다이내믹 IPv6 멀티캐스트 주소를 생성한다면 [그림 2-27]의 Plen Field는 '48'을 가리킵니다. [그림 2-27]의 Network Prefix Field는 64비트이기 때문에 만약 Unicast Prefix의 사이즈가 48인 경우, Network Prefix Field

---

[78] 여기서 'x'의 의미는 어떤 값이든 올 수 있다는 뜻입니다.

의 LSB(Least Significant Bit) 16비트에는 '0'이 채워집니다. 이를 정리하면 Unicast Prefix가 3FFE:FFFF:1:: /48인 네트워크에서 Dynamic IPv6 멀티캐스트 주소를 생성하면 [그림 2-27]의 Group ID를 제외한 MSB 96비트는 'FF3X:0030:3FFE:FFFF:1000:0000'이 됩니다. 이때의 Group ID는 0x8000 0000부터 0xFFFF FFFF까지의 스코프를 갖는다고 [표 2-13]에서 이미 설명했습니다.[79]

이해를 돕고자 예를 하나 더 들어보겠습니다. [그림 2-29]에서는 IPv6 멀티캐스트 주소인 FF35:0040:2001:0A14:AAAA:BBBB:CCCC:DDDD의 주소 체계를 보여주고 있습니다.

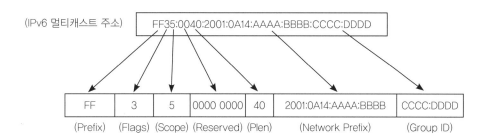

그림 2-29
유니캐스트 프리픽스 기반 IPv6 멀티캐스트 주소의 예

IPv6 멀티캐스트 주소는 무조건 'FF'로 시작한다고 했습니다. 따라서 [그림 2-29]의 주소도 프리픽스가 'FF'로 시작한다는 것을 알 수 있습니다. 또한 플래그 필드가 '3'이므로 유니캐스트 프리픽스 기반의 IPv6 멀티캐스트 주소라는 것을 알 수 있습니다. 스코프 필드의 값이 '5'이므로 사이트로컬로 특정 사이트 내에서만 사용되는 주소라는 것을 알 수 있어야 합니다. Prefix Length의 값이 0x40이므로 10진수로 64를 의미하며, 이는 네트워크 프리픽스 필드에 있는 64비트 모두가 프리픽스 정보라는 것을 나타낸 것입니다. 즉 IPv6 네트워크 주소가 2001:0A14:AAAA:BBBB::/64인 망에서 사용된다는 의미입니다. 그리고 Group ID 주소는 CCCC:DDDD라는 것을 알 수 있습니다.

> **Embedded RP 주소를 포함한 IPv6 멀티캐스트 주소**

멀티캐스트 서비스 모델은 ASM(Any-Source 멀티캐스트) 모델과 SSM(Source-Specific Multicast) 모델로 나뉩니다. ASM과 SSM의 차이점 및 특징은 Chapter 5를 참조하기 바랍니다. 이때 ASM에 쓰이는 IPv6 멀티캐스트 주소가 지금부터 설명할 'Embedded RP[80](Rendezvous Point) 주소를 포함한 IPv6 멀티캐스트 주소'입니다. 이 주소가 어떤 식으로 사용되는지는 Chapter 5의 Lessson 3에서 자세히 설명할 것입니다. 여기서는 Embedded RP 주소를 포함한 IPv6 멀티캐스트 주소 체계에 대해서만 설명하겠습니다.

'Embedded RP 주소를 포함한 IPv6 멀티캐스트 주소'는 앞에서 설명한 유니캐스트 프리픽스

---

79 좀 더 자세히 알고 싶다면 RFC3307, 'IPv6 Multicast Address Guidelines'를 참조하기 바랍니다.
80 RP(Rendezvous Point): 멀티캐스트 트래픽이 집결되는 노드

기반 IPv6 멀티캐스트 주소 방식과 RP 주소가 함께 포함돼 있는 주소 표현 방식입니다. 임베디드 RP 주소를 포함한 IPv6 멀티캐스트 주소를 사용하면 IPv6 멀티캐스트 주소 내에 RP 주소가 포함 돼 있으므로 각 개별 라우터에서 RP 주소를 별도로 설정할 필요가 없습니다. 이로 인해 운용자의 노동 부하를 줄일 수 있게 됐습니다.

임베디드 RP 주소를 포함한 IPv6 멀티캐스트 주소 형식은 [그림 2-30]과 같습니다.

그림 2-30
임베디드 RP 주소를
포함한 IPv6 멀티캐
스트 주소 형식

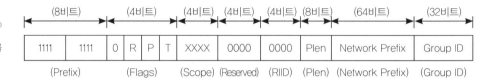

임베디드 RP 주소를 포함한 IPv6 멀티캐스트 주소 형식은 기존의 유니캐스트 프리픽스 기반 IPv6 멀티캐스트 주소 형식에서 플래그 필드의 R 플래그가 '1'로 설정돼야 한다는 점이 다릅니다. 그리고 8비트의 Reserved Field가 4비트로 줄어들면서 나머지 4비트 공간에 RP Interface ID 를 추가로 표시한다는 점이 다릅니다. 즉, 플래그 필드의 R 플래그가 '1'로 설정되면서 P와 T 플래 그도 모두 '1'로 설정돼야 하므로 플래그 필드의 값이 '0111'이 되고, 16진수로 '7'이 돼 임베디드 RP 주소를 포함하는 IPv6 멀키태스트 주소는 항상 FF7X::/12로 시작합니다. 임베디드 RP 주소를 포함한 IPv6 멀티캐스트 주소에는 RIID(RP Interface ID) 필드가 추가돼 RP 주소를 표시합니다. RIID 값은 0x1에서 0xF 사이의 값을 가지며, '0'은 사용할 수 없습니다.

RP 주소는 IPv6 멀티캐스트 주소에 포함돼 있는 Network Prefix 값에 RIID 정보를 합쳐 생 성됩니다. 예를 들어보겠습니다. [그림 2-31]은 IPv6 멀티캐스트 주소인 FF75:0140:2001:0A1 4:AAAA:BBBB:CCCC:DDDD의 주소 체계를 나타낸 것입니다.

그림 2-31
임베디드 RP 주소를
포함한 IPv6 멀티캐
스트 주소의 예

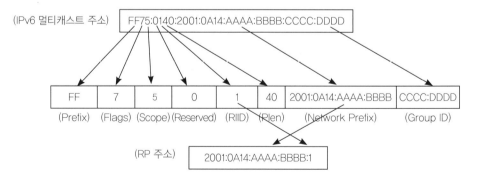

당연히 [그림 2-31]의 주소에서도 Prefix가 'FF'로 시작합니다. 그리고 플래그 필드가 '7'이므 로 임베디드 RP 주소 포함 IPv6 멀티캐스트 주소라는 것을 알 수 있어야 합니다. 스코프의 값이 '5' 이므로 사이트로컬로 특정 사이트 내에서 사용되는 주소를 나타낸다는 사실 역시 알 수 있어야 합니 다. 그리고 RIID 값은 '1'이므로 뒤에 포함돼 있는 IPv6 네트워크 프리픽스 주소에 ::1을 추가한 것이

RP 주소가 됩니다. Prefix Length의 값이 0x40이므로 10진수로 64를 의미하며, 이는 Network Prefix Field에 있는 64비트 모두가 프리픽스 정보라는 것을 나타낸 것입니다. 즉, IPv6 네트워크 주소는 2001:0A14:AAAA:BBBB::/64가 되며 RP 주소는 2001:0A14:AAAA:BBBB::1이 됩니다. 그리고 멀티캐스트 주소의 Group ID 주소는 CCCC:DDDD를 의미합니다.

IPv6 망에서 이와 같이 임베디드 RP 주소가 포함돼 있는 IPv6 멀티캐스트 주소를 사용하면 망 내의 모든 멀티캐스트 라우터에 RP 주소를 별도로 설정하거나 BSR 설정을 통해 RP 주소가 동기화되도록 하지 않더라도 멀티캐스트 그룹 주소 내에 포함돼 있는 RP 주소를 기반으로 PIM-SM 프로토콜이 정상 동작합니다. 물론 RP 기능을 수행해야 할 라우터에서는 자신이 RP 기능을 수행해야 한다는 것을 알려주기 위해 RP를 설정해야 합니다. 만약 IPv6 망에서 IPv6 멀티캐스트 주소로 임베디드 RP 주소가 포함돼 있는 IPv6 멀티캐스트 주소를 사용하지 않는 경우, 기존 방식인 RP를 직접 설정하거나 Candidate BSR과 Candidate RP를 설정해줘야 합니다. 좀 더 자세한 설명은 Chapter 5를 참조하기 바랍니다.

Source-Specific 멀티캐스트 주소

멀티캐스트 서비스 모델에는 ASM 모델과 SSM 모델이 있고, ASM 모델에 사용되는 멀티캐스트 주소가 '임베디드 RP 주소를 포함한 IPv6 멀티캐스트 주소'라고 했습니다. 이와 반대로 SSM 모델에 사용되는 주소가 지금부터 설명할 Source-Specific 멀티캐스트 주소입니다. 이 주소가 어떤 식으로 사용되는지는 Chapter 5의 Lesson 3을 참조하기 바랍니다. 여기서는 멀티캐스트 서비스 모델 중에서 Source-Specific 멀티캐스트 주소라는 것이 있고 Source-Specific 멀티캐스트 모델에서는 특정 멀티캐스트 주소를 사용해야 하는데, 그것이 Source-Specific 멀티캐스트 주소라는 것만 알아두면 됩니다.

Source-Specific 멀티캐스트 주소는 IPv4 네트워크에도 있었습니다. 232.0.0.0 /8 (232.0.0.0~232.255.255.255) 대역이 IPv4 네트워크에서의 Source-Specific 멀티캐스트 주소 대역이었습니다.

IPv6 네트워크에서의 Source-Specific 멀티캐스트 주소는 [그림 2-23]에서 P, T 플래그가 1이고, Plen Field가 모두 0인 경우입니다.[81] [표 2-15]는 Source-Specific 멀티캐스트 주소, FF3x:: /32 대역의 주소를 나타낸 것입니다.

---

81 Plen = 0이다 보니 SSM 멀티캐스트 주소는 FF3x:: /96과 마찬가지가 됩니다.

주소	설명
FF3x::0:0~FF3x::3FFF:FFFF	Invalid
FF3x::4000:0	Reserved
FF3x::4000:1~FF3x:7FFF:FFFF	Reserved for IANA allocation
FF3x::8000:0~FF3x:FFFF:FFFF	Reserved for Local 호스트 allocation

표 2-15
Source-Specific
멀티캐스트

그렇다면 네트워크 관리자가 자신만의 비디오 콘텐츠(Video Contents)를 멀티캐스트 트래픽으로 전송하고 싶을 때는 [표 2-15]의 어떤 대역을 사용하는 것이 좋을까요? 우선 FF3X::0:0~FF3X:3FFF:FFFF 대역은 사용하면 안 됩니다. [표 2-15]를 통해 알 수 있는 바와 같이 유효하지 않은 주소 대역이기 때문입니다. 그리고 FF3X::8000:0~FF3X:FFFF:FFFF 대역 역시 사용하지 않는 것이 좋습니다. [표 2-13]에 따르면 Group ID(LSB 32비트)가 8000:0000~FFFF:FFFF인 경우에는 End Host가 동적으로 멀티캐스트 주소를 할당하는 주소 대역입니다. 이는 네트워크 관리자가 지정해 만들 수 있는 멀티캐스트 주소 대역이 아니라는 것을 의미합니다. 따라서 FF3X::4000:1~FF3X:7FFF:FFFF 대역을 이용해 멀티캐스트 트래픽을 전송하는 것이 좋습니다. 이때 자신만의 네트워크 안에서만 유효한 주소를 만든다고 가정하면(대부분의 경우가 이 상황에 속할 것입니다) Scope Field를 '5'로 세팅하면 됩니다. 따라서 특정 Source-Specific 멀티캐스트 네트워크에서 멀티캐스트 서비스를 하고 싶다면 멀티캐스트 콘텐츠에 FF35::4000:1~FF35::7FFF:FFFF 대역 중 하나를 할당해주면 됩니다.

03 멀티캐스트 주소용 이더넷 주소

유니캐스트 통신의 경우, IPv4 유니캐스트 주소이든, IPv6 유니캐스트 주소이든 별다른 변경 없이 MAC 주소[82]를 그대로 사용해 L2(Data Link Layer) 통신을 할 수 있었습니다. 이는 원래 데이터 링크 계층(Data Link Layer)과 관계 없이 IP 계층이 IPv4에서 IPv6로 변경됐기 때문입니다. 그런데 멀티캐스트 통신에 대해서는 조금 다릅니다. 유니캐스트 통신인 경우에는 원래 단말이나 장비가 갖고 있는 자신의 MAC 주소를 사용하면 되지만, 멀티캐스트의 경우에는 특정 단말을 지정하는 것이 아니므로 멀티캐스트 그룹의 주소를 MAC 주소로 표현해야 하기 때문입니다. 따라서 이 Lesson에서는 멀티캐스트 통신에서의 이더넷 주소가 어떻게 생성되는지 알아보겠습니다.

우선 이더넷 프레임 포맷에 대해 살펴보겠습니다. [그림 2-32]는 이더넷 프레임 포맷을 나타낸 것입니다.

---

82 이 책에서는 MAC 주소, 이더넷 주소, 링크레이어 주소 모두 같은 의미로 사용합니다.

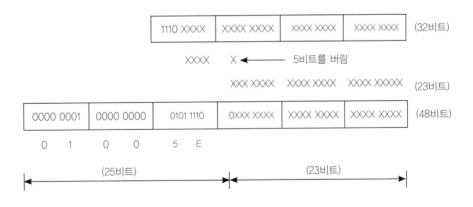

	8	8
	Destination	
	Ethernet	
	Address	
	Source	
	Ethernet	
	Address	
	Ethernet Type Code	
	IPv6	
	Packet	
	⋮	

그림 2-32
이더넷 프레임 포맷

[그림 2-32]의 'Ethernet Type Code'는 이더넷 프레임의 페이로드가 어떤 데이터인지를 가리킵니다. 만약 Ethernet Type Code가 '0x0800'이면 이더넷 프레임의 페이로드는 IPv4 패킷, '0x86DD'이면 이더넷 프레임의 페이로드는 IPv6 패킷이라는 의미입니다.[83]

지금부터 멀티캐스트 주소의 이더넷 주소가 어떻게 생성되는지 알아보겠습니다. 우선 IPv4 멀티캐스트 주소부터 살펴보겠습니다. [그림 2-33]은 IPv4 멀티캐스트 주소의 MAC 주소 변환을 나타낸 것입니다. 참고로 IPv4 멀티캐스트 주소는 최상위 4비트가 '1110'이라는 것을 알아두기 바랍니다.

그림 2-33
IPv4 멀티캐스트
주소의 MAC
주소 변환

IPv4 멀티캐스트 주소가 MAC 주소로 변환할 때는 [그림 2-33]과 같이 MAC 주소는 '01:00:5E'로 시작합니다. 그리고 IPv4 멀티캐스트 주소의 하위 23비트를 IPv4용 이더넷 MAC 주소를 나타내는 25비트(0000 0001:0000 0000:0101 1110:0) 뒤에 붙여 변환합니다. 이 경우에는 IPv4 주소에서 5비트 정보가 버려지면서 32개(= 2^5)의 IPv4 멀티캐스트 그룹 주소가 동일한 MAC 주소로 표현됩니다. 이 문제는 최초에 멀티캐스트 서비스를 설계할 때 현재와 같이 멀티캐스트 서비스가 확대될 것을 예상하지 못하고 IPv4 멀티캐스트 주소 변환을 위한 MAC 주소 영역

---

83 더 많은 이더넷 타입 코드의 정보는 https://www.iana.org/assignments/ieee-802-numbers/ieee-802-numbers.xml 에서 확인할 수 있습니다.

을 많이 할당받지 않았기 때문에 발생한 것입니다.

IPv6 멀티캐스트 주소를 MAC 주소로 변경하는 방법은 [그림 2-34]와 같이 IPv4에 비해 좀 더 간단합니다.

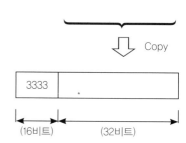

그림 2-34
IPv6 멀티캐스트
주소의 MAC
주소 변환

IPv6 멀티캐스트 주소이면 MAC 주소는 0x3333으로 시작하고, 나머지 32비트 부분을 IPv6 멀티캐스트 주소의 마지막 32비트를 그대로 복사해 생성합니다.

쉽게 이해하기 위해 예를 들어보겠습니다. [그림 2-35]와 같이 노드 A와 노드 B가 있습니다. 각 노드의 링크레이어 주소[84](Hardware Address)는 'CC02.0954.0000', 'CC03.0954.0000'입니다. 당연히 각 노드의 링크로컬 유니캐스트 주소는 Modified EUI-64 방식을 이용해 생성된 것입니다.

그림 2-35
노드 A가 노드 B로
유니캐스트, 멀티캐스
트 IPv6 패킷을 보내
는 모습

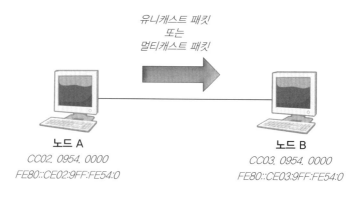

유니캐스트 패킷
또는
멀티캐스트 패킷

노드 A
CC02. 0954. 0000
FE80::CE02:9FF:FE54:0

노드 B
CC03. 0954. 0000
FE80::CE03:9FF:FE54:0

84 TCP/IP 모델의 링크 계층에 사용되는 주소를 말합니다. 링크 계층에는 여러 프로토콜(이더넷, LTE, G-PON, 토큰링 등)이 존재합니다. 그중 이더넷(Ethernet)에서 사용되는 주소를 MAC 주소 또는 Hardware 주소라고 합니다. 이 책에서는 링크 계층에서 동작하는 여러 프로토콜들 중에서 이더넷 프로토콜인 경우만 다룹니다. 따라서 이 책에 나오는 링크 계층 주소는 MAC 주소, Hardware 주소와 동일한 의미로 쓰입니다.

앞에서 노드 A가 노드 B로 유니캐스트 패킷과 멀티캐스트 패킷을 각각 보낼 때 이더넷 프레임의 목적지 주소(Destination Address)의 내용이 서로 다르다고 배웠습니다. 이를 확인하기 위해 노드 A에서 노드 B로 유니캐스트 주소(FE80::CE03:9FF:FE54:0)와 멀티캐스트 주소(FF02::1:FF54:0[85])로 각각 ping을 보내봤습니다. 그리고 이를 캡처한 것이 각각 [그림 2-36]과 [그림 2-37]입니다.

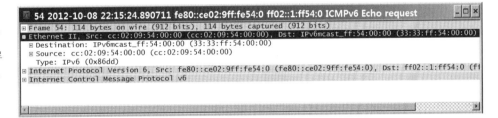

그림 2-36
노드 A가 노드 B로
유니캐스트 패킷을
보냈을 때의
캡처 화면

[그림 2-36]에 나와 있듯이 유니캐스트 IPv6 패킷일 경우, 이더넷 헤더의 목적지 주소와 소스 주소는 목적지(노드 B), 출발지(노드 A) 노드의 링크레이어 주소가 찍히는 것을 확인할 수 있습니다.

그림 2-37
노드 A에서 노드 B로
멀티캐스트 패킷을
보냈을 때의 캡처 화
면

반면, 멀티캐스트 IPv6 패킷의 경우에는 이더넷 헤더의 목적지 주소가 목적지 노드(노드 B)의 링크레이어 주소가 찍히지 않고([그림 2-34]의 규칙대로) 33:33:FF:54:00:00[86]인 것을 확인할 수 있습니다.

콕콕! 질문 있어요!

Q IPv6에서는 <u>브로드캐스트 주소(Broadcast Address)</u>가 없어지면서 기존 브로드캐스트 주소가 담당했던 기능을 멀티캐스트 주소가 수행한다고 했습니다. 그리고 멀티캐스트 주소의 예로 All-Nodes 멀티캐스트 주소(FF02::1)와 All-Routers 멀티캐스트 주소(FF02::2)를 들었습니다. All-Nodes 멀티캐스트 주소와 All-Routers 멀티캐스트 주소는 IPv6 주소에만 있는 개념인가요?

A All-Nodes 멀티캐스트 주소는 IPv4에서부터 있었던 개념입니다. IPv4에서 All-Nodes 멀티캐스트 주소는 '224.0.0.1'이며, IPv4 멀티캐스트 동작에서 General Query의 목적지 주소로 사용됩니다. 이처럼 특정 그룹을 지칭하는 멀티캐스트 주소는 IPv4에서도 있었습니다. 다만, IPv6에서 더욱 많아진 것입니다.

85 링크로컬 유니캐스트 주소(FE80::CE03:9FF:FE54:0)의 Solicited-Node 멀티캐스트 주소입니다.
86 MSB 16비트는 '33:33'이 오고, 나머지 LSB 32비트는 IPv6 목적지 주소(FF02::1:FF54:0)의 LSB 32비트가 온 것입니다.

애니캐스트 주소

애니캐스트 통신은 가장 가까운 노드와 통신하는 방식입니다.

예를 들어 동일한 애니캐스트 주소가 [그림 2-38]의 노드들의 인터페이스에 할당돼 있을 때 해당 애니캐스트 주소로 IPv6 패킷을 전송하면, 패킷이 라우팅 프로토콜의 알고리즘에 따라 가장 가까이에 있다고 판단되는 노드의 인터페이스로 전달됩니다.

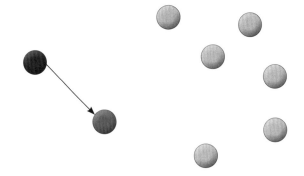

그림 2-38
애니캐스트 통신

애니캐스트 통신을 사용하는 목적은 다음과 같습니다.

1. 트래픽을 분산(Traffic Load Balancing)시키기 위함입니다

[그림 2-39]는 유니캐스트 주소로 설정된 DNS 서버가 한국에 위치하고 있는 시나리오입니다.

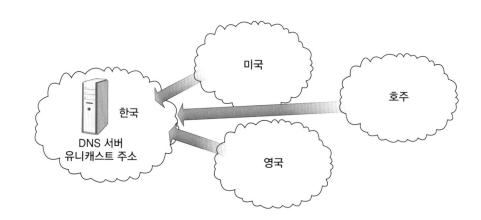

그림 2-39
DNS 서버가
유니캐스트 주소로
설정된 경우

[그림 2-40]은 DNS 서버가 동일한 애니캐스트 주소로 설정돼 각각 한국과 호주에 위치하고 있는 시나리오입니다.

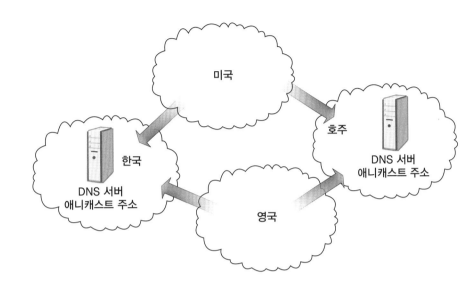

그림 2-40
DNS 서버가 애니캐스트 주소로 설정된 경우

[그림 2-39]의 경우 한국뿐 아니라 미국, 호주, 영국으로부터 DNS 서버에 접속하기 위해 모든 트래픽이 한국으로 유입됩니다. 하지만 [그림 2-40]의 경우에는 DNS 서버에 접속하기 위한 트래픽이 한국과 호주로 분산됩니다. 이처럼 애니캐스트 통신의 가장 큰 목적은 트래픽 부하 분산(Traffic Load Balancing)입니다.

2. 네트워크 이중화를 기대할 수 있습니다

[그림 2-41]과 같이 서버 A와 서버 B가 동일 애니캐스트 주소로 운용되고 있습니다. 만약 서버 A와의 통신이 불가능한 상황이 발생하면 PC 클라이언트는 네트워크 운용자의 설정 없이 자동으로 서버 B와 통신합니다.

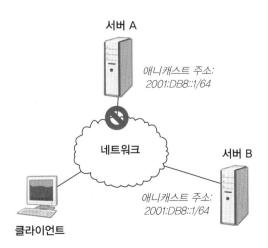

그림 2-41
애니캐스트 통신을 활용한 네트워크 이중화

3. DDoS(Distributed Denial-of-Service) **공격이 발생했을 때 서버가 받는 피해를 줄일 수 있습니다**

n대의 서버를 애니캐스트 주소로 설정하면 DDoS 공격의 트래픽을 n대의 서버가 분산해 수신하기 때문에 DDoS 공격의 피해를 줄일 수 있습니다.

4. 클라이언트와 서버 간의 물리적인 거리를 줄임으로써 응답 시간이 줄어드는 것을 기대할 수 있습니다[87]

지금까지는 애니캐스트 통신을 사용하는 목적에 대해 설명했습니다. 지금부터는 애니캐스트 통신을 활용하는 데 있어 주의해야 할 점을 설명하겠습니다.

[그림 2-42]와 같은 서버-클라이언트 모델에서 애니캐스트 통신은 서버와 클라이언트의 조합이 바뀔 수 있습니다.

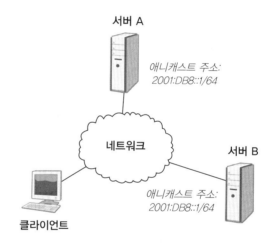

그림 2-42
서버-클라이언트
모델

예를 들어 클라이언트가 첫 번째 패킷을 목적지 주소 2001:DB8::1로 보냈을 때 서버 A가 응답합니다. 이때 클라이언트는 자기가 보내는 패킷의 목적지 주소가 애니캐스트 주소라는 것을 모르는 경우가 대부분일 것입니다. 그리고 클라이언트가 두 번째 패킷을 동일한 목적지 주소로 보낼 때 이번에는 서버 A가 아닌 서버 B가 응답할 수도 있습니다.

이처럼 애니캐스트 통신은 클라이언트-서버 네트워크 모델에서 클라이언트와 서버의 조합이 매 패킷마다 변경될 가능성이 있습니다. 따라서 애니캐스트 통신을 사용할 수 있는 서비스들은 하나의 Request 메시지에 하나의 Reply 메시지로 클라이언트와 서버 간에 정보 교환이 완료되는 서비스들로 제한됩니다. 이런 이유로 TCP를 이용하는 서비스들은 애니캐스트 통신에 적합하지 않습니다. 그러면 애니캐스트 통신의 용도로 쓰일 수 있는 서비스들에는 무엇이 있는지 살펴보겠습니다.

---

87 물리적인 거리와 라운드트립(Round-Trip)과는 직접적인 연관이 없기 때문에 물리적인 거리가 줄어든다고 해서 항상 응답 시간
(Response Time)이 줄어드는 것은 아닙니다.

가장 대표적인 애니캐스트 통신의 활용 예는 DNS 서비스입니다.[88,89] DNS 서버는 지역적으로 분산 배치돼 있고, 무엇보다 단 2개의 메시지 교환(DNS Query, DNS Answer)만으로 정보 교환이 완료됩니다.

멀티캐스트 네트워크(Multicast Network)에 사용되는 Rendezvous Point[90]도 애니캐스트 주소를 사용할 수 있는 대표적인 서비스입니다.[91] Rendezvous Point를 애니캐스트 주소로 운용하면 Rendezvous Point에 장애가 발생했을 때 다른 Rendezvous Point로 서비스를 지원할 수 있으며 다수의 Rendezvous Point 간에 트래픽 부하 분산을 지원할 수 있습니다.

애니캐스트 주소의 주소 체계에 대해 설명하겠습니다.

애니캐스트 주소는 유니캐스트 주소와 주소 형태가 동일하기 때문에 주소만 봐서는 애니캐스트 주소인지, 유니캐스트 주소인지 판단할 수 없습니다. 따라서 특정 인터페이스에 애니캐스트 주소를 할당하고 싶으면 라우터에게 해당 주소가 유니캐스트가 아닌 애니캐스트 용도로 쓰인다는 것을 명시적으로 알려줘야 합니다.[92]

애니캐스트 주소의 포맷이 유니캐스트 주소와 동일하지만, 미리 정의된 애니캐스트 주소도 있습니다. 바로 서브넷-라우터 애니캐스트 주소입니다. [그림 2-43]은 서브넷-라우터 애니캐스트 주소의 포맷을 나타낸 것입니다.

그림 2-43
서브넷-라우터
애니캐스트 주소
포맷

n비트	(128-n)비트
Subnet Prefix	0000 ... 0000

서브넷-라우터 애니캐스트 주소가 어떤 경우에 쓰이는지 설명하겠습니다. [그림 2-44]는 동일한 링크를 공유하는 라우터 A~E를 보여주고 있습니다.

88 DNS 메시지는 TCP로 전송되기도 하지만, DNS 메시지가 512바이트를 초과하는 경우를 제외하고는 UDP로 전송하는 것이 일반적입니다.

89 실제로 ISC(Internet System Consortium)에서 F-root 도메인 서버를 애니캐스트 주소로 운영 중입니다(https://www.isc.org/f-root/).

90 RP는 Chapter 5의 Lesson 1에서 자세히 설명합니다.

91 RFC 3446, 'Anycast Rendevous Point (RP) mechanism using Protocol Independent Multicast (PIM) and Multicast Source Discovery Protocol (MSDP)'

92 Cisco IOS 라우터의 경우, 주소 할당 시 'anycast'의 키워드를 입력합니다. 예를 들어 'ipv6 address 2001:db8::1/128 anycast' 식으로 할당합니다.

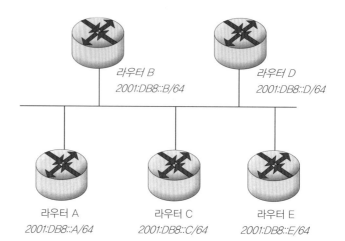

그림 2-44
동일한 링크를 공유
하는 라우터들

라우터 B
2001:DB8::B/64

라우터 D
2001:DB8::D/64

라우터 A
2001:DB8::A/64

라우터 C
2001:DB8::C/64

라우터 E
2001:DB8::E/64

동일한 링크를 공유하므로 [그림 2-44]의 모든 라우터는 동일한 서브넷 프리픽스, '2001:DB8::/64'를 갖고 있습니다. 그런데 자신이 속해 있는 네트워크('2001:DB8::/64')에서 어떤 한 라우터와 통신해야 할 필요가 있을 때가 있습니다. 굳이 특정 라우터가 아니라도 자신의 네트워크에 속해 있는 한 라우터하고만 통신하면 되는 것입니다. 이때 쓰이는 것이 서브넷-라우터 애니캐스트 주소입니다. 즉 [그림 2-44]의 라우터 A가 자신의 네트워크에 속해 있는 한 라우터와 통신하고 싶다면 패킷을 서브넷-라우터 애니캐스트 주소인 '2001:DB8::'로 보내면 됩니다. 그러면 라우터 B~E 중 하나가 그 패킷을 수신합니다.

서브넷-라우터 애니캐스트 주소를 살펴보면 Interface ID가 모두 '0'인 유니캐스트 주소와 동일하다는 것을 알 수 있습니다.

IPv6 노드에 필요한 IPv6 주소

IPv6 네트워크에서는 IPv4 네트워크와 달리, 하나의 인터페이스에 서로 다른 성격을 갖는 복수 개의 IPv6 주소가 생성될 수 있습니다. 이는 IPv6 네트워크를 처음 접하는 사람에게 상당한 혼란을 줄 수 있습니다. 따라서 이번 Lesson에서는 IPv6 노드에 생성되는 주요 IPv6 주소들에 대해 알아보겠습니다.

Lesson 3~5에 걸쳐 여러 종류의 IPv6 Address에 대해 알아봤습니다. 그중에는 IPv6 노드에 꼭 필요한 주소가 있는 반면, 그렇지 않은 주소들도 있습니다. [표 2-16]은 이를 정리한 것입니다.

[표 2-16]에서 Essential로 구분된 IPv6 주소들은 인터페이스에 IPv6 기능을 활성화하면 (별도의 입력 없이도) 자동으로 생성됩니다. 즉, IPv6 노드이면 반드시 소유하게 되는 주소들입니다. 이와 반대로 [표 2-16]에서 Optional로 구분된 IPv6 주소들은 운용자가 수동으로 생성해야 하는 주소들입니다.

참고로 [표 2-16]의 내용은 Lesson 7에서 실습을 통해 직접 확인할 수 있습니다.

표 2-16
IPv6 노드에 생성되
는 IPv6 주소들

	스코프	호스트	라우터
Essential	Link-Local	All-Nodes Multicast Address (FF02::1)	All-Nodes Multicast Address (FF02::1)
		–	All-Routers Multicast Address (FF02::2)
		Link-Local Unicast Address	Link-Local Unicast Address
		Solicited-Node Multicast Address (FF02::1:FFXX:XXXX)	Solicited-Node Multicast Address (FF02::1:FFXX:XXXX)
Optional	Site-Local	–	All-Routers Multicast Address (FF05::2)
	Global	Unicast/Anycast Address	Unicast/Anycast Address
		–	Subnet-Router Anycast Address
	Site-Local, Global	Multicast Address of All Other Group	Multicast Address of All Other Group

실습 IPv6 주소 수동 생성

이 Lesson에서는 GNS3 시뮬레이터를 활용해 시스코 라우터의 인터페이스에 IPv6 주소를 생성해보겠습니다. GNS3 시뮬레이터 설치 및 사용 방법은 부록 F를 참조하기 바랍니다.

[그림 2-45]와 같이 GNS3의 작업 창에 Cisco 3600 Router[93] 하나를 드래그한 후 라우터를 실행시킵니다. R1(Cisco 3600 라우터)에는 FastEthernet Interface가 2개 있습니다.

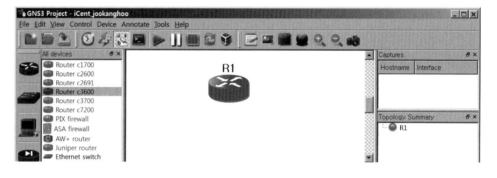

그림 2-45
작업 창에 라우터를
실행한 모습

IPv4 주소를 생성하는 경우에는 별도의 IPv4 기능을 활성화시키는 명령어를 입력할 필요가 없었습니다. 반면, IPv6 주소를 생성하기 위해서는 해당 인터페이스에 우선 IPv6 기능을 활성화시키는 명령어를 입력해야 합니다.[94] [표 2-17]은 인터페이스에 IPv6 기능을 활성화시키는 명령어입니다.

표 2-17
IPv6 기능을 활성화
시키는 명령어

명령어	설명
# ipv6 enable	IPv6 기능을 활성화시키면서 링크로컬 유니캐스트 주소를 자동 생성. 이때 Interface ID는 Modified EUI-64[93]를 이용해 생성
# no ipv6 enable	IPv6 기능을 비활성화시키는 명령어

[93] 시스코 3600 라우터 외에 각자 소유하고 있는 IOS 이미지의 다른 라우터를 사용해도 됩니다. 단, 다른 모델의 라우터를 사용할 경우에는 이 Lesson에서 설명하고 있는 인터페이스와 다를 수 있습니다.

[94] IPv6 주소를 생성하면 '#ipv6 enable' 명령어를 별도로 입력하지 않아도 IPv6 기능이 자동으로 활성화됩니다.

[95] Modified EUI-64에 대한 정의와 생성 방식은 Chapter 4의 Lesson 2에서 자세히 설명합니다.

Interface FastEthernet 0/0에 IPv6 기능을 활성화시키고 [표 2-16]의 내용을 직접 확인해보겠습니다. 다음과 같이 명령어를 입력합니다.

명령어

```
R1# configure terminal
R1(config) interface FastEthernet 0/0
R1(config-if)# no shutdown
R1(config-if)# ipv6 enable
```

시스코 라우터의 경우, 인터페이스에 IPv6 기능이 활성화되면 자동으로 링크로컬 유니캐스트 주소가 생성됩니다.

이제 해당 인터페이스에 어떤 주소들이 생성됐는지 확인해보겠습니다. 다음과 같이 명령어를 입력합니다.

명령어

```
R1(config-if)# do show ipv6 interface FastEthernet 0/0
```

원래 인터페이스에 설정된 것을 보기 위해서는 Privileged 모드[96]에서 'R1#show ip interface FastEthernet 0/0' 명령어를 사용해야 합니다. 하지만 Interface Configuration 모드에서 Privileged 모드까지 가는 것이 번거롭기 때문에 위에서처럼 명령어 앞에 'do command'를 붙이면 Interface Configuration 모드에서도 사용할 수 있습니다.

다음과 같이 'end' 명령어를 입력해 Privileged 모드로 빠진 후에 인터페이스에 설정된 것을 확인해도 됩니다.

명령어

```
R1(config-if)# end
R1# show ipv6 interface FastEthernet 0/0
FastEthernet0/0 is up, line protocol is up
  IPv6 is enabled, link-local address is FE80::CE00:11FF:FEA8:0
  No Virtual link-local address(es):
  No global unicast address is configured
  Joined group address(es):
    FF02::1
    FF02::1:FFA8:0
```

⬇

· ·

96 시스코 라우터의 모드(User 모드, Privileged 모드, Global Configuration 모드, Interface Configuration 모드)에 대해서는 부록 F에 자세히 설명합니다.

```
MTU is 1500bytes
ICMP error Messages limited to one every 100 milliseconds
ICMP redirects are enabled
ICMP Unreachables are sent
ND DAD is enabled, number of DAD attempts: 1
ND reachable Time is 30000 milliseconds
```

[표 2-16]에 생성되는 IPv6 주소대로, (별다른 IPv6 주소 생성 명령어를 입력하지 않았음에도) 링크로컬 유니캐스트 주소(FE80::CE00:11FF:FEA8:0)와 All-Nodes 멀티캐스트 주소(FF02::1), Solicited-Node 멀티캐스트 주소(FF02::1:FFA8:0)가 자동으로 생성된 것을 확인할 수 있습니다. 그리고 Solicited-Node 멀티캐스트 주소의 하위 24비트가 링크로컬 유니캐스트 주소의 하위 24비트(A8:0000)와 동일하다는 것도 확인할 수 있습니다.

그런데 여기에 All-Routers 멀티캐스트 주소(FF02::2)가 보이지 않는 이유는 아직 [그림 2-45] R1의 Router 모드 기능이 활성화돼 있지 않기 때문입니다. Cisco IOS 라우터의 경우, IPv4 라우팅 기능을 활성화시키기 위해 별도의 명령어를 입력할 필요가 없는 반면, IPv6 라우팅 기능을 활성화시키기 위해서는 [표 2-18]과 같은 별도의 명령어를 입력해야 합니다. [97]

표 2-18
IPv6 라우팅 기능을
활성화시키는 명령어

명령어	설명
# ipv6 unicast-routing	IPv6 라우팅 기능을 활성화시켜줌

다음과 같이 'ipv6 unicast-routing' 명령어를 입력해 Router 모드를 활성화해봅니다(이때 Interface Configuration 모드에서 입력하는 것이 아니라 Global Configuration 모드에서 입력한다는 점에 주의하기 바랍니다).

명령어

```
R1(config)# ipv6 unicast-routing

R1(config)# do show ipv6 interface FastEthernet 0/0
Router(config)#do show ipv6 interface FastEthernet0/0
FastEthernet0/0 is up, line protocol is up
  IPv6 is enabled, link-local address is FE80::CE00:11FF:FEA8:0
  No Virtual link-local address(es):
  No global unicast address is configured
  Joined group address(es):
    FF02::1
    FF02::2
    FF02::1:FFA8:0
```

· ·

97 시스코 라우터의 OS에는 IOS-XR도 있는데, 해당 운영 체제에서는 별도의 명령어를 입력하지 않아도 IPv6 Routing의 기능이 활성화됩니다.

```
MTU is 1500bytes
ICMP error Messages limited to one every 100 milliseconds
ICMP redirects are enabled
ICMP Unreachables are sent
ND DAD is enabled, number of DAD attempts: 1
ND reachable Time is 30000 milliseconds
ND advertised reachable Time is 0 milliseconds
ND advertised retransmit interval is 0 milliseconds
ND router advertisements are sent every 200 seconds
ND router advertisements live for 1800 seconds
ND advertised Default Router Preference is Medium
Hosts use stateless autoconfig for addresses.
```

Router 모드를 활성화했더니 All-Routers 멀티캐스트(FF02::2)에도 조인돼 있는 것을 확인할 수 있습니다.

R1의 FastEthernet 0/0에 IPv6 기능을 활성화시켰으므로 FastEthernet 0/0에 IPv4 주소와 IPv6 주소를 생성해보겠습니다. IPv4 주소와 IPv6 주소를 생성하는 명령어는 [표 2-19]와 같습니다.

표 2-19
IPv4, IPv6 유니캐스트 주소 생성 명령어

명령어	설명
# ip address ip_address subnet_mask	IPv4 Unicast 주소를 직접 입력해 생성
# ipv6 address address/prefix_length	IPv6 Unicast 주소를 직접 입력해 생성
# ipv6 address address/prefix_length eui-64	IPv6 Unicast 주소를 생성할 때 하위 64비트 (interface ID)는 Modified EUI-64 방식으로 자동 생성
# ipv6 address address link-local	IPv6 Link-Local 주소를 직접 입력해 생성

IPv4 주소를 생성하기 위해 다음과 같이 명령어를 입력합니다.

명령어

```
R1# configure terminal
R1(config) interface FastEthernet 0/0
R1(config-if)# ip address 192.168.10.1 255.255.255.0
```

이제 해당 인터페이스에 IPv4 주소가 제대로 생성됐는지 확인해보겠습니다. 다음과 같이 명령어를 입력합니다.

명령어

```
R1(config-if)# do show ip interface FastEthernet 0/0
```

```
R1(config-if)#do show ip interface FastEthernet0/0
FastEthernet0/1 is up, line protocol is up
  Internet address is 192.168.10.1/24
  Broadcast address is 255.255.255.255
  Address determined by setup command
  MTU is 1500bytes
  Helper address is not set
Directed broadcast forwarding is disabled
  Outgoing access list is not set
  Inbound  access list is not set
  Proxy ARP is enabled
  Local Proxy ARP is disabled
  Security level is default
  Split horizon is enabled
-- 이하 생략 --
```

FastEthernet 0/0에 IPv4 주소인 192.168.10.1/24가 입력된 것을 확인할 수 있습니다.

이제 동일한 FastEthernet0/0 Interface에 IPv6 주소를 생성해보겠습니다. 다음과 같이 명령어를 입력합니다.

명령어

```
R1(config-if)# ipv6 address 2001:db8::1/64
R1(config-if)# do show ipv6 interface FastEthernet 0/0
```

```
R1(config-if)#do show ipv6 interface FastEthernet0/0
FastEthernet0/0 is up, line protocol is up
  IPv6 is enabled, link-local address is FE80::CE00:10FF:FE30:1
  No Virtual link-local address(es):
  Global unicast address(es):
    2001:DB8::1, subnet is 2001:DB8::/64
  Joined group address(es):
    FF02::1
    FF02::1:FF00:1
    FF02::1:FF30:1
  MTU is 1500bytes
  ICMP error Messages limited to one every 100 milliseconds
  ICMP redirects are enabled
  ICMP Unreachables are sent
  ND DAD is enabled, number of DAD attempts: 1
  ND reachable Time is 30000 milliseconds
```

IPv6 글로벌 유니캐스트 주소, 2001:DB8::1/64가 생성된 것을 확인할 수 있습니다.

IPv4 유니캐스트 주소와 IPv6 유니캐스트 주소를 직접 생성해보면 IPv4 유니캐스트 주소와 IPv6 유니캐스트 주소의 생성 방식 차이에 대해 알 수 있습니다. 시스코 라우터의 경우, IPv4 주소 생성은 Subnet Mask 방식, IPv6 주소 생성은 서브넷 프리픽스 Length 방식을 지원합니다.

동일 인터페이스에 IP 주소를 추가할 때도 IPv4 유니캐스트 주소와 IPv6 유니캐스트 주소의 생성 방식에 차이가 있습니다. 동일 인터페이스에 IPv6 주소를 추가할 때는 [표 2-19]를 그대로 사용하면 되지만, 동일한 인터페이스에 IPv4 주소를 생성할 때는 [표 2-20]과 같은 별도의 명령어가 필요합니다.

표 2-20
동일한 인터페이스에
IPv4 유니캐스트
주소를 추가로
생성하는 명령어

명령어	설명
# ip address *ip_address subnet_mask* secondary	인터페이스에 IPv4 유니캐스트 주소를 추가로 생성

FastEthernet 0/0에 IPv4, IPv6 유니캐스트 주소를 각각 다음과 같이 추가해보고 IP 주소들이 제대로 추가됐는지 확인합니다.

명령어

```
R1(config-if)# ipv6 address 2001:db8::2/64

R1(config-if)# ip address 192.168.10.2 255.255.255.0 secondary

R1(config-if)# do show ipv6 interface FastEthernet0/0

R1(config-if)# do show ip interface FastEthernet0/0
```

```
R1(config-if)#do show ipv6 interface FastEthernet0/0
FastEthernet0/1 is up, line protocol is up
  IPv6 is enabled, link-local address is FE80::CE00:10FF:FE30:1
  No Virtual link-local address(es):
  Global unicast address(es):
    2001:DB8::2, subnet is 200:DB8::/64
    2001:DB8::1, subnet is 2001:DB8::/64
  Joined group address(es):
    FF02::1
    FF02::1:FF00:1
    FF02::1:FF00:2
    FF02::1:FF30:1
  MTU is 1500bytes
  ICMP error Messages limited to one every 100 milliseconds
  ICMP redirects are enabled
  ICMP Unreachables are sent
  ND DAD is enabled, number of DAD attempts: 1
```

```
ND reachable Time is 30000 milliseconds
R1(config-if)#do show ip interface FastEthernet0/0
FastEthernet0/1 is up, line protocol is up
  Internet address is 192.168.10.1/24
  Broadcast address is 255.255.255.255
  Address determined by setup command
  MTU is 1500bytes
  Helper address is not set
  Directed broadcast forwarding is disabled
  Secondary address 192.168.10.2/24
  Outgoing access list is not set
  Inbound  access list is not set
  Proxy ARP is enabled
  Local Proxy ARP is disabled
  Security level is default
  Split horizon is enabled
  … 이하 생략 …
```

Understanding

IPv6 Network

코어 프로토콜

IPv6에는 수많은 프로토콜이 있습니다. Chapter 3에서는 IPv6 프로토콜들 중 IPv6 네트워크를 동작시키는 데 있어 중요한 역할을 하는 프로토콜들을 소개하겠습니다.

Lesson 1에서는 IPv6 네트워크의 제어를 담당하는 ICMPv6 프로토콜에 대해 알아보고, Lesson 2에서는 ICMPv6 메시지들 중에서 가장 중요한 역할을 담당하고 있는 Neighbor Discovery 메시지에 대해 알아보겠습니다. 그리고 Lesson 3에서는 직접 ICMPv6 프로토콜에 대해 실습해보겠습니다.

ICMPv6

[그림 3-1]은 IPv4와 IPv6 네트워크의 Control Plane을 설명하고 있습니다.

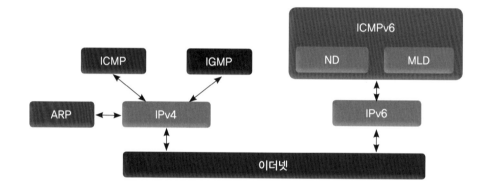

그림 3-1
IP Network Control
Plane

ICMP(Internet Control Message Protocol)는 기존 IPv4 네트워크에서 오류 메시지 전달 등의 주요 제어 메시지에 사용되는 프로토콜입니다. ICMPv6(Internet Control Message Protocol Version 6)는 ICMP의 IPv6 버전입니다. 하지만 단순히 ICMP의 기능들을 IPv6 버전으로 바꾼 것이 아니라 ICMP에 없었던 많은 기능이 새로 추가됐습니다.

ICMPv6는 [그림 3-1]을 보면 알 수 있듯이 IPv4에서의 ICMP 기능과 ARP(Address Resolution Protocol), IGMP(Internet Group Management Protocol) 기능을 통합한 제어 프로토콜입니다. 따라서 IPv6 네트워크에서는 모든 제어 구조 기능이 ICMPv6에 통합돼 있습니다. 그러므로 ICMPv6는 IPv6 네트워크에서 가장 중요한 역할을 하는 프로토콜이라 할 수 있습니다.

ICMPv6 메시지는 [그림 3-2]와 같이 IPv6의 기본 헤더 또는 추가 확장 헤더(Extension Header) 뒤에 붙여 따라옵니다. 이때의 넥스트 헤더 필드(Next Header Field) 값은 '58'입니다.

그림 3-2
IPv6 헤더 뒤에
따라오는 ICMPv6
메시지

참고로 ICMPv4는 Protocol Number = 1 값으로 [그림 3-3]과 같이 IPv4 헤더 바로 뒤에 따라서 전송됩니다.

그림 3-3
IPv4 Header 후에
따라오는 ICMPv4
Message

[그림 3-4]는 ICMPv6의 메시지 데이터 포맷(Message Data Format)을 나타낸 것입니다.

그림 3-4
IPv6 메시지 데이터
포맷

8	8	8	8
Type	Code	Checksum	
Message Body			

- **Type 필드**: ICMPv6 메시지는 크게 2개의 카테고리, 즉 오류 메시지와 정보 메시지로 나눌 수 있습니다. [그림 3-4]의 Type 필드에서 0~127 값이면 오류 메시지를 나타내고 Type 값이 128~255이면 정보 메시지를 나타낸 것입니다.
- **Code 필드**: ICMPv6 메시지 타입을 좀 더 자세히 구별 짓는 데 사용합니다.
- **Checksum 필드**: 해당 메시지에 오류가 있는지 판단하는 데 사용됩니다.
- **Message Body 필드**: 전달하고자 하는 메시지의 내용이 담겨 있습니다. 길이는 가변적입니다.

ICMPv6에는 많은 메시지가 있습니다. [표 3-1]은 그중 대표적인 ICMPv6 메시지들을 나타낸 것입니다.

표 3-1
ICMPv6 메시지

종류	타입	내용	타입
일반 ICMPv6	1	Destination Unreachable	Error
	2	Packet Too Big	
	3	Time Exceeded	
	4	Parameter Problem	
	128	Echo Request	
	129	Echo Reply	Information
MLD	130	MLQ(Multicast Listener Query)	
	131	MLR(Multicast Listener Report)	
	132	MLD(Multicast Listener Done)	
NDP	133	RS(Router Solicitation)[98]	
	134	RA(Router Advertisement)	
	135	NS(Neighbor Solicitation)	
	136	NA(Neighbor Advertisement)	
	137	Redirect	

ICMPv6 메시지는 오류 메시지와 정보 메시지로 나뉩니다. 정보 메시지 중에는 특히 더 중요한 기능을 수행하는 메시지들이 있습니다. 해당 메시지들은 워낙 중요하기 때문에 별도의 프로토콜로 분류하기도 하는데, 그것은 바로 ICMPv6 Type 130~132인 MLD(Multicast Listener Discovery) 메시지들과 Type 133~137인 NDP(Neighbor Discovery Protocol) 메시지들입니다.

NDP 관련 메시지들은 Lesson 2에서 자세히 설명합니다. MLD는 멀티캐스트와 관련된 프로토콜로 Chapter 5에서 자세히 설명하겠습니다.

지금부터는 [표 3-1]의 ICMPv6 메시지들 중에서 MLD와 NDP의 기능을 제외한 주요 메시지들을 오류 메시지와 정보 메시지로 구분해 설명하겠습니다.

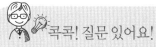

콕콕! 질문 있어요!

Q IPv4 헤더와 IPv6 헤더의 비교에서 IPv6 헤더에서는 오류 정정을 하지 않는다고 설명했고, 이로 인해 기존 IPv4 헤더에 있던 'Header Checksum'이 없어졌다고 했습니다. 그런데 [그림 3-4]의 ICMPv6 메시지 데이터 포맷에는 Checksum 필드가 있습니다. IPv6 헤더에서는 오류 정정을 하지 않는다고 했는데 ICMPv6 메시지에 Checksum 필드가 있는 이유가 무엇인가요?

A 결론부터 말하면, IPv6 기본 헤더에는 오류 정정을 하지 않지만 ICMPv6 메시지와 같이 최종 목적지 노드에서 복원하는 메시지들은 오류 정정을 합니다. 따라서 ICMPv6 메시지에는 Checksum 필드가 있는 것입니다.

이런 차이가 발생한 이유는 IPv6 기본 헤더와 ICMPv6 메시지의 프로세싱(Processing) 차이 때문입니다. IPv6 기본 헤더와 같은 경우에는 해당 패킷을 전달해야 하는 모든 라우터에 의해 데이터 복원이 이뤄져야 합니다. 따라서 라우터의 부하를 줄이고자 IPv6 헤더에서 오류 정정 기능을 뺀 것입니다. 하지만 ICMPv6와 같은 메시지들은 특별한 경우를 제외하고는 오직 최종 목적지 노드에서만 데이터 복원이 이뤄집니다. 따라서 ICMPv6 메시지에 Checksum 필드가 있다고 해서 네트워크상의 라우터들에 부하를 일으키지는 않습니다.

01 ICMPv6 오류 메시지

[표 3-1]의 ICMPv6 메시지의 오류 메시지(Type 1~4)에 대해 알아보겠습니다.

▶ Type 1: Destination Unreachable

A라는 노드가 IPv6 패킷을 목적지 노드 B로 보낼 때 여러 이유로 전달되지 않는 경우가 있습니다. 이런 상황이 발생할 경우, 노드 B는 노드 A로 Destination Unreachable 메시지를 전송합니다.

IPv6 패킷이 목적지로 전달이 않는 데에는 여러 가지 이유가 있을 수 있는데 ICMPv6 Type 1, Destination Unreachable 메시지가 그 이유를 알려주는 역할을 합니다.

[그림 3-5]는 ICMPv6 Type 1, Destination Unreachable 메시지 데이터 포맷을 보여주고 있습니다.

그림 3-5
ICMPv6 Type 1
메시지 데이터 포맷

8	8	8	8
0x01	Code	Checksum	
Unused			

- **Type 필드**: 숫자 '1'이 기입돼 Destination Unreachable 메시지라는 것을 가리킵니다.
- **Code 필드**: Code를 통해 패킷이 제대로 전달되지 않은 이유를 알려줍니다. [표 3-2]는 코드별 의미를 나타낸 것입니다.

코드	설명
0	보내려고 하는 패킷의 목적지 주소가 라우팅 테이블에 없을 때 발생합니다. 따라서 노드에 디폴트 라우터가 설정되지 않을 때만 발생합니다.
1	목적지의 노드가 여러 이유로 통신을 원하지 않을 때 발생합니다.
2	Destination 주소와 Source 주소가 다를 때 발생합니다(예를 들어, Source 주소가 링크로컬 스코프 인데, Destination 주소가 글로벌 스코프를 가진다면 당연히 Source 노드는 해당 패킷을 받을 수 없습니다).
3	패킷이 링크 레이어에 제대로 전달되지 않았을 때 발생합니다.
4	패킷이 트랜스포트 레이어에 제대로 전달되지 않았을 때 발생합니다.
5	Source 주소가 여러 정책에 의해 필터링당할 때 발생합니다.
6	목적지로 가는 경로가 거절될 때 발생합니다.

표 3–2
ICMPv6 Type 1
메시지의 코드별
의미

Destination Unreachable 메시지가 어떤 경우에 발생하는지 예를 들어보겠습니다. 실제로 다음 시나리오는 필자가 IPv6 네트워크를 구성하다가 발생한 사례입니다.

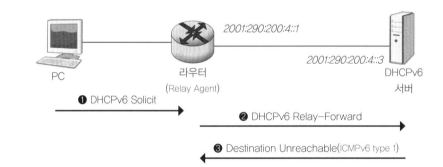

그림 3–6
Destination
Unreachable 메시지
가 생성된 예

[그림 3–6]과 같이 PC, 라우터(Relay Agent), DHCPv6 서버를 구성했습니다. [그림 3–6]은 PC가 IPv6 주소를 할당받기 위해 DHCPv6 서버에게 DHCPv6 Solicit 메시지를 요청하는 상황입니다. 이러한 상황에서 DHCPv6 Solicit 메시지를 받은 라우터는 DHCPv6 Relay-Forward 메시지를 DHCPv6 서버에 보내야 하고, DHCPv6 서버는 그 응답으로 IPv6 주소를 할당해야 합니다.[99] 그런데 라우터는 DHCPv6 서버로부터 IPv6 주소 할당 메시지(DHCPv6 Reply 메시지) 대신, [그림 3–7]과 같은 ICMPv6 Destination Unreachable 메시지가 반송됐습니다.

그림 3–7
ICMPv6 Type 1
메시지

	Source	Destination	Protocol	Info
40.070000	2001:290:200:4::1	2001:290:200:4::3	DHCPv6	Relay-forw L: 2001:290:200:6::1 Solicit XID: 0x6e5fef CID: 00010
40.070000	2001:290:200:4::3	2001:290:200:4::1	ICMPv6	Unreachable (Port unreachable)
41.070000	2001:290:200:4::1	2001:290:200:4::3	DHCPv6	Relay-forw L: 2001:290:200:6::1 Solicit XID: 0x6e5fef CID: 00010
41.070000	2001:290:200:4::3	2001:290:200:4::1	ICMPv6	Unreachable (Port unreachable)
43.070000	2001:290:200:4::1	2001:290:200:4::3	DHCPv6	Relay-forw L: 2001:290:200:6::1 Solicit XID: 0x6e5fef CID: 00010
43.070000	2001:290:200:4::3	2001:290:200:4::1	ICMPv6	Unreachable (Port unreachable)
45.070000	fe80::2d0:cbff:fe79:ee2f	2001:290:200:4::3	ICMPv6	Neighbor solicitation
45.070000	2001:290:200:4::3	fe80::2d0:cbff:fe7	ICMPv6	Neighbor advertisement
45.070000	2001:290:200:4::3	2001:290:200:4::1	ICMPv6	Neighbor solicitation
45.070000	2001:290:200:4::1	2001:290:200:4::3	ICMPv6	Neighbor advertisement

99 자세한 동작 알고리즘은 Chapter 4의 Lesson 3.2를 참조하기 바랍니다.

[그림 3-7]의 ICMPv6 Type 1 메시지 내용을 분석해봤습니다.

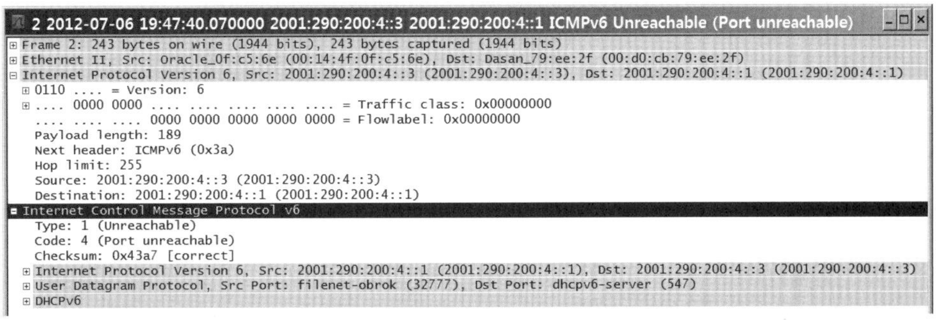

그림 3-8
[그림 3-7]의 ICMPv6
Type 1 메시지 캡처
화면

```
2 2012-07-06 19:47:40.070000 2001:290:200:4::3 2001:290:200:4::1 ICMPv6 Unreachable (Port unreachable)    _ □ ×
⊞ Frame 2: 243 bytes on wire (1944 bits), 243 bytes captured (1944 bits)
⊞ Ethernet II, Src: Oracle_0f:c5:6e (00:14:4f:0f:c5:6e), Dst: Dasan_79:ee:2f (00:d0:cb:79:ee:2f)
⊟ Internet Protocol Version 6, Src: 2001:290:200:4::3 (2001:290:200:4::3), Dst: 2001:290:200:4::1 (2001:290:200:4::1)
  ⊞ 0110 .... = Version: 6
  ⊞ .... 0000 0000 .... .... .... .... .... = Traffic class: 0x00000000
    .... .... .... 0000 0000 0000 0000 0000 = Flowlabel: 0x00000000
    Payload length: 189
    Next header: ICMPv6 (0x3a)
    Hop limit: 255
    Source: 2001:290:200:4::3 (2001:290:200:4::3)
    Destination: 2001:290:200:4::1 (2001:290:200:4::1)
⊟ Internet Control Message Protocol v6
    Type: 1 (Unreachable)
    Code: 4 (Port unreachable)
    Checksum: 0x43a7 [correct]
⊞ Internet Protocol Version 6, Src: 2001:290:200:4::1 (2001:290:200:4::1), Dst: 2001:290:200:4::3 (2001:290:200:4::3)
⊞ User Datagram Protocol, Src Port: filenet-obrok (32777), Dst Port: dhcpv6-server (547)
⊞ DHCPv6
```

표 3-3
[그림 3-8]의 메시지
내용

필드		값	설명
IP 헤더	Next Header	58	ICMPv6를 뜻함
	Source Address	2001:290:200:4::3	
	Destination Address	2001:290:200:4::1	
ICMPv6 메시지	Type	1	Unreachable 메시지
	Code	4	Port Unreachable을 의미

ICMPv6 메시지를 분석해보니 코드 값이 4였습니다. [표 3-2]와 같이 코드 값이 4인 경우는 Transport Port가 일치하지 않을 때 발생합니다. 따라서 필자는 [그림 3-6]의 라우터가 제대로 된 Port로 보내지 않고 있음을 추측할 수 있었습니다. 이에 라우터가 DHCPv6 서버에게 보내는 Relay-Forward 메시지를 분석해본 것이 [그림 3-9]입니다. UDP 헤더의 Source Port 32777 로 잘못 세팅돼 있는 것을 확인할 수 있었습니다.[100]

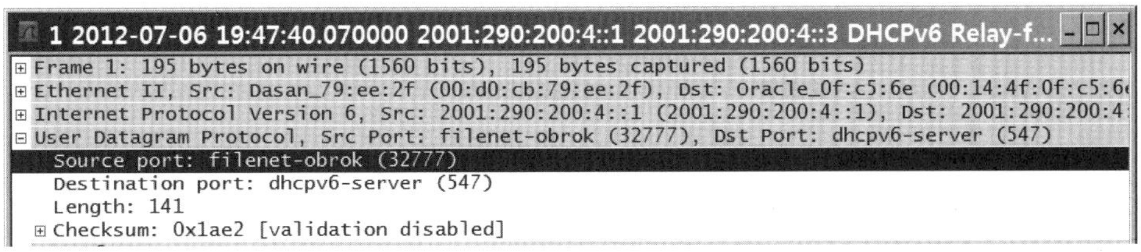

그림 3-9
[그림 3-7]의
DHCPv6 Relay-
Forward 메시지 캡처
화면

```
1 2012-07-06 19:47:40.070000 2001:290:200:4::1 2001:290:200:4::3 DHCPv6 Relay-f...    _ □ ×
⊞ Frame 1: 195 bytes on wire (1560 bits), 195 bytes captured (1560 bits)
⊞ Ethernet II, Src: Dasan_79:ee:2f (00:d0:cb:79:ee:2f), Dst: Oracle_0f:c5:6e (00:14:4f:0f:c5:6e
⊞ Internet Protocol Version 6, Src: 2001:290:200:4::1 (2001:290:200:4::1), Dst: 2001:290:200:4
⊟ User Datagram Protocol, Src Port: filenet-obrok (32777), Dst Port: dhcpv6-server (547)
    Source port: filenet-obrok (32777)
    Destination port: dhcpv6-server (547)
    Length: 141
  ⊞ Checksum: 0x1ae2 [validation disabled]
```

필자의 사례처럼 ICMPv6 Destination Unreachable 메시지는 패킷이 제대로 전달되 지 않는 원인을 분석하는 데 유용합니다.

▶ Type 2: Packet Too Big

IPv6 네트워크의 IPv6 노드에는 목적지까지 가는 경로들의 MTU 값들 중 최솟값을 찾는 기능

---

100 DHCPv6 Relay-Forward 메시지는 Source port 547이어야 합니다. 자세한 동작 알고리즘은 Chapter 4의 Lesson 3.2를 참 조하기 바랍니다.

이 추가됐습니다. 이것이 무엇을 뜻하는지 [그림 3-10]의 예를 들어 설명하겠습니다.

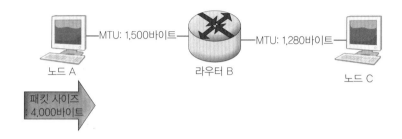

그림 3-10
IPv6 노드가 MTU
보다 큰 IPv6 패킷을
보내는 경우

[그림 3-10]의 네트워크상에서 노드 A가 노드 C로 패킷을 보내려고 할 때 거치는 경로는 2개입니다. 노드 A와 라우터 B의 링크와 라우터 B와 노드 C의 링크가 그것입니다. 이때 각 링크의 MTU 값은 각각 1,500바이트, 1,280바이트입니다. 노드 A는 IPv6 패킷(Packet Size: 4,000바이트)을 전송하기 전에 이 2개의 링크들 중 최소의 MTU 값인 1,280바이트를 알 수 있는 기능이 IPv6 네트워크에서 새로 생겼다는 의미입니다. 이때 목적지까지 경로들의 최소 MTU 값을 찾는 역할을 ICMPv6 Packet Too Big 메시지가 수행합니다.

[그림 3-10]의 노드 A가 4,000바이트의 패킷을 노드 C로 보낸다고 할 때 노드 A는 ICMPv6 Packet Too Big 메시지에 의해 목적지(노드 C)까지 가는 링크들 중 최소 MTU 값이 1,280바이트라는 것을 알게 되고, 따라서 노드 A는 1,280바이트로 분할해 패킷을 보냅니다.[101, 102] 참고로 IPv6 네트워크의 Minimum MTU는 1,280바이트입니다.[103]

[그림 3-11]은 ICMPv6 Type 2, Packet Too Big 메시지 데이터 포맷을 보여주고 있습니다.

그림 3-11
ICMPv6 Type 2
메시지 데이터 포맷

8	8	8	8
0x02	0x00	Checksum	
MTU			

- **Type 필드**: 숫자 '2'가 기입돼 Packet Too big 메시지라는 것을 가리킵니다.
- **Code 필드**: 사용하지 않는 필드입니다. 숫자 '0'이 기입됩니다.
- **MTU 필드**: Next-Hop 링크의 MTU 값이 기입됩니다.

그러면 지금부터 IPv6 노드가 최소 MTU 값을 찾고, 그 값에 따라 패킷을 분할하는 데 있어 ICMPv6 Type 2 메시지가 어떤 역할을 하는지 알아보겠습니다.

[그림 3-10]의 노드 A가 처음 4,000바이트의 IPv6 패킷을 노드 C로 보낼 경우, [그림 3-12]

---

101 IPv6에서는 오직 출발지 노드만이 IPv6 패킷을 분할(Fragmentation)할 수 있도록 규정해놓았습니다. 반면, IPv4에서는 경로상에 있는 라우터가 IPv4 패킷을 분할합니다.

102 IPv6 노드가 프래그먼테이션을 하는 이유는 Chapter 1. Lesson 3에서 설명했습니다.

103 참고로 시스코 라우터는 MTU 값을 1,500바이트로 설계하는 것을 권장합니다.

와 같이 ICMPv6 메시지들을 주고받습니다.[104] 이때 노드 A가 보내는 패킷은 (상황을 간단히 하기 위해) ping 명령어로 4,000바이트의 데이터를 보내는 것으로 했습니다.

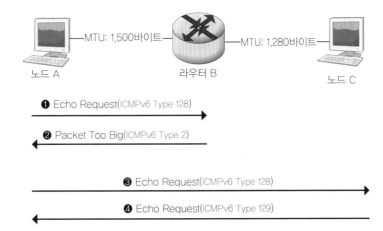

그림 3-12
1,500바이트의
ping 메시지를 보내
는 노드 A의 메시지
전달 과정

❶ Echo Request(ICMPv6 Type 128)

상황을 간단히 하기 위해 노드 A는 ping(Echo Request 메시지)으로 데이터를 보내도록 했습니다. [그림 3-13]은 노드 A가 보내는 'Echo Request' 메시지를 캡처한 것입니다.

IPv6 기본 헤더의 길이가 40바이트이므로 ICMPv6 메시지(Echo Request 메시지)의 사이즈는 3,960바이트가 됩니다. 이때 노드 A는 라우터 B와 직접 연결돼 있기 때문에 링크 MTU 값이 1,500바이트라는 것을 알고 있습니다(아직까지 노드 A는 목적지까지 거치는 모든 링크들의 최소 MTU 값을 알지 못합니다). 따라서 노드 A는 MTU 값(1,500바이트)보다 작게 패킷을 1448, 1448, 1,064바이트로 분할해 확장 헤더인 프래그먼테이션 헤더에 붙여 보냅니다.

이는 [그림 3-13]을 통해 확인할 수 있습니다. 하지만 이 분할된 패킷은 라우터 B와 노드 C 간의 MTU 사이즈(1,280byte)를 뛰어넘는 사이즈입니다.

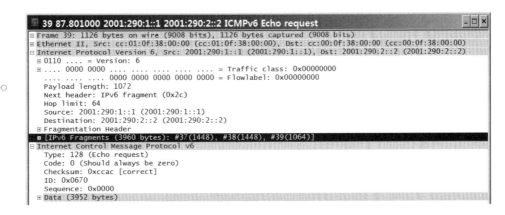

그림 3-13
노드 A가 보내는
'Echo Request
메시지' 캡처 화면

---

104 Lesson 2에 직접 실습할 수 있도록 설명해놓았습니다.

❷ Packet Too Big(ICMPv6 Type 2)

라우터 B는 노드 C와 직접 연결돼 있기 때문에 라우터 B와 노드 C 간의 MTU 값을 알 수 있습니다.

노드 A로부터 Echo Request 메시지를 받은 라우터 B는 노드 A에게 '보내려고 하는 패킷이 자신의 MTU보다 크다는 것'을 ICMPv6 Type 2 메시지를 통해 알려줍니다. 이를 캡처한 것이 [그림 3-14]입니다.

ICMPv6 Type2인 Packet Too Big 메시지에는 [그림 3-14]처럼 MTU 값(1,280바이트)이 적혀 있는 것을 확인할 수 있습니다. 이로 인해 노드 A는 목적지까지 가는 링크들 중 자신이 알고 있던 MTU 값(1,500바이트)보다 작은 MTU 값(1,280바이트)이 존재한다는 것을 알게 됩니다.

그림 3-14
ICMPv6 Type 2 메시지 캡처 화면

```
🖳 41 87.832000 2001:290:1::2 2001:290:1::1 ICMPv6 Too big (Unknown (0x00))        _ □ ×
⊞ Frame 41: 1294 bytes on wire (10352 bits), 1294 bytes captured (10352 bits)
⊞ Ethernet II, Src: cc:00:0f:38:00:00 (cc:00:0f:38:00:00), Dst: cc:01:0f:38:00:00 (cc:01:0f:38:00:00)
⊞ Internet Protocol Version 6, Src: 2001:290:1::2 (2001:290:1::2), Dst: 2001:290:1::1 (2001:290:1::1)
■ Internet Control Message Protocol v6
    Type: 2 (Too big)
    Code: 0 (Unknown)
    Checksum: 0xbbd9 [correct]
    MTU: 1280
⊞ Internet Protocol Version 6, Src: 2001:290:1::1 (2001:290:1::1), Dst: 2001:290:2::2 (2001:290:2::2)
⊞ Data (1184 bytes)
```

❸ Echo Request(ICMPv6 Type 128)

Packet Too Big 메시지를 받은 노드 A는 최소 MTU 값을 알게 되며, 그것에 맞춰 보내려고 하는 패킷을 다시 분할합니다. [그림 3-15]는 패킷을 분할해 보내는 것을 캡처한 것입니다.

원래 보내려고 했던 패킷과 달리([그림 3-13]), ICMPv6 'Echo Request' 메시지를 더 작게 분할(123, 212, 321, 232, 264바이트)한 것을 확인할 수 있습니다.

그림 3-15
최소 MTU 값에 맞춰 분할된 'Echo Request 메시지' 캡처 화면

```
🖳 45 87.863000 2001:290:1::1 2001:290:2::2 ICMPv6 Echo request        _ □ ×
⊞ Frame 45: 326 bytes on wire (2608 bits), 326 bytes captured (2608 bits)
⊞ Ethernet II, Src: cc:01:0f:38:00:00 (cc:01:0f:38:00:00), Dst: cc:00:0f:38:00:00
⊟ Internet Protocol Version 6, Src: 2001:290:1::1 (2001:290:1::1), Dst: 2001:290:2
  ⊞ 0110 .... = Version: 6
  ⊞ .... 0000 0000 .... .... .... .... .... = Traffic class: 0x00000000
    .... .... .... 0000 0000 0000 0000 0000 = Flowlabel: 0x00000000
    Payload length: 272
    Next header: IPv6 fragment (0x2c)
    Hop limit: 64
    Source: 2001:290:1::1 (2001:290:1::1)
    Destination: 2001:290:2::2 (2001:290:2::2)
  ⊟ Fragmentation Header
      Next header: ICMPv6 (0x3a)
      0000 1110 0111 0... = Offset: 462 (0x01ce)
      .... .... .... ...0 = More Fragment: No
      Identification: 0x00000002
  ⊟ [IPv6 Fragments (3960 bytes): #42(1232), #43(1232), #44(1232), #45(264)]
⊟ Internet Control Message Protocol v6
    Type: 128 (Echo request)
    Code: 0 (Should always be zero)
    Checksum: 0x1bec [correct]
    ID: 0x0670
    Sequence: 0x0001
⊞ Data (3952 bytes)
```

이처럼 IPv6 노드는 ICMPv6 Type 2, `Packet Too Big` 메시지를 통해 목적지까지 가는 링크들 중에서 최소의 MTU 값을 알 수 있습니다.

▶ Type 3: Time Exceeded

ICMPv6 Type 3, `Time Exceeded` 메시지 역시 Type 1 메시지와 마찬가지로 IPv6 패킷이 제대로 전달되지 않았을 때 출발지 노드에게 '네가 보낸 패킷이 제대로 전달되지 않았어!'라고 알려주는 역할을 합니다.

[그림 3-16]은 ICMPv6 Type 3, 메시지 데이터 포맷을 나타낸 것입니다.

그림 3-16
ICMPv6 Type3
메시지 데이터 포맷

8	8	8	8
0x03	Code	Checksum	
Unused			

- **Type 필드**: 숫자 '3'이 기입돼 `Time Exceeded` 메시지라는 것을 가리킵니다.
- **Code 필드**: 코드별 의미하는 바를 [표 3-4]에 표기했습니다.

표 3-4
ICMPv6 Type 3
메시지 코드별 의미

코드	설명
0	Hop Limit의 값이 0이 될 때 발생합니다.
1	분할된 프래그먼테이션 패킷들이 제대로 합쳐지지 않을 때 발생합니다.

IPv6 패킷은 라우터를 거칠 때마다 IPv6 헤더의 홉 리미트(Hop Limit) 값이 1씩 줄어듭니다. 만약 최종 목적지가 아닌 라우터가 홉 리미트가 1인 IPv6 패킷을 받으면 라우터는 해당 패킷을 버리고 출발지 노드에게 코드가 0인 ICMPv6 Type 3, `Time Exceeded` 메시지를 보냅니다.

목적지 노드가 Fragmentation 패킷을 받으면 목적지 노드는 모든 Fragmentation 패킷들을 모아 원래의(분할되기 전인) IPv6 패킷으로 합칩니다. 만약 최종 목적지 노드가 단 하나의 Fragmentation 패킷도 수신하지 못하면 원래의 (분할되기 전인) IPv6 패킷으로 합칠 수 없게 됩니다. 이 경우, 목적지 노드는 수신한 Fragmentation 패킷들을 모두 버리고 발신자 노드에게 코드가 1인 ICMPv6 Type 3, `Time Exceeded` 메시지를 보냅니다.

이처럼 송신 노드는 ICMPv6 Type 3 메시지를 수신함으로써 자신이 보낸 패킷이 제대로 전달되지 않았다는 것을 알 수 있습니다.

▶ Type 4: Parameter Problem

목적지 노드가 IPv6 헤더의 내용에서 잘못된 점을 발견해 처리할 수 없을 때 출발지 노드에게 '네가 보낸 패킷을 도저히 처리할 수 없어!'라고 알려줍니다. 이 역할을 하는 것이 ICMPv6 Type 4,

Parameter Problem 메시지입니다.

　[그림 3-17]은 ICMPv6 Type 4, Parameter Problem 메시지 데이터 포맷을 보여주고 있습니다.

그림 3-17
ICMPv6 Type 4
메시지 데이터 포맷

8	8	8	8
0x04	Code	Checksum	
Pointer			

- **Type Field**: 숫자 '4'가 기입돼 Parameter Problem 메시지라는 것을 가리킵니다.
- **Code Field**: Code별 의미하는 바를 [표 3-5]에 표기했습니다.
- **Pointer Field**: IPv6 헤더 중 어느 부분에 오류가 발생했는지 알려주는 식별자입니다. 포인터 값이 기입됩니다.

표 3-5
ICMPv6 Type 3
메시지 코드별 의미

코드	설명
0	기본 헤더의 내용에 잘못된 점이 발견됐을 때 발생합니다.
1	넥스트 헤더의 유형이 잘못됐을 때 발생합니다.
2	IPv6 옵션의 내용에 잘못된 점이 발견됐을 때 발생합니다.

02 ICMPv6 정보 메시지

　이번에는 [표 3-1]에 있는 ICMPv6 메시지의 정보 메시지(Type 128~129)에 대해 알아보겠습니다.

▶ Type 128: Echo Request

　네트워크 운용자가 트러블 슈팅(Trouble Shooting)을 하는 데 있어 가장 많이 사용하는 명령어는 'ping[105]' 명령어입니다. 이 ping 프로그램이 바로 ICMPv6 의 Type 128과 Type 129 메시지를 이용하는 것입니다.

　[그림 3-18]은 ICMPv6 Type 128, Echo Request 메시지 데이터 포맷을 나타낸 것입니다.

---

105 ping(PING, Packet Internet Grouper): IP 네트워크에 연결된 특정 시스템이 정상적으로 연결됐는지를 확인하기 위해 이용하는 통신 프로그램입니다.

그림 3-18
CMPv6 Type 128
메시지 데이터 포맷

8	8	8	8
0x80	Code	Checksum	
Identifier		Sequence Number	
Data · · ·			

- **Type Field**: 숫자 '128'이 기입돼 Echo Request 메시지라는 것을 가리킵니다.

- **Code Field**: 숫자 '0'이 기입됩니다.

- **Checksum, Sequence Number**: 목적지 노드는 Echo Request 메시지를 받으면 그 응답으로 Echo Reply 메시지를 보내야 합니다. 이때 Echo Reply 메시지가 어떤 Echo Request 메시지에 의해 생성됐는지 구별하기 위한 식별자로 쓰입니다.

- **Data** : 임의의 숫자들이 기입됩니다.

▶ Type 129: Echo Reply

노드는 Echo Request 메시지를 받으면 그 응답으로 Echo Reply 메시지를 보냅니다. [그림 3-19]는 ICMPv6 Type 129, Echo Reply 메시지 데이터 포맷을 보여주고 있습니다.

그림 3-19
ICMPv6 Type 129
메시지 데이터 포맷

8	8	8	8
0x81	Code	Checksum	
Identifier		Sequence Number	
Data · · ·			

- **Type Field**: 숫자 '129'가 기입돼 Echo Reply 메시지라는 것을 가리킵니다.

- **Code Field**: 숫자 '0'이 기입됩니다.

- **Identifier, Sequence number**: 자신이 받은 Echo Request 메시지에 있는 Identifier, Sequence Number 값을 그대로 복사해 기입합니다.

- **Data**: 자신이 받은 Echo Request 메시지에 있는 데이터 값을 그대로 복사해 기입합니다.

작가 노하우!

traceroute 명령어의 원리

네트워크 운용을 하다 보면 특정 장비의 특정 인터페이스가 정상적으로 동작하는지, 확인하기 위해 ping 메시지를 많이 사용합니다. ping 메시지는 본문에 설명했던 것처럼 ICMPv6 Echo Request 메시지와 ICMPv6 Echo Reply 메시지입니다.

네트워크 운용자가 트러블 슈팅은 할 때 ping 명령어만큼이나 자주 사용하는 것이 traceroute 명령어일 것입니다.

운용자는 인터넷 내 특정 목적지까지의 경로를 파악하고자 할 때 traceroute 명령어를 이용합니다. traceroute 명령어의 동작 원리에 대해 설명하겠습니다.

네트워크 운용자는 다음 그림의 노드 A에서 노드 Z(FD00::D/64)까지 가는 경로를 알고 싶어 한다고 가정해보겠습니다.

위 네트워크는 실제 다음과 같이 구성되어 있다고 가정하겠습니다.

네트워크 운용자는 경로를 알기 위해 노드 A에서 traceroute FD02::F/64 명령어를 입력합니다.

라우터 및 PC에서 traceroute 명령어를 입력하면 노드 A는 목적지 주소가 FD02::F인 메시지를 보내게 되는데, 이때 다음 표와 같이 장비 운영 체제마다 전송하는 메시지가 다릅니다.

작가 노하우!

운영 체제	전송 메시지
Windows	ICMP Echo Request
Linux	UDP 메시지
Cisco Router	UDP 메시지
Juniper Router	UDP 메시지
Nokia Router	UD P 메시지

위 표처럼 traceroute 명령어를 입력했을 때 장비 운영 체제마다 전송되는 메시지가 다르지만, 홉 리미트 값을 1로 세팅해 보내는 것은 동일합니다.

운용자가 노드A에서 목적지 주소 FD02::F로 traceroute 명령어를 치면 다음과 같이 노드 Z까지의 매 홉의 경로를 알 수 있습니다.

```
Node_A#
Node_A#traceroute fd02::f
Type escape sequence to abort.
Tracing the route to FD02::F

 1 FD00::B 4 msec 12 msec 12 msec
 2 FD01::D 8 msec 16 msec 20 msec
 3 FD02::F 36 msec 32 msec 52 msec
Node_A#
```

그러면 노드A는 어떻게 매 홉의 경로를 알 수 있게 되는지 설명하겠습니다.

다음 그림은 노드 A(시스코 라우터 가정)가 보내는 메시지를 캡처한 것입니다.

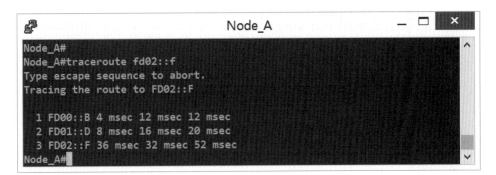

작가 노하우!

노드 A는 목적지 주소 FD02::F로 UDP 메시지를 보내는데, Hop Limit를 1로 세팅해서 보내는 것을 확인할 수 있습니다.

노드 A와 바로 인접한 노드인 노드 B는 해당 메시지를 수신하지만 홉 리미트 값이 1이기 때문에 해당 메시지를 버리고 ICMPv6 Time Exceeded 메시지를 보냅니다.

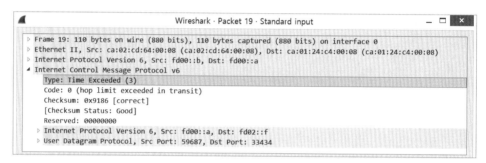

이때 노드 A는 노드 B가 보낸 Time Exceeded 메시지의 소스 주소를 참조해 1st Hop 노드의 IPv6 주소로 저장하고, 홉 리미트 값을 2로 해서 다시 한번 ICMPv6 메시지를 보냅니다.

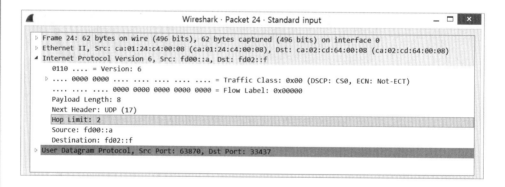

이와 마찬가지로 노드 B는 메시지를 다시 수신하게 되고, 이번에는 Hop Limit 값이 1보다 크기 때문에 홉 리미트 값을 1 감소시켜 노드 C로 전달합니다.

노드 C는 노드 B로부터 UDP 메시지를 수신하지만, 홉 리미트 값이 1이기 때문에 해당 메시지를 버리고 노드 A에 Time Exceeded 메시지를 보냅니다.

작가 노하우!

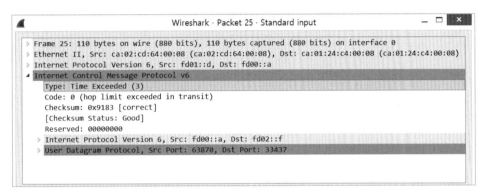

이제 노드 A는 노드 B가 보낸 ICMPv6 Time Exceeded 메시지의 소스 주소를 참조해 2nd Hop의 IP 주소를 알게 됩니다.

이와 같이 노드 A는 홉 리미트 값을 1씩 증가시키면서 UDP 메시지를 보내며, 그 응답으로 받는 ICMPv6 Time Exceeded 메시지를 통해 경로상에 있는 노드들의 IPv6 주소를 알아낼 수 있는 것입니다.

네이버 디스커버리 프로토콜

IPv6 네트워크에서 가장 중요한 프로토콜인 NDP에 대해 알아보겠습니다. NDP(Neighbor Discovery Protocol)의 용도와 종류 그리고 기능 및 동작에 대해 자세히 알아보겠습니다.

[표 3-6]은 ICMPv6 메시지들을 나타낸 것입니다. 그중 Type 133~137은 네이버 디스커버리(Neighbor Discovery) 기능을 담당하고 있습니다.

표 3-6
ICMPv6 메시지 내의
NDP 메시지

종류	타입	내용	유형
일반 ICMPv6	1	Destination Unreachable	Error
	2	Packet Too Big	
	3	Time Exceeded	
	4	Parameter Problem	
	128	Echo Request	Information
	129	Echo Reply	
MLD	130	MLQ(Multicast Listener Query)	
	131	MLR(Multicast Listener Report)	
	132	MLD(Multicast Listener Done)	
NDP	133	RS(Router Solicitation)	
	134	RA(Router Advertisement)	
	135	NS(Neighbor Solicitation)	
	136	NA(Neighbor Advertisement)	
	137	Redirect	

네이버 디스커버리(Neighbor Discovery) 기능은 IPv6 네트워크에서 매우 중요한 역할을 담당하고 있기 때문에 ICMPv6 타입 133~타입 137을 따로 NDP라 부르기도 합니다. 이번 Lesson에

서는 NDP에 대해 자세히 알아보겠습니다.

Lesson 3.1에서는 NDP가 IPv6 네트워크에서 어떤 용도로 쓰이는지 개략적으로 설명하고, Lesson 3.2에서는 NDP 메시지들의 메시지 데이터 포맷에 대해 자세히 알아보겠습니다. 마지막으로 Lesson 3.3과 Lesson 3.4에서는 NDP 메시지들의 기능을 자세히 알아보겠습니다.

01 개요

NDP의 대략적인 용도에 대해 알아보겠습니다. 그리고 IPv4와 비교해 어떤 특징을 갖고 있는지 알아보겠습니다.

IPv6 노드는 다음과 같은 용도/목적으로 NDP를 수행합니다.

- 동일 링크상에 있는 라우터를 찾기 위해
- 자신이 속한 네트워크의 프리픽스를 알기 위해
- 동일 링크에 연결돼 있는 노드들의 링크레이어 주소를 알기 위해: 주소 Resolution 기능
- 동일 링크상에 있는 노드들의 링크레이어 주소의 변화를 감지하기 위해
- IPv6 주소의 자동 생성(Autoconfiguration)을 수행하기 위해
- 자동 주소 생성 시(Autoconfiguration) 동일한 주소가 링크 도메인(Link Domain) 내에 존재하는지 여부를 확인하기 위해: DAD(Duplicate Address Detection, 중복 주소 검출) 기능
- 이웃 노드들이 죽어 있는지, 살아 있는지 알기 위해: NUD(Neighbor Unreachability Detection, 인접 장애 감지) 기능
- 패킷을 보낼 때 최적의 다음 홉(Hop)을 알기 위해
- 자신이 속한 링크의 네트워크 파라미터(예 Prefix, MTU 등) 값을 알려주기 위해

위에 열거한 용도를 살펴보면 알겠지만, NDP는 IPv6 네트워크의 동작 방식을 이해하는 데 있어 매우 중요한 프로토콜입니다.

[그림 3-20]은 IPv4 네트워크와 IPv6 네트워크의 제어 역할을 하는 프로토콜들을 나타낸 것입니다.

NDP를 기존 IPv4 네트워크의 제어 역할을 했던 ICMP과 비교해 어떤 점들이 달라졌고, 새로 추가된 기능에는 어떤 것들이 있는지 알아보겠습니다.

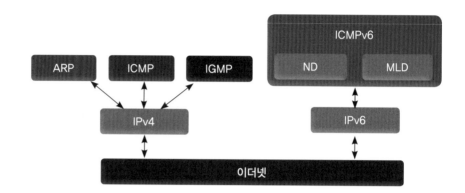

그림 3-20
Control Plane: IPv4
대 IPv6

NDP는 IPv4의 ARP(Address Resolution Protocol) 기능과 ICMP의 라우터 발견(Router Discovery) , 재전송(Redirect) 기능을 포함합니다. 그리고 NDP에는 기존 IPv4 ICMP가 갖고 있지 못했던 기능들이 추가됐습니다. IPv4 ICMP에 비해 향상된 기능들은 다음과 같습니다.

- 라우터가 주기적으로 보내는 Router Advertisement 메시지에는 라우터의 링크레이어 주소가 포함돼 있습니다. 따라서 라우터의 링크레이어 주소를 알기 위해 IPv4의 ARP와 같은 기능을 별도로 수행할 필요가 없어졌습니다.

- Router Advertisement 메시지에는 자신이 속한 링크의 프리픽스(Subnet Information) 정보가 담겨 있습니다. 따라서 네트워크 운용자가 호스트들의 서브넷 마스크(Subnet Mask)를 따로 설정할 필요가 없어졌습니다. IPv6 노드들은 Router Advertisement 메시지를 수신함으로써 자동으로 서브넷 마스크가 설정되기 때문입니다.

- 고객의 요청이나 네트워크 구성이 변함에 따라 노드에 설정된 기존 IP 주소를 새로운 IP 주소로 변경해야 하는 일이 생길 수 있습니다. 이처럼 노드에 할당된 IP 주소를 변경하는 것을 네트워크 리넘버링(Network Renumbering, 네트워크 번호 변경)이라고 합니다. 기존 IPv4에서 네트워크 리넘버링을 하기 위해서는 노드들의 IPv4 주소를 수동으로 바꿔줘야 했지만, IPv6에서는 NDP를 활용해 네트워크 리넘버링을 지원하기 때문에 노드들의 IPv6 주소를 손쉽게 바꿀 수 있습니다.

- 라우터가 자신의 링크에 있는 모든 노드에게 MTU 값을 알려주게 됐습니다.

- Redirect 메시지에는 첫 번째 홉의 링크레이어 주소를 포함하고 있습니다. 따라서 다음 홉의 링크레이어 주소를 알기 위한 별도의 ARP 기능을 수행할 필요가 없어졌습니다.

- Router Advertisement, Redirect 메시지는 라우터의 링크로컬 유니캐스트 주소를 사용합니다. 이는 라우터의 글로벌 유니캐스트 주소가 바뀌더라도 (예를 들어 Network Renumbering) 호스트들이 라우터와 연결을 유지할 수 있게 해줍니다.

- NUD(Neighbor Unreachability Detection) 기능을 NDP에 의해 기본적으로 수행하게 됐습니다. 이는 링크가 끊기거나 특정 노드의 링크레이어 주소의 변화를 자동으로 감지하게 돼 IPv6 네트워크를 더욱 신뢰할 수 있게 만들었습니다.

• 기존 IPv4에서는 신뢰하지 않는 사용자가 보내는 ICMP 메시지에 의해 영향을 받을 여지가 있었습니다. 하지만 IPv6에서는 NDP 메시지의 Hop Limit를 255로 설정해 원천적으로 제삼자가 보내는 NDP 메시지를 아예 무시하게 만들었습니다.

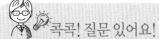

콕콕! 질문 있어요!

Q 신뢰하지 않는 누군가가 NDP 메시지를 보내는 것을 원천적으로 막기 위해 NDP 메시지의 홉 리미트가 255라고 했는데요. 홉 리미트의 정의가 홉을 할 수 있는 회수를 뜻하는 것이 아닌지요? 즉, 홉 리미트가 255라는 이야기는 홉을 255번 할 수 있다는 뜻이 아닌가요? 홉을 255번이나 할 수 있다면 오히려 보안에 굉장히 취약한 것이 안 되는지요? 이해가 안 됩니다.

A 알고 계시는 것이 맞습니다. 홉 리미트의 값은 해당 패킷이 앞으로 얼마나 홉을 건널 수 있는지 나타낸 것입니다. 하지만 홉 리미트가 255인 경우에는 특별한 의미를 가집니다.

IP 패킷의 보안성을 향상시키기 위해 홉 리미트가 255인 경우에는 라우터에서 포워딩(Forwarding)하지 못하게 약속을 했습니다(자세한 내용은 RFC 5082, 'The Generalized TTL Security Mechanism(GTSM)' 참조).

따라서 NDP 메시지의 경우, 홉 리미트가 255로 설정돼 있기 때문에 NDP 메시지는 링크 도메인 내에서만 영향을 미치게 됩니다. 만약 누가 악의적으로 NDP 메시지의 홉 리미트의 값을 255가 아닌 다른 숫자로 세팅한 후에 보낸다 하더라도 모든 노드는 홉 리미트가 255가 아닌 NDP 메시지들은 무시합니다. 따라서 (IPv4의 ICMP메시지와 달리) NDP 메시지들은 (1홉 밖에 있는) 제삼자가 악의적으로 메시지 내용을 변경할 수 없도록 설계돼 있습니다.

02 메시지 데이터 포맷

NDP 메시지들의 데이터 포맷에 대해 알아보기 전에 이 메시지들에는 무엇이 있고, 각 메시지들은 어떤 용도로 쓰이는지부터 알아보겠습니다.

[표 3-6]은 ICMPv6 메시지 내의 NDP 메시지들을 나타낸 것입니다. [표 3-6]에 나타난 바와 같이 NDP 메시지는 총 다섯 가지 타입이 있습니다.

[표 3-7]은 5개의 NDP 메시지들이 어떤 용도로 쓰이는지를 나타낸 것입니다.

표 3-7
NDP 각 메시지들의 용도

NDP 메시지 종류	설명
라우터 Solicitation	호스트는 라우터로 하여금 RA 메시지를 요청하기 위해 RS 메시지를 보냅니다.
라우터 Advertisement	❶ 라우터는 자신이 속한 네트워크의 여러 정보(예 Prefix, MTU, 디폴트 라우터 등)를 알려 주기 위해 RA 메시지를 주기적으로 보냅니다(Solicited RA 메시지). ❷ 또는 RS 메시지를 수신한 라우터는 그 응답으로 즉시 RA 메시지를 보내기도 합니다(Unsolicited RA 메시지).
Neighbor Solicitation	노드는 다음과 같은 목적으로 NS 메시지를 보냅니다. • 이웃 노드의 링크레이어 주소를 알기 위해 • 이웃 노드와의 링크가 죽었는지 살았는지 알기 위해 • IPv6 주소의 중복 여부를 확인하기 위해
Neighbor Advertisement	❶ NS 메시지를 수신한 노드는 그 응답으로 NA 메시지를 보냅니다. ❷ 그리고 노드는 자신의 링크레이어 주소가 변했다는 것을 주변에 알리기 위해(NS 메시지를 수신하지 않았음에도) Unsolicited NA 메시지를 보내기도 합니다.
Redirect	라우터가 호스트에게 더 좋은 First Hop이 있음을 알려주기 위해 Redirect 메시지를 보냅니다.

이번에는 각 NDP 메시지들의 데이터 포맷에 대해 알아보겠습니다.

▶ Router Solicitation 메시지

[그림 3-21]은 호스트가 라우터로부터 RA(라우터 Advertisement) 메시지를 요청하기 위해 인접 라우터들에게 보내는 RS(라우터 Solicitation) 메시지의 데이터 포맷입니다.

그림 3-21
Router Solicitation
메시지 데이터 포맷

8	8	8	8
Type	Code	Checksum	
Reserved			
Options ...			

	필드	설명
IP 헤더	Source 주소	• 메시지를 보내는 인터페이스의 링크로컬 유니캐스트 주소 • (만약 아직 인터페이스에 IPv6 주소가 할당되지 않았다면) Unspecified Address(::)
	Destination 주소	All-Routes 멀티캐스트 주소(FF02::2)
ICMPv6 메시지	Type	133
	Code	0
	Checksum	IPv6 헤더와 ICMPv6 메시지에 오류가 생겼는지 판단하는 정보가 담겨 있음
	Reserved	0
	Options	링크레이어-주소

표 3-8
Router Solicitation
메시지 내용

- **Source 주소**: RS/RA 메시지들은 모두 보내는 노드의(글로벌 유니캐스트가 아니라) 링크로컬 유니캐스트 주소로 보냅니다. 만약 인터페이스에 유니캐스트 주소가 할당되지 않은 상태라면 Unspecified 주소(::)가 기입됩니다.

- **Destination 주소**: 인접한 모든 라우터에게 RA 메시지를 요청해야 하므로 모든 라우터가 수신할 수 있는 주소인 All-Routes 멀티캐스트 주소(FF02::2)가 기입됩니다.

- **Type 필드**: ICMPv6 타입 133, 즉 라우터 Solicitation 메시지임을 뜻합니다.

- **Reserved 필드**: 사용하지 않는 Field입니다.

- **Option 필드**: 만약 RS 메시지를 보내는 호스트가 IPv6 유니캐스트를 할당받았다면 호스트의 링크레이어 주소가 담깁니다. 하지만 호스트가 아직 IPv6 유니캐스트 주소를 할당받지 않았다면(즉, Unspecified 주소라면) 해당 옵션 필드는 포함되지 않습니다.

▶ Router Advertisement 메시지

RA 메시지는 Solicited RA 메시지와 Unsolicited RA 메시지로 구분됩니다. 라우터가 호스트들로부터 RS 메시지를 수신한 후에 그 응답으로 보내는 RA 메시지가 Solicited RA 메시지입니다. 라우터가 주기적으로 보내는 RA 메시지가 Unsolicited RA 메시지입니다.

[그림 3-22]는 RA 메시지 데이터 포맷을 나타낸 것입니다. RA 메시지는 라우터가 자신의 네트워크 파라미터 정보들을 주기적으로 보내는 데 이용되기 때문에 많은 정보를 포함하고 있습니다.

그림 3-22
Router
Advertisement
메시지 데이터 포맷

	8			8				8			8	
	Type			Code					Checksum			
	Cur Hop Limit		M	O	H	Prf.	Resvd			Router Lifetime		
	Reachable Time											
	Retransmission Timer											
	Options ...											

표 3-9
Router
Advertisement
Message 내용

	필드		설명
IP 헤더	Source 주소		메시지를 보내는 인터페이스의 링크로컬 유니캐스트 주소
	Destination 주소		1) RS 메시지를 보낸 노드의 링크로컬 유니캐스트 주소 2) All-Nodes 멀티캐스트 주소(FF02::1)
ICMPv6 Message	Type		134
	Code		0
	Checksum		IPv6 헤더와 ICMPv6 메시지에 오류가 생겼는지 판단하는 정보가 담겨 있음
	Cur Hop Limit		IPv6 헤더의 홉 Hop Limit 값
	M		Managed Address Configuration Flag. 'M = 1'이면 DHCPv6으로 작동 된다는 뜻[106]
	O		Other Configuration Flag. 'O=1'이면 DHCPv6를 통해 여러 가지 정보(DNS/ TFTP 서버 주소 등)를 얻는다는 뜻[107]
	H		Home Agent Flag. 'H = 1'이면 Mobile Home Agent를 의미
	Prf		디폴트 라우터 Preference 플래그. RA 메시지의 우선순위를 결정하는 Flag
	Reserved		0
	라우터 Lifetime		디폴트 라우터의 Lifetime 값
	Option	Source Link- Layer Address	RA 메시지를 보낸 인터페이스의 링크레이어 주소
		MTU	자신의 링크들의 MTU 값
		Prefix Information	Stateless 주소 자동 설정에 사용되는 프리픽스 주소 정보

• **Source 주소**: RS/RA 메시지들은 모두 보내는 노드의 (글로벌 유니캐스트 주소가 아니라) 링크로 컬 유니캐스트 주소로 보냅니다.[106, 107]

• **Destination 주소**: 라우터가 RS 메시지를 받은 후 그 응답으로 RA 메시지를 보내는 경우

---

106 즉, Stateful Address Autoconfiguration으로 작동한다는 뜻입니다.
107 만약, 'M'과 'O' Field가 모두 '0'의 값을 가지면, DHCPv6 서버로부터 어떤 정보도 받지 않게 됩니다.

(Solicited RA Message), RS 메시지를 보낸 노드의 링크로컬 유니캐스트 주소가 됩니다. 이 밖의 경우(즉, 라우터가 주기적으로 RA 메시지를 보내는 경우, Unsolicited RA Message)에는 All-Nodes 멀티캐스트 주소가 됩니다.

- **Type 필드**: ICMPv6 타입 134, 즉 라우터 Advertisement 메시지라는 것을 뜻합니다.
- **Cur Hop Limit 필드**: IPv6 헤더의 Hop Limit Field 값을 그대로 복사한 값입니다.
- **M, O Flag 필드**: Address Autoconfiguration(주소 자동 생성)과 관련된 플래그들입니다. 운용자가 특정 네트워크의 노드들이 DHCPv6 서버로부터 글로벌 유니캐스트 주소를 할당받게 하고 싶으면 라우터의 RA 메시지의 M 플래그(Managed Address Configuration Flag)를 '1'로 세팅하면 됩니다. 그리고 노드들이 글로벌 유니캐스트 주소뿐 아니라 여러 네트워크 파라미터(DNS, TFTP Address 등)를 DHCPv6 서버로부터 받게 하고 싶다면, 이와 마찬가지로 RA 메시지의 O 플래그(Other Configuration Flag)를 '1'로 세팅하면 됩니다. 이와 관련된 사항은 Chapter 4를 참조하기 바랍니다.
- **H Flag 필드**: 모바일 IPv6 노드에서 사용되는 플래그입니다. 'H=1'이면 RA 메시지를 보내는 라우터가 Mobile IPv6 Home Agent이라는 것을 의미합니다.
- **Default Router Preference 플래그**: RA 메시지의 우선순위를 결정하는 플래그입니다. 호스트는 두 대 이상의 라우터로부터 서로 다른 RA 메시지를 받을 수 있습니다. 서로 다른 RA 메시지들 중에서 하나의 RA 메시지를 선택할 때 참조하는 플래그입니다.
- **Router Lifetime 필드**: 값이 0이면 RA 메시지를 보낸 라우터는 디폴트 라우터 List에서 제외됩니다.[108] 단, Lifetime 필드가 0의 값을 갖더라도 RA 메시지 안에 있는 다른 네트워크 파라미터 값들은 노드에 영향을 미칩니다.
- **Options 필드**: RA 메시지를 보낸 라우터의 링크레이어 주소, 프리픽스 정보뿐 아니라 자신의 링크들의 MTU 값이 담길 수도 있습니다.

▶ Neighbor Solicitation 메시지

노드는 이웃 노드의 링크레이어 주소를 알기 위해 알고자 하는 노드(Target 노드)에 NS 메시지를 보냅니다. 또한 이웃 노드가 죽었는지 살았는지 확인하기 위해서도 NS 메시지를 보냅니다.

[그림 3-23]은 NS 메시지 데이터 포맷을 나타낸 것입니다.

---

108 복수 개의 라우터로부터 RA 메시지를 수신하는 경우 디폴트 라우터 설정의 우선순위는 실습에서 다뤘습니다.

그림 3-23
Neighbor Solicitation
메시지 데이터 포맷

8	8	8	8
Type	Code	Checksum	
Reserved			
Target Address			
Options ...			

표 3-10
라우터
Advertisement
Message 내용

필드		설명
IP 헤더	Source 주소	1) 인터페이스의 글로벌 유니캐스트 주소 2) (DAD 기능으로 사용될 때) Unspecified 주소(::)
	Destination 주소	1) Target 주소의 Solicited-노드 멀티캐스트 주소 2) Target 노드의 글로벌 유니캐스트 주소
ICMPv6 메시지	Type	135
	Code	0
	Checksum	IPv6 헤더와 ICMPv6 메시지에 오류가 생겼는지 판단하는 정보가 담겨 있음
	Reserved	0
	Target 주소	Target 노드의 글로벌 유니캐스트 주소
	Option	NS 메시지를 보낸 노드의 링크로컬 주소

- **Source 주소**: Address Resolution[109]을 수행하기 위해 NS 메시지를 보낼 때는 인터페이스의 글로벌 유니캐스트 주소가 기입됩니다.[110] DAD[111](Duplicate Address Detection) 기능을 위해 NS 메시지를 보낼 때는 (아직 정식으로 IPv6 Address를 할당하지 않은 상태이기 때문에) Unspecified Address가 기입됩니다.

- **Destination 주소**: Address Resolution과 DAD 목적으로 보낼 때는 대상 주소(Target Address)의 Solicited-Node 멀티캐스트 주소가 됩니다. 만약 특정 노드가 숙었는지 살았는지 확인하기 위해 NS 메시지를 보낼 때는 Target 노드의 글로벌 유니캐스트 주소가 기입됩니다.

- **Type 필드**: ICMPv6 Type 135, 즉 Neighbor Solicitation 메시지라는 것을 뜻합니다.

- **Target 주소 필드**: 링크레이어 주소를 알고 싶거나 죽었는지 살았는지 알고자 하는 대상 노드(Target 노드)의 글로벌 유니캐스트 주소가 기입됩니다.

- **Option 필드**: NS 메시지를 보낸 노드의 링크레이어 주소가 기입됩니다.

---

109 Address Resolution 기능이 무엇인지는 Lesson 3.3에 자세히 설명합니다.

110 RS/RA 메시지는 Source 주소가 링크로컬 유니캐스트 주소인 반면, NS/NA 메시지에는 글로벌 유니캐스트 주소가 기입됩니다.

111 DAD 기능이 무엇인지는 Lesson 3.3에 자세히 설명합니다.

▶ Neighbor Advertisement 메시지

RA 메시지는 Solicited NA 메시지와 Unsolicited NA 메시지로 구분됩니다. NS 메시지를 수신한 후에 그 응답으로 보내는 NA 메시지가 Solicited NA 메시지입니다. 그리고 링크레이어 주소가 변경됐다는 것을 다른 노드들에게 전파하기 위해 (NS 메시지를 수신하지 않았음에도) 보내는 NA 메시지가 Unsolicited NA 메시지입니다.

[그림 3-24]는 NA 메시지 데이터 포맷을 나타낸 것입니다.

8			8	8	8
Type			Code	Checksum	
R	S	O	Reserved		
Target 주소					
Options ...					

그림 3-24 Neighbor Advertisement 메시지 데이터 포맷

표 3-11 Router Advertisement 메시지 내용

필드		설명
IP 헤더	Source 주소	NA 메시지를 보낸 인터페이스의 주소
	Destination 주소	1) NS 메시지를 보낸 노드의 Source 주소 2) All-Nodes 멀티캐스트 주소(FF02::1)
ICMPv6 메시지	Type	136
	Code	0
	R	라우터 플래그. 'R=1'이면, NA 메시지를 보낸 노드가 라우터라는 뜻
	S	Solicited 플래그 'S=1'이면 NA 메시지가 Destination 노드의 요청으로 인해 보낸다는 뜻
	O	Override 플래그. 'O=1'이면 링크레이어 주소가 저장돼 있는 캐시 엔트리를 업데이트한다는 뜻
	Reserved	0
	Target 주소	1) Solicited NA 메시지인 경우 : NS 메시지에 있던 Target 주소 2) Unsolicited NA 메시지인 경우 : NA 메시지를 보내는 인터페이스의 링크레이어 주소
	Option	NA 메시지를 보내는 노드의 링크레이어 주소

- **Source 주소:** NA 메시지를 보낸 인터페이스의 글로벌 유니캐스트 주소가 기입됩니다.
- **Destination 주소:** NS 메시지의 응답으로 NA 메시지를 보내는 경우에는(Solicited NA 메시지)

NS 메시지를 보낸 노드의 Source 주소가 기입됩니다. 만약 NS 메시지를 보낸 노드의 Source Address가 Unspecified 주소일 경우에는 All-Nodes 멀티캐스트 주소가 기입됩니다. Unsolicited NA 메시지일 경우에도 All-Nodes 멀티캐스트 주소가 기입됩니다.

- **Type 필드**: ICMPv6 타입 136, 즉 Neighbor Advertisement 메시지라는 것을 뜻합니다.
- **R Flag 필드**: 라우터 플래그입니다. 라우터가 NA 메시지를 보낼 경우, R 플래그가 '1'로 세팅됩니다. 이로 인해 NA 메시지를 수신한 노드들은 R 플래그를 통해 특정 라우터가 호스트로 변하게 된 사실을 감지할 수 있습니다. 이는 각 노드에서 관리하는 Neighbor Cache 정보에 각각의 Neighbor가 라우터인지 아닌지에 대한 정보를 관리하고 있으며, Neighbor의 Solicited NA 메시지를 수신할 때마다 R 플래그를 검사해 라우터 상태가 변경됐는지 확인합니다. 이미 라우터로 기록된 Neighbor로부터 수신된 Solicited NA 메시지의 R 플래그가 '0'인 경우에는 해당 Neighbor가 라우터가 아닌 호스트로 변경됐음을 의미합니다. 이 경우에는 Neighbor Cache의 라우터 상태 정보를 호스트 상태로 변경한 후, 반드시 해당 Neighbor를 Next-Hop으로 사용 중인 모든 경로(Route) 정보를 갱신해 새로운 라우터로 변경해야 합니다. 그 이유는 해당 (호스트로 변한) 라우터가 더 이상 라우팅 기능을 수행하지 않으므로 해당 라우터를 사용하는 모든 경로(Path)가 새로운 라우터로 대체하도록 하는 과정이 필요하기 때문입니다.
- **S Flag 필드**: Solicited 플래그입니다. NA 메시지는 Solicited NA 메시지와 Unsolicited NA 메시지로 구분된다고 했습니다. Solicited NA 메시지와 Unsolicited NA 메시지를 구별하는 식별자가 S 플래그입니다. Solicited NA 메시지의 경우, S 플래그가 '1'로 세팅됩니다.
- **O Flag 필드**: Override 플래그입니다. 모든 노드는 자기 이웃 노드가 링크레이어 주소를 계속 기억해두고 있습니다. 만약 O 플래그가 '1'인 NA 메시지를 수신하면 NA 메시지 안에 담겨 있는 링크레이어 주소로 업데이트합니다. 이때 복수 개의 노드들이 동일한 애니캐스트 주소를 가질 수 있습니다. 따라서 애니캐스트 주소에 대한 NA 메시지의 경우에는 O 플래그가 항상 '0'으로 설정해 송신합니다.
- **Target 주소 필드**: NS 메시지의 응답으로 보내게 된 NA 메시지의 경우(즉 Solicited NA 메시지)에는 NS 메시지에 있던 Target 주소가 표기됩니다. 반면, 자신의 링크레이어 주소가 바뀐 것을 알려주기 위해 보내는 Unsolicited NA 메시지의 경우에는 바뀐 링크레이어 주소가 표기됩니다.
- **Option 필드**: Solicited NA 메시지에만 포함되는 옵션입니다. NA 메시지를 보내는 노드의 링크레이어 주소가 기입됩니다.

▶ Redirect 메시지

Redirect 메시지는 하나의 로컬 네트워크에 여러 개의 라우터가 존재하는 경우에 호스트에서 패킷을 전달하기 위해 디폴트 라우터로 설정된 라우터에게 패킷을 전송합니다. 이 패킷을 수신한 라우터에서 해당 패킷을 전달하기 위해 처리하려 했지만 해당 목적지로 전달하기 위해서는 로컬 네트워크의 다른 라우터를 통해 전달해야 하는 경우가 발생할 수 있습니다. 이는 호스트에 설정된 디폴트 라우터 정보가 잘못 설정됐거나 라우터의 재구성을 통해 라우터 정보가 변경된 경우에 발생할 수 있습니다. 이런 상황에서 호스트가 해당 목적지로 전달할 패킷을 계속 잘못된 라우터로 전달하면 해당 라우터는 계속 패킷을 수신했다가 다시 로컬 네트워크의 다른 라우터에게 전달해야 합니다. 따라서 대역폭의 낭비도 발생하고 라우터의 부하도 증가합니다. 잘못 전달된 패킷을 수신한 라우터에서 호스트에게 해당 목적지로 전달하기 위해서는 다른 라우터에게 보내는 것이 더 효율적이라는 것을 알려주기 위해 Redirect 메시지를 송신합니다.

라우터가 호스트에게 더 좋은 경로를 알려주기 위해 보내는 메시지가 Redirect 메시지입니다.

[그림 3-25]는 Redirect 메시지 데이터 포맷을 나타낸 것입니다.

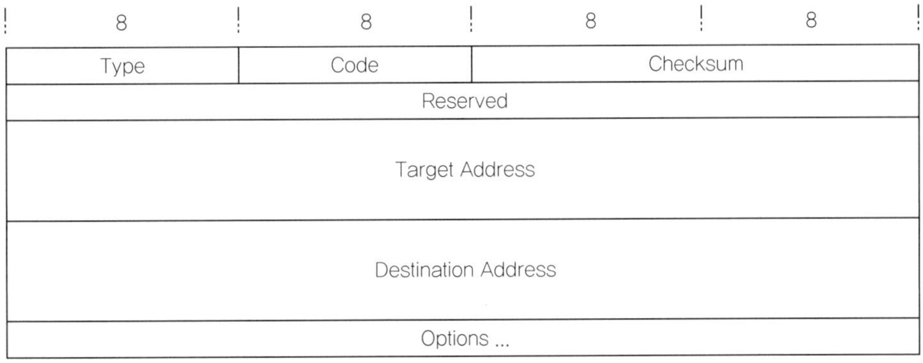

그림 3-25
Redirect
메시지 데이터 포맷

표 3-12
라우터
Advertisement
메시지 내용

	필드	설명
IP 헤더	Source 주소	Redirect 메시지를 보낸 인터페이스의 링크로컬 유니캐스트 주소
	Destination 주소	방향을 바꾸고자 하는 패킷의 Source 주소
ICMPv6 메시지	Type	137
	Code	0
	Checksum	IPv6 헤더와 ICMPv6 메시지에 오류가 생겼는지 판단하는 정보가 담겨 있음
	Reserved	0
	Target 주소	더 좋은 First Hop의 링크로컬 유니캐스트 주소
	Destination 주소	Redirect되는 패킷의 Destination 주소
	Option	Target 노드의 링크레이어 주소

- **Source 주소**: Redirect 메시지를 보낸 라우터의 링크로컬 유니캐스트 주소가 기입됩니다.
- **Destination 주소**: 방향을 바꾸고자 하는 패킷의 Source 주소가 Redirect 메시지의 Destination 주소가 됩니다. 나에게 잘못된 패킷을 보내준 Source 노드에게 변경된 경로

(Route) 정보를 알려주기 위해 Redirect 메시지를 송신하는 것이므로 Redirect 메시지가 생성되도록 만든 패킷을 송신한 노드의 주소를 목적지 주소로 사용합니다.

- **Type 필드**: ICMPv6 Type 137, 즉 Redirect 메시지라는 것을 뜻합니다.
- **Target Address 필드**: 특정 패킷에게 더 좋은 First Hop이 있다는 것을 알려주고자 할 때 그 First Hop(라우터)의 링크로컬 유니캐스트 주소가 기입됩니다. 즉, 변경해야 할 Next Hop 주소를 기입합니다.
- **Destination 주소 필드**: Redirect 메시지에 의해 경로가 바뀌는 패킷의 Destination 주소가 기입됩니다.

▶ NDP 메시지 옵션

NDP 메시지들은 0개 또는 1개 이상의 옵션을 가질 수 있습니다. [그림 3-26]은 NDP 메시지의 옵션 데이터 포맷을 나타낸 것입니다.

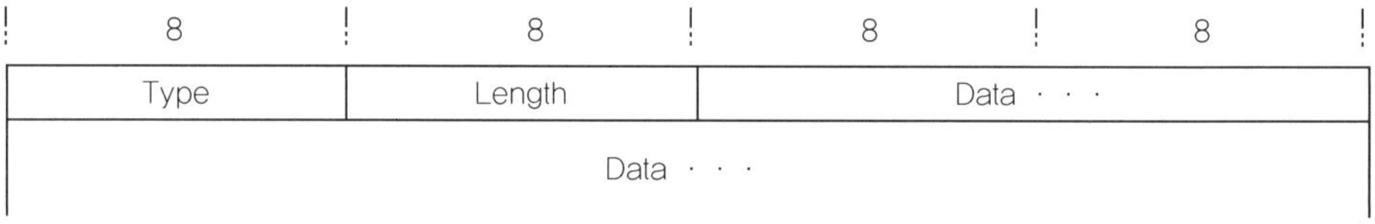

그림 3-26
NDP 메시지의 옵션
데이터 포맷

8	8	8	8
Type	Length	Data · · ·	
Data · · ·			

NDP 메시지의 옵션 필드는 총 5개가 있습니다. 5개의 옵션은 [표 3-13]과 같습니다.

표 3-13
NDP 메시지 옵션들

타입	옵션명
1	Source Link-Layer Address
2	Target Link-Layer Address
3	Prefix Information
4	Redirected Header
5	MTU

각 옵션의 용도는 다음 Lesson에서 자세히 설명하겠습니다.

03 NS/NA 메시지 용도

IPv6 네트워크의 네이버 디스커버리(Neighbor Discovery, 이웃 탐색) 기능은 [표 3-7]과 같이 5개의 메시지에 의해 수행됩니다. 이번에는 NS(Neighbor Solicitation)/NA(Neighbor Advertisement) 메시지에 의해 수행되는 기능들에 대해 알아보겠습니다.

IPv6 노드는 Neighbor Solicitation, Neighbor Advertisement 메시지의 상호 교환에 의해 다음 세 가지 기능을 수행합니다.

- AR(Address Resolution): 랜카드 고유 식별 정보를 가로채고 변조해 해킹을 유발하는 기법
- NUD(Neighbor Unreachability Detection): 인접 장애 감지
- DAD(Duplicate Address Detection): 중복 주소 검출

위의 세 가지 기능 중 DAD 기능은 Chapter 4에서 자세히 다루므로 이번 Lesson에서는 AR(Address Resolution)과 NUD(Neighbor Unreachability Detection) 기능에 대해서만 설명하겠습니다.

▶ AR

IPv6 AR 동작 방식에 대해 자세히 설명하기에 앞서 IPv4 ARP와 IPv6 AR의 개념에 대해 설명하겠습니다.

네트워크에서 [그림 3-27]과 같이 노드 A와 B가 있습니다.

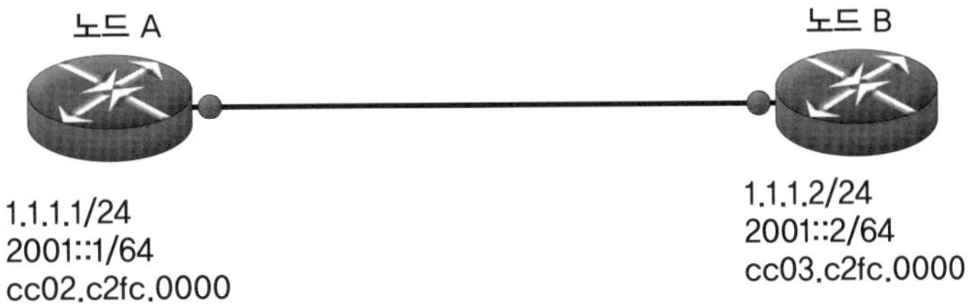

노드 A

노드 B

그림 3-27
네트워크에 위치한
노드 A와 B

1.1.1.1/24
2001::1/64
cc02.c2fc.0000

1.1.1.2/24
2001::2/64
cc03.c2fc.0000

이때 노드 A와 노드 B가 서로 IP 통신을 하려면 노드 A와 B는 서로 상대방의 IP 주소와 링크레이어 주소[113](MAC 주소)를 알고 있어야 합니다.

IP 통신을 하는 데 있어서 상대방 노드의 링크레이어 주소를 알고 있어야 하는 이유는 [그림 1-4] 인터넷 프로토콜 스위트(Internet Protocol Suite)에서 설명했던 것처럼 IP 통신을 하기 전에 링크레이어 통신을 수행해야 하기 때문입니다. 따라서 노드 A와 B는 링크레이어 통신에 사용되는 상대방 노드의 링크레이어 주소를 알고 있어야 합니다.

만약 상대방의 IP 주소는 알고 있는데 상대방의 링크레이어 주소를 모를 경우에는 별도의 링크레이어 주소를 알아내는 동작을 합니다. 해당 동작을 IPv4 네트워크에서는 ARP, IPv6 네트워크

----

112 IPv4 네트워크에서의 ARP와 동일한 기능입니다.
113 링크가 이더넷일 경우에는 링크레이어 주소가 MAC 주소입니다.

에서는 AR(Address Resolution)이라고 합니다.

IPv4 노드는 ARP를 수행하고 IPv6 노드는 AR 기능을 수행해 상대방의 링크레이어 주소를 알게 됩니다.

[그림 3-27]을 예로 들어 설명하겠습니다. [그림 3-27]의 노드 A와 B는 아직 상대방의 링크레이어 주소를 모른다고 가정해보겠습니다. 노드 A에서 ARP Table[114]과 Neighbor Cache Entry[115]를 조회해보면,[116] [그림 3-28]과 같이 노드 B의 IP 주소(1.1.1.2, 2001::2)에 대응하는 링크레이어 주소가 없습니다.

```
Node_A#show ip arp
Protocol  Address              Age (min)  Hardware Addr  Type   Interface
Internet  1.1.1.1                    -     cc02.c2fc.0000  ARPA   FastEthernet0/0
Node_A#show ipv6 neighbors
Node_A#
```

이런 상황에서 노드 A가 노드 B로 IP 패킷을 보내면 노드 A는 노드 B의 링크레이어 주소를 알기 위해 IPv4 ARP와 IPv6 AR 기능을 먼저 수행합니다.

노드 A에서 노드 B로 IPv4 패킷과 IPv6 패킷을 보낸 후 다시 한번 ARP 테이블과 네이버 캐시 엔트리를 조회해보면 [그림 3-29]와 같이 노드 B의 IP 주소(1.1.1.2, 2001::2)에 대응하는 링크레이어 주소 정보가 추가된 것을 확인할 수 있습니다.

```
Node_A#show arp
Protocol  Address              Age (min)  Hardware Addr  Type   Interface
Internet  1.1.1.1                    -     cc02.c2fc.0000  ARPA   FastEthernet0/0
Internet  1.1.1.2                   34     cc03.c2fc.0000  ARPA   FastEthernet0/0
Node_A#show ipv6 neighbors
IPv6 Address                                Age Link-layer Addr State Interface
2001::2                                      15 cc03.c2fc.0000  STALE Fa0/0
FE80::CE03:C2FF:FEFC:0                        15 cc03.c2fc.0000  STALE Fa0/0

Node_A#
```

지금까지는 IPv4 ARP와 IPv6 AR의 개념에 대해 설명했습니다. 지금부터는 IPv6 AR 동작 방식에 대해 자세히 설명하겠습니다.

[그림 3-30]과 같이 IPv6 노드 A와 B가 있습니다.

---

114 IPv4 주소와 MAC 주소 간의 교환 테이블입니다.

115 IPv6 주소와 MAC 주소 간의 교환 테이블입니다.

116 Cisco IOS 라우터에서 ARP 테이블과 네이버 캐시 엔트리를 조회하는 명령어는 각각 'show ip arp'와 'show ipv6 neighbors'입니다.

그림 3-30
노드 A와 노드 B

노드 A
2001:290::1/64

노드 B
2001:290::2/64

[그림 3-30]에서 노드 A가 노드 B로 유니캐스트 패킷을 보내려면 노드 A는 노드 B의 링크레이어 주소를 알고 있어야 한다고 했습니다. 따라서 노드 A가 노드 B로 유니캐스트 패킷을 보내려면 노드 A는 우선 자신의 Neighbor Cache Entry에 노드 B의 IP 주소와 링크레이어 주소가 있는지 확인해야 합니다. 만약, 노드 B의 링크레이어 주소의 정보가 없을 경우, 노드 B는 AR을 수행합니다.

[그림 3-31]에서 노드 A는 노드 B의 링크레이어 주소를 모른다고 가정해보겠습니다. [그림 3-31]은 이런 상황에서 노드 A가 노드 B로 ping을 보낼 때를 캡처한 것입니다.[117] ping 메시지 (Echo Request, Echo Reply)가 교환되기 전에 NS 메시지와 NA 메시지가 교환된 것을 확인할 수 있습니다.

그림 3-31
노드 A와 노드 B 간
의 NS와 NA 메시지
교환 캡처 화면

Time	Source	Destination	Protocol	Info
71.276000	2001:290::1	ff02::1:ff00:2	ICMPv6	Neighbor solicitation
71.309000	2001:290::2	2001:290::1	ICMPv6	Neighbor advertisement
71.335000	2001:290::1	2001:290::2	ICMPv6	Echo request
71.341000	2001:290::2	2001:290::1	ICMPv6	Echo reply
71.353000	2001:290::1	2001:290::2	ICMPv6	Echo request
71.357000	2001:290::2	2001:290::1	ICMPv6	Echo reply
71.359000	2001:290::1	2001:290::2	ICMPv6	Echo request
71.362000	2001:290::2	2001:290::1	ICMPv6	Echo reply
71.365000	2001:290::1	2001:290::2	ICMPv6	Echo request
71.369000	2001:290::2	2001:290::1	ICMPv6	Echo reply
71.371000	2001:290::1	2001:290::2	ICMPv6	Echo request
71.375000	2001:290::2	2001:290::1	ICMPv6	Echo reply

이처럼 목적지 노드의 링크레이어 주소를 모를 경우에는 AR 기능을 수행하는데, 이는 [그림 3-32]와 같이 NS 메시지와 NA 메시지의 교환에 의해 이뤄집니다.

그림 3-32
노드 A와 노드 B 간
의 NS 메시지와 NA
메시지 교환 모습

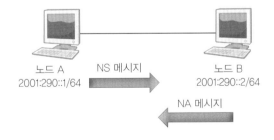

노드 A
2001:290::1/64

NS 메시지

노드 B
2001:290::2/64

NA 메시지

그러면 [그림 3-32]의 메시지들을 분석함으로써 AR 기능에 대해 자세히 고찰하겠습니다.

[그림 3-33]은 노드 A가 보내는 NS 메시지를 캡처한 것입니다.

---

117 실습할 수 있도록 Lesson 3에 설명했습니다.

```
 19 71.276000 2001:290::1 ff02::1:ff00:2 ICMPv6 Neighbor solicitation
⊞ Frame 19: 86 bytes on wire (688 bits), 86 bytes captured (688 bits)
⊞ Ethernet II, Src: cc:00:15:e0:00:00 (cc:00:15:e0:00:00), Dst: IPv6mcast_ff:00:00:02 (33:33:ff:00:00:02)
⊟ Internet Protocol Version 6, Src: 2001:290::1 (2001:290::1), Dst: ff02::1:ff00:2 (ff02::1:ff00:2)
    ⊞ 0110 .... = Version: 6
    ⊞ .... 1110 0000 .... .... .... .... = Traffic class: 0x000000e0
      .... .... .... 0000 0000 0000 0000 0000 = Flowlabel: 0x00000000
      Payload length: 32
      Next header: ICMPv6 (0x3a)
      Hop limit: 255
      Source: 2001:290::1 (2001:290::1)
      Destination: ff02::1:ff00:2 (ff02::1:ff00:2)
⊟ Internet Control Message Protocol v6
      Type: 135 (Neighbor solicitation)
      Code: 0
      Checksum: 0x5297 [correct]
      Reserved: 0 (Should always be zero)
      Target: 2001:290::2 (2001:290::2)
    ⊟ ICMPv6 Option (Source link-layer address)
        Type: Source link-layer address (1)
        Length: 8
        Link-layer address: cc:00:15:e0:00:00
```

그림 3-33
NS 메시지 캡처 화면

표 3-14
[그림 3-33]의 메시지 내용

	필드	값	설명
IP 헤더	Source 주소	2001:290::1	노드 A의 글로벌 유니캐스트 주소
	Destination 주소	ff02::1:ff00:2	노드 B의 Solicited-Node 멀티캐스트 주소
ICMPv6 메시지	Type	135	NS 메시지
	Target 주소	2001:290::2	노드 B의 글로벌 유니캐스트 주소
	Option	CC:00:15:e0:00:00	노드 A의 해당 인터페이스의 링크레이어 주소

- **Source 주소**: NS 메시지를 전송한 노드의 글로벌 유니캐스트 주소가 기입됩니다.

- **Destination 주소**: 노드 B의 Solicited-Node 멀티캐스트 주소입니다. [표 2-16]에서 설명했던 것처럼 IPv6 기능이 활성화되면 자동으로 조인되는 멀티캐스트 주소입니다. 노드 B 역시 2001:290::2 주소에 대응되는 Solicited-Node 멀티캐스트(FF02::1:FF00:2)에 자동으로 조인돼 있습니다.

- **Type 필드**: Type 135, 즉 NS 메시지라는 것을 나타낸 것입니다.

- **Target 주소 필드**: [그림 3-30]의 노드 B밀고도 FF02::1:FF00:2의 주소를 갖고 있는 노드가 더 있을 수 있습니다. 따라서 NS 메시지 안에는 명시적으로 링크레이어 주소를 알고자 하는 노드의 글로벌 유니캐스트 주소를 명기해줘야 합니다. Target 주소 필드에는 노드 B의 글로벌 유니캐스트 주소, 2001:290::2가 기입됩니다.

- **Option 필드**: NS 메시지를 받은 노드 B는 노드 A에게 답신하기 위해 노드 A의 링크레이어 주소를 알고 있어야 합니다. 따라서 NS 메시지의 Option 필드에는 노드 A의 링크레이어 주소가 담겨 있습니다.

[그림 3-30]의 노드 B는 NS 메시지의 Target 주소 필드를 통해 해당 NS 메시지의 대상이 자신인 것을 확인합니다. 그리고 그 응답으로 노드 A에게 NA 메시지를 보냅니다. 이때 NA 메시지

안에는 노드 B의 링크레이어 주소가 담겨 있습니다. [그림 3-34]은 노드 B가 보내는 NA 메시지를 캡처한 것입니다.

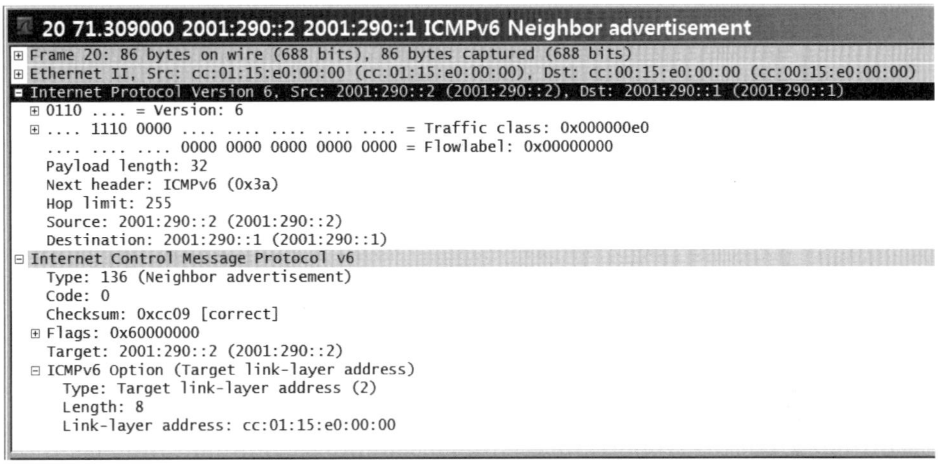

```
20 71.309000 2001:290::2 2001:290::1 ICMPv6 Neighbor advertisement
⊞ Frame 20: 86 bytes on wire (688 bits), 86 bytes captured (688 bits)
⊞ Ethernet II, Src: cc:01:15:e0:00:00 (cc:01:15:e0:00:00), Dst: cc:00:15:e0:00:00 (cc:00:15:e0:00:00)
▬ Internet Protocol Version 6, Src: 2001:290::2 (2001:290::2), Dst: 2001:290::1 (2001:290::1)
   ⊞ 0110 .... = Version: 6
   ⊞ .... 1110 0000 .... .... .... .... = Traffic class: 0x000000e0
     .... .... .... 0000 0000 0000 0000 0000 = Flowlabel: 0x00000000
     Payload length: 32
     Next header: ICMPv6 (0x3a)
     Hop limit: 255
     Source: 2001:290::2 (2001:290::2)
     Destination: 2001:290::1 (2001:290::1)
▬ Internet Control Message Protocol v6
     Type: 136 (Neighbor advertisement)
     Code: 0
     Checksum: 0xcc09 [correct]
   ⊞ Flags: 0x60000000
     Target: 2001:290::2 (2001:290::2)
   ▭ ICMPv6 Option (Target link-layer address)
       Type: Target link-layer address (2)
       Length: 8
       Link-layer address: cc:01:15:e0:00:00
```

그림 3-34
NA 메시지 캡처 화면

표 3-15
[그림 3-34]의 메시지 내용

	필드	값	설명
IP 헤더	Source 주소	2001:290::2	노드 B의 글로벌 유니캐스트 주소
	Destination 주소	2001:290::1	노드 A의 글로벌 유니캐스트 주소
ICMPv6 메시지	Type	136	NA 메시지
	S Flag	1	Solicited 플래그
	O Flag	1	Override 플래그
	Target 주소	2001:290::2	노드 B의 글로벌 유니캐스트 주소
	Option	cc:01:15:e0:00:00	노드 B의 해당 인터페이스의 링크레이어 주소

- **Source 주소**: NA 메시지를 전송한 노드의 글로벌 유니캐스트 주소가 기입됩니다.
- **Destination 주소**: NS 메시지를 보낸 노드의 글로벌 유니캐스트 주소가 기입됩니다.
- **Type 필드**: Type 136, 즉 NA 메시지라는 것을 나타낸 것입니다.
- **Solicited 플래그**: Solicited 플래그는 Solicited NA 메시지와 Unsolicited NA 메시지를 구별하는 식별자입니다. 이 NA 메시지는 NS 메시지의 응답에 의해 생성된 Solicited NA 메시지이기 때문에 Solicited 플래그가 '1'을 가리킵니다. 만약 Unsolicited NA 메시지일 경우에는 Solicited Flag가 '0'이 됩니다.
- **Override 플래그**: O 플래그가 '1'이면 이 NA 메시지를 받는 노드는 'Neighbor Cache Entry'의 내용을 NA 메시지대로 업데이트하라는 의미입니다. 자세한 내용은 NUD(Neighbor Unreachability Detection)에서 설명하겠습니다.

• **Target 주소, Option 필드**: 노드 B는 자신의 IPv6 주소(Target Address)와 그 주소에 해당하는 링크레이어 주소를 NA 메시지에 포함해 보냅니다.

이처럼 노드 A는 노드 B와 NS/NA 메시지를 교환함으로써 서로의 IPv6 주소와 그에 해당하는 링크레이어 주소를 알 수 있게 됩니다. 노드 B의 링크레이어 주소를 알게 된 노드 A는 자신의 Neighbor Cache Entry에 노드 B의 글로벌 유니캐스트 주소와 링크레이어 주소를 기입합니다. 이제 노드 A와 B는 IP 통신을 할 수 있게 된 것입니다.

지금까지 IPv6 노드가 수행하는 AR에 대해 자세히 설명했습니다. 마지막으로 IPv4 노드가 수행하는 ARP와 간단하게 비교해보겠습니다.

IPv4 ARP는 ARP Request 메시지와 ARP Reply 메시지의 교환에 의해 수행되고 IPv6 AR은 NS 메시지와 NA 메시지의 교환에 의해 수행됩니다. [표 3-16]은 각 메시지들의 링크레이어와 인터넷 계층의 목적지 주소를 나타낸 것입니다.

표 3-16
IPv4 ARP와 IPv6 AR
메시지의 목적지
주소 비교

TCP/IP 계층	IPv4 ARP		IPv6 AR	
	Request 메시지	Reply 메시지	NS 메시지	NA 메시지
링크 레이어	브로드캐스트 주소	유니캐스트 주소	멀티캐스트 주소	유니캐스트 주소
인터넷 레이어	없음		Solicited-Node 멀티캐스트 주소	유니캐스트 주소

IPv4 ARP Request 메시지는 링크레이어에서 브로드캐스트로 전송되는 반면, IPv6 AR의 NS 메시지는 링크레이어에서 멀티캐스트로 전송되는 것이 다릅니다. 그리고 IPv4 노드가 수행하는 ARP는 링크레이어에서 이뤄지는 링크레이어 프로토콜인 반면, IPv6 노드가 수행하는 AR은 인터넷 계층에서 이뤄지는 인터넷 프로토콜입니다.

▶ NUD

유니캐스트 통신이 원활히 이뤄지기 위해서는 노드가 인접 이웃(Neighbor)[118]들이 살았는지 죽었는지를 계속 알고 있어야 합니다. 이웃 노드들의 상태를 계속 알아보는 기능이 지금부터 설명할 NUD(Neighbor Unreachability Detection) 기능입니다.

모든 노드는 이웃 노드들 간의 모든 경로에 대해 NUD 기능을 수행합니다. 단, 라우팅 프로토콜(예 BGP, OSPF 등)이 동작하고 있는 라우터 간의 경로는 NUD 기능을 생략할 수 있습니다. 왜냐

---

118 네이버(Neighbor, 이웃) 노드: 동일 링크상에 존재하는 다른 노드를 말합니다.

하면 라우팅 프로토콜을 통해 이웃 라우터의 상태를 알 수 있기 때문입니다. 그리고 NUD 기능은 노드가 유니캐스트 패킷을 보낼 때만 수행됩니다. 즉, 멀티캐스트 패킷을 보낼 때는 수행되지 않습니다.

IPv6 노드는 이웃 노드들의 상태(살았는지, 죽었는지)를 알기 위해 NS/NA 메시지를 교환함으로써 'Neighbor Cache Entry States'를 관리합니다. [그림 3-35]는 'Neighbor Cache Entry'의 상태 머신(State Machine)를 나타낸 것입니다. 노드는 Neighbor Cache Entry State를 참조해 이웃 노드의 상태를 추적합니다.

[그림 3-35]를 통해 NUD 기능을 설명하겠습니다.

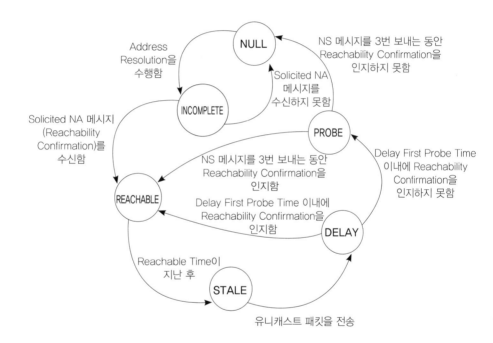

그림 3-35
네이버 캐시 엔트리
의 상태 머신

[그림 3-36]과 같은 네트워크가 있다고 가정해보겠습니다. 그리고 노드 A는 지금까지 노드 B에게 한 번도 유니캐스트 패킷을 보내지 않았다고 가정해보겠습니다.

그림 3-36
노드 A와 B

노드 A
2001:290::1/64

노드 B
2001:290::2/64

[그림 3-36]의 노드 A가 노드 B로 유니캐스트 패킷을 보내려면 (우리가 앞에서 배웠던 대로) 노드 A는 Address Resolution 기능을 수행하기 위해 NS 메시지를 송신합니다. 이때 노드 A는

Neighbor Cache Entry를 생성하며, 이때의 상태는 'INCOMPLETE'가 됩니다. 이는 아직 자신이 송신한 NS 메시지가 상대편에게 잘 전달됐는지 여부도 확인되지 않은 상태입니다.

노드 A가 (송신한 NS 메시지에 대한 응답으로) 노드 B로부터 Solicited NA 메시지를 수신하면 Neighbor Cache Entry는 'REACHABLE' 상태로 승격합니다. 만약 [그림 3-36]의 노드 A가 NA 메시지를 송신했는데 Solicited NA 메시지를 받지 못하는 경우가 발생할 수도 있습니다. 이 경우, 노드 A는 노드 B와 통신이 되지 않는다고 판단해 해당 Neighbor Cache Entry를 삭제합니다. 해당 유니캐스트 패킷은 미리 정해진 디폴트 라우터로 전송됩니다. 이때 주의해야 할 점은 노드 A에서 Unsolicited NA 메시지를 수신한 경우에는 Neighbor Cache Entry의 'INCOMPLETE' 상태를 'REACHABLE' 상태로 승격시켜주지 못한다는 것입니다. 이는 Solicited NA 메시지와 달리, Unsolicited NA 메시지를 수신한 경우에는 노드 B에서 노드 A로의 전달이 정상적이었다는 것만 확인됐으며, 노드 A에서 노드 B로의 전달은 확인되지 않았기 때문입니다.

네이버(Neighbor)의 상태가 'REACHABLE'로 변경된 후 계속 해당 네이버로 패킷을 전달하고 그에 대한 응답을 수신하면 해당 네이버의 상태는 'REACHABLE' 상태를 지속할 수 있습니다. 즉, TCP와 같은 상위 계층에서 송신한 패킷에 대한 Acknowledgement 패킷을 수신하면 네이버와의 전달 및 수신 상태를 확인할 수 있습니다. 반면, UDP와 같이 Acknowledgement 패킷을 주고받지 않는 경우에는 이러한 방법으로 네이버와의 전달 상태를 확인할 수 없습니다. 이 경우에는 명시적으로 NS 메시지를 송신하고 Solicited NA 메시지를 수신하는 방법을 통해 네이버와의 전달 상태를 확인할 수 있습니다.

네이버와의 지속적인 통신을 수행하지 않고 일정 시간 동안 통신이 없는 상태를 유지하는 경우에는 계속 'REACHABLE' 상태를 유지할 수 없습니다. 이는 상대 장비가 전원을 끄거나 네트워크 장애가 발생해 통신이 불가능한 상태로 변경될 수 있기 때문입니다. 따라서 'REACHABLE' 상태로 변경된 후 일정 시간(Reachable_Time, 30,000milliseconds) 동안 사용되지 않으면 'STALE' 상태로 변경해 해당 네이버 정보가 믿을 수 없는 상태로 변경됩니다.

'STALE' 상태에서는 패킷을 전달하기 전에 네이버와의 전달 상태를 다시 확인해야 합니다.

Neighbor Cache Entry가 'REACHABLE' 상태가 되고 난 후 'Reachable_Time(30,000 milliseconds)'의 시간이 지나면 Neighbor Cache Entry는 'STALE' 상태로 변하게 된다고 했습니다. [그림 3-37][119]은 이때의 상태를 나타낸 것입니다.

---

119 시스코 3660 라우터에서 캡처한 것입니다. 'show ipv6 neighbors' 명령어를 입력하면 neighbor Cache entry를 화면상에 보여주게 합니다.

그림 3-37
Neighbor Cache
Entry: STALE State

'STALE' 상태의 상위 계층에서 패킷을 전송하고자 하는 경우에는 네이버 상태를 'DELAY' 상태로 변경한 후 'DELAY_FIRST_PROBE_TIME' 동안 상위 계층의 Acknowledgement 패킷의 수신을 기다려야 합니다. 'DELAY_FIRST_PROBE_TIME' 시간 안에 상위 계층에서 Acknowledgement 패킷을 수신하면, Neighbor 상태는 다시 'REACHABLE' 상태로 복원하게 되고, 만약 그렇지 않으면 Neighbor 상태는 'PROBE' 상태로 바뀌고 NS 메시지를 송신해 네이버 와의 연결 상태를 확인하는 과정을 시작합니다. 이와 같이 'DELAY' 상태는 상위 계층의 통신 상황 을 검증하기 위한 시간을 추가해 과도한 NS와 NA 메시지의 송·수신을 줄일 수 있도록 합니다.

[그림 3-38]은 [그림 3-37]의 상태(STATE 상태)에서 노드 B로 핑을 보내고 난 직후의 상태를 캡처한 것입니다.

그림 3-38
'DELAY' 상태에서
'REACHABLE'로의
상태 변화 모습

'Neighbor Cache Entry'의 상태가 'PROBE'가 되면 노드는 'RETRANS_TIME(1,000 milliseconds)' 시간마다 세 번에 걸쳐 NS 메시지를 보냅니다. 세 번의 NS 메시지를 보내는 동안 Solicited NA 메시지를 수신하면 다시 'REACHABLE' 상태로 변경되고 세 번에 걸쳐 NS 메시지 를 송신한 이후에도 Solicited NA 메시지를 수신하지 못하면 해당 Entry는 삭제됩니다.

지금까지 NS/NA 메시지를 통해 이뤄지는 AR(Address Resolution) 기능과 NUD(Neighbor Unreachability Detection) 기능에 대해 알아봤습니다. 마지막으로 [표 3-17]은 AR, NUD 기능 에 따라 NS 메시지의 Source Address와 Destination Address를 정리한 것입니다.

표 3-17
기능에 따른 NS 메시
지의 IP 주소

기능	Address Resolution	NUD
Destination 주소	Solicited-Node 멀티캐스트 주소	Target 노드의 유니캐스트 주소
Source 주소	글로벌 유니캐스트 주소	글로벌 유니캐스트 주소

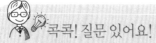

콕콕! 질문 있어요!

Q Address Resolution 기능을 수행할 때 NS 메시지의 Destination 주소가 Solicited-Node 멀티캐스트 주소([그림 3-40]의 경우, FF02::1:FF:0:2)라고 했는데 Destination 주소를 곧바로 Target 주소([그림 3-40]의 경우 2001:290::2)라고 하면 NS 메시지를 보내기가 더 편한 것 아닌가요? 따로 Target 주소라는 옵션 필드도 필요없고요.

A 우선 Address Resolution을 수행하는 이유에 대해 생각해봐야 합니다. Address Resolution을 수행하는 이유는 Target 노드의 링크레이어 주소를 모르기 때문입니다. 따라서 NS 메시지의 IPv6 Destination Address([그림 3-40]의 경우, 2001:290::2)를 안다고 하더라도 이더넷 주소는 모르기 때문에 NS 메시지는 유니캐스트로 보낼 수 없습니다.

반면, NS 메시지를 멀티캐스트로 보내면(Chapter 2의 Lesson 4.3에 설명했던 것처럼) 이더넷 헤더의 Destination 주소를 손쉽게 만들 수 있습니다.

이러한 이유 때문에 NS 메시지를 Target 주소로 전송하지 않고 멀티캐스트 주소인 Solicited-Node 멀티캐스트 주소로 전송하는 것입니다.

Q IPv6 노드는 Address Resolution을 통해 자신의 링크상에 있는 모든 노드의 링크레이어 주소와 IPv6 주소를 알게 된다고 했는데요. 그렇다면 동일 링크 중에 있는 누군가 악의적인 목적으로 자신의 링크에 있는 다른 노드를 공격할 수 있는 것 아닌지요? 이에 대한 대처 방법이 있는지요?

A 맞습니다. 누군가 악의로 동일 링크상의 다른 노드를 공격할 수 있습니다. 예를 들어 다음 그림과 같이 많은 수의 클라이언트가 동일한 링크를 공유하는 네트워크가 있다고 가정해보겠습니다.

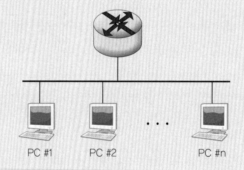

PC #1   PC #2   ...   PC #n

이 경우, 모든 클라이언트는 다른 클라이언트들의 링크레이어 주소와 이에 해당하는 IPv6 주소를 모두 아는 것이 가능합니다. 따라서 PC #1의 사용자가 악의를 갖는다면 PC #2~PC #n을 공격할 수 있습니다.

이런 잠재적인 위험성은 네트워크 사업자에게 있어 부담될 수 있습니다. 그렇다고 해서 고객들이 사용하는 클라이언트에 성능이 좋은(다른 말로 프로그램이 무척 무거운) 보안 프로그램을 설치할 수도 없는 노릇입니다. 이러한 이유 때문에 대부분의 네트워크 사업자들은 링크 도메인을 잘게 쪼개는 작업을 합니다. 즉, 다음 그림처럼 VLAN[120](Virtual LAN[121]) 기술을 이용해 물리적으로 동일한 링크지만, 논리적으로는 다른 네트워크인 것처럼 만듭니다.

---

120 VLAN에 대해 좀 더 자세히 알고 싶으면 IEEE 802.1Q를 참조하기 바랍니다.
121 LAN(Local Area Network): 근거리 통신망을 뜻합니다.

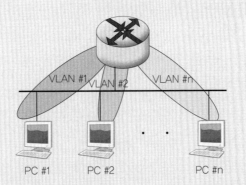

위 그림에서 PC #1은 PC #2~PC #n과 다른 네트워크인 것으로 간주되기 때문에 PC #1이 AR을 수행하더라도 PC #2~PC #n의 링크레이어 주소와 IPv6 주소를 알 수 없습니다. 따라서 PC #1은 PC #2~PC #n에게 악의적인 공격을 할 수 없게 됩니다.

Q 안녕하세요. SK텔레콤에서 LTE 네트워크 업무를 하고 있습니다. 그런데 IPv6 LTE 단말의 경우, NS/NA 메시지를 사용하지 않는다는 것을 알게 됐습니다. 분명히 IPv6 LTE 단말도 IPv6 노드이므로 책에서 설명했던 것처럼 NS/NA 메시지를 사용해야 할 것 같은데요. 사용하지 않는 이유가 무엇인지요? 그리고 무선 통신을 사용하는 다른 단말들(예를 들어, 와이파이 단말, 블루투스 단말 등)도 NS/NA 메시지를 사용하지 않는지 문의드립니다.

A Chapter 1에서 설명했던 것처럼 TCP/IP 계층에서 링크레이어에는 이더넷, PON, Wi-Fi, LTE 등이 있습니다. 이 책에서 설명드리는 IPv6 동작은 모두 이더넷에서 이뤄집니다.

이더넷은 물리적으로 자원을 공유하는(Shared Medium) 형태이기 때문에 동일 링크에 연결된 노드들 간에는 자신에게 오는 데이터가 아니더라도 수신할 수밖에 없는 환경입니다. 이러한 환경에서는 자기와 통신하려는 적절한 Target 노드를 찾기 위해 NS/NA 메시지가 필요하게 된 것입니다.

하지만 이동통신 기술(예 WCDMA, LTE)은 Tunneling 프로토콜(예 GPRS Tunneling Protocol)을 사용하기 때문에 노드 간에 Point-to-Point 통신을 합니다. Point-to-Point 통신에서는 이웃 노드라는 개념이 없기 때문에 수많은 이웃 노드 중에서 특정 Target 노드를 찾을 필요도 없습니다. 따라서 이동통신 기술에서는 NS/NA 메시지가 필요 없습니다.

반면 Wi-Fi, 블루투스의 무선 통신 기술들은 이더넷과 마찬가지로 Shared Medium이기 때문에 NS/NA 메시지를 사용합니다.[122]

---

122 ETRI 홍용근 박사의 답변을 인용했습니다.

04 RS/RA 메시지 용도

IPv6 네트워크의 Neighbor Discovery 기능은 [표 3-7]과 같이 5개의 메시지에 의해 수행됩니다. 이번에는 RS(Router Solicitation)/RA(Router Advertisement) 메시지에 의해 수행되는 기능들에 대해 알아보겠습니다.

IPv6 노드는 RS/RA 메시지의 교환에 의해 다음과 같은 기능들을 수행합니다.

- 동일 링크상에 존재하는 라우터를 찾을 수 있습니다.
- 자신이 속한 네트워크의 프리픽스와 기타 네트워크 파라미터 값들을 알 수 있습니다.
- 디폴트 라우터를 설정합니다.

실제 예를 들어 RS/RA 메시지의 역할에 대해 알아보겠습니다.

IPv6 노드는 라우터가 보내는 RA 메시지를 수신하고 해석함으로써 동일 링크상에 존재하는 라우터들의 존재를 알게 되고, 그중 하나(또는 2개 이상의 라우터)를 디폴트 라우터로 설정할 수 있습니다. 또한 자신이 속한 네트워크의 여러 네트워크 파라미터 값들을 알 수 있습니다.

RA 메시지는 Unsolicited RA 메시지와 Solicited RA 메시지로 나뉩니다. 라우터가 주기적으로 보내는 RA 메시지를 Unsolicited RA 메시지, 호스트가 보내는 RS 메시지의 응답으로 라우터가 전송하는 RA 메시지를 Solicited RA 메시지라고 합니다.

[그림 3-39]와 같이 라우터는 주기적으로 Unsolicited RA 메시지를 보냅니다. [그림 3-39]의 Unsolicited RA 메시지를 분석해보겠습니다.

그림 3-39
주기적으로
Unsolicited RA 메시지를 보내는 라우터

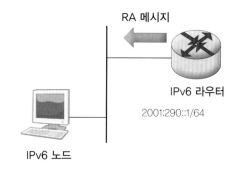

RA 메시지

IPv6 라우터
2001:290::1/64

IPv6 노드

[그림 3-40]은 [그림 3-39]의 Unsolicited RA 메시지를 캡처한 것입니다.

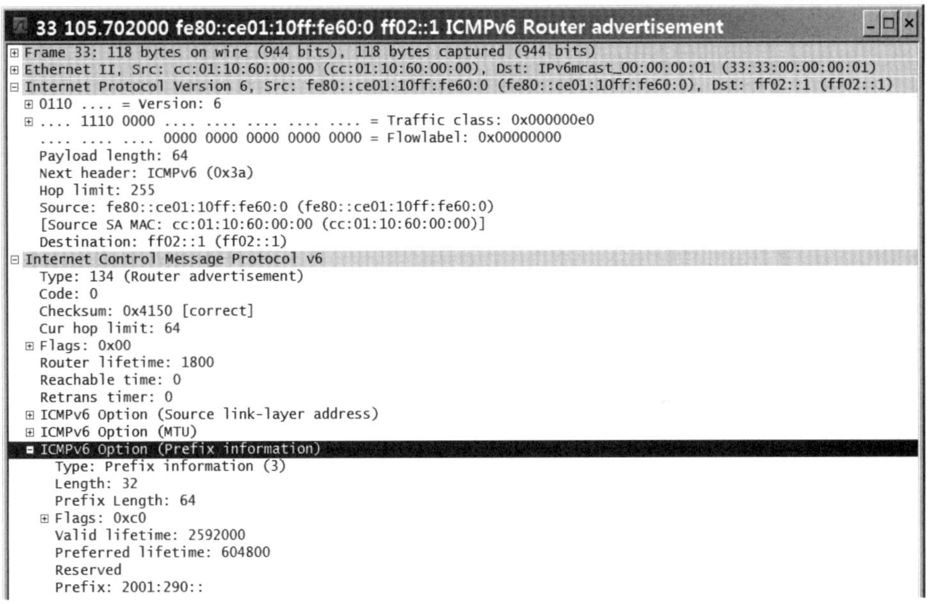

그림 3-40
[그림 3-39]의 Unsolicited RA 메시지를 캡처한 것입니다.

표 3-18
[그림 3-40] 메시지 내용

필드		값	설명
IP 헤더	Source Address	FE80::CE01:10FF:FE60:0	라우터의 링크로컬 유니캐스트 주소
	Destination Address	FF02::1	All-Nodes 멀티캐스트 주소
ICMPv6 메시지	Type	134	Router Advertisement
	Option Type	3	프리픽스 정보
	Option Prefix Length	64	라우터의 프리픽스 정보
	Option Prefix	2001:290::	

- **Source 주소**: RA 메시지를 보내는 라우터의 링크로컬 유니캐스트 주소입니다. RA 메시지를 받은 IPv6 Node는 라우터의 링크로컬 유니캐스트 주소를 자신의 디폴트 라우터 주소로 설정합니다.
- **Destination 주소**: 특정 노드에게만 보내는 메시지가 아니라 링크상에 있는 모든 노드에 보내는 메시지이기 때문에 All-Nodes 멀티캐스트 주소로 세팅됩니다.
- **Type 필드**: ICMPv6 Type 134, 즉 라우터 Advertisement 메시지라는 것을 가리킵니다.
- **Option Type 필드**: RA 메시지의 Option 3은 프리픽스 정보 옵션을 뜻합니다. 라우터의 프리픽스 정보가 담겨 있고, 노드는 이 정보를 통해 자신이 속한 네트워크의 네트워크 프리픽스를 알 수 있습니다.

이처럼 IPv6 노드는 주기적으로 Unsolicited RA 메시지를 수신함으로써 자신의 링크상에 있는 라우터들의 위치를 알 수 있고, 더 나아가 RA 메시지를 보낸 라우터의 링크로컬 유니캐스트 주소를 자신의 디폴트 라우터로 설정할 수 있습니다. 또한 라우터가 주기적으로 보내는 RA 메시지 안에는 네트워크 프리픽스 정보가 담겨 있기 때문에 IPv6 노드는 자신이 속한 네트워크의 프리픽스를 알 수 있습니다.

IPv6 노드는 [그림 3-41]과 같이 RA 메시지를 요청하기 위해 RS 메시지를 라우터에게 보내기도 합니다. 이때 라우터가 전송하는 RA 메시지를 Solicited RA 메시지라고 합니다.

IPv6 노드가 RS 메시지를 보내는 경우 중 하나는 해당 노드의 인터페이스에 Autoconfiguration을 통해 IPv6 주소를 생성할 때입니다.[123] Address Autoconfiguration을 수행할 때는 라우터로부터 여러 가지 정보를(네트워크 프리픽스, Autoconfiguration 방법 등) 얻어야 하기 때문에 노드가 RA 메시지를 요청하는 것입니다.

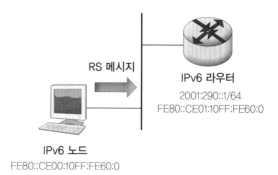

그림 3-41
RA 메시지를 요청하기 위해 RS 메시지를 보내는 IPv6 노드

RS 메시지

IPv6 라우터
2001:290::1/64
FE80::CE01:10FF:FE60:0

IPv6 노드
FE80::CE00:10FF:FE60:0

[그림 3-42]는 [그림 3-41]의 RS 메시지를 캡처한 것이다.

그림 3-42
[그림 3-41]의 RS 메시지 캡처 화면

```
76 290.131000 fe80::ce00:10ff:fe60:0 ff02::2 ICMPv6 70 Router Solicitation from cc:03:16:dc:00:00        _ □ x
⊞ Frame 76: 70 bytes on wire (560 bits), 70 bytes captured (560 bits)
⊞ Ethernet II, Src: cc:03:16:dc:00:00 (cc:03:16:dc:00:00), Dst: IPv6mcast_00:00:00:02 (33:33:00:00:00:02)
⊞ Internet Protocol Version 6, Src: fe80::ce00:10ff:fe60:0 (fe80::ce00:10ff:fe60:0), Dst: ff02::2 (ff02::2)
⊟ Internet Control Message Protocol v6
    Type: Router Solicitation (133)
    Code: 0
    Checksum: 0xbbed [correct]
    Reserved: 00000000
  ⊟ ICMPv6 Option (Source link-layer address : cc:03:16:dc:00:00)
      Type: Source link-layer address (1)
      Length: 1 (8 bytes)
      Link-layer address: cc:03:16:dc:00:00 (cc:03:16:dc:00:00)
◀                                                                                          ▶
```

---

123 표준에 정확하게 정의돼 있지 않기 때문에 장비 제조사에 따라 RS 메시지를 생성하는 조건이 다릅니다. 예를 들어 IPv6 기능을 활성화하면 자동으로 RS 메시지를 보내는 제조사가 있는가 하면, 그렇지 않은 제조사도 있습니다.

표 3-19
[그림 3-42] 메시지
내용

필드		값	설명
IP 헤더	Source Address	FE80::CE00:10FF:FE60:0	노드의 링크로컬 유니캐스트
	Destination Address	FF02::2	All-Router 멀티캐스트 주소
ICMPv6 메시지	Type	133	Router Solicitation
	Type	1	Source 링크레이어 주소
Option	Link-Layer Address	CC:03:16:DC:00:00	노드의 링크레이어 주소

- **Source 주소**: RS 메시지를 보낸 노드의 링크로컬 유니캐스트 주소입니다. RA 메시지이든, RS 메시지든 Source 주소에 글로벌 유니캐스트 주소를 사용하지 않고 링크로컬 유니캐스트 주소를 사용합니다.

- **Destination 주소**: 당연히 모든 라우터가 수신할 수 있도록 All-Routers 멀티캐스트 주소로 전송합니다.

- **Type 필드**: ICMPv6 타입 133, 즉 Router Solicitation 메시지라는 것을 뜻합니다.

- **Option 필드**: RS 메시지를 보내는 노드의 링크레이어 주소가 기입됩니다.

[그림 3-41]의 라우터는 RS 메시지를 받자마자 그 응답으로 Solicited RA 메시지를 보냅니다. [그림 3-43]은 그 Solicited RA 메시지를 캡처한 것입니다.

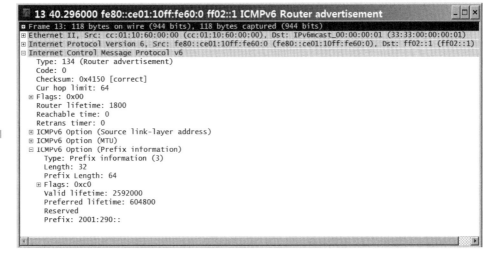

그림 3-43
RS 메시지의 응답으로 전송되는 RA 메시지 캡처 화면

표 3-20
[그림 3-43] 메시지
내용

필드		값	설명
IP 헤더	Source Address	FE80::CE01:10FF:FE60:0	라우터의 링크로컬 유니캐스트 주소
	Destination Address	FF02::1	All-Nodes 멀티캐스트 주소
ICMPv6 메시지	Type	134	Router Advertisement
	Option Type	3	프리픽스 정보
	Option Prefix Length	64	라우터의 프리픽스 정보
	Option Prefix	2001:290::	

- **Source 주소:** Unsolicited RA 메시지와 마찬가지로 라우터의 링크로컬 유니캐스트 주소가 기입됩니다.
- **Destination 주소:** Solicited RA 메시지의 Destination 주소는 두 가지 경우가 있습니다. RS 메시지의 응답으로 보내는 RA 메시지이기 때문에 RS 메시지의 Source 주소가 기입되거나 [표 3-20]처럼 All-Nodes 멀티캐스트 주소가 기입됩니다. Solicited RA 메시지의 Destination 주소는 규격에 명확하게 정의돼 있지 않기 때문에 장비 제조사에 따라 다르게 결정됩니다.[124]
- **ICMPv6 메시지:** Unsolicited RA 메시지와 동일합니다.

RS 메시지의 답장으로 보내는 Solicited RA 메시지 역시 라우터가 주기적으로 보내는 Unsolicited RA 메시지와 거의 동일하다는 것을 알 수 있습니다.

앞에서 호스트는 RA 메시지를 보낸 라우터의 링크로컬 유니캐스트 주소를 자신의 디폴트 라우터로 설정한다고 했습니다. 여기서 디폴트 라우터는 디폴트 라우트(Default Route)에 해당하는 Next-Hop인 라우터를 말합니다. 우선 디폴트 라우트의 용어에 대해 설명하겠습니다.

[그림 3-44]와 같은 네트워크가 있다고 가정해보겠습니다.

---

124 예를 들어 LTE 네트워크에서는 단말(핸드폰)에 RA 메시지를 전송하는 역할을 PDN-Gateway라는 장비가 수행합니다. 삼성 PDN-Gateway 장비의 경우, Solicited RA 메시지의 Destination 주소는 단말(핸드폰)의 링크로컬 주소가 기입됩니다.

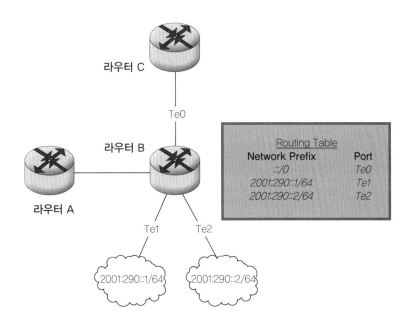

그림 3-44
라우터 B의 라우팅
테이블

[그림 3-44]의 라우터 B는 라우터 A로부터 패킷을 수신하면 해당 패킷을 드롭(Drop)할지, 다른 네트워크로 전달할지 결정합니다. 만약 다른 네트워크로 전달하는 것으로 결정하면 해당 패킷을 어떤 네트워크로 전달해야 할지 결정해야 합니다. 이때 기준이 되는 테이블이 있는데, 이것이 바로 라우팅 테이블입니다.

[그림 3-44]는 라우팅 테이블을 보여주고 있습니다. 해당 라우팅 테이블을 설명드리면 2001:290:1::/64인 네트워크 프리픽스는 Te1 인터페이스, 2001:290:2::/64인 네트워크 프리픽스는 Te2 인터페이스로 전달하라는 의미입니다. 그리고 '::/0'은 디폴트 라우트를 의미합니다. 예를 들어 라우터 A로부터 받은 패킷의 Destination 주소가 2001:290:1:25:8A4:4281라고 가정하면, 라우터 B는 라우팅 테이블을 참조해 해당 패킷을 인터페이스 Te1로 전달합니다. 그런데 라우터 A로부터 받은 패킷의 Destination Address가 라우팅 테이블에 없는 경우가 있을 수 있습니다. 이 경우에는 디폴트 라우트인 Te0 인터페이스로 전달합니다. 디폴트 라우트의 Next-Hop인 라우터 C가 라우터 B의 디폴트 라우터가 됩니다.

IPv6 디폴트 Route 설정 방법에는 ❶ 운용자가 수동으로 설정하는 방법, ❷ OSPF, BGP 같은 다이내믹 라우팅에 의해 자동 설정되는 방법 그리고 지금부터 설명드리는 ❸ RA 메시지에 의해 자동 설정되는 방법이 있습니다.

다만 RA 메시지에 의해 자동으로 디폴트 라우터가 설정되는 것은 호스트에만 해당하고, 라우터에는 해당하지 않습니다. 예를 들어 다음 [그림 3-45]와 같이 동일 네트워크상에 2개의 라우터와 1개의 호스트가 있는 상황을 고려해보겠습니다.

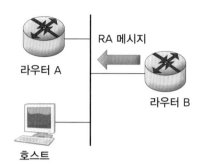

그림 3-45
동일한 RA 메시지를
수신하는라우터 A와
호스트

[그림 3-45]의 경우, 라우터 A는 호스트와 마찬가지로 라우터 B가 보내는 RA 메시지를 수신합니다. 하지만 라우터 B의 링크로컬 유니캐스트 주소를 자신의 디폴트 라우터로 설정하는 것은 오직 호스트일 뿐입니다. 즉, 라우터의 경우에는 RA 메시지에 의해 디폴트 라우터를 설정하지 않고 운용자가 직접 디폴트 라우터를 설정하거나[125] OSPF, BGP와 같은 다이내믹 라우팅에 의해 자동 설정됩니다.

지금까지 RS/RA 메시지 교환에 의해 호스트가 자신이 속한 네트워크의 프리픽스를 알아내는 방법과 디폴트 라우터 설정하는 방법에 대해 알아봤습니다. 그런데 지금까지 예로 든 것은 호스트가 단 1개의 RA 메시지 또는 프리픽스 정보를 수신했을 때를 가정한 것입니다. 지금부터는 좀 더 일반적인 상황에 대해 알아보겠습니다.

RA 메시지는 [그림 3-46]과 같이 복수 개의 프리픽스 인포메이션을 가질 수 있습니다. 이 경우, 노드는 복수 개의 네트워크 프리픽스를 갖게 되며, 만약 노드가 Stateless Autoconfiguration으로 동작하는 경우에는 프리픽스 개수만큼의 글로벌 유니캐스트 주소를 생성합니다.[126]

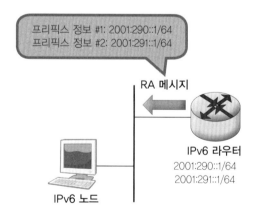

그림 3-46
복수 개의 프리픽스
정보를 갖고 있는 RA
메시지

---

125 일반적인 라우터의 경우, IPv6 포워딩 기능을 활성화하면 모든 인터페이스가 자동으로 라우터 모드로 동작하도록 돼 있습니다. 하지만 필요한 경우, 라우터의 특정 인터페이스에 대해서는 호스트 모드로 설정할 수 있습니다. 이 경우에는 타 라우터로부터 RA 메시지를 받아 RA 메시지의 Source 주소를 디폴트 라우터로 설정할 수도 있습니다.

126 실습할 수 있도록 Chapter 4, Lesson 3에 설명했습니다.

IPv6 호스트는 RA 메시지를 보낸 라우터의 링크로컬 유니캐스트 주소를 자신의 디폴트 라우터로 설정한다고 했습니다. 이때 [그림 3-47]과 같이 호스트가 복수의 라우터로부터 복수 개의 RA 메시지를 받는 상황이 발생할 수 있습니다.

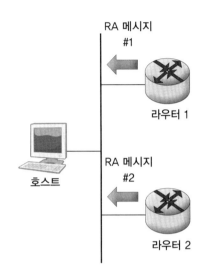

그림 3-47
복수 개의 RA 메시지
를 수신하는 호스트

이 경우, 호스트는 어떤 라우터의 링크로컬 유니캐스트 주소를 디폴트 라우터로 설정할지가 애매해집니다.[127] 따라서 라우터는 호스트에게 (자신이 보낸) RA 메시지의 중요성을 알리기 위해 RA 메시지에 '디폴트 라우터 Preference' 정보를 인코딩해 보냅니다. [그림 3-48]은 RA 메시지 내의 Preference Field의 위치를 나타낸 것입니다.

그림 3-48
RA 메시지 안의
Preference Field

8	8	8	8
Type	Code	Cheksum	
Cur Hop Limit	M | O | H | Prf | Resvd	라우터 Lifetime	

Preference Field는 [표 3-21]과 같이 Signed Integer 2비트가 기입되며, 이 값이 RA 메시지의 우선순위를 결정합니다.

표 3-21
Preference Field 값

01	High
00	Medium
11	Low
10	Reserved

127 이 상황에서의 디폴트 라우터 결정 방법은 RFC 4191, 'Default Router Preference and More-Specific Routes'에 자세히 나와 있습니다.

예를 들어 [그림 3-47]과 같이 호스트가 복수 개의 RA 메시지를 수신할 경우, 호스트는 RA 메시지의 Preference Field를 분석해 우선순위가 더 높은 RA 메시지를 선택합니다. 이때 동일한 Preference 값을 갖는 복수의 RA 메시지를 받는 경우도 발생할 수 있습니다. 이 경우에는 ECMP(Equal-Cost Multi-Path Routing)로 동작해 Traffic Load sharing할 수도 있습니다.[128]

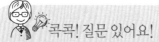

콕콕! 질문 있어요!

Q Solicited RA 메시지의 Destination 주소가 All-Nodes 멀티캐스트 주소로 돼 있던데, RS 메시지의 Source 주소로 해도 될 텐데 굳이 All-Nodes 멀티캐스트 주소로 전송해 네트워크 내의 트래픽을 유발하는 이유가 무엇인가요?

A RA 메시지에는 RA 메시지를 전송한 라우터의 디폴트 라우터 역할을 수행하는 시간을 나타내는 정보인 라우터 Lifetime 정보가 담겨 있습니다. 따라서 동일 네트워크상에 있는 호스트들의 디폴트 라우터의 Lifetime을 동기화할 필요가 있습니다. 이러한 이유 때문에 특정 노드에게만 RA 메시지를 보내는 것이 아니라 모든 노드에게 보내기 위해 All-Node 멀티캐스트 주소로 보내는 것입니다.

---

[128] 이는 제조사마다 다를 수 있습니다. 예를 들어 시스코 사의 경우 Preference 값이 동일한 경우에는 먼저 받은 RA 메시지의 링크로컬 유니캐스트 주소를 디폴트 라우터로 설정합니다. 관련 표준 문서는 RFC 4311, 'IPv6 Host-to-Router Load Sharing'을 참조하기 바랍니다.

05 Redirect 메시지 용도

[그림 3-49]와 같이 동일 링크상에 라우터 A와 B가 연동된 호스트가 있고, 호스트는 라우터 A를 Default Router로 설정하고 있으며, 라우터 A와 B는 Dynamic Routing이 연동돼 있어 서로의 네트워크 정보를 공유하고 있다고 가정해보겠습니다.

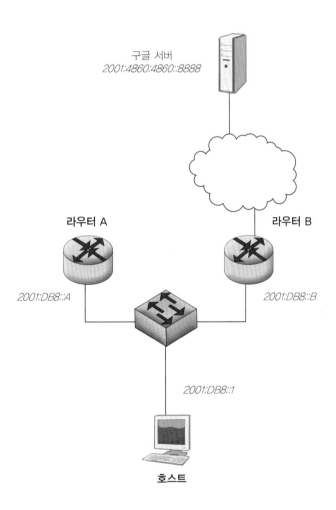

구글 서버
2001:4860:4860::8888

라우터 A

라우터 B

그림 3-49
라우터 A와 B가 연결
된 호스트

2001:DB8::A

2001:DB8::B

2001:DB8::1

호스트

만약, 이런 상황에서 데이터를 호스트에서 구글 웹 서버로 보내려면 호스트는 디폴트 라우터인 라우터 A로 패킷을 전송합니다. 하지만 라우터 A에는 구글 웹 서버와 연동돼 있지 않습니다. 라우터 A는 라우터 B와 다이내믹 라우팅 연동으로 인해 구글 웹 서버로 데이터를 보내기 위해서는 라우터 B로 보내야 한다는 것을 알고 있습니다. 따라서 라우터 A는 호스트로부터 받은 패킷을 라우터 B에 전달합니다.

문제는 호스트가 구글 웹 서버로 데이터를 보낼 때마다 이런 일이 반복적으로 발생하기 때문에 네트워크 대역폭을 낭비하는 결과를 초래합니다. 이런 문제가 발생한 근본적인 원인은 호스트의 라우팅이 잘못 설정돼 있기 때문입니다. 이를 방지하기 위해 잘못 전달된 패킷을 수신한 라우터([그림 3-49]의 라우터 A)에서 호스트에 해당 목적지로 전달하기 위해서는 다른 라우터([그림 3-49]의 라우터 B)에게 보내는 것이 더 효율적이라는 것을 알려주기 위해 Redirect 메시지를 호스트에게 송신합니다.

Redirect 메시지를 받은 호스트는 데스티네이션 캐시(Destination Cache)를 업데이트합니다. Destination Cache는 라우팅 테이블과 다른 개념입니다. 데스티네이션 캐시는 최근에 전송한 패킷들의 목적지 주소([그림 3-49]의 구글 웹 서버 주소, 2001:4860:4860::8888)와 이웃 노드의 주소([그림 3-49]의 라우터 B 주소, 2001:DB8::B) 간의 매 ping 정보가 담겨 있습니다. 호스트는 패킷을 전달할 때 데스티네이션 캐시 정보를 먼저 참조하고 데스티네이션 캐시에서 찾는 정보가 없으면 라우팅 테이블을 참조합니다.

라우터 A로부터 Redirect 메시지를 수신한 호스트는 데스티네이션 캐시를 업데이트하고, 그 이후에 구글 웹 서버로 보내는 데이터들은 데스티네이션 캐시를 참조해 라우터 B로 전달합니다. 참고로 라우터는 Redirect 메시지를 수신하더라도 라우팅 테이블을 업데이트하지 않습니다.

실습 ICMPv6

01 ICMPv6 오류 메시지

ICMPv6의 여러 기능 중 목적지까지 가는 경로에서 최소의 MTU 값을 찾아내는 기능을 실습해보겠습니다.

우선 [그림 3-20]과 같이 서로 다른 MTU를 갖도록 링크를 구성해보겠습니다.

그림 3-50
서로 다른 MTU 값을
갖고 있는 네트워크

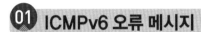

노드 A와 라우터 B 간의 링크 MTU 값을 설정합니다.

명령어

```
Node_A# configure terminal
Node_A(conf)# interface FastEthernet 0/0
Node_A(conf-if)# ipv6 mtu 1500
```

'ipv6 mtu *1500*'는 링크의 MTU 값을 설정하는 명령어입니다. 참고로 시스코 라우터의 디폴트 MTU 값은 1,500바이트입니다.

이제 라우터 B의 FastEthernet 0/0에 MTU 값을 1,500바이트로 설정합니다.

명령어

```
Router_B# configure terminal
Router_B(conf)# interface FastEthernet 0/0
Router_B(conf-if)# ipv6 mtu 1500
```

이와 마찬가지로 라우터 B와 노드 C 간의 링크에 MTU 값을 1,280바이트로 설정합니다.

```
Router_B# configure terminal
Router_B(conf)# interface FastEthernet 0/1
Router_B(conf-if)# ipv6 mtu 1280


Node_C# configure terminal
Node_C(conf)# interface FastEthernet 0/0
Node_C(conf-if)# ipv6 mtu 1280
```

이제 노드 A에서 노드 C로 4,000바이트의 패킷을 보내기 위해 ping 명령어를 이용합니다.

```
Node_A# ping 2001:290:2::2 size 4000
```

그러면 다음과 같은 결과가 나타납니다.

```
Node_A#ping 2001:290:2::2 size 4000
Type escape sequence to abort.
Sending 5, 4000-byte ICMP Echos to 2001:290:2::2, timeout is 2 seconds:
B!!!!
Success rate is 80 percent (4/5), round-trip min/avg/max = 108/113/128 ms
```

첫 번째 패킷이 성공하지 못한 이유는 경로상의 Minimum MTU보다 큰 사이즈로 보냈기 때문입니다. 하지만 노드 A는 ICMPv6 메시지에 의해 목적지까지 가는 경로상의 Minimum MTU 값을 알게 되고, 이에 따라 두 번째 데이터부터 패킷을 분할해 보냅니다. 그후에 ping을 보내면 다음과 같이 모두 성공합니다.

```
Node_A#ping 2001:290:2::2 size 4000
Type escape sequence to abort.
Sending 5, 4000-byte ICMP Echos to 2001:290:2::2, timeout is 2 seconds:
!!!!!
Success rate is 100 percent (5/5), round-trip min/avg/max = 76/105/172 ms
```

만약 핑을 보내기 전에 [그림 3-20]의 링크에 와이어샤크(wireshark) 캡처를 미리 실행해놓고 ping 명령어를 수행하면 ICMPv6 Type 2인 'Packet Too Big' 메시지가 교환되는 것을 확인할 수 있습니다.

02 Neighbor Discovery

Neighbor Discovery(Address Resolution) 관련 명령어를 이용해 NDP의 동작 원리에 대해 알아보겠습니다.

[그림 3-51]과 같이 R1, R2에 IPv6 주소를 생성합니다.

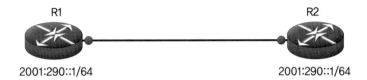

그림 3-51
라우터 R1과 R2

R1
R2

2001:290::1/64
2001:290::1/64

R1에서 인접 노드들을 검색해보겠습니다.

IPv4 네트워크에서 ARP Table을 보는 명령어는 '#show ip arp'였습니다. IPv6에서는 '#show ipv6 neighbors' 명령어를 이용하면 됩니다.

명령어

R1# show ipv6 neighbors

위 명령어를 입력해도 R2의 IP 주소와 MAC 주소가 조회되지 않는 그 이유는 아직 R1의 Neighbor Cache Entry Table에 R2의 글로벌 유니캐스트 주소와 링크 레이어 유니캐스트 주소가 저장돼 있지 않기 때문입니다. Address Resolution이 수행돼야 R1의 Neighbor Cache Entry Table에 R2의 정보가 생성됩니다.

R1에서 R2로 유니캐스트 패킷을 보내 실제로 Address Resolution이 수행되는지 확인해보겠습니다.

[그림 3-51]의 R1과 R2에 연결돼 있는 링크에 와이어샤크 캡처를 실행해놓고 R1에서 R2로 ping을 보내봅니다.

명령어

R1# ping 2001:290::2

[그림 3-52]는 R1과 R2 간에 링크해놓은 와이어샤크 캡처 화면입니다.

Time	Source	Destination	Protocol	Info
71.276000	2001:290::1	ff02::1:ff00:2	ICMPv6	Neighbor solicitation
71.309000	2001:290::2	2001:290::1	ICMPv6	Neighbor advertisement
71.335000	2001:290::1	2001:290::2	ICMPv6	Echo request
71.341000	2001:290::2	2001:290::1	ICMPv6	Echo reply
71.353000	2001:290::1	2001:290::2	ICMPv6	Echo request
71.357000	2001:290::2	2001:290::1	ICMPv6	Echo reply
71.359000	2001:290::1	2001:290::2	ICMPv6	Echo request
71.362000	2001:290::2	2001:290::1	ICMPv6	Echo reply
71.365000	2001:290::1	2001:290::2	ICMPv6	Echo request
71.369000	2001:290::2	2001:290::1	ICMPv6	Echo reply
71.371000	2001:290::1	2001:290::2	ICMPv6	Echo request
71.375000	2001:290::2	2001:290::1	ICMPv6	Echo reply

그림 3-52
R1과 R2의 NS/NA
메시지 교환 캡처
화면

우리는 이미 Address Resolution을 수행하기 위해 NS 메시지와 NA 메시지를 교환한다는 것을 알고 있습니다. 실제로 [그림 3-52]에서도 ping을 보내기 전에 NS/NA 메시지 교환이 있는 것을 확인할 수 있습니다.

이제 다시 한번 R1에서 인접 노드들을 검색해봅니다.

명령어

```
R1# show ipv6 neighbors
```

```
R1#show ipv6 neighbors
IPv6 Address                     Age Link-layer Addr State Interface
FE80::CE01:5FF:FE70:0              0  cc01.0570.0000  REACH Fa0/0
2001:290::2                       0  cc01.0570.0000  REACH Fa0/0
```

이제 R2의 FastEthernet 0/0에 해당하는 IPv6 주소들이 검색되는 것을 확인할 수 있습니다.

03 RA 메시지를 이용한 디폴트 라우터 설정

IPv6 노드는 IPv6 라우터가 보내는 RA 메시지를 이용해 디폴트 라우터를 설정한다고 설명했습니다. 실제로 그렇게 동작하는지 실습을 통해 확인해보겠습니다.

[그림 3-53]과 같이 네트워크를 구성합니다.

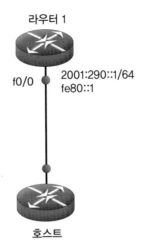

라우터 1

f0/0 ● 2001:290::1/64
fe80::1

그림 3-53
라우터로부터 RA
메시지를 수신하는
호스트

호스트

라우터 1을 다음과 같이 설정합니다.

명령어

```
Router1)enable
Router1#configure terminal
Router1(config)#ipv6 unicast-routing
Router1(config)#interface FastEthernet0/0
Router1(config-if)#no shutdown
Router1(config-if)#ipv6 address fe80::1 link-local
Router1(config-if)#ipv6 address 2001:290::1/64
```

호스트를 다음과 같이 설정합니다.

명령어

```
Host)enable
Host#configure terminal
Host(config)#interface FastEthernet0/0
Host(config-if)#no shutdown
Host(config-if)#ipv6 enable
```

이제 호스트에서 라우터 1이 보내고 있는 RA 메시지를 수신하고 있는지 알아보기 위해 디버깅
해보겠습니다. '#debug ipv6 nd'는 ND 메시지가 주고받는 것을 확인하는 명령어입니다.

```
Host(config-if)#end
Host# debug ipv6 nd
```

참고로 라우터가 RA 메시지를 뿌리는 인터벌 타임(Interval Time)은 짧지 않습니다. RA 메시지를 기다리는 시간이 지루하다면 RA 메시지 보내는 시간 주기인 인터벌 타임을 조절하면 됩니다.

'ipv6 nd ra interval OO'이 RA 메시지 보내는 인터벌 타임을 조절하는 명령어입니다. 다음과 같이 입력하면 라우터 1은 20초에 한 번씩 RA 메시지를 보냅니다.

명령어

```
Router1(config)#interface FastEthernet 0/0
Router1(config-if)#ipv6 nd ra interval 20
```

시간이 지나면 다음과 같이 라우터 1로부터 RA 메시지를 받고 있다는 Debug 메시지가 나타납니다. 이때 라우터 1의 Link-Local Unicast Address인 FE80::1로부터 받고 있는 것을 확인할 수 있습니다.

```
Host#
Mar  1 00:36:09.783: ICMPv6-ND: Received RA from FE80::1 on FastEthernet0/0
```

이제 호스트가 RA 메시지를 보내고 있는 라우터 1의 링크로컬 유니캐스트 주소를 실제로 디폴트 라우터로 세팅하고 있는지 확인해보겠습니다.

명령어

```
Host# show ipv6 interface FastEthernet0/0
```

```
Host#show ipv6 interface f0/0
FastEthernet0/0 is up, line protocol is up
  IPv6 is enabled, link-local address is FE80::CE03:10FF:FE0C:0
  No Virtual link-local address(es):
  No global unicast address is configured
  Joined group address(es):
    FF02::1
    FF02::1:FF0C:0
  MTU is 1500bytes
  ICMP error messages limited to one every 100 milliseconds
  ICMP redirects are enabled
  ICMP unreachables are sent
  ND DAD is enabled, number of DAD attempts: 1
  ND reachable time is 30000 milliseconds
  Default router is FE80::1 on FastEthernet0/0
```

호스트의 디폴트 라우터가 라우터 1의 링크로컬 유니캐스트 주소로 세팅돼 있는 것을 확인할 수 있습니다.

지금까지 호스트가 하나의 라우터로부터 1개의 RA 메시지를 받는 경우를 알아봤습니다. 하지만 호스트가 복수의 라우터들로부터 동시에 RA 메시지를 받는 경우가 있습니다. 이 경우, 호스트는 디폴트 라우터를 어떻게 설정하는지 실습해 보겠습니다.

[그림 3-54]와 같이 네트워크를 구성해 보겠습니다.

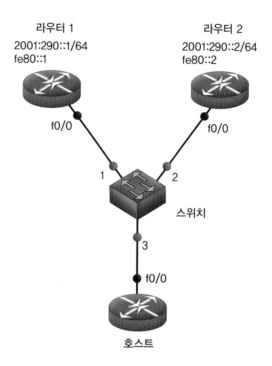

그림 3-54
두 대의 라우터로부
터 RA 메시지를 수신
하는 호스트

라우터 1
2001:290::1/64
fe80::1

라우터 2
2001:290::2/64
fe80::2

f0/0

f0/0

1

2

스위치

3

f0/0

호스트

명령어

```
Router1#configure terminal
Router1(config)#ipv6 unicast-routing
Router1(config)#interface FastEthernet0/0
Router1(config-if)#no shutdown
Router1(config-if)#ipv6 enable
Router1(config-if)#ipv6 address 2001:290::1/64
```

[그림 3-54]의 라우터 2 역시 위 명령어대로 설정합니다.

호스트는 Interface FastEthernet 0/0에 IPv6 기능을 활성화시킵니다. L2 스위치는 아무런
설정을 할 필요가 없습니다. 그런 다음, 호스트의 FastEthernet 0/0에 디버깅해 RA 메시지를
받는 것을 확인해봅니다.

명령어

```
Host(config-if)# do debug ipv6 nd
```

이제 호스트의 디폴트 라우터가 어떻게 설정됐는지 확인해봅니다.

```
Host(config-if)#
*Mar  1 00:26:09.571: ICMPv6-ND: Received RA from FE80::1 on FastEthernet0/0
*Mar  1 00:26:10.303: ICMPv6-ND: Received RA from FE80::2 on FastEthernet0/0
Host(config-if)#do sh ipv6 int f0/0
FastEthernet0/0 is up, line protocol is up
  IPv6 is enabled, link-local address is FE80::CE00:15FF:FEE0:0
  No Virtual link-local address(es):
  No global unicast address is configured
  Joined group address(es):
    FF02::1
    FF02::1:FFE0:0
  MTU is 1500bytes
  ICMP error messages limited to one every 100 milliseconds
  ICMP redirects are enabled
  ICMP unreachables are sent
  ND DAD is enabled, number of DAD attempts: 1
  ND reachable time is 30000 milliseconds
  Default router is FE80::1 on FastEthernet0/0
Host(config-if)#
```

위의 화면 출력을 보면 호스트는 라우터 1과 라우터 2로부터 각각 RA 메시지를 받고 있는 것을 확인할 수 있습니다. 그리고 먼저 받은 RA 메시지의 링크로컬 유니캐스트 주소(FE80::1)를 디폴트 라우터로 세팅한 것을 확인할 수 있습니다.

이제 라우터 2의 RA 메시지 우선순위를 High로 바꿔보겠습니다. 다음과 같이 라우터 2에 입력합니다.

명령어

Router2(config-if)#ipv6 nd router-preference high

'#ipv6 nd router-preference {high | medium | low}'는 RA 메시지의 우선순위를 조절하는 명령어입니다. 이더넷 링크상에서 RA 메시지를 전송하는 라우터가 여러 대 존재할 경우, 호스트는 라우터들로부터 받은 RA 메시지의 우선순위를 바탕으로 자신이 사용할 디폴트 라우터를 결정한다고 배웠습니다. 참고로 RA 메시지 우선순위의 초깃값은 Medium으로 설정돼 있습니다.

이제 호스트의 디폴트 라우터는 어떻게 되는지 살펴봅니다. 호스트에 'debug ipv6 nd'가 실행돼 있기 때문에 다음과 같이 출력됩니다.

Host>
*Mar 1 01:22:58.215: ICMPv6-ND: Received RA from FE80::1 on FastEthernet0/0
*Mar 1 01:22:58.967: ICMPv6-ND: Received RA from FE80::2 on FastEthernet0/0
Mar 1 01:22:58.971: ICMPv6-ND: Selected new Default router FE80::2 on FastEthernet0/0

지금까지 RA 메시지를 이용한 IPv6 호스트의 디폴트 라우터 설정 방식에 대해 알아봤습니다.
IPv6 호스트의 디폴트 라우터 설정 방식은 기존 IPv4 네트워크에 익숙한 사람들에게 혼란을 줄
수 있습니다. 따라서 IPv4 호스트와 IPv6 호스트의 디폴트 라우터 설정 알고리즘에 따른 네트워
크 구성이 어떻게 달라지는지 알아보겠습니다.

네트워크를 [그림 3-55]처럼 구성해봅니다.

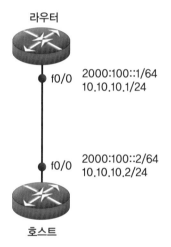

라우터

f0/0 2000:100::1/64
      10.10.10.1/24

그림 3-55
라우터와 호스트

f0/0 2000:100::2/64
      10.10.10.2/24

호스트

[그림 3-55]의 라우터는 다음과 같이 구성합니다. 단순히 IPv4와 IPv6 라우팅 기능만 활성화
시키고, 그 어떤 Dynamic/Static 라우팅 설정도 하지 않습니다.

명령어

```
Router# configure terminal
Router (config)# ipv6 unicast-routing
Router (config)# ip routing
Router (config)# end
```

그런 다음, [그림 3-55]의 라우터와 호스트에 IP 주소를 설정합니다.

여기서 잠시 질문을 드리겠습니다. [그림 3-55]의 호스트에서 라우터로 IPv4와 IPv6로 ping
이 갈까요? 예! 당연히 IPv4, IPv6 ping이 모두 갑니다. 왜냐하면 [그림 3-55]의 라우터와 호스
트는 Connected된 상태이기 때문에 별도의 디폴트 라우터를 설정하지 않아도 당연히 통신할 수
있습니다.

이제 네트워크를 좀 더 확장해보겠습니다. [그림 3-56]처럼 네트워크를 구성해보겠습니다.

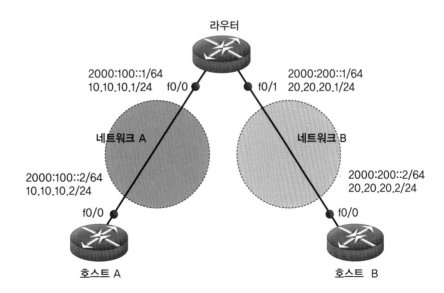

그림 3-56
[그림 3-55]에서
확장된 네트워크

[그림 3-56]의 라우터 FastEthernet 0/1과 호스트 B FastEthernet 0/0 인터페이스에 [그림 3-26]처럼 IP 주소를 설정합니다.

이제 또 다른 질문을 드리겠습니다. [그림 3-56]의 호스트 A에서 라우터의 f0/1로 ping이 갈까요? 답은 IPv4의 ping은 가지 않지만 IPv6의 ping은 갑니다.

IPv6 강의를 진행하면서 동일한 질문을 청중에게 물어보면 대부분의 사람들은 IPv4로 ping이 가지 않는 것은 알고 있지만, IPv6로 ping이 간다는 것은 모르고 있습니다. 그 이유는 아직까지 IPv6 호스트의 디폴트 라우터의 설정 알고리즘을 완벽히 이해하지 못하고 있기 때문입니다.

우선 IPv4 통신이 되지 않는 이유부터 살펴보겠습니다. [그림 3-26]의 호스트 A의 ARP 테이블에는 20.20.20.1 주소가 없는 상태입니다. 따라서 호스트 A는 디폴트 라우터 주소로 ping을 보내야 하는데, 디폴트 라우터 주소가 수동으로든, 자동으로든 설정돼 있지 않기 때문에 라우터의 f0/1과 통신이 되지 않는 것입니다.

그렇다면 IPv6 통신은 왜 가능한지 알아보겠습니다. 그 이유는 호스트 A가 라우터가 보내는 RA 메시지를 통해 IPv6 디폴트 라우터 주소를 자동으로 생성했기 때문입니다. 호스트 A가 라우터의 f0/1 주소인 2000:100::1로 IPv6 패킷을 보내고자 할 때 자신의 네이버 캐시 엔트리(Neighbor Cache Entry)에 2000:100::1 주소가 없기 때문에 호스트 A는 자신의 디폴트 라우터로 IPv6 패킷을 보냅니다. 이때 호스트 A는 라우터 A의 f0/0을 디폴트 라우터로 설정했기 때문에 라우터 A로 데이터를 보냅니다. 라우터는 호스트 A가 보낸 IPv6 패킷을 수신하면 그 패킷의 목적지 주소가 자신의 인터페이스들 중 하나인 FastEthernet 0/1인 것을 알 수 있게 돼 해당 데이터를 수신합니다. 그런 다음 자신과 연결돼 있는 호스트 A에게 Echo Reply 메시지를 보낼 수 있게 되는 것입니다.

이제 마지막으로 질문을 하나 더 드리겠습니다. [그림 3-26]의 호스트 A는 호스트 B로 ping이 갈까요? IPv4는 라우터의 FastEthernet 0/1에도 데이터를 전송하지 못하므로 당연히 호스트 B로는 ping이 가지 못할 것입니다. 하지만 (라우터에 어떠한 Static/Dynamic Routing 설정을 하지 않았음에도) 호스트 A와 호스트 B 간의 IPv6 통신은 가능합니다.

그러면 IPv6 통신은 왜 가능한지 알아보겠습니다. 우리는 조금 전에 호스트 A에서 라우터의 FastEthernet 0/1까지 ping이 가는 것을 확인했습니다. [그림 3-26]의 라우터 입장에서 호스트 B 역시 연결된 상태이기 때문에 호스트 A가 보내는 IPv6 Echo Request 메시지를 호스트 B로 전달할 수 있습니다.

호스트 A가 보낸 Echo Request 메시지를 수신한 호스트 B는 그 응답으로 이제 호스트 A에게 Echo Reply 메시지를 보내야 합니다. 하지만 호스트 B의 입장에서는 자신의 네이버 캐시 엔트리에 호스트 A의 주소가 없을 뿐 아니라 AR 기능을 수행해도 호스트 A에 대한 어떠한 정보도 얻을 수 없습니다. 따라서 호스트 B는 Echo Reply 메시지를 자신의 디폴트 라우터([그림 3-26]

의 라우터 FastEthernet 0/1)로 보냅니다. [그림 3-26]의 라우터 입장에서는 호스트 A와 호스트 B가 모두 연결돼 있기 때문에 호스트 B로부터 받은 Echo Reply 메시지를 호스트 A로 전달할 수 있게 됩니다.

이러한 과정을 통해 [그림 3-26]의 라우터에 어떠한 라우팅 설정을 하지 않았음에도 호스트 A와 호스트 B가 IPv6 통신을 할 수 있게 되는 것입니다.

[그림 3-26]의 호스트 A와 호스트 B 간의 IPv4 통신이 가능해지기 위해서는 IPv4 디폴트 라우터 주소를 수동으로 설정해야 합니다. IPv4 디폴트 라우터 주소를 수동으로 설정하는 명령어는 'ip default-gateway X.X.X.X' 또는 'ip route 0.0.0.0 0.0.0.0 X.X.X.X'입니다.

호스트 A와 호스트 B를 다음과 같이 설정합니다.

명령어

```
Host A# configure terminal
Host A (config)# interface FastEthernet0/0
Host A (config-if)# ip Default-gateway 10.10.10.1
Host A (config-if)# no ip routing
Host A (config-if)# end
```

명령어

```
Host B# configure terminal
Host B (config)# interface FastEthernet0/0
Host B (config-if)# ip Default-gateway 20.20.20.1
Host B (config-if)# no ip routing
Host B (config-if)# end
```

위에서 'no ip routing' 명령어를 입력해준 이유는 'ip default-gateway X.X.X.X' 호스트에서만 활성화되는 명령이기 때문에 [그림 3-26]의 호스트들의 IPv4 라우팅 기능을 비활성화시키기 위해서입니다.

참고로 GNS3 시뮬레이터에 등장하는 시스코 라우터들은 디폴트(Default)로 IPv4 라우팅 기능이 활성화돼 있습니다.

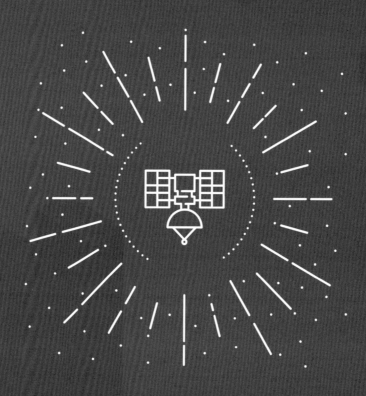

Understanding

IPv6 Network

Chapter

4

IPv6 유니캐스트 주소 생성 알고리즘

IPv6 주소는 유니캐스트 주소, 애니캐스트 주소 그리고 멀티캐스트 주소가 있다고 했습니다. Chapter 4에서는 그중 유니캐스트 주소의 생성 알고리즘에 대해 설명하겠습니다. [129]

유니캐스트 주소를 생성하는 방법은 수동으로 생성하는 방법과 자동으로 생성하는 방법(Autoconfiguration)이 있습니다. IPv6 주소를 수동으로 생성하는 것은 Chapter 2에서 이미 설명했습니다. Chapter 4에서는 IPv6 주소를 자동으로 생성하는 알고리즘에 대해 알아보겠습니다.

Lesson 1에서는 유니캐스트 주소의 자동 생성 알고리즘의 전반적인 것을 설명하겠습니다. 그리고 Lesson 2와 Lesson 4에서는 유니캐스트 주소의 자동 생성 알고리즘인 두 가지 방식(Stateless Address Autoconfiguration, Stateful Address Autoconfiguration)에 대해 알아보겠습니다. 그리고 Lesson 3, 5와 6에서 IPv6 주소를 자동 생성하는 방법을 실습해보겠습니다.

[129] 멀티캐스트 주소는 Chapter 5에서 다룹니다. 애니캐스트 주소는 아직 제대로 활용되지 않고 있기 때문에 이 책에서는 자세히 언급하지 않겠습니다.

개요

IPv6 네트워크에서는 유니캐스트 주소를 생성하는 방법이 다양해졌습니다. [표 4-1]은 IPv4와 IPv6의 유니캐스트 주소의 생성 방법을 비교한 것입니다.

구분	방법	주소 할당 주체
IPv4	Manual Configuration	Operator
	Dynamic Autoconfiguration	DHCP 서버
IPv6	Manual Configuration	Operator
	Stateless Address Autoconfiguration	Router
	Stateful Address Autoconfiguration	DHCPv6 서버

표 4-1
IPv4, IPv6 유니캐스트
주소 생성 방법

기존 IPv4 네트워크에서는 운용자(Operator)가 주소를 직접 입력하는 Manual(수동) 방식과 DHCP 서버가 자동으로 할당해주는 Dynamic(자동) 방식이 있었습니다.

IPv6 네트워크에서는 [표 4-1]과 같이 주소 생성 알고리즘의 이름이 바뀌었을 뿐 아니라 새로운 주소 할당 알고리즘도 추가됐습니다. [표 4-1]에 대해 간단히 설명하겠습니다.

Stateless 주소 자동 생성은 IPv6에서 새로 생긴 방식입니다. 이는 IPv6 장비들이 운용자와 DHCPv6 서버의 도움 없이 자신과 연결된 라우터와 통신해 자기 스스로 IPv6 주소를 생성하는 방식입니다. Lesson 2에서 자세히 설명하겠습니다.

Stateful 주소 자동 생성 방식은 DHCPv6 서버가 IPv6 주소를 자동으로 할당해주는 것으로 기존 IPv4 네트워크에서의 Dynamic Autoconfiguration 방식과 동일합니다. 해당 알고리즘은 Lesson 4에서 자세히 설명하겠습니다.

'Stateless 주소 자동 설정(Address Autoconfiguration)'과 'Stateful 주소 자동 설정 (Address Autoconfiguration)'에서 'Stateless/Stateful'이라는 용어가 사용됐습니다. 'State' 는 '상태'라는 의미의 단어입니다. 따라서 'Stateless'는 '상태를 알 수 없는'이라는 의미이고, 'Stateful'은 '상태를 알 수 있는'이라는 의미로 이해하면 됩니다. 그러므로 Stateless Address

Autoconfiguration은 IPv6 호스트의 IPv6 주소 상태(State)를 모른 채로(상관없이) 동작하는 알고리즘입니다. 이와 반대로 Stateful 주소 자동 설정은 호스트의 상태(State)를 주기적으로 체크하고 상태에 따라 동작 방식이 변경이 되는 주소 할당 알고리즘입니다.

IPv6 라우터는 IPv6 호스트의 주소 상태를 모른 채로 RA 메시지를 보낼 뿐, IPv6 호스트의 주소 상태 정보를 알지 못합니다. 그래서 IPv6 라우터가 IPv6 주소를 할당해주는 동작 방식에 'Stateless 주소 자동 설정'이라는 이름을 붙인 것입니다. 이와 반대로 DHCPv6 서버는 IPv6 호스트(DHCP Client)의 IPv6 주소 상태를 계속 체크하게 됩니다. 그래서 DHCPv6 서버가 IPv6 주소를 할당해주는 방식에 'Stateful 주소 자동 설정'이라는 이름을 붙인 것입니다.

Stateless DHCP 자동 설정 알고리즘은 Stateless 자동 설정 알고리즘과 Stateful 자동 설정 알고리즘의 혼합형입니다. IPv6 주소 할당 주체는 Stateless 주소 자동 설정과 마찬가지로 라우터가 수행합니다. 따라서 Stateless 프로토콜입니다. 다만, DNS 서버 등의 네트워크 파라미터(Parameter, 매개변수)를 DHCPv6 서버가 할당해주는 방식입니다. Lesson 5에서 실습을 통해 자세히 설명하겠습니다.

IPv6 유니캐스트 주소를 자동 생성할 때 IPv6 유니캐스트 주소는 [그림 4-1]의 Tentative 주소, Preferred 주소, Deprecated 주소, Valid 주소 그리고 Invalid 주소로 구분됩니다.

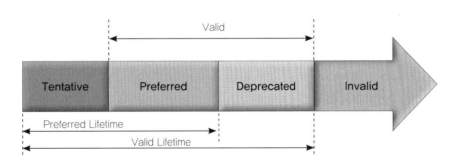

그림 4-1
자동 생성된 유니캐스트 주소의 상태 변화

▶ **Tentative 주소**

• 유니캐스트 주소를 생성했지만 아직 DAD(Duplicate Address Detection) 과정을 수행하기 전의 단계입니다. 즉, 하나의 링크 내에서 유일하게 할당된 주소임을 확인하기 전의 상태를 의미합니다. 따라서 이 주소는 아직까지 인터페이스에 적용되지 않은 주소로 간주되며, 이 주소로 전달되는 패킷들은 DAD를 위해 사용되는 ND 메시지를 제외하고는 모두 폐기되므로 통신에 사용할 수 없습니다.

• 말 그대로 임시 주소입니다.

▶ **Preferred 주소**

• Tentative 주소가 DAD 과정을 통해 유일한(Unique) 주소라는 것이 드러나면 Preferred 주

소로 승격합니다. Preferred 주소 상태는 Preferred Lifetime 동안 유지됩니다. IPv6 주소에 대한 Preferred Lifetime은 RA 메시지를 수신할 때마다 RA 메시지에 포함된 Preferred Lifetime 값으로 대체되며, Preferred Lifetime 값은 시간에 따라 점차 감소됩니다. 따라서 해당 IPv6 주소 프리픽스에 대한 Preferred Lifetime 값을 포함한 RA 메시지를 Preferred Lifetime 동안 수신하지 못하면 Preferred 주소는 Deprecated 주소로 변경됩니다.

- Deprecated 주소와 함께 Valid 주소입니다.

▶ Deprecated 주소

- RA 메시지 또는 DHCPv6 메시지 안에는 Preferred Lifetime 값과 Valid Lifetime 값이 함께 포함돼 있습니다. 일반적으로 Valid Lifetime 값이 Preferred Lifetime에 비해 더 긴 시간으로 설정됩니다. 따라서 IPv6 주소가 Preferred Lifetime은 경과했지만 아직 Valid Lifetime은 초과하지 않은 동안에는 Deprecated 주소 상태를 유지합니다.

- Deprecated 주소도 Preferred 주소와 함께 Valid 주소 상태이며, Deprecated 주소를 이용해 통신을 정상적으로 수행할 수 있습니다. 다만 Deprecated 주소는 상위 계층 애플리케이션에서 통신을 수행하고 있는 도중에 Preferred Lifetime이 종료됐다고 해서 즉시 IPv6 주소를 변경할 수 없는 경우에 대비해 기존의 IPv6 주소를 이용해 통신을 지속할 수 있도록 허용합니다. 즉, 기존의 TCP 연결을 사용해 통신하고 있는 애플리케이션에서 IPv6 주소를 변경하면 TCP 연결이 끊어지기 때문에 이를 방지하기 위해 일정 시간 동안 계속 해당 IPv6 주소를 사용할 수 있도록 허용하는 것입니다. 하지만 새로운 TCP 연결을 사용해야 하는 경우에는 Deprecated 주소가 아닌 해당 인터페이스의 다른 Preferred 주소를 사용해야 합니다.

▶ Valid 주소

- Preferred 주소 또는 Deprecated 주소인 상태를 말합니다.

- Valid 주소는 유니캐스트 패킷의 Source, Destination 주소로 쓰일 수 있는 주소를 말합니다.

▶ Invalid 주소

- RA 메시지 또는 DHCPv6 메시지 안에는 Valid Lifetime 값이 설정돼 있습니다. Tentative 주소가 되고 난 후에 설정된 Valid Time의 시간이 지나면 Deprecated 주소는 Invalid 주소가 됩니다.

- Invalid 주소는 유니캐스트 패킷의 Source, Destination 주소로 쓰일 수 없습니다.

IPv6 유니캐스트 주소는 글로벌 유니캐스트 주소, 링크로컬 유니캐스트 주소로 나뉜다고 했습니다.[130] [표 4-2]는 각 유니캐스트 주소별로 생성할 수 있는 방법을 나타냈습니다.

---

130 각 유니캐스트 주소의 특징은 Chapter 2의 Lesson 3에서 자세히 설명했습니다.

IPv6 유니캐스트 주소	Configuration			
	Manual	Stateless	Stateful	Stateless DHCP
글로벌 유니캐스트 주소	○	○	○	○
링크로컬 유니캐스트 주소	○	○[131]	×	×

링크로컬 유니캐스트 주소는 [표 4-2]와 같이 DHCPv6 서버를 이용해 생성할 수 없습니다. DHCPv6 서버로부터 할당받기 위해서는 DHCPv6 메시지들을 보내야 하는데, 이때 쓰이는 Source 주소가 링크로컬 유니캐스트 주소이기 때문입니다.[132]

Lesson 2부터 링크로컬 유니캐스트 주소, 글로벌 유니캐스트 주소의 자동 생성 알고리즘을 자세히 설명하겠습니다.

4

---

131 링크로컬 유니캐스트 주소의 Interface ID가 자동 생성되는 것을 Stateless Address Autoconfiguration 알고리즘으로 봐야 하는지는 좀 애매합니다. 이 책에서는 Stateless 주소 자동 생성 알고리즘이라고 간주했습니다.

132 DHCPv6 서버로부터 IPv6 주소를 할당받는 알고리즘은 Lesson 4에 자세히 설명합니다.

Lesson 2 IPv6 Network

Stateless 주소 자동 설정

Stateless 주소 자동 설정은 호스트가 운용자, DHCPv6 서버의 도움 없이 자기 스스로 유니캐스트 주소를 자동 생성하는 알고리즘입니다. [표 4-2]와 같이 링크로컬 유니캐스트 주소와 글로벌 유니캐스트 주소 둘 다 Stateless Address Autoconfiguration 알고리즘을 이용해 생성될 수 있습니다. 그런데 링크로컬 유니캐스트 주소와 글로벌 유니캐스트 주소는 자동 생성되는 알고리즘이 조금 다릅니다. 왜냐하면 링크로컬 유니캐스트 주소는 서브넷 프리픽스가 'FE80::/64'로 이미 정의돼 있기 때문입니다.

Lesson 2.1에서는 링크로컬 유니캐스트 주소가 어떻게 Stateless 주소 자동 설정을 이용해 자동 생성되는지, Lesson 2.2에서는 글로벌 유니캐스트 주소가 어떻게 Stateless 주소 자동 설정을 이용해 자동 생성되는지 설명하겠습니다.

01 링크로컬 유니캐스트 주소

[그림 4-2]는 링크로컬 유니캐스트 주소의 주소 체계를 나타내고 있습니다.

그림 4-2
링크로컬 유니캐스트 주소 포맷

10비트	54비트	64비트
1111 1110 10	0…0	Interface ID

링크로컬 유니캐스트 주소의 서브넷 프리픽스는 'FE80::/64'로 이미 정의돼 있기 때문에 링크로컬 유니캐스트 주소 자동 생성의 요점은 하위 64비트인 Interface ID를 어떤 식으로 생성하는지로 귀결됩니다.

링크로컬 유니캐스트 주소의 Interface ID는 다음과 같이 여러 방식으로 만들어질 수 있습니다.

> • Manually Configured(수동으로 구성된)
>
> • Modified(수정된) EUI-64

Manually Configuration 방식은 운용자가 LSB 64비트를 직접 입력해 생성하는 방식입니다.[133] 하지만 64비트를 직접 입력해 생성하는 것은 운용자에게 상당한 피로감을 줍니다. 따라서 IPv6 호스트가 자신의 MAC 주소를 이용해 자기 스스로 Interface ID를 생성하는 방식인 Modified EUI-64 방식이 가장 많이 쓰입니다.

지금부터 Modified-EUI 64 방식을 이용해 링크로컬 유니캐스트 주소를 생성하는 방식에 대해 설명하겠습니다.[134]

링크로컬 유니캐스트 주소가 자동 생성되는 순서를 요약한 것이 [그림 4-3]에 나와 있습니다.

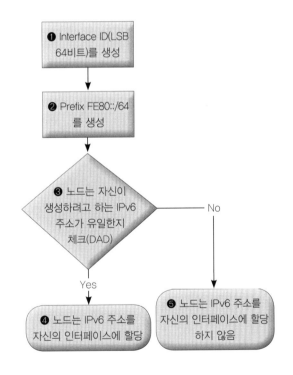

그림 4-3
링크로컬 유니캐스트
주소 생성 순서

이제 [그림 4-3]의 각 과정을 구체적으로 설명하면서 링크로컬 유니캐스트 주소의 Stateless 주소 자동 설정 알고리즘을 이해해보겠습니다.

IPv6 호스트는 링크로컬 유니캐스트 주소의 하위 64비트를 수정된 EUI-64(Modified EUI-

---

133 수동으로 생성하는 방법은 Chapter 1의 Lesson 7에서 실습했습니다.
134 이 책에서는 Modified-EUI 64 방식을 이용해 Interface ID를 자동 생성하는 것을 Stateless 주소 자동 설정 알고리즘으로 분류했습니다.

64) 방식을 이용해 생성합니다. 수정된 EUI-64(Modified EUI-64) 알고리즘은 이미 Chapter 2 의 Lesson 3.1에 자세히 설명했으므로 여기서는 생략하겠습니다([그림 4-3]의 ❶ 과정).

Interface ID를 생성하면 나머지 상위 64비트는 미리 약속한 프리픽스인 'FE80::/64'를 갖게 됩니다([그림 4-3]의 ❷ 과정).

이제 IPv6 호스트는 링크로컬 유니캐스트 주소를 생성하게 된 것입니다. 하지만 이는 [그림 4-4]에서의 Tentative 주소 상태입니다. Tentative 주소는 임시 주소로, 유니캐스트 통신에 쓰이는 Valid 주소가 아닙니다.

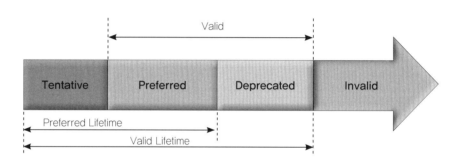

그림 4-4
유니캐스트 주소의
상태 변화

IPv6 주소를 생성하는 데 있어 동일한 네트워크상에 중복된 IPv6 주소가 있으면 안 됩니다. 따라서 IPv6 노드들은 Tentative 주소를 자신의 인터페이스에 할당하기에 앞서 자신이 생성하려는 IPv6 주소(Tentative 주소)가 유일한지 체크해야 합니다([그림 4-3]의 ❸ 과정). 이것이 바로 지금부터 설명할 DAD(Duplicate Address Detection) 알고리즘입니다.[135]

IPv6 노드는 자신이 생성하려는 주소(Tentative Address인 상태)가 다른 곳에 이미 사용되고 있는지 알기 위해 [그림 4-5]와 같이 NS 메시지를 보냅니다.

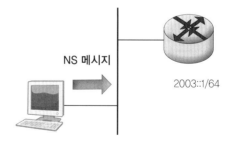

그림 4-5
IPv6 노드가 NS 메시지를 보내는 모습

[그림 4-6]은 [그림 4-5]의 노드가 보내는 NS 메시지를 캡처한 것입니다.

- -
[135] DAD 알고리즘은 모든 주소 할당 방식(Stateless, Stateful Autoconfiguration)에서 사용됩니다. 따라서 불필요하게 네트워크의 트래픽을 유발하는 측면도 있기 때문에 장비에 따라 DAD 기능을 비활성화시키는 경우도 있습니다.

```
25 66.097000 :: ff02::1:ff5f:9799 ICMPv6 78 Neighbor Solicitation for fe80::b479:5d07:a65f:9799    _□□×
⊞ Frame 25: 78 bytes on wire (624 bits), 78 bytes captured (624 bits)
⊞ Ethernet II, Src: cc:01:1a:28:00:00 (cc:01:1a:28:00:00), Dst: IPv6mcast_ff:5f:97:99 (33:33:ff:5f:97:99)
□ Internet Protocol Version 6, Src: :: (::), Dst: ff02::1:ff5f:9799 (ff02::1:ff5f:9799)
□ Internet Control Message Protocol v6
    Type: Neighbor Solicitation (135)
    Code: 0
    Checksum: 0x94b4 [correct]
    Reserved: 00000000
    Target Address: fe80::b479:5d07:a65f:9799 (fe80::b479:5d07:a65f:9799)
```

	필드	값	설명
IP 헤더	Source Address	::	Unspecified Address
	Destination Address	FF02::1:FF5F:9799	Solicited-Node Multicast Address
ICMPv6 메시지	Type	135	Neighbor Solicitation
	Target Address	FE80::B479:5D07:A65F:9799	생성하려고 하는 주소

- **Source 주소**: 노드는 아직 정식 IPv6 주소가 없는 상태입니다. 따라서 Source 주소는 Unspecified 주소로 기입됩니다.

- **Destination 주소**: Target 주소의 Solicited-Node 멀티캐스트 주소가 기입됩니다. Solicited-Node 멀티캐스트 주소의 포맷은 FF02::1:FF:XX:XXXX이며, 하위 24비트는 유니캐스트 주소의 하위 24비트와 동일하다고 했습니다.

- **Target 주소 필드**: 자신이 생성하려는 주소가 기입됩니다.

Neighbor Solicitation 메시지를 받은 노드들 중 그 주소를 이미 사용하고 있다면 그 노드는 'Neighbor Advertisement(NA)' 메시지를 보냄으로써 자기가 사용하고 있다는 것을 알리게 됩니다. 따라서 [그림 4-5]의 PC는 어떤 노드들로부터도 NA 메시지를 받지 않게 되면, Target 주소가 Globally Unique하다고 판단할 수 있습니다. 따라서 노드는 NS 메시지를 보낸 후 일정 시간 동안 NA 메시지를 받지 않게 된다면 Tentative 주소를 Preferred 주소로 승격하고 자신의 해당 인터페이스에 Target 주소를 할당합니다([그림 4-3]의 ❹ 과정). 이것으로 링크로컬 유니캐스트 주소가 자동 생성된 것입니다.

이렇게 생성된 링크로컬 유니캐스트 주소는 IPv6 노드의 인터페이스가 Disable될 때까지 (Deprecated 주소로 변하지 않고) 계속 Preferred 주소 상태로 지속됩니다. 반면, 글로벌 유니캐스트 주소는 일정 시간(Preferred Time)이 지나면 Deprecated 주소 상태로 변합니다.

[그림 4-5]에서 PC는 링크로컬 유니캐스트 주소가 자신이 속한 링크 내에서 유일하게 사용되는 것이 확인돼 자신의 인터페이스에 할당했습니다.

이번에는 [그림 4-3]의 ❺ 과정, 즉 DAD 과정을 통해 Target 주소가 중복이라는 것이 확인되는 경우에 대해서도 고찰해보겠습니다.

이제 [그림 4-7]과 같이 PC에 글로벌 유니캐스트 주소, '2003::1'을 수동으로 할당했습니다 [136]('2003::1'은 이미 자신의 링크상에 있는 라우터가 사용하고 있는 글로벌 유니캐스트 주소입니다).

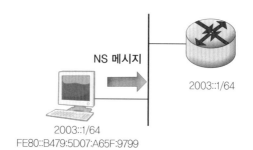

그림 4-7
PC가 NS 메시지를
보내는 모습

NS 메시지

2003::1/64

2003::1/64
FE80::B479:5D07:A65F:9799

그러면 PC는 NS 메시지를 보냄으로써 DAD 과정을 수행할 것입니다. 이때의 NS 메시지는 [그림 4-6]에서 Target 주소가 '2003::1'로 바뀐 것을 빼고는 동일합니다. 하지만 Target 주소 '2003::1'은 링크상에 있는 다른 라우터의 글로벌 유니캐스트 주소로 이미 사용되고 있으 므로 [그림 4-8]과 같이 PC는 NA 메시지를 수신합니다.

NA 메시지

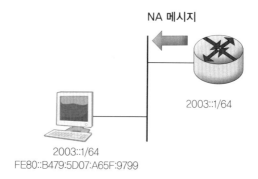

그림 4-8
노드가 NA 메시지를
보내는 모습

2003::1/64

2003::1/64
FE80::B479:5D07:A65F:9799

이때의 NA 메시지를 캡처한 것이 [그림 4-9]입니다.

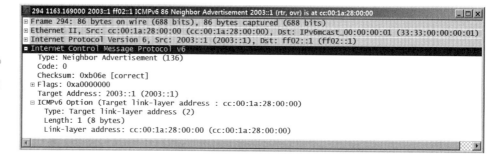

그림 4-9
[그림 4-8]의 NA 메
시지 캡처 화면

```
294 1163.169000 2003::1 ff02::1 ICMPv6 86 Neighbor Advertisement 2003::1 (rtr, ovr) is at cc:00:1a:28:00:00
⊞ Frame 294: 86 bytes on wire (688 bits), 86 bytes captured (688 bits)
⊞ Ethernet II, Src: cc:00:1a:28:00:00 (cc:00:1a:28:00:00), Dst: IPv6mcast_00:00:00:01 (33:33:00:00:00:01)
⊞ Internet Protocol Version 6, Src: 2003::1 (2003::1), Dst: ff02::1 (ff02::1)
▪ Internet Control Message Protocol v6
    Type: Neighbor Advertisement (136)
    Code: 0
    Checksum: 0xb06e [correct]
  ⊞ Flags: 0xa0000000
    Target Address: 2003::1 (2003::1)
  ⊟ ICMPv6 Option (Target link-layer address : cc:00:1a:28:00:00)
    Type: Target link-layer address (2)
    Length: 1 (8 bytes)
    Link-layer address: cc:00:1a:28:00:00 (cc:00:1a:28:00:00)
```

136 이번 Lesson 2의 주제는 링크로컬 유니캐스트 주소의 자동 생성 알고리즘(Stateless Address Autoconfiguration)입니다. 다만 DAD 과정을 좀 더 자세히 알아보기 위해 잠시 글로벌 유니캐스트 주소를 수동 생성하는 부분을 끌어들인 것입니다.

필드		값	설명
IP 헤더	Source Address	2003::1	NS 메시지를 수신한 인터페이스의 주소
	Destination Address	FF02::1	All-Nodes 멀티캐스트 주소
ICMPv6 메시지	Type	136	Neighbor Advertisement
	Target Address	2003::1	NS 메시지 안에 있던 Target 주소
	Option — Type	2	Target 링크레이어 주소
	Option — Link-Layer Address	CC:00:1A:28:00:00	Target 주소의 링크레이어 주소

표 4-4
[그림 4-9]의 메시지 내용

- **Source 주소**: NS 메시지를 수신한 인터페이스의 글로벌 유니캐스트 주소가 기입됩니다.
- **Destination 주소**: NS 메시지를 보낸 노드는 아직 Valid 주소를 갖고 있지 않은 상태이며, 이로 인해 NS 메시지를 송신할 때 Source 주소를 ::(Unspecified 주소)로 채워 전송합니다. 따라서 NA 메시지를 송신하는 노드에서는 송신 측 주소를 알지 못하므로 모든 노드가 수신할 수 있도록 All-Nodes 멀티캐스트 주소로 보냅니다.
- **Target 주소 필드**: NS 메시지에 있던 Target 주소가 복사됩니다.

[그림 4-8]의 NA 메시지는 All-Nodes 멀티캐스트 주소로 전달돼 모든 노드가 수신합니다. 따라서 모든 노드는 NA 메시지를 Decoding하고, 그 안의 Target 주소가 자신이 생성하려는 Tentative 주소와 일치한다는 것을 발견한 노드는 즉시 Tentative 주소를 버립니다([그림 4-3]의 ❺ 과정).

콕콕! 질문 있어요!

Q 수정된 EUI-64 방식은 IPv6 노드의 MAC 주소를 이용해 Interface ID를 만든다고 했습니다. 이때 MAC 주소는 전 세계적으로 유일하고, 이를 이용해 만든 Interface ID 역시 전 세계적으로 유일한 주소인데, 왜 굳이 DAD 기능을 수행해야 하는지요?

A 우선 MAC 주소가 전 세계적으로 유일한 주소가 아닐 수도 있기 때문입니다. 중국산 랜카드일 경우, 간혹 MAC 주소가 중복인 경우가 발견되고 있습니다. 또한 악의적인 목적으로 MAC 주소를 변조하는 것이 가능하기 때문입니다. 이 경우에 대비해 DAD 기능이 필요합니다.

02 글로벌 유니캐스트 주소

IPv6 호스트들이 운용자의 수동 입력(Manual Configuration)이나 DHCPv6 서버의 도움 없이 자기 스스로 IPv6 주소를 생성하는 것을 Stateless 주소 자동 설정이라고 했습니다. 글로벌 유니캐스트 주소 역시 Stateless 주소 자동 설정 알고리즘을 통해 자동 생성될 수 있습니다. 지금부터 글로벌 유니캐스트 주소가 어떻게 Stateless 주소 자동 설정을 이용해 생성되는지 자세히 설명하겠습니다.

링크로컬 유니캐스트 주소는 MSB 64비트(Subnet Prefix)가 'FE80::/64'로 정해져 있는 반면, 글로벌 유니캐스트 주소는 MSB 64비트가 특정 숫자로 정해져 있지 않습니다. 따라서 글로벌 유니캐스트 주소를 생성하는 Stateless 주소 자동 설정 알고리즘에서는 MSB 64비트를 자동 생성하는 부분이 필요합니다.

Stateless 주소 자동 설정 알고리즘으로 글로벌 유니캐스트 주소를 생성할 때 MB 64비트는 자신이 속해 있는 네트워크 프리픽스로 설정됩니다. Chapter 3의 Lesson 3.3에서 알아봤듯이 호스트는 자신이 속한 네트워크 프리픽스 정보를 라우터가 보내는 RA(Router Advertisement) 메시지를 통해 알 수 있습니다.

글로벌 유니캐스트 주소의 MSB 64비트를 생성하는 알고리즘을 직접 예로 들면서 설명하겠습니다.

[그림 4-10]의 PC는 이미 링크로컬 유니캐스트 주소(fe80::b479:5d07:a65f:9799)를 생성한 상태입니다. 이제 PC는 글로벌 유니캐스트 주소의 MSB 64비트를 자동으로 생성하기 위해 네트워크 프리픽스의 정보가 필요합니다. 따라서 라우터로부터 (Network Prefix 정보가 담겨 있는) RA 메시지를 요청하기 위해 RS(Router Solicitation) 메시지를 라우터에 보냅니다.

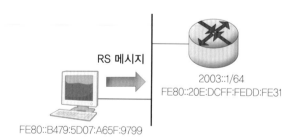

그림 4-10
호스트가 RS 메시지
를 보내는 모습

이때의 RS 메시지를 캡처한 것이 [그림 4-11]입니다.

그림 4-11
[그림 4-10]의 RS
메시지 캡처 화면

```
33 91.104000 fe80::b479:5d07:a65f:9799 ff02::2 ICMPv6 70 Router Solicitation from cc:01:1e:ec:00:00    _|□|×|
⊞ Frame 33: 70 bytes on wire (560 bits), 70 bytes captured (560 bits)
⊞ Ethernet II, Src: cc:01:1e:ec:00:00 (cc:01:1e:ec:00:00), Dst: IPv6mcast_00:00:02 (33:33:00:00:00:02)
⊞ Internet Protocol Version 6, Src: fe80::b479:5d07:a65f:9799 (fe80::b479:5d07:a65f:9799), Dst: ff02::2 (ff02::2)
■ Internet Control Message Protocol v6
    Type: Router Solicitation (133)
    Code: 0
    Checksum: 0x41c6 [correct]
    Reserved: 00000000
  ⊟ ICMPv6 Option (Source link-layer address : cc:01:1e:ec:00:00)
      Type: Source link-layer address (1)
      Length: 1 (8 bytes)
      Link-layer address: cc:01:1e:ec:00:00 (cc:01:1e:ec:00:00)
```

표 4-5
[그림 4-11] 메시지
내용

필드		값	설명
IP 헤더	Source Address	FE80::B479:5D07:A65F:9799	—
	Destination Address	FF02::2	All-Routers Multicast Address
ICMPv6 메시지	Type	133	Router Solicitation
	Option Type	1	Source Link-Layer Address Option
	Option Link-Layer Address	CC:01:1E:EC:00:00	—

- **Source 주소**: RS/RA 메시지의 Source 주소는 항상 링크로컬 유니캐스트 주소가 쓰입니다.

- **Destination 주소**: 자신의 링크에 연결돼 있는 모든 라우터에게 보내야 하므로 All-Routers 멀티캐스트 주소가 됩니다.

- **Option 필드**: RS 메시지에는 Source 링크레이어 옵션이 있으며, RS 메시지를 보내는 호스트의 링크레이어 주소가 기입됩니다.

라우터는 RS 메시지에 담긴 링크레이어 주소를 이용해 자신의 네이버 캐시 엔트리(Neighbor Cache Entry) 정보를 갱신하거나 생성합니다. 즉, 내이버 캐시 엔트리 에 저장된 링크레이어 주소와 RS 메시지를 통해 수신된 링크레이어 주소가 다른 경우에는 네이버 캐시 엔트리의 내용을 수신된 RS 메시지의 링크레이어 주소로 변경합니다. 또한 네이버 캐시 엔트리에 해당 주소가 생성되지 않은 경우에는 수신한 링크레이어 주소를 기반으로 새로운 네이버 캐시 엔트리를 생성합니다. RS 메시지를 수신한 후 네이버 캐시 엔트리를 새로 생성하거나 링크레이어 주소를 변경한 경우에는 네이버 캐시 엔트리의 상태를 'STALE' 상태로 변경합니다.

PC로부터 RS 메시지를 받은 라우터는 [그림 4-12]와 같이 즉시 그 응답으로 Solicited RA 메시지를 보냅니다.

RA 메시지

2003::1/64
FE80::20E:DCFF:FEDD:FE31

FE80::B479:5D07:A65F:9799

그림 4-12
라우터가 Solicited RA 메시지를 보내는 모습

[그림 4-12]의 RA 메시지를 캡처한 것이 [그림 4-13]입니다.

```
34 91.135000 fe80::20e:dcff:fedd:fe31 ff02::1 ICMPv6 118 Router Advertisement from cc:00:1e:ec:00:00
⊞ Frame 34: 118 bytes on wire (944 bits), 118 bytes captured (944 bits)
⊞ Ethernet II, Src: cc:00:1e:ec:00:00 (cc:00:1e:ec:00:00), Dst: IPv6mcast_00:00:00:01 (33:33:00:00:00:01)
⊞ Internet Protocol Version 6, Src: fe80::20e:dcff:fedd:fe31 (fe80::20e:dcff:fedd:fe31), Dst: ff02::1 (ff02::1)
■ Internet Control Message Protocol v6
     Type: Router Advertisement (134)
     Code: 0
     Checksum: 0x3697 [correct]
     Cur hop limit: 64
   ⊟ Flags: 0x00
       0... .... = Managed address configuration: Not set
       .0.. .... = Other configuration: Not set
       ..0. .... = Home Agent: Not set
       ...0 0... = Prf (Default Router Preference): Medium (0)
       .... .0.. = Proxy: Not set
       .... ..0. = Reserved: 0
     Router lifetime (s): 1800
     Reachable time (ms): 0
     Retrans timer (ms): 0
   ⊟ ICMPv6 Option (Source link-layer address : cc:00:1e:ec:00:00)
       Type: Source link-layer address (1)
       Length: 1 (8 bytes)
       Link-layer address: cc:00:1e:ec:00:00 (cc:00:1e:ec:00:00)
   ⊞ ICMPv6 Option (MTU : 1500)
   ⊟ ICMPv6 Option (Prefix information : 2003::/64)
       Type: Prefix information (3)
       Length: 4 (32 bytes)
       Prefix Length: 64
     ⊟ Flag: 0xc0
         1... .... = On-link flag(L): Set
         .1.. .... = Autonomous address-configuration flag(A): Set
         ..0. .... = Router address flag(R): Not set
         ...0 0000 = Reserved: 0
       Valid Lifetime: 2592000
       Preferred Lifetime: 604800
       Reserved
       Prefix: 2003:: (2003::)
```

그림 4-13
[그림 4-12]의 RA 메시지 캡처 화면

필드		값	설명
IP 헤더	Source Address	FE80::20E:DCFF:FEDD:FE31	라우터 인터페이스의 링크로컬 유니캐스트 주소
	Destination Address	FF02::01	All-Nodes 멀티캐스트 주소
ICMPv6 메시지	Type	134	Router Advertisement
	M Flag	0	Managed Address Configuration Flag
	Option(1) Link-Layer Address	CC:00:1E:EC:00:00	−
	Option(3) Type	3	Prefix Information Option
	L Flag	1	On-Link Flag
	A Flag	1	Autonomous Address Configuration Flag
	Valid Lifetime	2592000	−
	Preferred Lifetime	604800	−
	Prefix	2003::	−
	Prefix Length	64	−
	Option(5) MTU	1500	−

표 4-6
[그림 4-13] 메시지
내용

- **Source 주소**: Solicited RA 메시지를 보낸 라우터의 링크로컬 유니캐스트 주소가 기입됩니다.
- **Destination 주소**: Solicited RA 메시지의 Destination 주소는 두 가지가 될 수 있습니다. RS 메시지의 Source Address이거나 All-Nodes 멀티캐스트 주소입니다. 참고로 시스코 라우터 의 경우에는 All-Nodes 멀티캐스트 주소가 기입됩니다.
- **M Flag 필드**: Managed 주소 설정 플래그입니다. RA 메시지를 받은 호스트들이 어떤 알고 리즘을 통해 IPv6 주소를 생성할 것인지 알려주는 플래그입니다. M 플래그가 '1'로 설정되면 RA 메시지를 받은 호스트들은 DHCPv6 서버를 이용해 주소를 할당받으라는 뜻입니다. 즉, Stateful Address Autoconfiguration을 뜻합니다. 반면, M 플래그가 '0'이면 Stateless 주 소 자동 설정 알고리즘으로 주소를 자동 생성하라는 뜻입니다. [그림 4-12]의 PC는 M = 0인 RA 메시지를 수신했으므로 Stateless 주소 자동 설정으로 작동할 것입니다.
- **Option 타입 1 필드**: RA 메시지를 보내는 라우터의 링크레이어 주소가 기입됩니다.
- **Option 타입 3 필드**: Option 타입 3은 프리픽스 정보 옵션입니다. 프리픽스 정보 옵션은 Stateless 주소 자동 설정에 요긴하게 사용됩니다.
- **(프리픽스 정보 옵션) On-Link 플래그 필드**: On-Link 플래그의 용도는 해당 프리픽스 정보 옵

션의 정보가 자신과 직접 연결된 링크의 프리픽스 정보인지 판단하는 데 사용됩니다.[137]

- **(프리픽스 정보 옵션) A 플래그 필드**: A 플래그는 자동 주소 설정 플래그(autonomous Address Configuration Flag)입니다. 프리픽스 정보 옵션의 정보가 Stateless 주소 자동 설정에 사용될지 안 될지를 결정하는 플래그입니다. A 플래그가 '1'이면 프리픽스 정보 옵션의 정보들이 Stateless 주소 자동 설정에 사용됩니다. 만약 A 플래그가 '0'이면 플래그의 모든 정보는 무시됩니다. [그림 4-13]의 A Flag는 '1'로 설정돼 있으므로 PC는 프리픽스 정보 필드의 내용을 바탕으로 Stateless 주소 자동 설정을 합니다.

- **(프리픽스 정보 옵션) Valid/Preferred Lifetime Field**: 자동 생성된 글로벌 유니캐스트 주소는 [그림 4-4]처럼 여러 단계의 상태가 있다고 했습니다. 각 상태를 구분하는 Valid, Preferred Lifetime 값이 RA 메시지 내의 프리픽스 정보 옵션에 있습니다.

- **(프리픽스 정보 옵션) Prefix, Prefix Length Field**: RA 메시지를 보낸 라우터의 프리픽스 정보가 담겨 있습니다. 호스트는 이 값을 자신의 프리픽스 값으로 설정합니다.[138]

- **Option 타입 5**: 라우터는 자신의 네트워크 안에 있는 노드들에게 MTU 값을 알려주기 위해 RA 메시지 안에 Option 5 타입을 집어넣어 MTU 값을 전달합니다.

[그림 4-12]의 PC는 Solicited RA 메시지를 수신함으로써 글로벌 유니캐스트 주소의 MSB 64비트를 생성할 수 있게 됩니다. 이제 나머지 LSB 64비트(Interface ID)를 생성해야 합니다.

글로벌 유니캐스트 주소의 LSB 64비트(Interface ID)는 다음과 같이 여러 방식으로 만들어질 수 있습니다.

- Manually Configured
- Modified EUI-64
- Auto-generated Pseudo-Random number

링크로컬 유니캐스트 수소와 비교했을 때 'Auto-generated Pseudo-Random Number(임의의 수로 자동 생성하는 방식)' 방식을 제외하고는 링크로컬 유니캐스트 주소와 동일한 방법으로 생성됩니다. Interface ID를 임의의 수로 자동 생성하는 방식이 생긴 이유는 사용자의 개인 사생활을 보호하기 위해서입니다. Modified EUI-64 방식이 MAC 주소에 기반을 둔 생성 방식이기 때문에 Interface ID를 보고 해당 IPv6 주소를 사용하는 사용자를 추측할 수도 있기 때문입니다. 이로 인해 사용자를 추측할 수 없도록 Interface ID를 임의의 수로 생성하는 방식이 생겼습니다.[139]

----

137 라우터는 자신의 인터페이스가 아닌 프리픽스의 정보도 RA 메시지를 이용해 보낼 수 있습니다. 이 경우, On Link 플래그의 값은 '0'이 됩니다.

138 윈도우 7 PC의 경우, Prefix Length가 64이 아닌 경우에는 Stateless 주소 자동 설정으로 동작하지 못합니다.

139 관련 RFC 문서는 RFC 3041, 'Privacy Extensions for Stateless Address Autoconfiguration in IPv6'입니다.

[그림 4-14]는 윈도우 7 PC가 지금까지 설명한 과정을 통해 글로벌 유니캐스트 주소를 할당받은 것입니다.

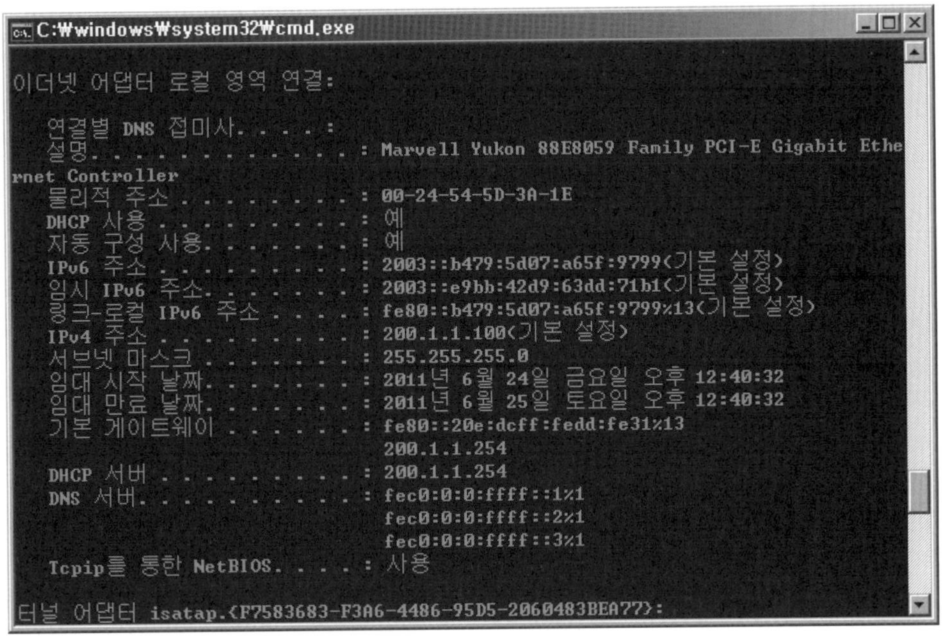

그림 4-14
윈도우 7 PC가
Stateless 주소 자동
설정을 통해 글로벌
유니캐스트 주소를
생성한 모습

PC의 디폴트 라우터 주소가 RA 메시지를 보낸 라우터의 링크로컬 유니캐스트 주소로 설정돼있는 것을 확인할 수 있습니다. 그런데 [그림 4-14]를 유심히 살펴보면 이상한 점을 몇 가지 발견할 수 있습니다. 글로벌 유니캐스트 주소가 2개(IPv6 주소, 임시 IPv6 주소) 생성된 것입니다. MS의 윈도우 7에서는 외부 공격으로부터 PC를 보호하기 위해 이처럼 자신의 글로벌 유니캐스트 주소를 숨기고 임의의 '임시 IPv6 주소'를 생성합니다. 또한 IPv6 주소의 Interface ID 역시 물리적 주소(MAC 주소)와 전혀 연관성이 없어 보입니다. 조금 전에 설명했듯이 윈도우 7 OS의 경우, 사생활 보호를 목적으로 Interface ID를 임의의 수로 생성하기 때문입니다.[140]

----

140 안드로이드 OS를 사용하는 LTE IPv6 단말(핸드폰) 역시 인터페이스 ID를 임의의 수로 생성합니다.

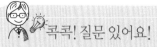

콕콕! 질문 있어요!

Q 링크로컬 유니캐스트 주소 생성하지 않고 바로 글로벌 유니캐스트 주소만 생성할 수 있는지요?(2016. 1. 24. 서린 님 질문)

A [표 2-16]을 보면 링크로컬 유니캐스트 주소는 모든 IPv6 노드가 소유해야 하는 주소라는 것을 알 수 있습니다. 따라서 링크로컬 유니캐스트 주소를 생성하지 않고 바로 글로벌 유니캐스트 주소를 생성할 수 없습니다.

Q IPv6 주소를 자동 생성할 때 Stateless 주소 자동 설정 방식 말고 Stateful 주소 자동 설정 방식만 사용할 수 있는 방법이 있는지요?(2016. 1. 24. 서린 님 질문)

A [표 4-6]을 보면 RA 메시지의 각 필드에 대한 설명이 돼 있습니다. RA 메시지의 'M' Flag가 IPv6 주소 자동 생성의 Stateless 주소 자동 설정과 Stateful 주소 자동 설정 방식을 설정하는 플래그입니다. 따라서 'M = 1'이면 IPv6 호스트는 Stateful 주소 자동 설정 방식만으로 주소를 자동 생성합니다.

Q IPv6 호스트가 Stateless 주소 자동 설정으로 IPv6 주소를 할당받으면 디폴트 라우트는 할당받지만 DNS 서버의 주소는 할당받지 못하잖아요. 결국 그러면 인터넷을 사용하기 위해서는 운용자가 DNS 서버 주소를 수동으로 지정해줘야 하니 불편해 보입니다. 특히, 네트워크 운용자가 아닌 일반 사용자들은 DHCPv6를 통해 DNS 주소를 할당받을 수밖에 없는 것인가요?(2018. 7. 30. 제우스 님 질문)

A DHCPv6 서버가 없는 경우에 대비해 Stateless 주소 자동 설정 알고리즘으로도 DNS 서버 주소를 설정할 수 있도록 RA 메시지 옵션 2개(Recursive DNS 서버 Option과 DNS Serearch List Option)가 제공됩니다.
IPv6 호스트는 RA 메시지 내의 위 2개의 옵션을 통해 DNS 서버 주소를 설정합니다. 자세한 내용은 RFC 6106, 'IPv6 Router Advertisement Options for DNS Configuration'을 참조하기 바랍니다.

실습 Stateless 주소 자동 설정

Lesson 3에서는 Stateless 주소 자동 설정을 통해 IPv6 주소를 자동 생성하는 방법을 실습해 보겠습니다.

라우터 한 대와 호스트 두 대를 구성하고 있는 네트워크를 설계할 것입니다. 두 대의 호스트를 한 대의 라우터에 연결하기 위해서는 이더넷 스위치가 필요합니다. 이더넷 스위치를 사용하기 위해 [그림 4-15]와 같이 Node Type 창에서 이더넷 스위치를 작업 창에 드래그합니다.

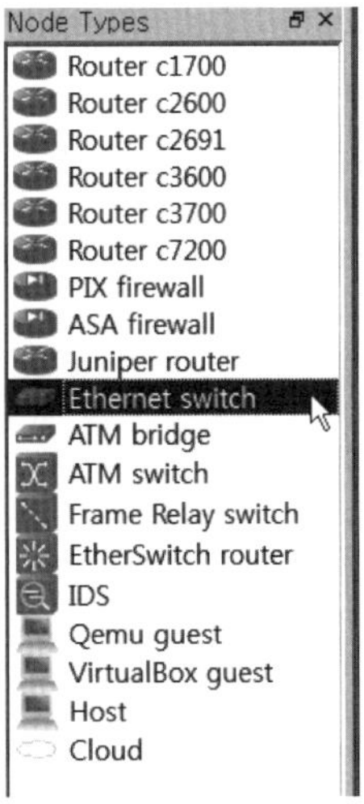

그림 4-15
Ethernet switch를 선택한 모습

[그림 4-16]과 같이 네트워크를 구성합니다. 호스트 1과 호스트 2는 Cisco 3600 Router 아이콘으로 대체했습니다. 아이콘이 시스코 3660 라우터라도 'ipv6 unicast-routing' 명령어만 입력하지 않으면(즉, Router 모드를 활성화시키지 않으면) 호스트처럼 동작하기 때문에 아이콘 모양에 신경 쓸 필요는 없습니다.

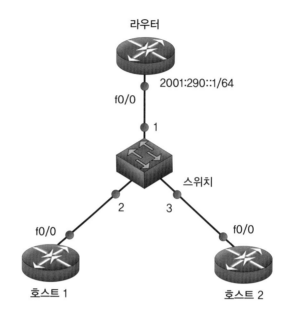

라우터

2001:290::1/64

f0/0

1

그림 4-16
라우터 한 대와 호스
트 두 대인 네트워크

스위치

2   3

f0/0   f0/0

호스트 1   호스트 2

이제 [그림 4-16]의 각 노드를 설정해보겠습니다. 우선 호스트 노드를 설정하겠습니다. 다음 명령어처럼 입력합니다.

명령어

```
호스트1#configure terminal
호스트1(config)#interface FastEthernet0/0
호스트1(config-if)#no shutdown
호스트1(config-if)#ipv6 enable
호스트1(config-if)#ipv6 address autoconfig
```

위 명령어에서 눈여겨봐야 할 것은 '#ipv6 address autoconfig' 명령어입니다. 이 명령어는 해당 인터페이스의 IPv6 주소를 자동 생성(Autoconfiguration)한다는 뜻입니다.

호스트 1과 2가 Stateless 주소 자동 설정 또는 Stateful 주소 자동 설정으로 동작할지의 결정은 라우터가 보내는 RA 메시지의 'M' 필드에 의해 정해진다고 설명했습니다.

호스트 2도 위 명령어와 똑같이 설정합니다. 스위치는 L2 노드이기 때문에 따로 설정할 필요가 없습니다.

라우터를 다음과 같이 설정합니다.

명령어

```
Router#configure terminal
Router(config)#ipv6 unicast-routing
Router(config)#interface FastEthernet0/0
Router(config-if)#no shutdown
Router(config-if)#ipv6 enable
Router(config-if)#ipv6 address 2001:290::1/64
```

이제 [그림 4-16]의 호스트 1, 호스트 2에 글로벌 유니캐스트 주소가 자동으로 생성됐는지 확인해보겠습니다.

호스트 1과 2에 'do show ipv6 enable interface FastEthernet0/0' 명령어를 입력해 확인해보면 호스트 1과 2의 FastEthernet0/0에 라우터의 프리픽스(2001:290::1/64)와 동일한 프리픽스를 가진 글로벌 유니캐스트 주소가 생성되는 것을 확인할 수 있습니다.

```
호스트2(config-if)#do show ipv6 interface FastEthernet0/0
FastEthernet0/0 is up, line protocol is up
  IPv6 is enabled, link-local address is FE80::CE0D:4FF:FE0C:0
  No Virtual link-local address(es):
  Global unicast address(es):
    2001:290::CE0D:4FF:FE0C:0, subnet is 2001:290::/64 [EUI/CAL/PRE]
      valid lifetime 2591975 preferred lifetime 604775
  Joined group address(es):
    FF02::1
    FF02::1:FF0C:0
  MTU is 1500bytes
  ICMP error messages limited to one every 100 milliseconds
  ICMP redirects are enabled
  ICMP unreachables are sent
  ND DAD is enabled, number of DAD attempts: 1
  ND reachable time is 30000 milliseconds
  Default router is FE80::CE0C:4FF:FE0C:0 on FastEthernet0/0
```

[그림 4-17]처럼 하나의 RA 메시지에 복수 개의 프리픽스 정보를 가질 수 있다고 했습니다. 이 경우, Stateless 주소 자동 설정으로 작동하는 노드는 복수 개의 글로벌 유니캐스트 주소를 생성한다고 했습니다. 실제로 그렇게 되는지 확인해보겠습니다.

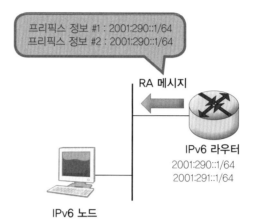

프리픽스 정보 #1 : 2001:290::1/64
프리픽스 정보 #2 : 2001:290::1/64

RA 메시지

IPv6 라우터
2001:290::1/64
2001:291::1/64

IPv6 노드

그림 4-17
2개의 프리픽스 정보
를 갖고 있는 RA 메
시지

[그림 4-18]과 같이 네트워크를 구성합니다.

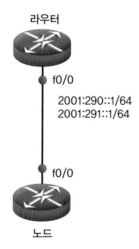

라우터

f0/0

2001:290::1/64
2001:291::1/64

f0/0

노드

그림 4-18
복수 개의 프리픽스
정보를 갖고 있는 라
우터

라우터와 노드는 다음과 같이 설정합니다.

명령어

```
Router# configure terminal

Router(config)# ipv6 unicast-routing

Router(config)# interface FastEthernet0/0

Router(config-if)# no shutdown

Router(config-if)# ipv6 enable

Router(config-if)# ipv6 address 2001:290::1/64

Router(config-if)# ipv6 address 2001:291::1/64
```

명령어

```
Node# configure terminal
Node(config)# interface FastEthernet0/0
Node(config-if)# no shutdown
Node(config-if)# ipv6 enable
Node(config-if)# ipv6 address autoconfig
```

[그림 4-18]의 라우터가 보내는 RA 메시지 안에 실제로 프리픽스 정보가 2개 있는지 확인할 수 있다면 더할 나위 없이 좋을 것입니다. IPv6 패킷의 내용을 들여다볼 수 있는 프로그램 중 와이어샤크(Wireshark)라는 것이 있습니다. 와이어샤크를 이용하기에 앞서 잠시 와이어샤크에 대해 설명하겠습니다.

IPv6 프로토콜을 이해하는 가장 좋은 방법은 RFC 문서들을 보면서 공부하는 것입니다. 그리고 더 나아가 실제 IPv6 패킷들을 열어보고 분석하면 프로토콜이 동작하는 원리를 확실하게 이해할 수 있을 것입니다.[141] 다행스럽게도 GNS3는 패킷 분석기 프로그램인 와이어샤크와 연동됩니다. 와이어샤크 프로그램은 와이어샤크 홈페이지(http://www.wireshark.org)에서 무료로 다운로드할 수 있습니다. 하지만 우리는 그럴 필요가 없습니다. 우리가 설치한 GNS3 프로그램에 이미 자동으로 와이어샤크가 설치돼 있기 때문입니다.

GNS3에서 와이어샤크를 사용하는 것은 아주 간단합니다. 관찰하려는 링크에 마우스 커서를 올려놓고 오른쪽 마우스 버튼을 클릭하면 [그림 4-19]와 같은 대화상자가 나타납니다. 여기서 'Start capturing'를 선택하면 됩니다.

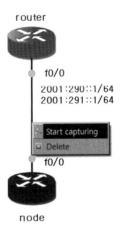

그림 4-19
와이어샤크를 실행하는 모습

그러면 [그림 4-20]과 같이 캡처하고자 하는 인터페이스를 선택하라는 대화상자가 나타납니다.

---

141 본문에 나오는 IPv6 패킷 캡처 화면들은 전부 와이어샤크 프로그램을 이용   한 것입니다.

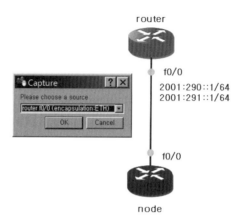

그림 4-20
캡처하고자 하는
인터페이스를
선택하는 모습

여기서 캡처하고자 하는 인터페이스를 선택하면 [그림 4-21]처럼 해당 인터페이스에 돌아다
니는 모든 패킷이 캡처됩니다.

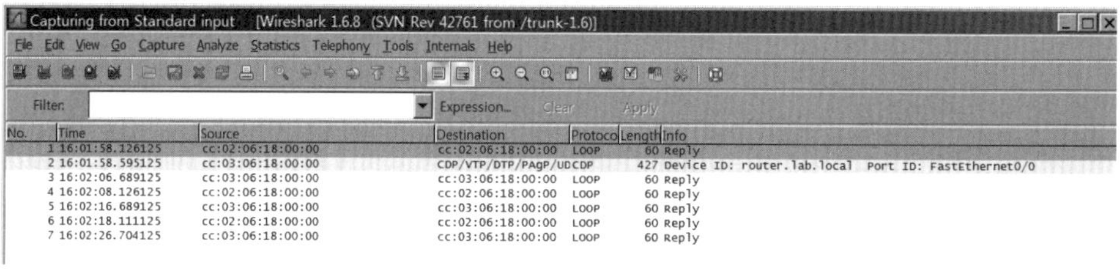

그림 4-21
패킷들이 캡처되고
있는 모습

그런데 [그림 4-21]은 캡처되고 있는 모든 패킷을 보여주므로 보기에 불편합니다. 우리는
[그림 4-18]의 라우터가 보내는 RA 메시지에만 관심 있습니다. 이 경우 필터 기능을 이용해 우
리가 원하는 패킷만 볼 수 있습니다. RA 메시지는 ICMPv6 패킷이기 때문에 [그림 4-22]처럼
'Filter:' 항목에 'icmpv6'을 입력하고 [적용(apply)] 버튼을 클릭합니다. 그러면 [그림 4-22]처
럼 ICMPv6 패킷들만 보입니다.

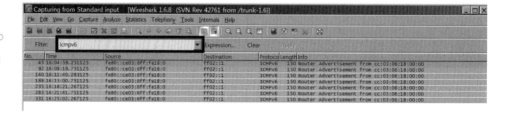

그림 4-22
필터 기능을 이용해
ICMPv6 패킷만
보고 있는 모습

[그림 4-22]에 보이는 ICMPv6 패킷들은 [그림 4-18]의 라우터가 보내는 RA 메시지입니다.
그중 하나를 클릭한 것이 [그림 4-23]입니다. RA 메시지 안에 프리픽스 정보가 2개 있는 것을 확
인할 수 있습니다.

```
45 16:04:59.251125 fe80::ce03:6ff:fe18:0 ff02::1 ICMPv6 150 Router Advertisement from cc:03:06:18:00:00
☐ Frame 45: 150 bytes on wire (1200 bits), 150 bytes captured (1200 bits)
⊞ Ethernet II, Src: cc:03:06:18:00:00 (cc:03:06:18:00:00), Dst: IPv6mcast_00:00:00:01 (33:33:00:00:00:01)
⊞ Internet Protocol Version 6, Src: fe80::ce03:6ff:fe18:0 (fe80::ce03:6ff:fe18:0), Dst: ff02::1 (ff02::1)
☐ Internet Control Message Protocol v6
    Type: Router Advertisement (134)
    Code: 0
    Checksum: 0x27b5 [correct]
    Cur hop limit: 64
 ⊞ Flags: 0x00
    Router lifetime (s): 1800
    Reachable time (ms): 0
    Retrans timer (ms): 0
 ⊞ ICMPv6 Option (Source link-layer address : cc:03:06:18:00:00)
 ⊞ ICMPv6 Option (MTU : 1500)
 ☐ ICMPv6 Option (Prefix information : 2001:290::/64)
    Type: Prefix information (3)
    Length: 4 (32 bytes)
    Prefix Length: 64
  ⊞ Flag: 0xc0
    Valid Lifetime: 2592000
    Preferred Lifetime: 604800
    Reserved
    Prefix: 2001:290:: (2001:290::)
 ☐ ICMPv6 Option (Prefix information : 2001:291::/64)
    Type: Prefix information (3)
    Length: 4 (32 bytes)
    Prefix Length: 64
  ⊞ Flag: 0xc0
    Valid Lifetime: 2592000
    Preferred Lifetime: 604800
    Reserved
    Prefix: 2001:291:: (2001:291::)
```

그림 4-23
메시지 캡처 화면

지금까지 와이어샤크를 이용해 실제로 RA 메시지 안에 프리픽스 정보가 2개가 있는지 확인했습니다. 이제 우리가 배웠던 대로 [그림 4-18]의 노드가 과연 Stateless 주소 자동 설정을 이용해 글로벌 유니캐스트 주소를 2개 생성했는지 확인해보겠습니다.

```
node#show ipv6 interface FastEthernet 0/0
FastEthernet0/0 is up, line protocol is up
  IPv6 is enabled, link-local address is FE80::CE02:6FF:FE18:0
  No Virtual link-local address(es):
  Global unicast address(es):
    2001:290::CE02:6FF:FE18:0, subnet is 2001:290::/64 [EUI/CAL/PRE]
      valid lifetime 2591813 preferred lifetime 604613
    2001:291::CE02:6FF:FE18:0, subnet is 2001:291::/64 [EUI/CAL/PRE]
      valid lifetime 2591813 preferred lifetime 604613
  Joined group address(es):
    FF02::1
    FF02::1:FF18:0
  MTU is 1500bytes
  ICMP error messages limited to one every 100 milliseconds
  ICMP redirects are enabled
  ICMP unreachables are sent
  ND DAD is enabled, number of DAD attempts: 1
  ND reachable time is 30000 milliseconds
  Default router is FE80::CE03:6FF:FE18:0 on FastEthernet0/0
```

노드는 RA 메시지 내에 있는 프리픽스 정보를 통해 복수 개의 글로벌 유니캐스트 주소를 생성한 것을 확인할 수 있습니다.

Stateful 주소 자동 설정(DHCPv6)

Stateful 주소 자동 설정을 이용해 글로벌 유니캐스트 주소를 자동 생성한다는 것은 DHCPv6 서버[142]로부터 글로벌 유니캐스트 주소를 할당받는 것과 동일한 의미입니다. 따라서 Stateful 주소 자동 설정 알고리즘을 고찰한다는 것은 DHCPv6 프로토콜을 고찰한다는 것과 같은 말입니다.

Lesson 4.1에서 DHCPv6 프로토콜의 대략적인 설명과 DHCPv6 주소 할당 과정을 이해하기 위해 알아둬야 할 용어에 대해 설명하고, Lesson 4.2에서는 본격적으로 DHCPv6 프로토콜을 이용해 글로벌 유니캐스트 주소를 할당받는 과정을 자세히 설명하겠습니다. 그리고 Lesson 4.3에서는 DHCPv6에 새로 생긴 Prefix Delegation 기능에 대해 알아보겠습니다.

Lesson 2에서 배웠던 Stateless 주소 자동 설정 방식만으로도 글로벌 유니캐스트 주소를 자동 생성할 수 있었습니다. 그럼에도 군이 Stateful 주소 자동 설정 방식이 필요한 이유는 DHCP 서버의 무수히 많은 활용 가치 때문입니다. 예를 들어 DHCP 서버를 이용하면 특정한 IPv6 주소 할당 계획(특정 호스트/특정 지역에 대해 특정 대역의 IPv6 주소를 할당)을 세울 수 있습니다. 특히 인터넷 사업자의 경우에는 DHCP 서버가 단순히 IP 주소 할당 장비 이상의 의미를 갖고 있습니다.[143] Lesson 4.4에서는 인터넷 사업자들이 어떻게 DHCPv6 서버를 이용하는지 간략하게 설명하겠습니다.

01 DHCPv6 프로토콜 개요

IP 노드들이 IP 네트워크에서 다른 노드들과 통신하기 위해서는 필수적으로 알아야 할 정보(예 자기자신의 IP 주소, DNS 서버 주소 등)들이 있습니다. 물론 운용자가 그 정보들을 일일이 수동으로 노드에 입력할 수도 있습니다. 하지만 운용자가 관리해야 할 네트워크의 사이즈가 클수록 수동으로 입력하는 방식은 상당히 비효율입니다. 따라서 IP 노드들이 자동으로 통신에 필요한 정보들을 획득할 수 있는 방법이 강구됐는데, 이것이 바로 DHCP(Dynamic Host Configuration Protocol)입니다.

---

142 DHCPv6(Dynamic Host Configuration Protocol for IPv6)로 동작하는 클라이언트에게 IPv6 주소, DNS 서버 주소 등의 정보를 할당해주고 관리하는 서버를 말합니다.

143 많은 ISP가 DHCP 서버를 통해 AAA(Authentication, Authorization and Accounting) 시스템을 구축하고 있습니다. 왜냐하면 모든 연결 장비(connective device)가 초기에 DHCP 서버와 통신해야 하기 때문에 ISP들은 DHCP 서버를 이용하면 손쉽게 모든 연결 장비들을 관리(예 인증, 권한 검증, 과금)할 수 있기 때문입니다.

DHCPv6는 기존 DHCP(Dynamic Host Configuration Protocol)의 IPv6 버전입니다. DHCPv6 역시 다른 IPv6 프로토콜과 마찬가지로 DHCPv4와 독립적으로 작동합니다.

IPv6 호스트들에게 IPv6 주소를 비롯해 여러 네트워크 파라미터가 주는 서버를 'DHCPv6 서버'라고 합니다. 그리고 DHCPv6 서버로부터 IPv6 주소 등의 여러 네트워크 파라미터를 받는 IPv6 호스트를 'DHCPv6 클라이언트'라고 합니다. DHCPv6 클라이언트는 DHCPv6 서버와 여러 DHCPv6 메시지를 주고받으면서 DHCPv6 서버로부터 여러 정보를 받습니다. DHCPv6 Client가 DHCPv6 서버로부터 받는 정보 중 가장 중요한 것은 IPv6 주소입니다.

DHCPv6는 애플리케이션 계층 프로토콜입니다. DHCPv6 클라이언트와 DHCPv6 서버 간의 DHCPv6 메시지는 UDP로 전송되며, DHCPv6에 사용되는 UDP 포트는 [표 4-7]과 같습니다.

표 4-7
DHCPv6 메시지에
쓰이는 UDP 포트들

의미	UDP 포트 넘버
Client Port	546
서버/Agent Port	547

DHCPv6 메시지는 DHCPv4 메시지와 마찬가지로 유니캐스트로 전송되기도 하지만, 특정 멀티캐스트 주소를 이용해 전송되기도 합니다. DHCPv6 메시지에 쓰이는 멀티캐스트 주소를 [표 4-8]에 표기했습니다.

표 4-8
DHCPv6 멀티캐스트
주소

All_DHCP_Relay_Agents_and_Servers	FF02::1:2
All_DHCP_Servers	FF05::1:3

Chapter 2의 Lesson 2에서 IPv6 주소의 스코프(Scope) 개념에 대해 배웠습니다. 이를 토대로 All_DHCP_Relay_Agents_and_Servers는 링크로컬에서만 통용되는 멀티캐스트 주소, All_DHCP_Servers는 사이트로컬(Site-Local)에서 통용되는 주소라는 것을 알 수 있습니다.

DHCPv6 클라이언트가 자신의 링크에 붙어 있는 릴레이 에이전트(Relay Agents) 또는 서버들과 통신할 때 사용되는 멀티캐스트 주소는 All_DHCP_Relay_Agents_and_Server, DHCPv6 릴레이 에이전트가 DHCPv6 서버로 메시지를 보낼 때 사용되는 멀티캐스트 주소는 All_DHCP_Server입니다.[144] 따라서 (DHCPv4와 달리) DHCPv6 Client, 릴레이 에이전트는 DHCPv6 서버, DHCPv6 릴레이 에이전트의 글로벌 유니캐스트 주소를 몰라도 이 2개의 멀티캐스트 주소만을 이용해 DHCPv6 메시지들을 주고받을 수 있습니다.

DHCPv6 서버와 클라이언트의 네트워크 인터페이스는 유일한 DUID(DHCP Unique Identifier)를 하나씩 갖고 있습니다. DUID는 처음 생성되고 난 이후로 변하지 않는 값입니다. 따

144 운용자가 원하면 릴레이 에이전트에서 DHCPv6 서버, 유니캐스트 로 전송되게 할 수도 있습니다.

라서 DHCPv6 서버, 클라이언트는 DUID를 특정 클라이언트, 서버를 구별하는 데 이용합니다.

클라이언트의 DUID를 클라이언트 ID라 하고, 서버의 DUID를 서버 ID라 합니다. DUID는 전 세계적으로 유일한 값이어야 하며, 복잡한 알고리즘 없이 쉽게 생성될 수 있어야 합니다. 이런 조건을 만족하는 DUID 생성 방법은 [표 4-9]와 같이 네 가지 종류가 있습니다. 각 타입별로 DUID의 데이터 사이즈는 다릅니다.

표 4-9
DUID의 종류들

DUID 타입	설명
DUID-LLT	Link-Layer Address Plus Time
DUID-EN	Enterprise Number[143]
DUID-LL	Link-Layer Address
DUID-UUID	Universally Unique ID[144]

DHCPv6 프로토콜에 DUID와 더불어 새로 추가된 개념으로 IA(Identity association)라는 것이 있습니다. DHCPv6 클라이언트는 네트워크 인터페이스별로 고유의 DUID를 가진다고 했습니다. 그리고 하나의 DUID는 복수 개의 IA를 가질 수 있습니다. 하나의 DUID에 복수 개의 IA를 가질 수 있으므로 IA를 구별할 수 있는 식별자가 필요한데, 이것이 IAID(Identity Association Identifier)입니다. IA는 IA_NA(Identity Association for Non-Temporary Addresses)와 IA_TA(Identity association for Temporary Addresses)로 나눕니다. DHCPv6 서버가 DHCPv6 클라이언트에 할당해주는 글로벌 유니캐스트 주소를 IA_NA라고 부릅니다.[147]

DHCPv4 프로토콜에 없던 개념들이라 잘 이해되지 않을 것입니다. 알기 쉽게 예를 들어 설명해보겠습니다. 랜카드 A, B를 장착한 윈도우 7 PC가 있다고 가정해보겠습니다(즉, 이 PC의 랜카드는 2개입니다). 그렇다면 이 PC는 각 랜카드별로 고유한 DUID를 갖고 있습니다. 즉 이 PC는 2개의 DUID를 갖고 있는 것입니다. 그리고 랜카드별로(DUID별로) DHCPv6 서버로부터 복수 개의 IA_NA를 할당받을 수 있습니다. 만약, 랜카드 A가 DHCPv6 서버로부터 2개의 IA_NA를 할당받았고, 랜카드 B는 1개의 IA_NA를 할당받았다고 가성하면 이 PC는 총 3개의 글로벌 유니캐스트 주소를 DHCPv6 서버로부터 할당받은 것이 되는 것입니다. Lesson 5에서 DHCPv6 서버로부터 글로벌 유니캐스트 주소를 할당받는 과정을 자세히 설명할 것입니다. 이때 DHCPv6 메시지들을 공부하다 보면 DUID, IA_NA가 어떤 용도로 쓰이는지 정확히 알게 될 것입니다.

이번에는 DHCPv6 서버와 DHCPv6 클라이언트 간에 주고받는 DHCPv6 메시지 포맷에 대해 설명하겠습니다.

DHCPv6 메시지는 단 2개의 공통된 메시지 포맷을 공유합니다.

145 Enterprise Number는 http://www.iana.org/assignments/enterprise-numbers에서 확인할 수 있습니다.
146 RFC 6355, 'Definition of the UUID-Based DHCPv6 Unique Identifier'를 참조하기 바랍니다.
147 IA_TA(Identity Association for Temporary Addresses)는 아직 활용 용도를 찾지 못하고 있습니다.

❶ DHCPv6 클라이언트와 DHCPv6 서버(또는 Relay Agent[148]) 간에 교환되는 DHCPv6 메시지

❷ 릴레이 에이전트와 DHCPv6 서버 간에 교환되는 DHCPv6 메시지

그러면 2개의 DHCPv6 메시지 포맷에 대해 알아보겠습니다. DHCPv6 클라이언트와 DHCPv6 서버/릴레이 에이전트 간에 주고받는 모든 DHCPv6 메시지는 [그림 4-24]의 형식을 따릅니다.

그림 4-24
DHCPv6 클라이언트
◆━▶ DHCPv6 서버/
릴레이 에이전트 간
의 DHCPv6 메시지
데이터 포맷

8	8	8	8
Message Type	Transaction-ID		
Options(Variable)			

• **Message Type 필드**: 메시지 타입의 종류는 [표 4-10]과 같습니다.

표 4-10
DHCPv6 클라이언트
◆━▶ DHCPv6 서버/
릴레이 에이전트 간
의 메시지 타입

메시지 타입	타입 넘버	송신	수신	설명
Solicit	1	Client	모든 서버	DHCPv6 서버를 찾을 때 보내는 메시지
Advertise	2	서버	클라이언트	클라이언트가 보낸 Solicit 메시지의 응답으로 보내는 메시지
Request	3	Client	특정 서버	IP 주소를 포함한 파라미터 값 등을 요구하기 위해 보내는 메시지
Confirm	4	Client	모든 서버	자신이 할당한 IP 주소가 여전히 유효한지 물어보는 메시지
Renew	5	Client	자신에게 할당한 서버	할당받은 IP 주소와 여러 파라미터 값 등을 연장하려고 할 때 보내는 메시지
Rebind	6	Client	모든 서버	클라이언트가 renew 메시지의 응답을 받지 못했을 때 보내는 메시지
Reply	7	서버	클라이언트	클라이언트가 보낸 Request, Renew, Rebind 메시지의 응답으로 보내는 메시지
Release	8	Client	자신에게 할당한 서버	자신에게 할당한 IP 주소를 더 이상 사용하지 않으려고 할 때 보내는 메시지
Decline	9	Client	자신에게 할당한 서버	서버가 할당해준 IPv6 주소가 이미 (클라이언트가 속한 링크상에서) 다른 곳에서 사용하고 있다는 것을 알리고자 할 때 보내는 메시지
Reconfigure	10	서버	클라이언트	클라이언트에게 파라미터 값 등을 업데이트시키고자 할 때 보내는 메시지
Information-Request	11	Client	자신에게 할당한 서버	IP 주소를 제외한 파라미터 값 등을 요구할 때 보내는 메시지

• **Transaction ID 필드**: DHCPv6 클라이언트가 DHCPv6 메시지를 보낼 때마다 랜덤하게 생성해 넣는 값입니다. 따라서 클라이언트가 생성하는 모든 메시지의 Transaction ID 값은 서

[148] DHCPv6 클라이언트와 동일한 링크상에 존재하면서 클라이언트와 DHCPv6 서버 간에 DHCPv6 메시지 를 전달해주는 노드를 말합니다.

로 달라집니다. 이 ID 값은 DHCPv6 메시지를 구별하는 데 사용됩니다. 예를 들어 DHCPv6 서버는 (클라이언트가 보낸 메시지의) 응답 메시지를 만들 때 (클라이언트가 보낸) 요청 메시지의 transaction ID 값을 똑같이 복사해 자신의 응답 메시지의 Transaction ID 필드에 집어넣습니다. 이로 인해 이 응답 메시지를 받은 복수의 클라이언트들은 Transaction ID를 통해 자신의 요청에 의해 생성된 응답 메시지인지, 아닌지 구별할 수 있게 됩니다.

DUID와의 차이는 DUID는 노드(DHCPv6 서버, DHCPv6 클라이언트)를 구별하는 고윳값이며 한 번 정해지면 바뀌지 않지만 Transaction ID는 DHCPv6 메시지를 구별하는 고윳값이며 DHCPv6 클라이언트가 생성하는 메시지마다 변화하는 값이라는 것입니다.

- **Options 필드**: 옵션들의 용도는 Lesson 5에서 각 메시지 타입별로 알아보겠습니다.

DHCPv6 릴레이 에이전트와 DHCPv6 서버 간에 주고받는 DHCPv6 메시지 포맷은 [그림 4-25]의 형식을 따릅니다.

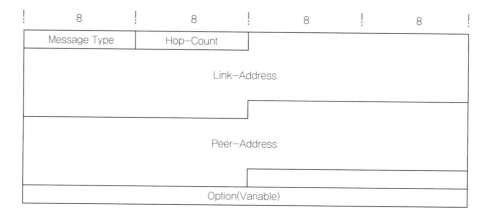

그림 4-25
DHCP 서버와 릴레이 에이전트 간의 DHCPv6 메시지 데이터 포맷

- **Message Type 필드**: [표 4-11]과 같이 단 2개뿐입니다.

표 4-11
DHCPv6 서버와 릴레이 에이전트 메시지 타입

메시지 타입	타입 넘버	송신	수신	설명
Relay-Forward	12	Relay Agent	서버, Relay Agent	클라이언트 또는 또나른 릴레이 에이전트가 보내는 메시지가 Relay-Forward 메시지의 옵션 필드에 인캡슐레이션(Encapsulation)돼 있음
Relay-Reply	13	서버	Relay Agent	서버가 클라이언트에게 보낼 메시지가 Relay-Reply 메시지의 옵션 필드에 인캡슐레이션돼 있음

- **Hop Count 필드**: 이 메시지가 몇 번 릴레이됐는지 표시해줍니다. 만약 릴레이 에이전트가 메시지를 받았을 경우, 홉카운트(Hop-Count)의 값이 설정된 HOP_COUNT_LIMIT 값보다 크면 릴레이 에이전트는 이 메시지를 버립니다. 이는 Relay-Forward 메시지가 네트워크상에서 무분별하게 플러딩(Flooding)되는 것을 막기 위함입니다.

- **Link-Address 필드**: 릴레이 에이전트의 인터페이스 주소 중 클라이언트와 동일한 링크에 있

는 글로벌 유니캐스트 주소가 기입됩니다. 이 주소는 서버가 클라이언트의 위치를 파악하는 데 사용됩니다.[149] 예를 들어 [그림 4-28]처럼 하나의 DHCPv6 서버에 여러 개의 네트워크가 연결될 수 있습니다. 이때 서버는 링크 주소를 이용해 클라이언트가 어느 곳에 있는지 파악할 수 있습니다. 클라이언트의 위치를 정확히 파악해야 하므로 클라이언트의 링크로컬 유니캐스트 주소가 아닌 글로벌 유니캐스트 주소가 기입됩니다.

• **Peer-Address 필드**: 이 메시지를 보낸 클라이언트 또는 릴레이 에이전트의 주소가 기입됩니다.

• **Options 필드**: 여러 옵션 중 'Relay Message Option'은 반드시 포함해야 합니다. 'Relay Message Option'은 릴레이 에이전트가 받은 DHCPv6 메시지를 그대로 인캡슐레이션 (Encapsulation)시킨 것입니다.

지금까지 DHCPv6 메시지에 대해 설명했습니다. 하지만 아직까지는 DHCPv6 메시지의 여러 필드가 어떤 용도로 쓰이는지, 그 목적은 무엇인지 잘 이해되지 않을 것입니다. 하지만 Lesson 4.2의 'IPv6 클라이언트들이 DHCPv6 프로토콜을 통해 글로벌 유니캐스트 주소를 할당받는 알고리즘'을 읽어보면 DHCPv6 메시지들의 필드들이 어떤 의미를 갖고 있는지 쉽게 알 수 있을 것입니다.

02 DHCPv6 프로토콜 알고리즘

이번에는 DHCPv6 클라이언트가 DHCPv6 프로토콜을 이용해 글로벌 유니캐스트 주소를 할당받는 과정에 대해 알아보겠습니다.

DHCP 릴레이 에이전트는 DHCP Client가 DHCP 서버로부터 IP 주소를 할당받을 때 중요한 역할을 하는 노드입니다. DHCP 릴레이 에이전트는 DHCP 클라이언트와 동일한 링크상에 존재하면서 클라이언트와 (다른 링크상에 존재하는) DHCP 서버 간의 DHCP 메시지를 전달해주는 노드를 말합니다.

DHCPv6 서버를 통한 IPv6 주소 할당 과정을 DHCPv6 릴레이 에이전트가 없는 경우와 DHCPv6 릴레이 에이전트가 있는 경우로 나눠 알아보겠습니다.

▶ DHCPv6 릴레이 에이전트가 없는 경우

[그림 4-26]은 1개의 DHCPv6 서버와 다수의 클라이언트들이 연결된 네트워크를 보여주고 있습니다.

---

149 기존 DHCPv4 메시지의 GIADDR(gateway IP Address) 필드 와 동일한 용도입니다.

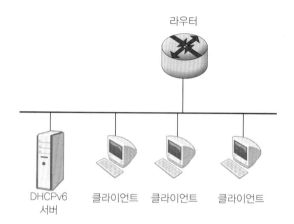

그림 4-26
DHCPv6 서버와
클라이언트들이
동일한 네트워크에
있는 경우

[그림 4-26]에서 DHCPv6 서버와 클라이언트들은 동일한 네트워크 도메인을 공유합니다. 이런 네트워크 환경에서는 DHCPv6 클라이언트들이 DHCP 서버에 (릴레이 에이전트를 거치지 않고) 직접 IPv6 할당 요청을 합니다.

[그림 4-26]과 같이 릴레이 에이전트가 없는 네트워크에서 DHCPv6 클라이언트가 DHCPv6 서버로부터 IPv6 주소를 할당받기까지의 DHCPv6 메시지 동작 순서가 [그림 4-27]에 나타나 있습니다.

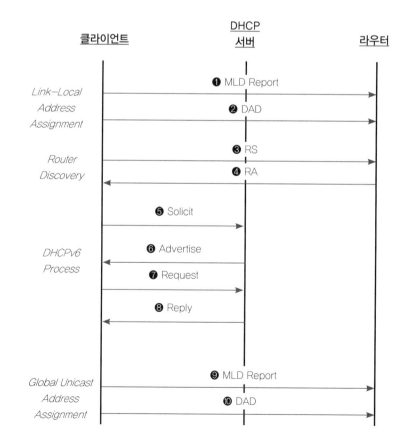

그림 4-27
릴레이 에이전트가
없는 네트워크에서의
Stateful 주소 자동
설정 절차

네트워크 관리자가 DHCP 서버를 사용하기로 결정했다는 것은 IP 주소를 수동으로 할당하기 어려운 환경, 즉 관리하고자 하는 네트워크의 사이즈가 상당히 클 때입니다. (DHCP 서버를 반드시 사용해야 할 만큼) 상당히 큰 네트워크에서는 [그림 4-26]처럼 DHCP 서버와 클라이언트들이 동일 네트워크상에 있을 확률이 거의 없습니다. 따라서 [그림 4-26]처럼 Relay Agent가 없는 환경에서의 Stateful 주소 자동 설정 알고리즘은 설명하지 않겠습니다. 무엇보다 릴레이 에이전트가 존재하는 환경에서의 Stateful 주소 자동 설정 알고리즘이 훨씬 더 복잡하기 때문에 [그림 4-29]의 설명만으로 Stateful 주소 자동 설정 알고리즘에 대한 고찰은 충분하기 때문입니다.

▶ DHCPv6 릴레이 에이전트가 있는 경우

네트워크의 사이즈가 커질수록 [그림 4-26]과 달리, 하나의 DHCPv6 서버가 다수의 인터네트워크(Inter-Network)를 관리하는 환경이 더 일반적입니다. [그림 4-28]이 이런 환경을 나타낸 것입니다.

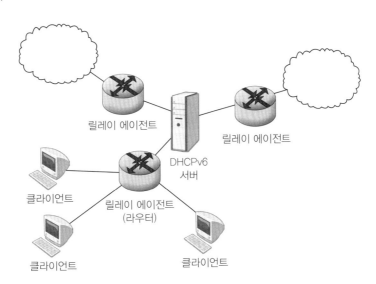

그림 4-28
DHCPv6 서버와 클라이언트들이 서로 다른 네트워크에 있는 경우

[그림 4-28]에서 각 라우터들은 하나의 네트워크를 가지며, 클라이언트와 DHCPv6 서버 간의 릴레이 에이전트 역할을 합니다.

[그림 4-29]는 릴레이 에이전트가 있는 네트워크 환경에서 클라이언트가 DHCPv6 프로토콜을 통해 IPv6 주소를 할당받는 프로세스를 나타내고 있습니다. [그림 4-29]의 프로세스를 따라 릴레이 에이전트가 있는 환경에서의 Stateful 주소 자동 설정의 과정을 하나씩 자세히 설명하겠습니다.

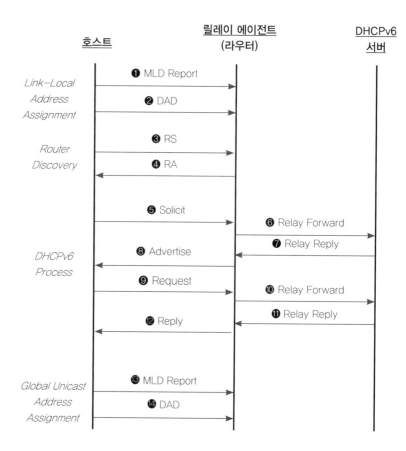

그림 4-29
릴레이 에이전트가
있는 네트워크에서의
Stateful 주소 자동
설정 과정

호스트   릴레이 에이전트
(라우터)   DHCPv6
서버

Link-Local
Address
Assignment

❶ MLD Report
❷ DAD

Router
Discovery

❸ RS
❹ RA

❺ Solicit
❻ Relay Forward
❼ Relay Reply

DHCPv6
Process

❽ Advertise
❾ Request
❿ Relay Forward
⓫ Relay Reply
⓬ Reply

Global Unicast
Address
Assignment

⓭ MLD Report
⓮ DAD

■ 링크로컬 유니캐스트 주소 할당

클라이언트는 IPv6 기능이 활성화되면 자동적으로 [표 2-16]대로 All-Nodes 멀티캐스트 주소를 생성합니다. 클라이언트가 All-Nodes 멀티캐스트 주소를 생성할 때 클라이언트는 멀티캐스트 그룹(All-Nodes 멀티캐스트 그룹)에 조인하기 위해 MLD Report 메시지를 보냅니다([그림 4-29]의 ❶ 과정).

그런 다음 (자동으로 하든, 수동으로 하든) 클라이언트는 링크로컬 유니캐스트 수소를 생성합니다. 이때의 링크로컬 유니캐스트 주소는 아직 [그림 4-1]의 Tentative 주소 상태입니다. 따라서 클라이언트는 DAD 과정을 수행합니다([그림 4-29]의 ❷ 과정). 생성하고자 하는 Target 주소가 중복되지 않았다는 것을 확인하면 Tentative 주소는 Preferred 주소로 승격해 링크로컬 유니캐스트 주소를 자신의 인터페이스에 할당합니다.

이처럼 글로벌 유니캐스트 주소를 자동 생성하기 위해서는 우선 링크로컬 유니캐스트 주소를 생성해야 합니다.

■ Router Discovery

링크로컬 유니캐스트 주소를 생성한 클라이언트는 링크상에 존재하는 라우터를 찾기 위해 Router Discovery 과정을 수행합니다([그림 4-29]의 ❸, ❹ 과정). 즉, 클라이언트는 라우터를 찾기 위해 All_Routers_Multicast_Address(FF02::2) 주소로 RS 메시지를 보냅니다([그림 4-29]의 ❸ 과정).

이때까지 클라이언트는 글로벌 유니캐스트 주소를 Stateless Address로 생성할 것인지, Stateful Address로 생성할 것인지 모르는 상태입니다. 이것이 IPv4 네트워크에서와 다른 점입니다. IPv4 네트워크에서는 클라이언트들은 자신이 DHCP 서버로부터 IP 주소를 할당받는지, 안 받는지, 미리 설정돼 있어야만 했습니다. 반면, IPv6 네트워크에서 DHCPv6 서버로부터 IP 주소를 받을지 안 받을지는(호스트가 아닌) 라우터가 결정합니다. IPv6 호스트는 라우터로부터 RA 메시지를 받고 난 후에야 Stateless 주소 자동 설정으로 작동할지, Stateful 주소 자동 설정으로 작동할지 알게 됩니다.

클라이언트는 RS 메시지를 보낸 후 그 응답으로 라우터로부터 RA 메시지를 받게 됩니다([그림 29]의 ❹ 과정). 라우터가 보내는 RA 메시지 중에서 Stateful 주소 자동 설정과 관련된 것은 'M', 'O' 플래그 필드입니다. [그림 4-30]은 RA 메시지의 포맷을 나타낸 것입니다.

그림 4-30
RA 메시지 데이터 포맷

8	8	8	8
Type	Code	Checksum	
Cur Hop Limit	M O H Prf. Resvd	Router Lifetime	

• **M Flag 필드**: 'Managed Address Configuration Flag'입니다. '1'으로 세팅되면 RA 메시지를 받은 호스트들은 DHCPv6 서버로부터 IPv6 주소를 할당받으라는 뜻입니다.

• **O Flag 필드**: 'Other Configuration Flag'입니다. '1'으로 세팅되면 TFTP 서버, DNS 서버 등의 정보 역시 DHCPv6 서버로 받는다는 뜻입니다.

• 'M', 'O' 플래그가 모두 0으로 설정되면 DHCPv6 서버로부터 어떤 정보도 받지 않는다는 뜻입니다.

라우터 디스커버리(Router Discover) 과정을 통해 RA 메시지를 수신하면 이제 DHCPv6 서버로부터 IP 주소를 할당받는 과정이 시작됩니다.

■ DHCPv6 프로세스

이제부터 본격적으로 DHCPv6 프로토콜을 통해 IPv6 주소를 할당받는 과정([그림 4-29]의 ❺ ~❷ 과정)에 대해 설명하겠습니다.

[그림 4-31]은 DHCPv6 프로세스를 쉽게 이해할 수 있도록 [그림 4-28]의 한 단면을 표시한 것입니다.

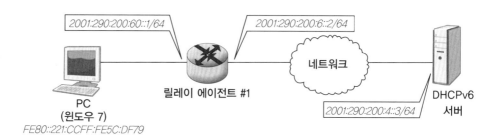

그림 4-31
릴레이 에이전트가
존재하는 네트워크

2001:290:200:60::1/64

2001:290:200:6::2/64

네트워크

릴레이 에이전트 #1

2001:290:200:4::3/64

DHCPv6
서버

PC
(윈도우 7)
FE80::221:CCFF:FE5C:DF79

RA 메시지를 받은 클라이언트는 자신이 DHCPv6 서버로부터 글로벌 유니캐스트 주소를 할당받아야 하는지를 알게 됩니다. 따라서 클라이언트는 DHCPv6 서버를 찾기 위해 DHCPv6 Solicit 메시지를 멀티캐스트로 보냅니다([그림 4-29]의 ❺ 과정).

[그림 4-32]는 [그림 4-31]의 윈도우 7 PC가 보내는 DHCPv6 Solicit 메시지를 캡처한 것입니다.

그림 4-32
DHCPv6 Solicit 메시
지를 캡처한 화면

```
1 10:44:57.544640000 fe80::221:ccff:fe5c:df79 ff02::1:2 DHCPv6 156 Solicit XID: 0x526da4 CID: 00010001154be6740021.
⊞ Frame 1: 156 bytes on wire (1248 bits), 156 bytes captured (1248 bits)
⊞ Ethernet II, Src: Flextron_5c:df:79 (00:21:cc:5c:df:79), Dst: IPv6mcast_00:01:00:02 (33:33:00:01:00:02)
⊟ Internet Protocol Version 6, Src: fe80::221:ccff:fe5c:df79 (fe80::221:ccff:fe5c:df79), Dst: ff02::1:2 (ff02::1:2)
   ⊞ 0110 .... = Version: 6
   ⊞ .... 0000 0000 .... .... .... .... .... = Traffic class: 0x00000000
     .... .... .... 0000 0000 0000 0000 0000 = Flowlabel: 0x00000000
     Payload length: 102
     Next header: UDP (0x11)
     Hop limit: 1
     Source: fe80::221:ccff:fe5c:df79 (fe80::221:ccff:fe5c:df79)
     [Source SA MAC: Flextron_5c:df:79 (00:21:cc:5c:df:79)]
     Destination: ff02::1:2 (ff02::1:2)
⊟ User Datagram Protocol, Src Port: dhcpv6-client (546), Dst Port: dhcpv6-server (547)
     Source port: dhcpv6-client (546)
     Destination port: dhcpv6-server (547)
     Length: 102
   ⊞ Checksum: 0xaaf5 [validation disabled]
⊟ DHCPv6
     Message type: Solicit (1)
     Transaction ID: 0x526da4
   ⊞ Elapsed time
   ⊞ Client Identifier: 00010001154be6740021cc5cdf79
   ⊞ Identity Association for Non-temporary Address
   ⊞ Fully Qualified Domain Name
   ⊞ Vendor Class
   ⊞ Option Request
```

필드		값	설명
IP 헤더	Source Address	FE80::221:CCFF:FE5C:DF79	DHCPv6 클라이언트의 링크레이어 주소
	Destination Address	FF02::1:2	All_DHCP_Relay_Agents_and_Servers Multicast Address
UDP 헤더	Source Port	546	클라이언트 포트
	Destination Port	547	서버/에이전트 포트
DHCPv6 메시지	Type	1	Solicit 메시지
	Transaction ID	0x526DA4	–
	Client ID	00010001154BE674⋯	DUID

표 4-12
[그림 4-32]의 메시지 내용

- **Source 주소**: DHCPv6 Solicit 메시지의 Source 주소는 DHCPv6 클라이언트의(아직 글로벌 유니캐스트 주소가 할당되지 않았기 때문에) 링크로컬 유니캐스트 주소가 됩니다. 참고로 IPv4에서 비슷한 용도로 쓰이는 DHCPv4 Discover 메시지에서는 Source 주소가 Null(0.0.0.0)로 찍힙니다.

- **Destination 주소**: 모든 DHCPv6 서버, 에이전트에게 전달될 수 있는 멀티캐스트 주소인 All_DHCP_Relay_Agents_and_Servers Multicast Address(FF02::1:2)로 전송됩니다.

- **UDP 헤더**: DHCPv6 프로토콜은 애플리케이션 프로토콜이기 때문에 Layer 4 헤더가 IPv6 패킷의 페이로드 안에 인캡슐레이션돼 있습니다.

- **Source 포트**: DHCPv6 클라이언트 포트인 546이 기입됩니다.

- **Destination 포트**: DHCPv6 서버/에이전트 포트인 547이 기입됩니다.

- **Type 필드**: DHCPv6 Solicit 메시지를 뜻하는 숫자 1이 기입됩니다.

- **Transaction ID 필드**: 이 메시지를 다른 DHCPv6 Solicit 메시지들과 구별할 수 있는 이 메시지의 고윳값입니다.

- **Client ID 필드**: Client ID는 클라이언트의 DUID를 의미합니다. 참고로 윈도우 7 운영 체제는 [표 4-9]에서 Link-Layer Address plus Time을 사용합니다.

- **Option Request 필드**: 클라이언트가 DHCPv6 서버로부터 받고자 하는 옵션들의 list입니다.

만약, DHCPv6 Solicit 메시지를 보낸 클라이언트가 DHCPv6 Advertise 메시지를 받지 못하면([그림 4-29]의 ❽ 과정), 클라이언트는 주기적으로 (DHCPv6 Advertise 메시지를 받을 때까지) DHCPv6 Solicit 메시지를 보냅니다.

윈도우 7 운영 체제의 경우에는 [그림 4-33]과 같이 DHCPv6 Solicit 메시지를 +1초, +2초, +4초, +8초, +16초 그리고 +32초 간격으로 보냅니다. 이것이 한 사이클이고 다시 6분을 주기로 사이클이 반복됩니다. 당연히 중간에 DHCPv6 Advertise 메시지를 받으면 클라이언트는 더 이상 DHCPv6 Solicit 메시지를 보내지 않습니다.

그림 4-33
윈도우 7 OS의
DHCPv6 Solicit 메시
지 시간 간격

No.	Time	Source	Destination	Protoco	Length	Info
138	17:34:02.809830	fe80::250a:98c1:5fe9:3bc3	ff02::1:2	DHCPv6	149	Solicit XID:
142	17:34:03.823848	fe80::250a:98c1:5fe9:3bc3	ff02::1:2	DHCPv6	149	Solicit XID:
158	17:34:05.836019	fe80::250a:98c1:5fe9:3bc3	ff02::1:2	DHCPv6	149	Solicit XID:
189	17:34:09.845203	fe80::250a:98c1:5fe9:3bc3	ff02::1:2	DHCPv6	149	Solicit XID:
277	17:34:17.847757	fe80::250a:98c1:5fe9:3bc3	ff02::1:2	DHCPv6	149	Solicit XID:
389	17:34:33.853004	fe80::250a:98c1:5fe9:3bc3	ff02::1:2	DHCPv6	149	Solicit XID:
653	17:35:05.863952	fe80::250a:98c1:5fe9:3bc3	ff02::1:2	DHCPv6	149	Solicit XID:

DHCPv6 Solicit 메시지를 받은 릴레이 에이전트는 DHCPv6 서버에게 DHCPv6 Solicit 메시지를 전달(Forward)해야 합니다([그림 4-29]의 ❻ 과정).

이때 릴레이 에이전트는 DHCPv6 solicit 메시지를 DHCPv6 서버에게 멀티캐스트로 보내거나 유니캐스트로 보낼 수 있습니다.[150] 멀티캐스트로 전달하고자 할 때는 All_DHCP_Servers Multicast Address(FF05::1:3)로 전달하면 되고, 유니캐스트로 전달하고자 할 때는 DHCPv6 서버의 글로벌 유니캐스트 주소로 전달하면 됩니다.

이 두 가지 방식은 장단점이 있습니다. Relay Agent가 All_DHCP_Servers Multicast Address(FF05::1:3)로 전달할 경우, 네트워크에 DHCPv6 서버의 물리적인 변화가 있더라도 따로 릴레이 에이전트의 소프트웨어 수정 작업을 할 필요가 없다는 장점이 있습니다. 예를 들어 새로운 DHCPv6 서버를 증설하게 되더라도 릴레이 에이전트의 소프트웨어 수정 작업을 할 필요가 없다는 것입니다. 이와 반대로 DHCPv6 메시지를 유니캐스트로 전송하면 DHCPv6 서버의 글로벌 유니캐스트 주소가 바뀔 때마다 릴레이 에이전트의 소프트웨어 수정 작업을 해야 합니다. 하지만 릴레이 에이전트(Relay Agent)가 멀티캐스트로 전송하게 될 때의 단점도 있습니다. 이는 네트워크에 의도하지 않았던 (또는 상태가 제정신이 아닌) DHCPv6 서버가 있게 되면 네트워크에 치명적인 결함을 줄 여지가 있을 수 있다는 것입니다.

(상당히 많은 라우터를 보유하고 있는) 통신 사업자의 경우, 릴레이 에이전트가 Relay-Forward 메시지를 유니캐스트로 전송하는 방식을 선호합니다. 그 이유는 다음과 같습니다. 통신 사업자의 경우, DHCPv6 서버와 릴레이 에이전트 사이에 상당히 많은 라우터가 있을 가능성이 있습니다. 그중 멀티캐스트를 지원하지 않는 라우터가 있을 수 있으며, 그럴 경우 그 라우터로 가는 Relay-Forward 메시지는 다음 라우터로 전달되지 않습니다. 무엇보다 DHCPv6 메시지들을 특정 DHCPv6 서버에게 전달되도록 명시적으로 유니캐스트로 보내는 것이 망의 안전성 면에서 좋기 때문입니다.

[그림 4-31]의 릴레이 에이전트는 DHCPv6 Solicit 메시지를 유니캐스트 주소로 전달하는 것으로 세팅돼 있다고 가정해보겠습니다.

릴레이 에이전트는 (DHCPv6 클라이언트가 보낸) DHCPv6 Solicit 메시지를 받으면 그 메시

---

150 DHCPv4 릴레이 에이전트의 경우에는 유니캐스트로 전달하는 방법밖에 없었습니다.

지를 DHCPv6 Relay-Forward 메시지로 변환해 DHCPv6 서버의 글로벌 유니캐스트 주소로 전달합니다([그림 4-29]의 ❻ 과정). [그림 4-34]는 [그림 4-31]의 릴레이 에이전트가 보내는 Relay-Forward 메시지를 캡처한 것입니다.

```
2 19:48:36.038572 2001:290:200:6::2 2001:290:200:4::3 DHCPv6 194 Relay-forw L: 2001:29...
⊞ Frame 2: 194 bytes on wire (1552 bits), 194 bytes captured (1552 bits)
⊞ Ethernet II, Src: Smt&C_00:05:14 (00:22:31:00:05:14), Dst: Dasan_79:ee:2f (00:d0:cb:79:ee:2f)
⊞ Internet Protocol Version 6, Src: 2001:290:200:6::2 (2001:290:200:6::2), Dst: 2001:290:200:4::3
⊟ User Datagram Protocol, Src Port: dhcpv6-server (547), Dst Port: dhcpv6-server (547)
     Source port: dhcpv6-server (547)
     Destination port: dhcpv6-server (547)
     Length: 140
   ⊞ Checksum: 0xdb03 [validation disabled]
⊟ DHCPv6
     Message type: Relay-forw (12)
     Hopcount: 0
     Link address: 2001:290:200:60::1 (2001:290:200:60::1)
     Peer address: fe80::221:ccff:fe5c:df79 (fe80::221:ccff:fe5c:df79)
   ⊟ Relay Message
       Option: Relay Message (9)
       Length: 94
       Value: 01526da4000800020064000100e00010001154be6740021...
     ⊟ DHCPv6
         Message type: Solicit (1)
         Transaction ID: 0x526da4
       ⊞ Elapsed time
       ⊞ Client Identifier: 00010001154be6740021cc5cdf79
       ⊞ Identity Association for Non-temporary Address
       ⊞ Fully Qualified Domain Name
       ⊞ Vendor Class
       ⊞ Option Request
```

	필드	값	설명
IP 헤더	Source Address	2001:290:200:6::2	릴레이 에이전트의 글로벌 유니캐스트 주소
	Destination Address	2001:290:200:4::3	DHCPv6 서버의 글로벌 유니캐스트 주소
UDP 헤더	Source Port	547	서버/에이전트 포트
	Destination Port	547	서버/에이전트 포트
DHCPv6 메시지	Type	12	Relay-Forward 메시지
	Hop Count	0	
	Link-Address	2001:290:200:60::1	–
	Peer-Address	FE80::221:CCFF:FE5C:DF79	메시지를 보낸 노드의 Source 주소
	Option	9	릴레이 메시지 옵션

• **Source 주소**: DHCPv6 Relay-Forward 메시지를 보내는 릴레이 에이전트의 글로벌 유니캐스트 주소가 기입됩니다.

• **Destination 주소**: 릴레이 에이전트가 DHCPv6 Relay-Forward 메시지를 유니캐스트로 전달되도록 설정돼 있다고 했습니다. 따라서 [그림 4-31]의 DHCPv6 서버의 글로벌 유니캐스트 주소가 기입됐습니다. 만약, 릴레이 에이전트가 DHCPv6 Relay-Forward 메시지를 멀티캐

스트로 전달되도록 설정돼 있다면 Destination 주소는 FF05::1:3(All_DHCP_Servers)으로 기입됐을 것입니다.

- **Source/Destination 포트**: Source, Destination 포트 둘 다 서버/에이전트 포트인 547이 기입됩니다.

- **Type 필드**: DHCPv6 Relay-Forward 메시지를 뜻하는 숫자 12가 기입됩니다.

- **Hop Count 필드**: 릴레이 에이전트가 DHCPv6 클라이언트로부터 받은 DHCPv6 메시지를 전달하는 경우, 홉 카운트(Hop Count)는 '0'으로 설정해 전달합니다. 하지만 DHCPv6 릴레이 에이전트를 여러 번에 걸쳐 DHCPv6 서버로 전달하는 경우, 즉 클라이언트가 아닌 릴레이 에이전트에서 수신한 DHCPv6 메시지를 전달하는 경우에는 홉 카운트의 값을 수신한 DHCPv6 메시지에 있는 홉 카운트값에서 1씩 증가시켜 전달합니다.

- **Link-Address 필드**: DHCPv6 클라이언트가 속한 네트워크에 연결돼 있는 릴레이 에이전트의 인터페이스 주소입니다. DHCPv6 서버는 링크 주소 필드를 참조해 클라이언트에 할당해줄 IPv6 대역을 결정합니다.

- **Peer-Address 필드**: 릴레이 에이전트에게 DHCPv6 메시지를 보낸 클라이언트의 Source 주소가 기입됩니다. 여기서는 DHCPv6 Solicit 메시지를 보낸 노드, 즉 DHCPv6 Client([그림 4-31]의 Windows 7 PC)의 링크로컬 유니캐스트 주소가 표기됩니다.

- **Option 필드**: Relay-Forward, Relay-Reply 메시지는 무조건 '릴레이 메시지 옵션'을 포함합니다.

  릴레이 메시지 옵션 필드에는 릴레이 에이전트가 받은 DHCPv6 메시지를 그대로 집어넣게 (Encapsulation) 돼 있습니다. [그림 4-31]의 릴레이 에이전트는 DHCPv6 Solicit 메시지를 받았으므로 릴레이 에이전트가 보내는 DHCPv6 Relay-Forward 메시지 안의 릴레이 메시지 옵션 필드에는 자신이 받은 DHCPv6 Solicit 메시지가 그대로 인캡슐레이션(Encapsulation) 돼 있습니다.

[그림 4-31]의 릴레이 에이전트가 보내는 DHCPv6 Relay-Forward 메시지는 여러 라우터들을 거쳐 DHCPv6 시버로 전달됩니다.

DHCPv6 Relay-Forward 메시지를 받은 DHCPv6 서버는 DHCPv6 Advertise 메시지를 생성합니다. DHCPv6 Advertise 메시지 안에는 DHCPv6 클라이언트에게 할당할 글로벌 유니캐스트 주소를 비롯한 여러 가지 네트워크 매개변수가 담겨 있습니다. DHCPv6 서버는 DHCPv6 Reply 메시지를 DHCPv6 Relay-Forward 메시지 안에 집어넣고(Encapsulation) 난 후, DHCPv6 Relay-Reply 메시지를 릴레이 에이전트에게 보냅니다([그림 4-29]의 ❼ 과정).

참고로 DHCPv6 서버가 자신의 IPv6 풀(pool) 중에서 어떤 식으로 클라이언트에게 할당할 글로벌 유니캐스트 주소를 선택하는지 설명하겠습니다.

네트워크 관리자는 네트워크별로 할당해줄 IPv6 주소를 설계합니다. 예를 들어, 네트워크 관리자가 네트워크 A, B, C의 IPv6 주소 할당 계획을 [그림4-35]와 같이 세웠다고 가정해보겠습니다.

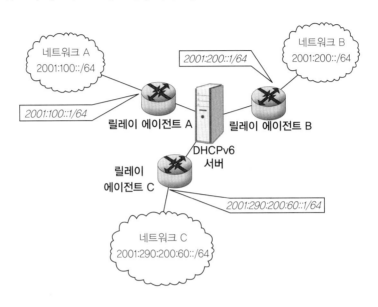

그림 4-35
네트워크별 IPv6
주소 설계 예

그런 다음, 네트워크 관리자는 DHCPv6 서버에 네트워크별로 IPv6 풀(Pool)을 입력합니다. 간단하게 DHCPv6 서버에 [표 4-14]와 같이 입력됐다고 가정해보겠습니다.

표 4-14
DHCPv6 서버에
등록된 IPv6 주소
DB의 예

네트워크	링크 주소	IPv6 풀(Pool)
A	2001:100::1	2001:100::2~2001:100::FFFF:FFFF:FFFF:FFFF
B	2001:200::1	2001:200::2~2001:100::FFFF:FFFF:FFFF:FFFF
C	2001:290:200:60::1	2001:290:200:60::2~2001:290:200:60:FFFF:FFFF:FFFF:FFFF

만약 [그림 4-35]의 네트워크 C에 있는 Connective Ddevice[151]가 IPv6 주소를 생성하려면 그 Connective Device는 릴레이 에이전트 C에게 DHCPv6 Solicit 메시지를 보냅니다. 릴레이 에이전트 C는 자신이 받은 DHCPv6 Solicit 메시지를 DHCPv6 Relay-Forward 메시지로 변환해 DHCPv6 서버로 전달합니다. 이때 네트워크 C에서 전달되는 모든 DHCPv6 Relay-Forward 메시지의 링크 주소는 2001:290:200:60::1로 동일합니다. 따라서 DHCPv6 서버는 자신이 받은 DHCPv6 Relay-Forward 메시지의 링크 주소 필드를 통해 네트워크 C에서 IPv6 주소를 요청하는 것이라고 판단해 [표 4-14]에 따라 '2001:290:200:60::2~2001:290:200:60::FFFF:FFFF:FFFF:FFFF' 주소 중 현재 사용되지 않고 있는 IPv6 주소를 할당합니다.

151 Connective Device: 주소를 갖고 있어, 인터넷 통신을 할 수 있는 장비를 말합니다. 핸드폰, PC, 유·무선 공유기 등 인터넷 통신을 할 수 있는 모든 장비가 포함됩니다.

다시 [그림 4-29]에 대해 계속 알아보겠습니다. [그림 4-36]은 [그림 4-31]의 DHCPv6 서버가 보내는 DHCPv6 Relay-Reply 메시지를 캡처한 것입니다.

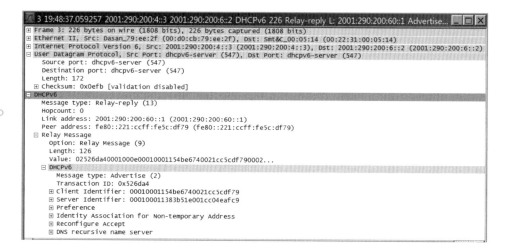

그림 4-36
DHCPv6 Relay-
Reply 메시지 캡처
화면

표 4-15
[그림 4-36] 메시지
내용

필드		값	설명
IP 헤더	Source Address	2001:290:4::3	DHCPv6 서버의 글로벌 유니캐스트 주소
	Destination Address	2001:290:200:6::2	DHCPv6 Relay-Forward 메시지를 보낸 Source 주소
UDP 헤더	Source Port	547	서버/에이전트 포트
	Destination Port	547	서버/에이전트 포트
DHCPv6 메시지	Type	13	Relay-Reply 메시지
	Hop Count	0	–
	Link-Address	2001:290:200:60::1	–
	Peer-Address	FE80::221:CCFF:FE5C:DF79	DHCPv6 solicit 메시지를 보낸 클라이언트의 링크로컬 유니캐스트 주소
	Relay Message Option	9	릴레이 메시지 옵션

- **Source 주소**: DHCPv6 Relay-Reply 메시지를 보낸 DHCPv6 서버의 글로벌 유니캐스트 주소가 기입됩니다.

- **Destination 주소**: DHCPv6 Relay-Forward 메시지를 보낸 릴레이 에이전트의 글로벌 유니캐스트 주소가 기입됩니다.

- **Type 필드**: Relay-Reply 메시지를 뜻하는 숫자 13이 기입됩니다.

- **Link-Address 필드**: DHCPv6 Relay-Forward 메시지의 링크 주소 값과 동일한 값이 표기됩니다. 릴레이 에이전트가 DHCPv6 Relay-Reply 메시지를 받으면 그것을 클라이언트에

전달해야 합니다. 클라이언트가 속한 네트워크를 찾는 데 사용되는 식별자가 바로 링크 주소입니다.

- **Peer-Address 필드**: DHCPv6 Relay-Forward 메시지의 Peer-Address 값과 동일하게 표기됩니다. Peer-Address는 DHCPv6 Solicit 메시지를 보낸 클라이언트의 링크로컬 유니캐스트 주소입니다.

  릴레이 에이전트가 DHCPv6 Relay-Reply 메시지를 받으면 그것을 클라이언트에 전달해야 합니다. 릴레이 에이전트는 Link-Address를 통해 클라이언트가 속한 네트워크를 찾은 후 Peer-Address를 이용해 DHCPv6 Solicit 메시지를 보낸 클라이언트를 찾습니다.

- **Relay Message Option 필드**: DHCPv6 Relay-Forward, Relay-Reply 메시지는 필수적으로 Relay Message 옵션을 갖게 됩니다. Relay-Forward 메시지 안에는 DHCPv6 Solicit 메시지가 인캡슐레이션된 것처럼 Relay-Reply 메시지 안에는 DHCPv6 Advertise메시지가 인캡슐레이션돼 있습니다. Rely Message 옵션에 대한 내용은 (바로 뒤에서 설명하게 될) DHCPv6 Advertise 메시지에서 분석할 것이므로 여기서는 따로 설명하지 않겠습니다.

DHCPv6 서버로부터 DHCPv6 Relay-Reply 메시지를 받은 릴레이 에이전트는 릴레이 메시지 옵션 필드 안에 있는 DHCPv6 Advertise 메시지만 추출해 (Decapsulation) DHCPv6 클라이언트에게 DHCPv6 Advertise 메시지를 보냅니다([그림 4-29]의 ❽ 과정). 그리고 DHCPv6 Advertise 메시지를 캡처한 것이 [그림 4-37]입니다.

그림 4-37
DHCPv6 Advertise
메시지 캡처 화면

	필드	값	설명
IP 헤더	Source Address	FE80::222:31FF:FE00:501	릴레이 에이전트의 링크로컬 유니캐스트 주소
	Destination Address	FE80::221:CCFF:FE5C:DF79	DHCPv6 클라이언트의 링크로컬 유니캐스트 주소
UDP 헤더	Source Port	547	서버/에이전트 포트
	Destination Port	546	클라이언트 포트
DHCPv6 메시지	Type	2	Advertise 메시지
	Transaction ID	0x526DA4	Solicit 메시지 값과 동일
	Client ID	00010001154BE674⋯	클라이언트의 DUID
	Server ID	000100011383⋯	DHCPv6 서버의 DUID
	Preference	255	−
	T1	0	T1 Timer
	T2	0	T2 Timer
	IA Address	2001:290:200:60::2	DHCPv6 서버가 할당한 클로벌 유니캐스트 주소
	Status Message	Granted	−

표 4-16
[그림 4-37]의 메시지 내용

- **Source 주소**: DHCPv6 Advertise 메시지를 보낸 릴레이 에이전트의 링크로컬 유니캐스트 주소가 기입됩니다.

- **Destination 주소**: DHCPv6 Solicit 메시지를 보낸 클라이언트의 링크레이어 주소가 기입됩니다.

- **UDP 헤더**: Source 포트에는 DHCPv6 Solicit 메시지와 반대로 서버/Agent 포트가 기입되고, Destination 포트에는 Client 포트가 기입됩니다.

- **Type 필드**: Advertise 메시지를 뜻하는 숫자 2가 기입됩니다.

- **Transaction ID 필드**: 클라이언트가 DHCPv6 메시지를 생성할 때마다 랜덤하게 생성한 식별자라고 했습니다. DHCPv6 Advertise 메시지의 transaction ID는 그것과 짝이 되는 DHCPv6 Solicit 메시지의 transaction ID와 동일합니다.

- **Client ID 필드**: 클라이언트의 DUID를 Client ID라고 합니다. 이는 DHCPv6 Solicit 메시지의 Client ID와 동일합니다.

- **서버 ID 필드**: 서버의 DUID입니다. 클라이언트는 어떤 DHCPv6 서버로부터 IPv6 주소를 할당받았는지 알아야 합니다. 이때 쓰이는 식별자가 서버 ID입니다.

- **Preference Option 필드**: 클라이언트는 다수의 DHCPv6 서버로부터 1개 이상의 DHCPv6 Advertise 메시지를 받을 수 있습니다. 당연히 각각의 DHCPv6 Advertise 메시지마다 서로 다른 IPv6 주소가 할당돼 있을 것입니다. 이 경우, 클라이언트는 자신이 받은 DHCPv6

Advertise 메시지 중 1개만을 선택해야 합니다. 어떤 DHCPv6 서버로부터 IPv6 주소를 할당받을지 결정할 때 쓰이는 것이 Preference 옵션입니다. DHCPv6 클라이언트는 자신이 받은 Advertise 메시지 중 'Preference value'가 가장 큰 서버를 선택합니다. 만약 수신한 DHCPv6 Advertise 메시지들의 'Preference value'가 동일하면 가장 먼저 수신한 DHCPv6 서버를 선택합니다.

- **IA for NA(Identify Association for Non-Temporary Address):** Option 3으로 Advertise 메시지의 Field 중에서 가장 중요한 정보들을 담고 있는 Option입니다. T1, T2 값은 T1 타이머, T2 타이머의 값을 말합니다. T1 타이머의 값은 Renew 메시지를 보내는 시간을 말하며, T2 타이머의 값은 Rebind 메시지를 보내는 시간을 말합니다. 일반적으로 T1, T2는 Preferred 타이머의 50%, 80%로 세팅합니다. [그림 4-37]을 보면 T1, T2의 값이 0으로 세팅돼 있는 것을 확인할 수 있습니다. 이처럼 T1, T2 값이 모두 0일 경우에는 클라이언트의 판단에 따라 T1, T2 값을 설정하게 되지만 일반적으로 T1, T2의 값은 Preferred 타이머의 50%, 80%로 세팅합니다. IA 주소가 DHCPv6 서버가 할당해준 글로벌 유니캐스트 주소를 뜻합니다.

DHCPv6 클라이언트는 DHCPv6 Advertise 메시지를 받음으로써 DHCPv6 서버가 할당해준 글로벌 유니캐스트 주소를 알 수 있게 됩니다. 하지만 DHCPv6 Advertise 메시지를 받았다고 해서 곧바로 Advertise 메시지 안에 있는 IA 주소를 자신의 인터페이스에 할당하지 않습니다. 그대신 DHCPv6 Request 메시지를 DHCPv6 서버들에게 다시 보내는 행동을 취합니다. 그 이유는 다음과 같습니다.

[그림 4-38]처럼 DHCPv6 클라이언트가 보내는 DHCPv6 Solicit 메시지를 복수 개의 DHCPv6 서버가 수신할 수 있습니다.

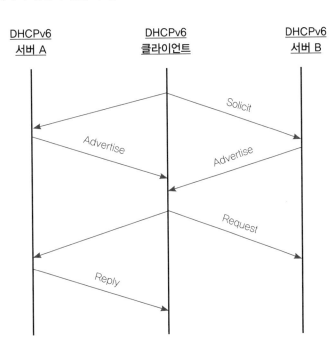

그림 4-38
복수 개의 DHCPv6 서버로부터 DHCPv6 Advertise 메시지를 받는 클라이언트

Solicit 메시지를 수신한 [그림 4-38]의 DHCPv6 서버 A, B는 자신의 IPv6 풀 중 하나를 할당해 Advertise 메시지를 보냅니다. 따라서 [그림 4-38]의 클라이언트는 복수 개의 DHCPv6 서버로부터 복수 개의 Advertise 메시지를 받게 됩니다. 복수 개의 Advertise 메시지를 받으면 (앞에서 설명했던 대로) 클라이언트는 Preference 옵션을 이용해 하나의 Advertise 메시지만 선택합니다. [그림 4-38]의 경우 Advertise 메시지의 Preference Option 값이 동일해 클라이언트는 먼저 수신한 (서버 A가 보낸) Advertise를 선택했다고 가정해보겠습니다. 이때 클라이언트로부터 선택받지 못한 DHCPv6 서버 B도 자신의 IPv6 풀 중에서 하나의 IPv6 주소를 배정한 상태입니다. 따라서 클라이언트는 DHCPv6 서버 B에게 '넌 선택당하지 않았으므로 나에게 할당해줬던 IPv6 주소를 다른 클라이언트에게 줘도 돼' 라는 메시지를 줄 필요가 있습니다. 그 메시지가 바로 DHCPv6 Request입니다.

클라이언트는 하나의 DHCPv6 서버를 선택했어도 자신에게 DHCPv6 Advertise 메시지를 보낸 DHCPv6 서버들의 정보를 기억해둡니다. 추후 자신이 선택한 DHCPv6 서버가 제대로 응답하지 않을 경우, 우선순위에 따라 차순위의 DHCPv6 서버에게 IPv6 주소를 요청하기 위함입니다.

클라이언트가 DHCPv6 Advertise 메시지를 받은 후, 그 응답으로 DHCPv6 Request 메시지를 보낸다고 했습니다([그림 4-29]의 ❾ 과정). [그림 4-39]는 [그림 4-31]의 PC가 보내는 DHCPv6 Request 메시지를 캡처한 것입니다.

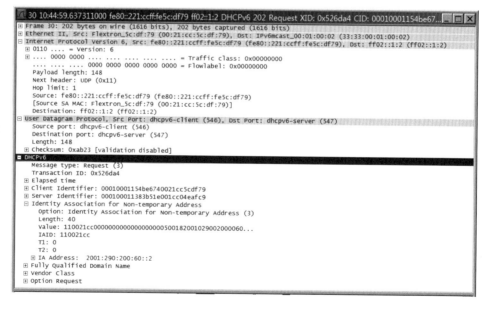

그림 4-39
DHCPv6 Request 메시지 캡처 화면

필드		값	설명
IP 헤더	Source Address	FE80::221:CCFF:FE5C:DF79	–
	Destination Address	FF02::1:2	All_DHCP_Relay_Agents_and_Servers Multicast Address
UDP 헤더	Source Port	546	클라이언트 포트
	Destination Port	547	서버/에이전트 포트
DHCPv6 메시지	Type	3	Request 메시지
	Transaction ID	0x526DA4	DHCPv6 Advertise 메시지 값과 동일
	Client ID	00010001154BE…	–
	서버 ID	000100011383B…	–
	IA Address	2001:290:200:60::2	–

표 4-17
[그림 4-39]의 메시지 내용

- **IP, UDP 헤더**: DHCPv6 Solicit 메시지와 동일합니다.

- **Type 필드**: Request 메시지를 뜻하는 숫자 2가 기입됩니다.

- **Transaction ID 필드**: DHCPv6 Solicit 메시지와 동일합니다.

- **Client ID 필드**: DHCPv6 Solicit 메시지와 동일합니다.

- **서버 ID 필드**: DHCPv6 Request 메시지가 Solicit 메시지와 다른 점은 서버 ID 필드가 있다는 점입니다. [그림 4-38]처럼 클라이언트는 복수 개의 DHCPv6 서버로부터 Advertise 메시지를 받습니다. 클라이언트는 그중 하나의 DHCPv6 서버만을 선택한다고 했습니다. 클라이언트가 선택한 DHPCv6 서버의 ID가 기입됩니다.

- **IA for NA(Identify Association for Non-Temporary Address)**: DHCPv6 Solicit 메시지에는 없었던 IA for NA 옵션이 추가됐습니다. DHCPv6 Advertise 메시지로부터 할당받았던 IA Address가 기입됩니다.

    릴레이 에이전트는 클라이언트로부터 DHCPv6 Request 메시지를 받으면 그 Request 메시지를 릴레이 메시지 옵션에 인캡슐레이션시킨 후 DHCPv6 Relay-Forward 메시지로 DHCPv6 서버에게 전달합니다([그림 4-29]의 ⑩ 과정). 릴레이 에이전트가 DHCPv6 Solicit 메시지를 인캡슐레이션해서 DHCPv6 Relay-Forward 메시지로 서버에게 보내는 것과 동일한 알고리즘입니다. [그림 4-40]은 [그림 4-31]의 릴레이 에이전트가 보내는 Relay-Forward 메시지를 캡처한 것입니다.

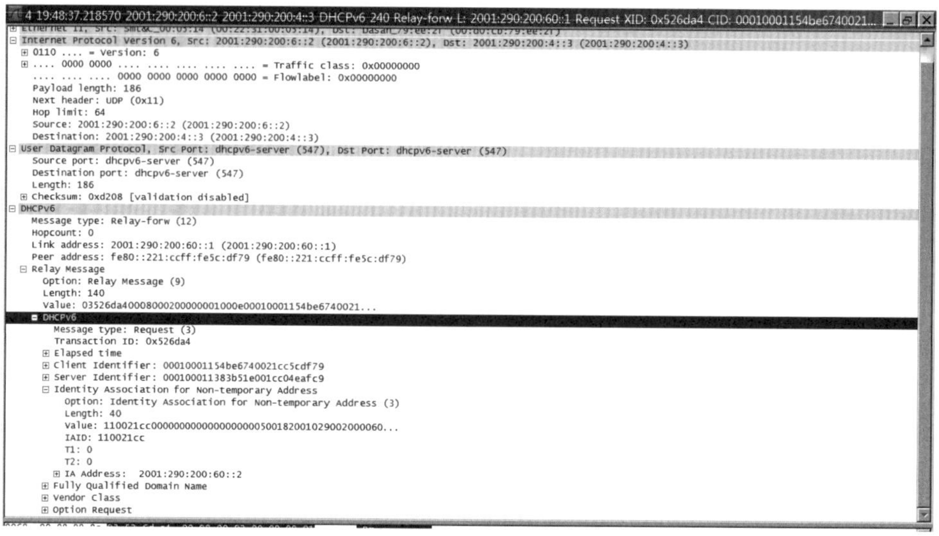

그림 4-40
DHCPv6 Relay-
Forward 메시지 캡처
화면

표 4-18
[그림 4-40] 메시지
내용

	필드	값	설명
IP 헤더	Source Address	2001:290:200:6::2	릴레이 에이전트의 글로벌 유니캐스트 주소
	Destination Address	2001:290:200:4::3	DHCPv6 서버의 글로벌 유니캐스트 주소
UDP 헤더	Source Port	547	서버/에이전트 포트
	Destination Port	547	서버/에이전트 포트
DHCPv6 메시지	Type	12	Relay-Forward 메시지
	Transaction ID	0x526DA4	Request 메시지와 동일
	Hop Count	0	—
	Link-Address	2001:290:200:60::1	—
	Peer-Address	FE80::221:CCFF:FE5C:DF79	메시지를 보낸 노드의 Source 주소
	Relay Message Option	9	릴레이 메시지 주소

- DHCPv6 Solicit 메시지가 인캡슐레이션돼 있던 DHCPv6 Relay-Forward 메시지([그림 4-29]의 ❻)와 거의 동일합니다.

- [그림 4-29]의 ❻ 메시지와 결정적인 차이(또는 유일한 차이)는 릴레이 메시지옵션에 Solicit 메시지가 인캡슐레이션돼 있는 것이 아니라 Request 메시지가 인캡슐레이션돼 있다는 것입니다.

[그림 4-38]의 DHCPv6 서버 A, B는 릴레이 에이전트가 보낸 Relay-Forward 메시지를 수신하게 될 것입니다. 클라이언트가 Request 메시지를 보내는 이유는 서버 A에게는 '당신이 선택됐어요', 서버 B에게는 '당신은 선택되지 않았어요'라고 알려주기 위함이라고 했습니다. 서버 A, B 모두 Request 메시지의 transaction ID와 Client ID를 통해 자기자신이 IPv6 주소를 할당해준 클라이언트라는 것을 알게 됩니다. 이때 Request 메시지의 서버 ID는 서버 A의 DUID 입니다. 따라서 서버 A는 자기자신이 선택됐다는 것을 알게 될 것이고, 서버 B는 자기자신이 선택되지 않은 사실을 알게 될 것입니다. 선택받지 못한 서버 B는 클라이언트에게 할당해준 IPv6 주소를 (다른 클라이언트에게 할당할 수 있도록) Free 상태로 변경합니다. 선택받은 서버 A는 Reply 메시지를 생성한 후 DHCPv6 Relay-Reply 메시지에 인캡슐레이션시키고 릴레이 에이전트에게 보냅니다([그림 4-29]의 ⑪ 과정). [그림 4-41]은 [그림 4-31]의 DHCPv6 서버가 보내는 Relay-Reply 메시지를 캡처한 것입니다.

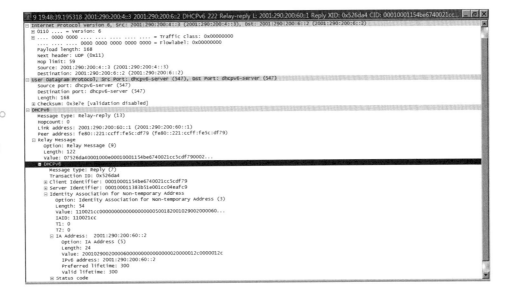

그림 4-41
DHCPv6 Relay-Reply 메시지 캡처 화면

필드		값	설명
IP 헤더	Source Address	2001:290:4::3	DHCPv6 서버의 글로벌 유니캐스트 주소
	Destination Address	2001:290:200:6::2	DHCPv6 Relay-Forward 메시지를 보낸 Source Address
UDP 헤더	Source Port	547	서버/에이전트 포트
	Destination Port	547	서버/에이전트 포트
DHCPv6 메시지	Type	13	Relay-Reply 메시지
	Transaction ID	0x526DA4	Solicit 메시지와 동일
	Hop Count	0	
	Link-Address	2001:290:200:60::1	
	Peer-Address	FE80::221:CCFF:FE5C:DF79	
	Relay Message Option	9	릴레이 메시지 주소

표 4-19
[그림 4-41] 메시지 내용

- Relay Message 옵션에 DHCPv6 Reply 메시지가 인캡슐레이션돼 있다는 것을 제외하고는 모든 것이 [그림 4-29]의 ❼, Replay-Forward 메시지와 동일합니다.

DHCPv6 Relay-Forward 메시지를 수신한 릴레이 에이전트는 Relay Message 옵션에 있는 Reply 메시지만 추출(Decapsulation)해 DHCPv6 Reply 메시지로 클라이언트에게 보냅니다([그림 4-29]의 ⑫ 과정). [그림 4-42]는 [그림 4-31]의 릴레이 에이전트가 보내는 DHCPv6 Reply 메시지를 캡처한 것입니다.

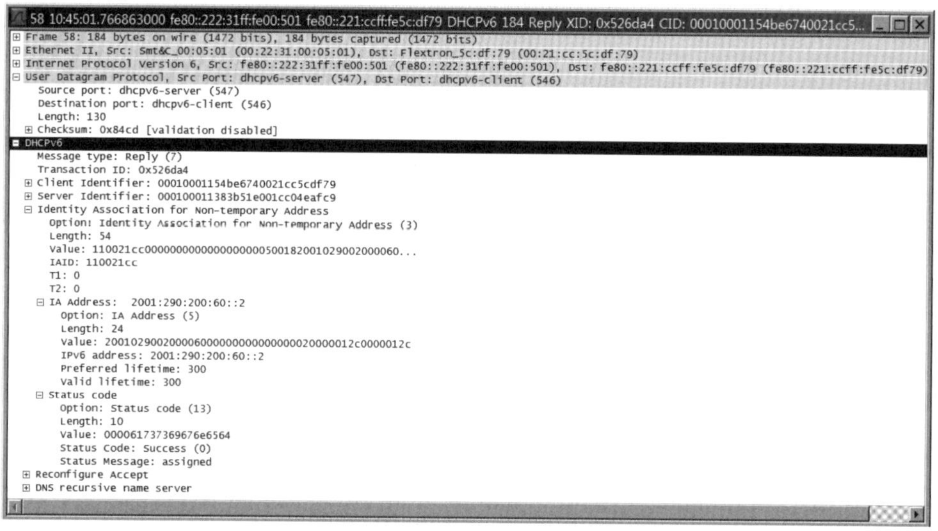

그림 4-42
DHCPv6 Reply 메시지 캡처 화면

필드		값	설명
IP 헤더	Source Address	FE80::222:31FF:FE00:501	릴레이 에이전트의 Link-Layer Address
	Destination Address	FE80::221:CCFF:FE5C:DF79	DHCPv6 Client의 Link-Layer Address
UDP 헤더	Source Port	547	서버/에이전트 포트
	Destination Port	546	Client Port
DHCPv6 메시지	Type	7	Reply 메시지
	Transaction ID	0x526DA4	Solicit 메시지 값과 동일
	Client ID	00010001154BE674⋯	클라이언트의 DUID
	서버 ID	000100011383⋯	DHCPv6 서버의 DUID
	Preference	255	–
	T1	0	T1 Timer
	T2	0	T2 Timer
	IA Address	2001:290:200:60::2	DHCPv6 서버가 할당한 Global Unicast Address
	Status Message	Assigned	

표 4-20
[그림 4-42] 메시지 내용

- 거의 모든 정보가 DHCPv6 Advertise 메시지와 동일합니다.

- DHCPv6 Advertise 메시지와 DHCPv6 Reply 메시지가 유일하게 다른 점은 IA for NA 옵션에 있는 Status 메시지입니다. DHCPv6 Advertise 메시지의 경우에는 Status 메시지가 'granted'였던 반면, DHCPv6 Reply 메시지의 경우에는 Status 메시지가 'assigned' 입니다.

모든 DHCPv6 메시지는 transaction ID가 있고, 이는 DHCPv6 메시지들을 구별하는 데 사용된다고 했습니다. 즉, 초기에 클라이언트가 보낸 Solicit 메시지에 의해 생성되는 모든 DHCPv6 메시지들은 동일한 transaction ID를 갖게 됩니다. [그림 4-43]은 [그림 4-31]의 PC 가 보내고 받는 DHCPv6 메시지들을 캡처한 것입니다. 모두 동일한 transaction ID, 0x526da4 값을 갖고 있다는 것을 확인할 수 있습니다.

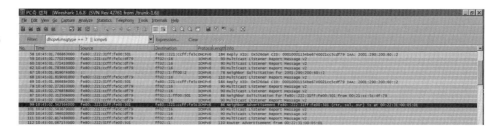

그림 4-43
동일한 Transaction
ID를 갖고 있는
DHCPv6 메시지들

클라이언트는 DHCPv6 Reply 메시지를 받은 후에야 Reply 메시지 안에 있는 IA 주소를 자신의 글로벌 유니캐스트 주소로 생성합니다.

지금까지 DHCPv6 클라이언트가 DHCPv6 프로토콜([그림 4-29]의 ❺ ~ ⓬ 과정)을 통해 IPv6 주소(2001:290:200:60::2)를 할당받는 과정을 설명했습니다.

글로벌 유니캐스트 주소 할당

DHCPv6 클라이언트가 DHCPv6 서버로부터 글로벌 유니캐스트 주소를 할당받으면 그 주소(2001:290:200:60::2)에 대응되는 Solicited-Node 멀티캐스트 주소(FF02::1:FF00:2)를 자동으로 생성합니다([그림 4-29]의 ⓭ 과정). [그림 4-44]는 [그림 4-31]의 PC가 DHCPv6 Reply 메시지를 받고 난 후의 ICMPv6 메시지들의 통신 상태를 캡처한 것입니다.

그림 4-44
DHCPv6 Reply 메
시지를 받은 이후에
MLD 메시지를 보내
는 모습

[그림 4-44]를 보면 PC가 Reply 메시지를 받은 후 곧바로 'Multicast Listener Report Message v2'를 보내는 것이 보이는데 이는 Solicited-Node 멀티캐스트 주소를 생성한 것을 의미합니다.[152]

클라이언트는 DHCPv6 서버로부터 IPv6 주소(2001:290:200:60::2)를 할당받았는데([그림 4-29]의 ⓬), 이는 아직까지 Tentative 주소의 상태입니다. 따라서 DAD 과정([그림 4-29]의 ⓮ 과정)을 수행한 후 Target 주소(2001:290:200:60::2)가 유일하다는 것이 증명되고 난 후에야 비로소 Preferred 주소로 승격합니다. [그림 4-44]를 보면 PC가 NS 메시지를 보낸 것을 확인할 수 있습니다. DAD 과정은 IPv6 노드가 NS 메시지를 보내는 것으로 시작한다는 것을 우리는 이미 알고 있습니다. [그림 4-45]는 PC가 보내는 NS 메시지를 캡처한 것입니다.

---

152 멀티캐스트 관련 부분은 Chapter 5에서 자세히 다룹니다.

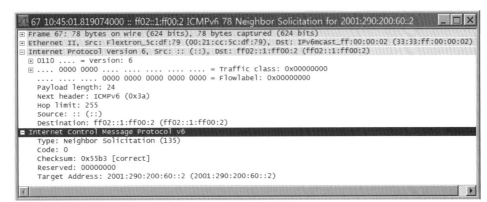

그림 4-45
NS 메시지 캡처 화면

우리가 앞에서 배웠던 대로 NS 메시지의 Target 주소에는 Tentative 주소인 2001:290:200:
60::2가 기입돼 있는 것을 확인할 수 있습니다. 또한 NS 메시지의 목적지 주소가 Target 주소
의 Solicited-Node 멀티캐스트 주소인 FF02::1:FF00:2로 돼 있는 것도 확인할 수 있습니다.
DAD 과정([그림 4-29]의 ⓮ 과정)보다 Solicited-Node 멀티캐스트 주소 생성([그림 4-29]의 ⓭ 과
정)을 먼저 수행하는 이유는 2개 이상의 호스트에서 거의 동시에 IPv6 주소를 할당받는 경우가 발
생할 수 있고, (DAD 과정의) NS 메시지의 목적지 주소에 실어 전송한 Solicited-Node 멀티캐스
트 주소를 인식해 NA 메시지를 응답하도록 하기 위해서입니다.

만약 DAD 과정을 통해 DHCPv6 서버가 할당해준 유니캐스트 주소가 다른 곳에서 사용 중
임을 확인하면 클라이언트는 DHCPv6 Decline 메시지([표 4-6] 참조)를 보냅니다. DHCPv6
Decline 메시지를 받은 DHCPv6 서버는 다른 IPv6 주소를 할당해주게 됩니다.

DAD 과정을 통해 DHCPv6 서버가 할당해준 IPv6 주소가 유일하다는 것이 밝혀지면
Tentative 주소는 Preferred 주소로 승격하게 되며, 비로소 Stateful 주소 자동 설정의 모든 과
정이 끝납니다.

[그림 4-46]은 [그림 4-31]의 PC가 Stateful 주소 자동 설정 과정을 모두 끝난 후 글로벌 유
니캐스트 주소를 할당받은 화면입니다.

그림 4-46
DHCPv6 프로세스를
통해 글로벌 유니캐
스트 주소를 받은 PC

우리는 긴 시간에 걸쳐 DHCPv6 프로토콜의 알고리즘에 대해 알아봤습니다. DHCPv6 프로
토콜은 상당 부분 DHCPv4 프로토콜과 비슷하지만 다른 점도 있습니다. DHCPv6 프로토콜과

DHCPv4 프로토콜의 차이를 알아보겠습니다.

DHCPv4, DHCPv6 메시지들이 클라이언트, 릴레이 에이전트, 서버 간에 주고받는 프로세스는 거의 유사합니다. 다만 메시지 타입의 이름과 Source, Destination 주소가 다릅니다. [그림 4-47]은 DHCPv4와 DHCPv6 메시지 타입을 비교한 것입니다.

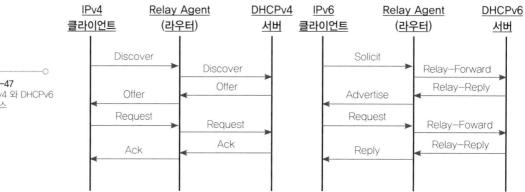

그림 4-47
DHCPv4 와 DHCPv6
프로세스

[표 4-21]은 DHCP 메시지들의 Source, Destination 주소를 비교한 것입니다.

표 4-21
DHCP 메시지들의
Source, Destination
주소 비교

구분	메시지	Source 주소	Destination 주소
클라이언트 → 릴레이 에이전트	DHCPv4 Discover, Request	0.0.0.0	255.255.255.255
	DHCPv6 Solicit, Request	클라이언트의 링크로컬 유니캐스트 주소	All_DHCP_Relay_Agents_and_ Servers
릴레이 에이전트 → 서버	DHCPv4 Discover	릴레이 에이전트의 글로벌 유니캐스트 주소	서버의 글로벌 유니캐스트 주소
	DHCPv6 Relay-Forward	릴레이 에이전트의 글로벌 유니캐스트 주소	1) All_DHCP_Servers 2) 서버의 글로벌 유니캐스트 주소
서버 → 릴레이 에이전트	DHCPv4 Offer	서버의 글로벌 유니캐스트 주소	릴레이 에이전트의 글로벌 유니캐스트 주소
	DHCPv6 Relay-Reply	서버의 글로벌 유니캐스트 주소	릴레이 에이전트의 글로벌 유니캐스트 주소
릴레이 에이전트 → 클라이언트	DHCPv4 Offer, Ack	릴레이 에이전트의 글로벌 유니캐스트 주소	255.255.255.255
	DHCPv6 Advertise, Reply	릴레이 에이전트의 글로벌 유니캐스트 주소	클라이언트의 Link-Local Unicast Address

맨 처음 클라이언트가 DHCP 서버를 찾기 위해 보내는 메시지가 DHCPv4에서는 Discover 메시지, DHCPv6에서는 Solicit 메시지입니다. DHCPv4 Discover 메시지의 Source 주소는 Unspecified 주소인 0.0.0.0이 기입됩니다. 아직 IPv4 주소를 할당받지 않았기 때문

입니다. 반면, DHCPv6 Solicit 메시지는 클라이언트의 링크로컬 유니캐스트 주소가 기입됩니다. DHCPv6 프로세스를 수행하는 클라이언트는 이미 링크로컬 유니캐스트 주소를 갖고 있기 때문입니다. DHCPv4 Discover 메시지의 Destination 주소는 브로드캐스트 주소인 255.255.255.255가 기입되는 반면, DHCPv6 Solicit 메시지는 멀티캐스트 주소로 전송됩니다.

릴레이 에이전트가 DHCP 클라이언트에게 전송하는 메시지가 DHCPv4에서는 Offer, Ack 메시지, DHCPv6에서는 Advertise, Reply 메시지입니다. DHCPv4 Offer, Ack 메시지는 브로드캐스트(Broadcast)로 클라이언트에게 전달됩니다. 아직 클라이언트가 유니캐스트 주소를 할당받지 못했기 때문에 어쩔 수 없이 브로드캐스트로 보낼 수밖에 없는 것입니다. 이는 필연적으로 쓸데없는 네트워크 트래픽을 발생시킵니다. 반면, DHCPv6에서는 Advertise, Reply 메시지가 클라이언트의 링크로컬 유니캐스트로 전송되므로 쓸데없는 네트워크 트래픽을 발생시키지 않습니다. DHCPv6 Advertise, Reply 메시지가 유니캐스트로 전송될 수 있는 이유는 릴레이 에이전트가 (DHCPv6 Solicit, Request 메시지를 통해) DHCPv6 클라이언트의 링크로컬 유니캐스트 주소를 알고 있기 때문입니다.

DHCPv4와 DHCPv6의 또 다른 차이는 디폴트 라우터(Default Gateway) 주소의 설정 방식입니다. IPv4 네트워크에서는 DHCPv4 서버가 DHCPv4 Ack 메시지를 통해 클라이언트들에게 디폴트 라우터의 주소를 알려줬습니다. 하지만 IPv6 네트워크에서는 IPv6 라우터가 RA 메시지를 통해 클라이언트들에게 디폴트 라우터의 주소를 알려줍니다. [표 4-22]와 [그림 4-48]을 참조하기 바랍니다.

표 4-22
IPv4, IPv6의 디폴트 라우터 주소 설정 방식 비교

	IPv4 네트워크	IPv6 네트워크
노드	DHCPv4 서버	IPv6 라우터
메시지	DHCPv4 Ack 메시지	Router Advertisement 메시지
디폴트 라우터 주소	DHCPv4 Ack 메시지의 '게이트웨이 IP 주소' 필드 값 참조	Router Advertisement를 보내는 라우터의 링크로컬 유니캐스트 주소로 설정

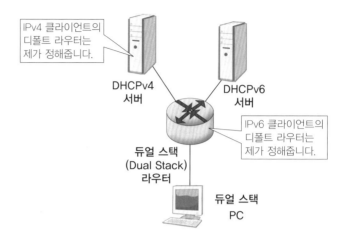

IPv4 클라이언트의
디폴트 라우터는
제가 정해줍니다.

DHCPv4
서버

DHCPv6
서버

IPv6 클라이언트의
디폴트 라우터는
제가 정해줍니다.

듀얼 스택
(Dual Stack)
라우터

듀얼 스택
PC

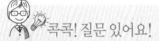

그림 4-48
IPv4, IPv6의 Default
Router 주소 설정 방
식 비교

콕콕! 질문 있어요!

Q 릴레이 에이전트가 DHCPv6 Relay-Forward 메시지를 전달하는 데에는 유니캐스트로 전달하는 방법과 멀티캐스트로 전달하는 방법이 있다고 했잖아요.
Relay-Forward 메시지를 멀티캐스트(FF05::1:3)로 보낼 경우에는 [그림 4-38]처럼 복수 개의 DHCPv6 서버가 Relay-Forward 메시지를 수신하는 것이 이해가 됩니다. 하지만 이 책에서는 DHCPv6 Relay-Forward 메시지를 유니캐스트로 전달한다고 가정한 후에 설명하고 있고요. 이처럼 DHCPv6 Relay-Forward 메시지에 DHCPv6 서버의 주소를 명시적으로 기입해 전달할 경우에는 [그림 4-38]의 경우처럼 복수 개의 DHCPv6 서버가 받는 일이 발생하지 않을 것 같은데요? 그렇다면 DHCPv6 클라이언트가 DHCPv6 Request 메시지를 보내는 것이 불필요한 행동 아닌가요?

A 물론, 릴레이 에이전트가 DHCPv6 Relay-Forward 메시지를 전달할 때 DHCPv6 서버의 주소를 1개만 명시적으로 설정하면 해당 DHCPv6 서버에게만 DHCPv6 Relay-Forward 메시지가 전달됩니다. 하지만 일반적으로 1개의 DHCPv6 서버에게만 IPv6 주소를 요청하지 않습니다. 만약, 그 DHCPv6 서버에 문제가 발생하면 네트워크 전체에 장애가 발생하니까요. 그래서 릴레이 에이전트는 복수 개의 DHCPv6 서버에게 유니캐스트로 DHCPv6 Relay-Forward 메시지를 보내도록 설정합니다. 이 경우, [그림 4-38]처럼 복수 개의 DHCPv6 서버가 Relay-Forward 메시지를 받게 되고, 모두 자신의 IPv6 pool 중에서 특정 IPv6 주소를 할당해 릴레이 에이전트에게 Relay-Reply 메시지를 보냅니다.

03 DHCPv6 Prefix Delegation 옵션

DHCPv6 프로토콜에는 'Prefix Delegation'이라는 재미있는 기능이 생겼습니다. 'Prefix Delegation'의 알고리즘에 대해 알아보기 전에 'Prefix Delegation' 기능이 왜 필요하게 됐는지 알아보겠습니다.

이 책의 앞에서도 말했듯이 최근 들어 인터넷 연결 장비들의 등장이 급격하게 증가하게 됐습니다. 이에 고객은 다수의 연결 장비들을 소유하게 됐고, 그 장비들을 통해 홈 네트워킹 구축하고 싶은 욕구도 함께 증가됐습니다. 또한 통신 사업자의 입장에서도 홈 네트워킹 구축을 통해 신규 서비스를 만들 수 있기 때문에 홈 네트워킹 구축에 적극적입니다.

예를 들어 어떤 고객이 SK로부터 핸드폰, IPTV, 인터넷 서비스를 받고 있다면 SK는 [그림 4-49]처럼 핸드폰, IPTV, 인터넷을 하나로 묶는 홈 네트워크를 구축해 고객에게 제공할 수 있습니다.

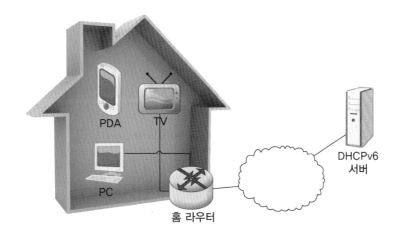

그림 4-49
홈 네트워킹 구성 예

[그림 4-49]에서의 홈 라우터는 SK가 임대해준 모뎀일 수도 있고, 유무선 공유기일 수도 있습니다. [그림 4-49]의 홈 네트워크는 동일한 네트워크 프리픽스를 공유해야 하며, 당연히 서로 간에 통신이 가능해야 합니다. 또한 통신 사업자는(SK, KT, LG 등) 홈 네트워킹을 구축하는 데 있어 고객의 어떠한 노력이나 시간을 뺏으면 안 됩니다. 즉, 고객이 연결 장비의 전원을 켜는 순간 홈 네트워킹이 작동해야 합니다. 이때 필요한 기능이 지금부터 설명할 DHCPv6 서버의 프리픽스 델리게이션(Prefix Delegation) 기능입니다.

프리픽스 델리게이션 기능이 무엇인지 [그림 4-49]의 예를 들어 간단히 설명하겠습니다. [그림 4-49]의 DHCPv6 서버는 홈 라우터에게 네트워크 프리픽스를 할당합니다. 홈 라우터가 DHCPv6 서버로부터 받는 네트워크 프리픽스는 DHCPv6 프로세스를 통해 받습니다. 즉, 기존에 우리가 알고 있던 Stateful 주소 자동 설정에서는 DHCPv6 클라이언트가 DHCPv6 프로세스를 통해 글로벌 유니캐스트 주소를 할당받았지만, 프리픽스 델리게이션에서는 DHCPv6 클라이언트

([그림 4-49]의 Home Router)가 Network Prefix만 할당받게 됩니다.

DHCPv6 서버로부터 네트워크 프리픽스를 할당받은 홈 라우터는 자신의 인트라 네트워크에 RA 메시지를 뿌리게 됩니다. 당연히 RA 메시지 안의 프리픽스 정보 옵션에는 DHCPv6 서버로부터 받은 네트워크 프리픽스가 기입돼 있습니다. 이제 RA 메시지를 받은 [그림 4-49]의 클라이언트들은 Stateless 주소 자동 설정으로 글로벌 유니캐스트 주소를 생성합니다. 즉 [그림 4-49]의 클라이언트들은 동일한 네트워크 프리픽스를 가진 홈 네트워크가 된 것입니다. 이처럼 통신 사업자의 경우, Prefix delegation 기능을 통해 아주 손쉽게 홈 네트워킹을 고객에게 제공해줄 수 있게 됐습니다.

이제 실제 예를 들어 좀 더 자세히 Prefix Delegation의 동작 알고리즘에 대해 고찰해보겠습니다. [그림 4-50]은 Prefix Delegation 기능을 이용해 네트워크를 구축할 구성도를 나타내고 있습니다.

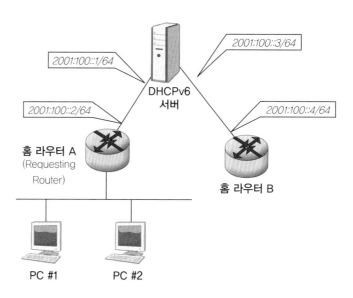

그림 4-50
Prefix Delegation
Network의 예

네트워크를 간단히 구성하기 위해 DHCPv6 서버와 홈 라우터는 릴레이 에이전트를 거치지 않고 곧바로 연결됐다고 가정했습니다. [그림 4-50]에서 DHCPv6 서버로부터 네트워크 프리픽스 정보를 요청하는 라우터를 'Requesting Router'라고 합니다. 필자는 Prefix Delegation의 활용 예를 이해시키기 위해 홈 라우터라고 표시했고, Requesting 라우터에게 프리픽스 정보를 주는 라우터를 'Delegating Router'라고 했습니다. [그림 4-50]에서 DHCPv6 서버가 'Delegating Router' 역할을 합니다.

[그림 4-50]의 DHCPv6 서버에 Prefix POOL, 2001:900::/48이 입력돼 있다고 가정해보겠습니다. 그리고 홈 라우터는 DHCPv6 서버로부터 Prefix Delegation 정보를 받아 Subnet

Prefix 64로 자신의 네트워크에 구축하기로 설정돼 있다고 가정해보겠습니다.[153]

[그림 4-50]의 PC #1, #2가 DHCPv6 Prefix Delegation 옵션을 통해 글로벌 유니캐스트 주소를 생성하는 순서는 [그림 4-51]과 같습니다.

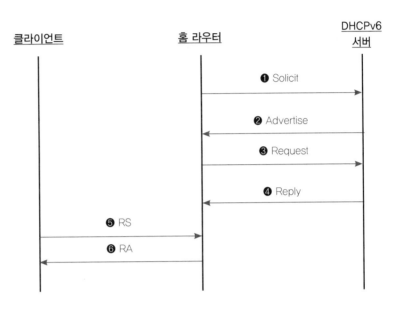

그림 4-51
Prefix Delegation의
주소 할당 과정

[그림 4-52]는 [그림 4-51]의 DHCPv6 Reply 메시지를 캡처한 것입니다.

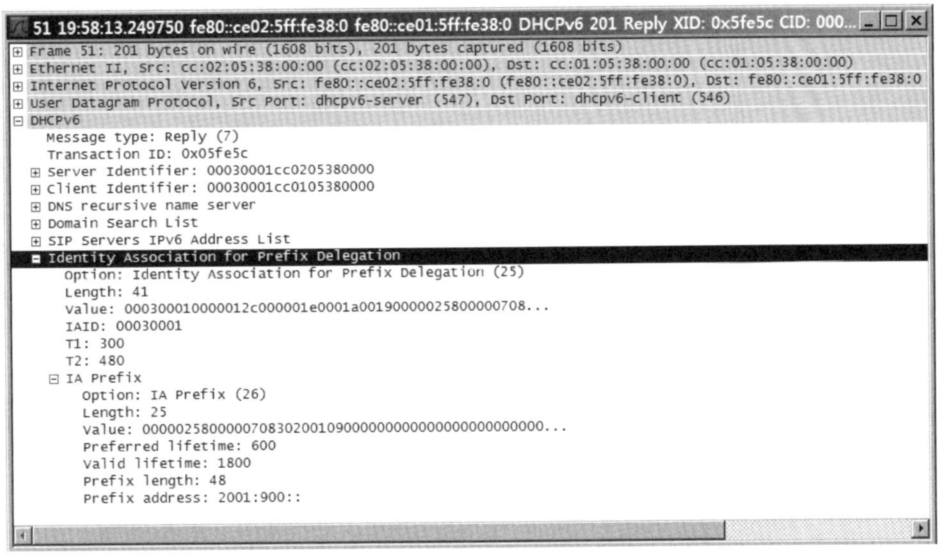

그림 4-52
DHCPv6 Reply 메시
지 캡처 화면

[그림 4-42]의 DHCPv6 Reply 메시지와 비교했을 때 다른 점은 DHCPv6 Reply 메시지 안

---

153 [그림 4-50]의 네트워크를 구성하는 실습을 부록 F Lesson 6에 설명했습니다.

에 IANA(Identity Association for Non−Temporary Address, 비임시 주소를 위한 ID 결합) 대신 IAPD(Identity Association for Prefix Delegation, 접두사 위임을 위한 ID 결합) 정보가 있다는 점입니다. 프리픽스 정보는 [그림 4-50]의 DHCPv6 서버가 설정한 대로 2001:900::/48이 기입돼 있는 것을 확인할 수 있습니다.

[그림 4-51]의 ❶~❹ 과정을 통해 [그림 4-50]의 홈 라우터는 IA 프리픽스의 정보를 전달 받게 됩니다. 이때 자신의 네트워크 안에 있는 클라이언트 중 누군가가 RS 메시지를 보내면([그림 4-51]의 ❺ 과정), 홈 라우터는 그 응답으로 RA 메시지를 보냅니다([그림4-51]의 ❻ 과정). [그림 4-53]은 [그림 4-50]의 홈 라우터가 보내는 RA 메시지를 캡처한 것입니다.

```
42 19:58:17.030750 fe80::ce01:5ff:fe38:1 ff02::1 ICMPv6 118 Router Advertisement from cc:01:05:38:00:01
⊞ Frame 42: 118 bytes on wire (944 bits), 118 bytes captured (944 bits)
⊞ Ethernet II, Src: cc:01:05:38:00:01 (cc:01:05:38:00:01), Dst: IPv6mcast_00:00:00:01 (33:33:00:00:00:01)
⊞ Internet Protocol Version 6, Src: fe80::ce01:5ff:fe38:1 (fe80::ce01:5ff:fe38:1), Dst: ff02::1 (ff02::1)
⊟ Internet Control Message Protocol v6
    Type: Router Advertisement (134)
    Code: 0
    Checksum: 0x0f7f [correct]
    Cur hop limit: 64
  ⊟ Flags: 0x00
      0... .... = Managed address configuration: Not set
      .0.. .... = Other configuration: Not set
      ..0. .... = Home Agent: Not set
      ...0 0... = Prf (Default Router Preference): Medium (0)
      .... .0.. = Proxy: Not set
      .... ..0. = Reserved: 0
    Router lifetime (s): 1800
    Reachable time (ms): 0
    Retrans timer (ms): 0
  ⊞ ICMPv6 Option (Source link-layer address : cc:01:05:38:00:01)
  ⊞ ICMPv6 Option (MTU : 1500)
  ⊟ ICMPv6 Option (Prefix information : 2001:900::/64)
      Type: Prefix information (3)
      Length: 4 (32 bytes)
      Prefix Length: 64
    ⊟ Flag: 0xc0
        1... .... = On-link flag(L): Set
        .1.. .... = Autonomous address-configuration flag(A): Set
        ..0. .... = Router address flag(R): Not set
        ...0 0000 = Reserved: 0
      Valid Lifetime: 1800
      Preferred Lifetime: 600
      Reserved
      Prefix: 2001:900:: (2001:900::)
```

홈 라우터가 보내는 RA 메시지를 보면 'M, O' 플래그가 '0'입니다. 따라서 이 메시지를 받는 클라이언트들은 Stateful 주소 자동 설정을 수행하지 않습니다.

[그림 4-53]을 보면 프리픽스 정보 옵션의 Autonomous Address−Configuration 플래그가 '1'로 세팅돼 있는 것을 확인할 수 있습니다. 즉, 이 RA 메시지들을 받는 클라이언트들은 Stateless 주소 자동 설정으로 작동합니다. 그리고 그때의 네트워크 프리픽스는 RA 메시지의 프리픽스 정보에 따라 '2001:900::/64'로 생성됩니다. 즉, 고객의 어떠한 설정도 없이 고객 내의 연결 장비들은 네트워크 프리픽스, '2001:900::/64'를 갖는 홈 네트워크가 구축된 것입니다.

04 기타 DHCPv6 옵션들

Lesson 3에서 통신 사업자들은 DHCP 서버를 단순히 IP 주소를 할당해주는 장비로 이용하는 것이 아니라 고객별로 인증, 권한 할당, 과금의 기능(AAA[154]System)을 수행하는 시스템으로 이용한다고 했습니다. DHCPv6 프로토콜의 알고리즘과 거리가 먼 설명이긴 하지만, 실제 인터넷 사업자들이 DHCP 서버를 어떻게 활용하는지 관심이 있는 것 같아서 이 부분에 대해 잠시 설명하고, AAA 시스템에 사용되는 DHCPv6 옵션들에 대해 설명하겠습니다.

[그림 4-54]는 인터넷 사업자들이 DHCP 서버를 이용해 구성한 간단한 AAA 시스템의 예를 보여주고 있습니다.[155]

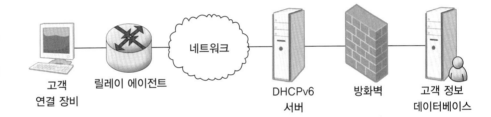

그림 4-54
인터넷 사업자의
AAA 시스템 구성 예

고객 연결 장비   릴레이 에이전트   네트워크   DHCPv6 서버   방화벽   고객 정보 데이터베이스

고객의 모든 개인 정보는 [그림 4-54]의 맨 오른쪽에 위치한 '고객 정보 데이터베이스' 서버에 담겨 있습니다. 당연히 고객 정보가 있는 서버는 이중, 삼중의 방화벽으로 둘러싸여 있어 소수의 시스템만 접근할 수 있습니다.

고객이 인터넷 연결 장비의 전원을 켜면 고객의 연결 장비는 IPv6 주소를 할당받기 위해([그림 4-33]의 윈도우 7 PC처럼) DHCPv6 solicit 메시지를 보내게 될 것입니다. 이때 고객의 연결 장비가 보내는 DHCPv6 Solicit 메시지는 당연히 [그림 4-54]의 릴레이 에이전트를 거칩니다. 이때 릴레이 에이전트는 통신 사업자들이 고객에게 임대해준 단말입니다. 예를 들어 모뎀, STB(Set Top Box), 유무선 공유기 등을 생각하면 됩니다. 이 릴레이 에이전트들은 DHCPv6 Solicit 메시지를 수신하면 DHPv6 Solicit 메시지의 특정 옵션들에 특정 값들을 기입하도록 프로그래밍돼 있습니다. 그리고 이 DHCPv6 Solicit 메시지는 DHCPv6 서버로 전달됩니다. 여기서 일반적인 DHCPv6 서버라면 DHCPv6 Solicit 메시지를 수신하자마자 DHCPv6 Advertise 메시지를 만든 후 DHCPv6 Relay-Reply 메시지로 응답을 보낼 것입니다. 하지만 [그림 4-54]의 DHCPv6 서버는 AAA 기능을 수행하기 위해 곧바로 DHCPv6 Reply 메시지를 생성하는 대신, [그림 4-54]의 고객 정보 DB 서버에게 '우리의 고객이 맞는지?'를 물어봅니다. '우리의 고객이 맞는지'를 판단하는 것은 DHCPv6 Solicit 메시지의 특정 옵션을 참조해 결정

---

154 Authentication, Authorization and Accounting

155 당연히 인터넷 사업자별로 AAA 시스템을 구축하는 방법이 다릅니다. 하지만 DHCP 서버가 AAA 시스템에 큰 역할을 하는 것은 모두 동일합니다.

합니다. 지금부터 설명할 것은 AAA 용도로 쓰이는 DHCPv6 메시지의 특정 옵션들입니다.

DHCP 서버는 신뢰하지 않은 DHCP 메시지들을 수없이 받을 가능성이 있습니다(예를 들면, SK 브로드밴드의 네트워크에 타사 고객이 임의로 PC를 연결하면 SK브로드밴드의 DHCP 서버는 타사 고객이 보내는 DHCP 메시지를 수신합니다). DHCP 서버는 이런 신뢰할 수 없는 DHCP 메시지들에 대해 일 일이 IP 주소를 할당해주면 안 됩니다. 따라서 DHCP 서버는 자신에게 오는 메시지들이 신뢰할 수 있는 DHCP 클라이언트들이 보냈는지 판단할 근거가 있어야 합니다. 그것이 지금부터 설명할 릴 레이 옵션(Relay Option)들입니다.[156]

릴레이 옵션들 중 가장 대표적인 것이 DHCPv4의 옵션 82(Relay Agent Information Option) 입니다.[157] DHCPv4 옵션 82는 [표 4-23]과 같이 2개의 서브옵션으로 나뉩니다.

표 4-23
Relay Agent
Information Option

서브옵션	설명
1	Agent Circuit ID
2	Agent Remote ID

Circuit ID는 일반적으로 릴레이 에이전트에 속해 있는 인트라 네트워크(Intra-Network)의 정보를 담고 있습니다. 그리고 Remote ID는 일반적으로 DHCP 메시지를 보낸 클라이언트의 정 보(예를 들면, MAC 주소 따위)를 담고 있습니다. DHCPv4 서버는 옵션 82와 기타 다른 옵션을 이용 해 '어떤 고객이 IP 주소를 요청하고 있는지'를 판단합니다.

DHCPv4의 Agent circuit ID, Agent Remote ID에 해당하는 DHCPv6의 옵션은 각각 옵 션 18, 옵션 37입니다. DHCPv6 옵션 18(Interface ID Option), 옵션 37(Remote ID 옵션)의 용 도는 DHCPv4의 릴레이 에이전트 정보(Relay Agent Information) 옵션과 동일합니다. 더 많은 DHCPv6 옵션은 부록 E를 참조하기 바랍니다.

다시 사업자들의 AAA 시스템에 대해 설명하겠습니다. DHCPv6 서버는 자신이 받은 DHCPv6 Solicit 메시지의 징체(정확히 말하면, IP 주소 할당 요청을 한 연결 장비의 정체)를 확인하기 위해 [그림 4-55]와 같이 DHCPv6 Solicit 메시지의 옵션 18, 37 그리고 기타 옵션을 추출해 고객 정보 DB 서버에 문의합니다.[158]

156 많은 사업자가 이 릴레이 옵션을 이용해 AAA 기능을 수행합니다. 이 책에서는 대표적인 릴레이 옵션 몇 개만 소개하겠습니다.

157 좀 더 많은 정보는 RFC 3046, 'DHCP Relay Agent InFormation Option'을 참조하기 바랍니다.

158 다시 한번 말하지만 DHCPv6 메시지의 어떤 옵션들을 사용할 것인지 인터넷 사업자별로 다릅니다. 여기서는 가장 많이 쓰일 것으로 예 상되는 옵션 18, 37을 예로 들어 설명하고 있습니다.

236 | Chapter 4 IPv6 유니캐스트 주소 생성 알고리즘

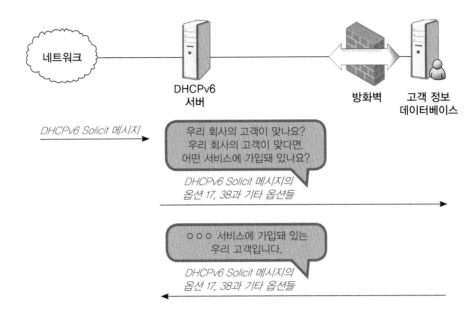

그림 4-55
DHCPv6 옵션을 이
용한 AAA 프로세스

DHCPv6 Solicit 메시지

우리 회사의 고객이 맞나요?
우리 회사의 고객이 맞다면,
어떤 서비스에 가입돼 있나요?

DHCPv6 Solicit 메시지의
옵션 17, 38과 기타 옵션들

ㅇㅇㅇ 서비스에 가입돼 있는
우리 고객입니다.

DHCPv6 Solicit 메시지의
옵션 17, 38과 기타 옵션들

DHCPv6 Relay-Reply 메시지

그러면 고객 정보 DB 서버는 옵션 17, 38과 기타 옵션을 바탕으로 자신의 고객이 맞는지 판단합니다. 그리고 이 결과를 다시 DHCPv6 서버에 알려줍니다. 고객 DB 서버로부터 IP 주소 할당을 요청한 장비의 정체(예를 들어, 우리 회사의 고객인지, 우리 회사의 고객이면 어떤 서비스에 가입돼 있는지 따위)를 알게 된 DHCPv6 서버는 (미리 정해진 규칙에 따라) 서비스, 지역에 맞는 IP 주소를 할당해 DHCPv6 Advertise 메시지 내의 IANA(Identity Association for Non-Temporary Addresses) 옵션 필드에 IPv6 주소를 기입합니다.

지금까지 DHCPv6 메시지의 릴레이 옵션을 이용한 AAA 과정을 설명했습니다. 실제 인터넷 사업자들의 AAA 알고리즘은 훨씬 더 복잡합니다. 하지만 기본적인 동작 원리는 [그림 4-54]의 구성도를 바탕으로 합니다.

실습 Stateful 주소 자동 설정

이 Lesson에서는 Stateful 주소 자동 설정을 통하여 글로벌 유니캐스트 주소를 생성하는 방법을 실습해보겠습니다. 글로벌 유니캐스트 주소를 생성하는 방법들 중에서 Lesson 4.3에서 소개하였던 Prefix Delegation 기능을 활용하겠습니다.

우선 DHCPv6 서버를 설정하겠습니다. [그림 4-56]과 같이 DHCPv6 서버를 생성합니다.

그림 4-56
DHCPv6 서버
생성

[그림 4-56]의 DHCPv6 서버에 DHCPv6 풀(Pool)을 생성합니다.

명령어

DHCPv6_server# configure terminal

DHCPv6_server(config)# ipv6 unicast-routing

DHCPv6_server(config)# ipv6 dhcp pool SK_DHCP

'ipv6 dhcp pool *pool_name*' 명령어는 IPv6 주소에 쓰일 풀을 생성하는 명령어입니다.

우리는 SK_DHCP라는 IPv6 풀을 생성할 것입니다. 이제 SK_DHCP라고 이름 지어진 IPv6 풀을 설정하는 화면으로 넘어갑니다(즉, DHCPv6 Configuration Mode로 들어갑니다).

이제 도메인 네임과 SIP, DNS 서버의 IPv6 주소도 설정합니다. 도메인 네임의 용도는 IP 풀의 관리를 쉽게 해주는 것입니다. 즉, 클라이언트의 입장에서 해당 IP를 어느 DHCPv6 서버에서 할당받았는지 알 수 있게 해줍니다. 도메인 네임을 설정하는 명령어는 'domain-name *domain_name*'입니다.

```
DHCPv6_server(config-dhcp)# domain-name SK_DHCPv6_server
DHCPv6_server(config-dhcp)# sip address 2001:600::1
DHCPv6_server(config-dhcp)# dns-server 2001:700::1
```

SK_DHCP라는 IPv6 풀에서 프리픽스 위임(Prefix Delegation)될 풀을 정의합니다.

명령어

```
DHCPv6_server(config-dhcp)# prefix-delegation pool no_won lifetime 1800 600
DHCPv6_server(config-dhcp)#
```

'prefix delegation pool *pool_name* lifetime *valid_time preferred_time*' 은 프리픽스 위임될 풀을 생성하는 명령어입니다. 필자가 사는 곳이 노원구이기 때문에 no_won 이라는 이름을 붙여봤습니다. 그리고 Valid Time, Preferred Time을 각각 1,800, 600초로 설정합니다.

이제 no_won이라는 Prefix Pool에 프리픽스 정보를 설정해야 합니다.

명령어

```
DHCPv6_server# configure terminal
DHCPv6_server(config)#ipv6 local pool no_won 2001:900::/48 48
```

'ipv6 local pool *local_prefix_pool_name prefix prefix_length*'는 로컬 프리픽스(Local Prefix)를 설정하는 명령어입니다. 위 예제는 2001:900::/48의 프리픽스를 갖는 no_won이라는 프리픽스 풀(Prefix pool)을 정의한 것입니다.

인터페이스별로 서로 다른 풀을 설정해야 한다는 것에 주의하기 바랍니다. 따라서 FastEthernet 0/1에 사용할 프리픽스 풀 을 하나 더 설정합니다.

명령어

```
DHCPv6_server# configure terminal
DHCPv6_server(config)# ipv6 dhcp pool SK_DHCP_2
DHCPv6_server(config-dhcp)# domain-name SK_DHCPv6_server
DHCPv6_server(config-dhcp)# sip address 2001:600::1
DHCPv6_server(config-dhcp)# dns-server 2001:700::1
DHCPv6_server(config-dhcp)# prefix-delegation pool no_won_2 lifetime 1800 600
DHCPv6_server(config-dhcp)# end
DHCPv6_server# configure terminal
DHCPv6_server(config)#ipv6 local pool no_won_2 2001:901::/48 48
```

그러면 이제 [그림 4-50]처럼 홈 라우터(Requesting Router) A, B를 생성합니다.

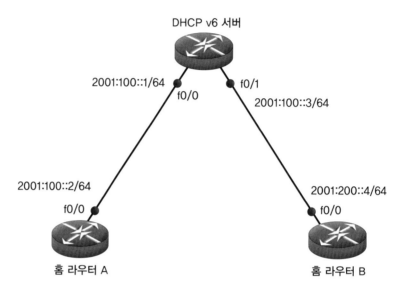

DHCP v6 서버

2001:100::1/64
f0/0

f0/1
2001:100::3/64

2001:100::2/64
f0/0

2001:200::4/64
f0/0

홈 라우터 A

홈 라우터 B

그림 4-57
홈 라우터 A, B를
생성한 모습

이제 DHCPv6 서버의 FastEthernet 0/0, 0/1을 설정합니다.

명령어

> *DHCPv6_server# configure terminal*
>
> *DHCPv6_server(config)# interface FastEthernet 0/0*
>
> *DHCPv6_server(config-if)# no shutdown*
>
> *DHCPv6_server(config-if)# ipv6 enable*
>
> *DHCPv6_server(config-if)# ipv6 address 2001:100::1/64*
>
> *DHCPv6_server(config-if)# ipv6 dhcp server SK_DHCP*

위에서 눈여겨봐야 할 것은 'ipv6 dhcp server *pool_name*' 명령어입니다. 해당 인터페이스를 DHCP 서버로 작동하겠다는 뜻입니다. 즉, 위 [그림 4-57]의 DHCPv6 서버 FastEthernet 0/0 인터페이스를 (조금 전에 정의했던) SK_DHCP 풀을 가진 DHCPv6 서버로 운용하겠다는 의미입니다. 따라서 [그림 4-57]의 DHCPv6 서버 FastEthernet 0/0에 연결된 홈 라우터 A의 FastEthernet 0/0은 SK_DHCP 풀에서 프리픽스 풀을 할당받게 될 것입니다. fastEthernet 0/1에도 이와 마찬가지 방법으로 설정합니다.

이제 [그림 4-57]의 홈 라우터 A, B도 설정하겠습니다.

명령어

```
Home_router_A# configure terminal

Home_router_A(config)# ipv6 unicast-routing

Home_router_A(config)#interface FastEthernet 0/0

Home_router_A(config-if)#no shutdown

Home_router_A(config-if)#ipv6 enable

Home_router_A(config-if)#ipv6 dhcp ?

  client  Act as an IPv6 DHCP client

  relay   Act as an IPv6 DHCP relay agent

  server  Act as an IPv6 DHCP server

Home_router_A(config-if)#ipv6 dhcp client ?

  information  Configure information refresh option

  pd           Prefix-Delegation

Home_router_A(config-if)#ipv6 dhcp client pd ?

  WORD  Prefix name

  hint  Configure IPv6 prefix sent as hint

Home_router_A(config-if)#ipv6 dhcp client pd prefix_from_SK_DHCP
```

위에서 눈여겨봐야 할 명령어는 'ipv6 dhcp client pd *prefix_delegation_name*' 입니다. 해당 인터페이스를 DHCP 클라이언트 모드로 동작시키겠다는 의미입니다. 그리고 해당 인터페이스 들어오고 있는 프리픽스 위임 정보를 Prefix_from_SK_DHCP로 정하겠다는 의미 입니다.

이 명령어를 입력하면 홈 라우터 A의 fastethernet 0/0은 [그림 4-57]의 DHCPv6 서버 에게 DHCPv6 Solicit 메시지를 보내게 되고 DHCPv6 프로세스에 따라 (프리픽스 위임 옵션이 담겨 있는) DHCPv6 Reply 메시지를 받게 됩니다.

[그림 4-50]과 같이 홈 라우터 A(Requesting Router)에 연결돼 있는 PC #1, #2를 연결하겠습니다. [그림 4-58]은 L2 S/W를 이용해 PC #1, PC #2를 연결한 모습입니다.

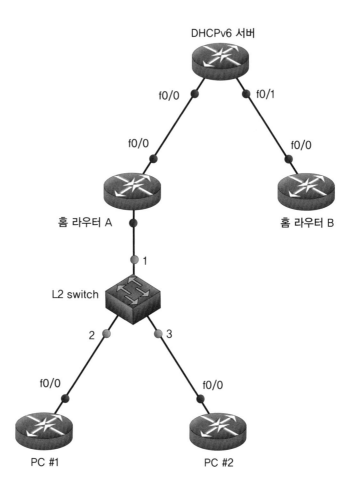

DHCPv6 서버

f0/0   f0/1

f0/0   f0/0

홈 라우터 A   홈 라우터 B

1

L2 switch

2   3

f0/0   f0/0

PC #1   PC #2

그림 4-58
Home Router에 PC
두 대를 연결한 모습

현재 [그림 4-58]의 홈 라우터 A의 FastEthernet 0/0까지 설정했습니다. 이제 DHCPv6 클라이언트와 링크가 연결돼 있는 FastEthernet 0/1을 설정합니다.

명령어

```
Home_router_A# configure terminal
Home_router_A(config)# interface f0/1
Home_router_A(config-if)# no shutdown
Home_router_A(config-if)# ipv6 enable
Home_router_A(config-if)# ipv6 address ?
  WORD              General prefix name
  X:X:X:X::X          IPv6 link-local address
  X:X:X:X::X/(0-128)   IPv6 prefix
  autoconfig       Obtain address using autoconfiguration
```

⊕

```
                                    ⊕
  Home_router_A(config-if)# ipv6 address prefix_from_SK_DHCP ?
    X:X:X:X::X/(0-128)  IPv6 prefix
  Home_router_A(config-if)#ipv6 address prefix_from_SK_DHCP ::1/64
  Home_router_A(config-if)#end
```

위에서 눈여겨봐야 할 명령어는 'ipv6 address *prefix_name prefix*'입니다. 이는 IPv6 주소를 생성하는 새로운 방법입니다. 우리가 지금까지 IPv6 주소를 생성할 때는 [표 4-24]와 같이 직접 주소를 입력해야만 했습니다.

표 4-24
IPv6 주소를 직접
설정하는 명령어

명령어	설명
# ipv6 address *address* link-local	링크로컬 주소를 직접 입력해 생성
# ipv6 address *address/prefix_length*	글로벌 유니캐스트 주소(128비트)를 직접 입력해 생성
# ipv6 address *address/prefix_length* eui-64	글로벌 유니캐스트 주소를 생성하는데 하위 64비트 (Interface ID)는 자동 생성

그런데 위 예제처럼 IPv6 주소를 직접 입력하지 않고 미리 정의된 프리픽스(예제에서는 prefix_from_SK_DHCP)로 IPv6 주소를 생성하는 방법도 있습니다. 따라서 'ipv6 address *prefix_from_SK_DHCP ::1/64*'의 의미는 FastEthernet 0/1 인터페이스에서 IPv6 주소를 생성하는 데 있어 128비트 중에서 프리픽스 길이는 64이고, 이때 프리픽스는 Prefix_from_SK_DHCP으로 정의된 것을 따르며 Interface ID는 ::1로 한다는 의미입니다.

[그림 4-58]의 홈 라우터가 FastEthernet 0/0에서 프리픽스 정보를 받은 후, 이를 FastEthernet 0/1에 잘 보내고 있는지 확인해보겠습니다. 이와 관련된 명령어는 'show ipv6 general-prefix'입니다.

```
Home_router_A#show ipv6 general-prefix
IPv6 Prefix prefix_from_SK_DHCP, acquired via DHCP PD
  2001:900::/48 Valid lifetime 1504, preferred lifetime 304
    FastEthernet0/1 (Address command)
```

이번에는 실제로 [그림 4-58]의 홈 라우터의 FastEthernet 0/1의 IPv6 주소를 살펴봅니다.

```
Home_router_A#show ipv6 interface FastEthernet 0/1
FastEthernet0/1 is up, line protocol is up
  IPv6 is enabled, link-local address is FE80::CE05:16FF:FEBC:1
  No Virtual link-local address(es):
  Global unicast address(es):
    2001:900::1, subnet is 2001:900::/64 [CAL/PRE]
      valid lifetime 1789 preferred lifetime 589
  Joined group address(es):
    FF02::1
    FF02::2
    FF02::1:FF00:1
    FF02::1:FFBC:1
  MTU is 1500bytes
  ICMP error messages limited to one every 100 milliseconds
  ICMP redirects are enabled
  ICMP unreachables are sent
  ND DAD is enabled, number of DAD attempts: 1
  ND reachable time is 30000 milliseconds
  ND advertised reachable time is 0 milliseconds
  ND advertised retransmit interval is 0 milliseconds
  ND router advertisements are sent every 200 seconds
  ND router advertisements live for 1800 seconds
  ND advertised Default router preference is Medium
  Hosts use stateless autoconfig for addresses.
```

글로벌 유니캐스트 주소의 네트워크 프리픽스가 DHCPv6 서버가 할당해준 프리픽스와 같다는 것을 확인할 수 있습니다. 그리고 Interface ID는 수동으로 설정한 '::1'인 것 역시 확인할 수 있습니다.

이제 [그림 4-58]의 DHCPv6 클라이언트인 PC #1, PC #2를 설정합니다.

명령어

```
PC_1#configure terminal
PC_1(config)#interface FastEthernet 0/0
PC_1(config-if)#no shutdown
PC_1(config-if)#ipv6 address autoconfig
PC_1(config-if)#end
```

이제 PC #1이 글로벌 유니캐스트 주소를 생성했는지 확인합니다.

```
PC_1#show ipv6 interface FastEthernet 0/0
FastEthernet0/0 is up, line protocol is up
  IPv6 is enabled, link-local address is FE80::CE0B:12FF:FEA0:0
  No Virtual link-local address(es):
  Global unicast address(es):
    2001:900::CE0B:12FF:FEA0:0, subnet is 2001:900::/64 [EUI/CAL/PRE]
      valid lifetime 1694 preferred lifetime 494
  Joined group address(es):
    FF02::1
    FF02::1:FFA0:0
  MTU is 1500bytes
  ICMP error messages limited to one every 100 milliseconds
  ICMP redirects are enabled
  ICMP unreachables are sent
  ND DAD is enabled, number of DAD attempts: 1
  ND reachable time is 30000 milliseconds
  Default router is FE80::CE05:16FF:FEBC:1 on FastEthernet0/0
```

PC #1이 글로벌 유니캐스트 주소를 생성했고, 프리픽스는 DHCPv6 서버에서 설정한 2001:
290::이며, Interface ID는 수정된 EUI-64를 이용해 만든 것을 확인할 수 있습니다.

이제 DHCPv6 서버 측에서 IPv6 주소 할당 현황을 확인합니다. IPv6 주소 할당 현황을 확인하는 명령어는 'show ipv6 dhcp pool'입니다.

```
DHCPv6_server#show ipv6 dhcp pool
DHCPv6 pool: SK_DHCP
  Prefix pool: no_won
          preferred lifetime 600, valid lifetime 1800
  DNS server: 2001:700::1
  Domain Name: SK_DHCPv6_server
  SIP server address: 2001:600::1
  Active clients: 1
DHCPv6 pool: SK_DHCP_2
  Prefix pool: no_won_2
          preferred lifetime 600, valid lifetime 1800
  DNS server: 2001:700::1
  Domain Name: SK_DHCPv6_server
  SIP server address: 2001:600::1
  Active clients: 1
```

SK_DHCP, SK_DHCP_2 풀에 각각 클라이언트가 1씩 연결돼 있는 것을 확인할 수 있습니다. 여기서 클라이언트는 '리퀘스팅 라우터(Requesting Router)'를 뜻합니다.

클라이언트의 좀 더 많은 정보를 볼 수 있는 명령어는 'show ipv6 dhcp binding'입니다.

```
DHCPv6_server#show ipv6 dhcp binding
Client: FE80::CE05:16FF:FEBC:0
 DUID: 00030001CC0516BC0000
 Interface : FastEthernet0/0
 IA PD: IA ID 0x00030001, T1 300, T2 480
   Prefix: 2001:900::/48
          preferred lifetime 600, valid lifetime 1800
          expires at Mar 01 2002 05:49 AM (1508 seconds)
Client: FE80::CE06:16FF:FEBC:0
 DUID: 00030001CC0616BC0000
 Interface : FastEthernet0/1
 IA PD: IA ID 0x00030001, T1 300, T2 480
   Prefix: 2001:901::/48
          preferred lifetime 600, valid lifetime 1800
          expires at Mar 01 2002 05:50 AM (1607 seconds)
```

실습 Stateless DHCP 자동 설정

정상적으로 할당된 것을 확인할 수 있습니다. Stateless DHCP 자동 설정 알고리즘은 Stateless 주소 자동 설정 알고리즘과 Stateful 주소 자동 설정 알고리즘의 혼합형입니다.

Stateless 주소 자동 설정 알고리즘과 동일하게 라우터의 RA 메시지 안에 있는 네트워크 프리픽스를 참조해 글로벌 유니캐스트 주소를 생성합니다. Stateless DHCP 자동 설정 알고리즘이 만들어진 이유는 Stateless 주소 자동 설정 알고리즘에 단점이 있기 때문입니다. 호스트가 인터넷에 정상적으로 접속하기 위해서는 Global Unicast Address뿐 아니라 다른 네트워크 파라미터가 설정돼야 합니다. 그 예로는 DNS 서버 주소, SIP 주소 등을 들 수 있습니다. 그런데 Stateless 주소 자동 설정 방식에서는 호스트에게 DNS 서버 주소 등을 알려줄 방법이 없습니다. 그래서 나온 것이 Stateless DHCP 자동 설정 알고리즘입니다.

[그림 4 – 59]와 같이 네트워크를 구성합니다.

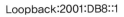

Loopback:2001:DB8::1

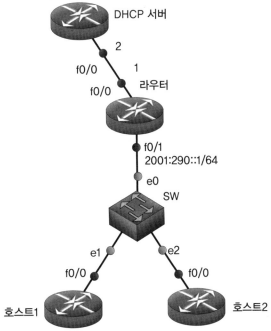

그림 4-59
DHCP 서버, 라우터 그리고 호스트 1, 호스트 2인 네트워크

호스트 1과 호스트 2가 라우터로부터 IPv6 주소를 할당받고, DHCP 서버로부터 DNS 서버 주소를 할당받는 것을 실습해보겠습니다.

[그림 4 – 59]에서 라우터는 Relay Agent로 동작합니다.

호스트 1과 호스트 2의 설정은 Stateless 주소 자동 설정과 동일합니다. 명령어를 다음과 같이 입력합니다.

명령어

```
Host1#configure terminal
Host1(config)#interface fastethernet0/0
Host1(config-if)#no shutdown
Host1(config-if)#ipv6 enable
Host1(config-if)#ipv6 address autoconfig


Host2#configure terminal
Host2(config)#interface fastethernet0/0
Host2(config-if)#no shutdown
Host2(config-if)#ipv6 enable
Host2(config-if)#ipv6 address autoconfig
```

호스트 1과 호스트2가 DNS를 이용해 호스트 이름과 IP 주소를 변환하기 위해 호스트에 다음과 같은 명령어를 입력해줍니다.

명령어

```
Host1#configure terminal
Host1(config)#ip domain lookup


Host2#configure terminal
Host2(config)#ip domain lookup
```

'ip domain lookup' 명령어를 입력하면 해당 장비는 호스트 이름의 IP 주소를 알기 위해 DNS 서버에 문의합니다.

호스트 1과 2가 Stateless 주소 자동 설정, Stateful 주소 자동 설정 또는 Stateless DHCP 자동 설정으로 동작할 것인지의 결정은 라우터가 보내는 RA 메시지의 'M' Field에 의해 정해진다고 했습니다. 따라서 라우터의 설정은 RA 메시지의 'M' Field의 값을 다르게 하기 위해 Stateless 주소를 자동으로 설정할 때와 달라집니다.

라우터는 다음과 같이 설정합니다.

명령어

Router#configure terminal

Router(config)#ipv6 unicast-routing

Router(config)#interface fastethernet0/1

Router(config-if)#no shutdown

Router(config-if)#ipv6 enable

Router(config-if)#ipv6 address 2001:290::1/64

*Router(config-if)#**ipv6 nd other-config-flag***

*Router(config-if)#**ipv6 dhcp relay destination 2001:DB8::1***

'ipv6 nd other-config-flag' 명령어는 IPv6 호스트에게 IPv6 주소뿐 아니라 DNS 서버 등의 네트워크 파라미터(Network Parameter) 정보도 할당받으라고 알려주는 역할을 합니다.

[그림 4 – 60]은 [그림 4 – 59]의 라우터가 보내는 RA 메시지의 내용을 확인하기 위해 라우터 와 스위치 간의 인터페이스를 캡처한 것입니다.

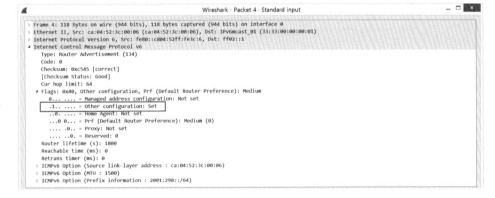

그림 4-60
라우터가 보내는 RA
메시지

[그림 4 – 60]을 살펴보면 RA 메시지 안의 Other Configuration Field가 '1'으로 세팅돼 있 는 것을 확인할 수 있습니다.

호스트는 Other Configuration Field가 '1'으로 세팅된 RA 메시지를 수신하면, 네트워크 파 라미터를 할당받기 위해 [그림 4 – 61]과 같이 DHCP Information Request 메시지를 보냅 니다.

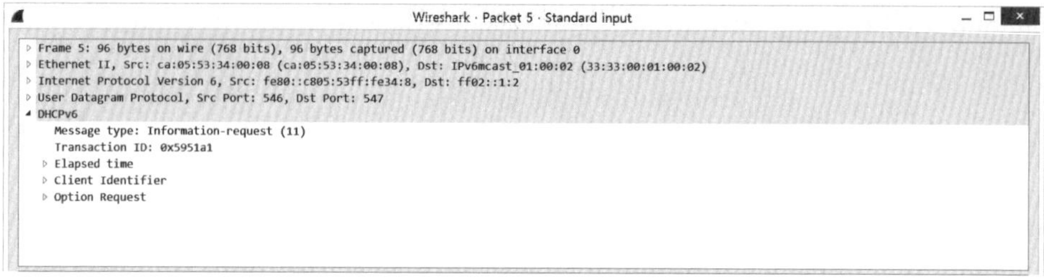

그림 4-61
DHCP Information
Request 메시지

```
Wireshark · Packet 5 · Standard input                                    _  □  x
▶ Frame 5: 96 bytes on wire (768 bits), 96 bytes captured (768 bits) on interface 0
▶ Ethernet II, Src: ca:05:53:34:00:08 (ca:05:53:34:00:08), Dst: IPv6mcast_01:00:02 (33:33:00:01:00:02)
▶ Internet Protocol Version 6, Src: fe80::c805:53ff:fe34:8, Dst: ff02::1:2
▶ User Datagram Protocol, Src Port: 546, Dst Port: 547
▲ DHCPv6
    Message type: Information-request (11)
    Transaction ID: 0x5951a1
  ▶ Elapsed time
  ▶ Client Identifier
  ▶ Option Request
```

DHCP Information Request 메시지의 목적지 주소는 FF02::1:2입니다. FF02::1:2는 모든 DHCP 서버들과 DHCP 릴레이 에이전트면 생성되는 멀티캐스트 주소입니다.

라우터에 설정된 ipv6 dhcp relay destination *ipv6_address* 명령어는 '자신은 DHCP Relay Agent이고 실제 DHCP 서버의 주소는 ipv6_address이다.'라고 알려주는 명령어입니다. IPv4 네트워크의 'ip helper address *ipv4_address*'와 동일합니다.

DHCP 릴레이 에이전트가 DHCPv6 서버의 주소를 알려주는 데에는 다음과 같은 세 가지 방법이 있습니다.

표 4-25
DHCP 서버를 지목하는
세 가지 방법

#	명령어
❶	ipv6 dhcp relay destination Global_Unicast_Address
❷	ipv6 dhcp relay destination FF02::1:2
❸	ipv6 dhcp relay destination FF05::1:3

[표 4 – 25]의 첫 번째는 DHCP 서버를 글로벌 유니캐스트 주소로 알려주는 방식입니다. 두 번째와 세 번째는 미리 정의된 멀티캐스트 주소를 활용해 DHCPv6 서버를 알려주는 방식입니다. FF02::1:2는 ALL_DHCP_Server_and_Relay_Agents, FF05::1:3은 ALL_DHCP_Servers로 정의돼 있습니다.

라우터에서 [표 4 – 25]의 명령어들 중 하나를 입력하면 해당 라우터는 DHCP 릴레이 에이전트로 동작합니다. 라우터에서 FastEthernet 0/0의 인터페이스를 조회해보면, FF02::1:2가 생성돼 있는 것을 확인할 수 있습니다.

```
Router#show ipv6 intertace fastEthernet 0/1
FastEthernet0/1 is up, line protocol is up
 IPv6 is enabled, link–local address is FE80::C804:52FF:FE3C:6
 No Virtual link–local address(es):
 Global unicast address(es):
  2001:290::1, subnet is 2001:290::/64
 Joined group address(es):
  FF02::1
  FF02::2
  FF02::1:2
  FF02::1:FF00:1
  FF02::1:FF3C:6
 MTU is 1500 bytes
 ICMP error messages limited to one every 100 milliseconds
 ICMP redirects are enabled
 ICMP unreachables are sent
```

[표 4 – 25]에서 ❶번과 ❸번 방식을 사용하는 경우에는 라우터에서 DHCPv6 서버(Loopback 주소: 2001:DB8::1)의 경로를 알기 위해 라우팅 설정을 해줘야 합니다.

다음과 같이 라우터의 FastEthernet 0/0 인터페이스 설정과 라우팅 설정을 해줍니다.

명령어

```
Router#configure terminal
Router(config)#interface fastethernet0/0
Router(config–if)#no shutdown
Router(config–if)#ipv6 enable
Router(config–if)#ipv6 address 2001:291::1/64
Router(config–if)#exit
Router(config–if)# ipv6 route 2001:DB8::1/128 FastEthernet0/0 2001:291::2
```

이제 DHCPv6 서버 설정을 해보겠습니다. 릴레이 에이전트한 후, 연결돼 있는 DHCPv6 서버의 FastEthernet 0/0 인터페이스와 Loopback 인터페이스를 설정합니다.

```
DHCP_Server#configure terminal
DHCP_Server(config)#interface fastethernet0/0
DHCP_Server(config-if)#no shutdown
DHCP_Server(config-if)#ipv6 enable
DHCP_Server(config-if)# ipv6 address 2001:291::2/64
DHCP_Server(config-if)# interface loopback0
DHCP_Server(config-if)# ipv6 address 2001:DB8::1/128
```

DHCP 서버에서는 별도의 라우팅 설정을 해줄 필요가 없습니다. DHCP 서버는 호스트로 동작하기 때문에 라우터(Relay Agent)가 주는 RA 메시지에 의해 Default Router를 라우터의 FastEthernet 0/0 링크 로컬 유니캐스트 주소로 자동 설정되기 때문입니다.

DHCP 서버에서 IPv6 라우팅 테이블을 확인해봅니다.

```
DHCP_Server#show ipv6 route
IPv6 Routing Table - default - 5 entries
Codes: C - Connected, L - Local, S - Static, U - Per-user Static route
       B - BGP, HA - Home Agent, MR - Mobile Router, R - RIP
       H - NHRP, I1 - ISIS L1, I2 - ISIS L2, IA - ISIS interarea
       IS - ISIS summary, D - EIGRP, EX - EIGRP external, NM - NEMO
       ND - ND Default, NDp - ND Prefix, DCE - Destination, NDr - Redirect
       O - OSPF Intra, OI - OSPF Inter, OE1 - OSPF ext 1, OE2 - OSPF ext 2
       ON1 - OSPF NSSA ext 1, ON2 - OSPF NSSA ext 2, ls - LISP site
       ld - LISP dyn-EID
ND  ::/0 [2/0]
     via FE80::C804:52FF:FE3C:8, FastEthernet0/0
C   2001:291::/64 [0/0]
     via FastEthernet0/0, directly connected
L   2001:291::2/128 [0/0]
     via FastEthernet0/0, receive
LC  2001:DB8::1/128 [0/0]
     via Loopback0, receive
L   FF00::/8 [0/0]
     via Null0, receive
```

이제 DHCP 서버에서 DHCP Pool 설정을 합니다. Loopback 인터페이스에 다음과 같이 설정합니다.

명령어

```
DHCP_Server#configure terminal
DHCP_Server(config)# interface loopback0
DHCP_Server(config-if)#ipv6 dhcp server SK_DHCP
% Warning: Pool SK_DHCP not configured globally – configuring anyway.
```

'ipv6 dhcp server pool_name' 명령어는 해당 인터페이스로 들어오는 DHCPv6 메시지들의 풀(Pool)을 정의해주는 명령어입니다.

이제 Global Configuration Mode에서 DHCP Pool를 정의해줘야 합니다. 다음과 같이 입력합니다.

명령어

```
DHCP_Server#configure terminal
DHCP_Server(config)#ipv6 dhcp pool SK_DHCP
DHCP_Server(config-dhcpv6)#dns-server 2001:4860:4860::8888
DHCP_Server(config-dhcpv6)#domain-name google.com
```

DNS 서버 주소가 2001:4860:4860::8888이고 도메인 이름이 google.com인 'SK_DHCP'이라는 DHCP 풀(Pool)를 정의한 것입니다.

이제 모든 설정이 끝났습니다. 호스트가 IPv6 주소를 자동으로 생성했는지 확인해봅니다.

```
Host1#show ipv6 interface fastEthernet 0/0
FastEthernet0/0 is up, line protocol is up
  IPv6 is enabled, link-local address is FE80::C805:53FF:FE34:8
  No Virtual link-local address(es):
  Stateless address autoconfig enabled
  Global unicast address(es):
    2001:290::C805:53FF:FE34:8, subnet is 2001:290::/64 [EUI/CAL/PRE]
      valid Lifetime 2591913 preferred Lifetime 604713
  Joined group address(es):
    FF02::1
    FF02::1:FF34:8
  MTU is 1500 bytes
  ICMP error messages limited to one every 100 milliseconds
  ICMP redirects are enabled
  ICMP unreachables are sent
  ND DAD is enabled, number of DAD attempts: [159]
  ND reachable time is 30000 milliseconds (using 30000)
  ND NS retransmit interval is 1000 milliseconds
  Default router is FE80::C804:52FF:FE3C:6 on FastEthernet0/0
```

라우터와 동일한 네트워크 프리픽스를 갖고 있는 2001:290::C805:53FF:FE34:8 주소가 생성된 것을 확인할 수 있습니다.

이제 DHCP 서버로부터 도메인 정보를 정상적으로 받아왔는지 확인해봅니다. IP 주소가 아닌 도메인 이름으로 핑을 보내봅니다.

```
Host1#ping www.naver.com
Translating "www.naver.com"...domain server (2001:4860:4860::8888)
% Unrecognized host or address, or protocol not running.
```

www.naver.com의 IP 주소를 확인하기 위해 도메인 서버에게 문의하는 것을 확인할 수 있습니다. 다만, 현재 Google DNS 서버(2001:4860:4860::8888) 연동이 안 돼 있기 때문에 IP 주소 변환은 안 됩니다.

----

159 실제 구글의 Public IPv6 DNS 서버 주소입니다.

Memo

Understanding

IPv6 Network

멀티캐스트

Chapter 5에서는 IPv6 멀티캐스트(Multicast)와 관련된 프로토콜에 대해 설명합니다.

본격적으로 IPv6 멀티캐스트 프로토콜을 설명하기에 앞서, Lesson 1에서는 우리에게 익숙한 유니캐스트 통신과 다른 멀티캐스트 통신에 대해 대략적으로 설명하겠습니다.

멀티캐스트 프로토콜은 쓰이는 영역에 따라 멀티캐스트 라우터와 멀티캐스트 라우터 사이에 쓰이는 멀티캐스트 라우팅 프로토콜(Multicast Routing Protocol)과 멀티캐스트 라우터, 멀티캐스트 호스트 사이에 쓰이는 멀티캐스트 그룹 관리 프로토콜(Multicast Group Management Protocol)로 분류할 수 있습니다.

멀티캐스트 그룹 관리 프로토콜에는 IPv4 망에서 사용되는 IGMP(Internet Group Management Protocol)와 IPv6 망에서 사용되는 MLD(Multicast Listener Discovery) 프로토콜이 있으며, Lesson 2에서 자세히 설명하겠습니다. 멀티캐스트 라우팅 프로토콜은 PIM(Protocol Independent Multicast)으로, Lesson 5에서 자세히 설명하겠습니다.

멀티캐스트 개요

우리가 흔히 알고 있는 인터넷은 대부분 유니캐스트 네트워크로 구성돼 있습니다. 상황이 이러하다 보니 일반 사람들은 멀티캐스트 네트워크에 대해 접할 기회가 별로 없다고 생각합니다. 하지만 IPTV 서비스 등과 같은 방송 서비스들은 멀티캐스트로 제공되고 있어 사람들이 생각하는 것보다 훨씬 더 많이 멀티캐스트 네트워크를 경험하고 있습니다. 특히, 인터넷 서비스들이 텍스트 위주의 트래픽을 전송하는 서비스에서 점차 동영상 위주의 트래픽을 전송하는 서비스로 변경됨에 따라 멀티캐스트 네트워크의 중요성은 더욱 커지고 있습니다.

따라서 멀티캐스트 프로토콜을 본격적으로 설명하기에 앞서, Lesson 1.1에서 멀티캐스트의 일반적인 개요를 설명하겠습니다. 그런 다음, 멀티캐스트 네트워크가 ISP(Internet Service Provider) 사업자에게 어떠한 의미를 갖는지 알아보겠습니다.

01 멀티캐스트 개요

IP 네트워크의 패킷 전달 방식은 [표 5-1]과 같이 나눌 수 있습니다. 이들의 차이는 Chapter 2의 Lesson 2에서 간략히 설명했습니다.

표 5-1
IP 패킷 전달 방식

IPv4	IPv6
유니캐스트	유니캐스트
멀티캐스트	멀티캐스트
브로드캐스트	애니캐스트

기억을 환기시키기 위해 유니캐스트와 멀티캐스트 통신의 차이점에 대해 다시 설명하겠습니다.

[그림 5-1]은 유니캐스트 통신을 나타낸 것입니다.

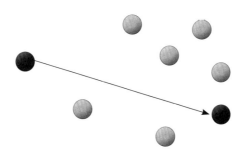

그림 5-1
유니캐스트 통신

유니캐스트는 1:1 통신 방식입니다. 즉, 특정 소스(Source)에서 특정 목적지(Destination)까지 IP 패킷을 전달하는 방식으로, 각 라우터가 유니캐스트 라우팅 테이블을 참조해 목적지(Destination)까지의 최적 경로를 찾고, 이에 따라 패킷을 전달하는 방식입니다.

[그림 5-2]는 멀티캐스트 전달 방식을 나타낸 것입니다.

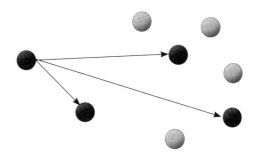

그림 5-2
멀티캐스트 통신

멀티캐스트는 1:N 또는 N:M 간의 통신 방식입니다. 멀티캐스트 통신의 경우, 유니캐스트 통신에 비해 최대한 목적지 근처까지 1개의 패킷만을 전달한 후, 목적지 근처에서 패킷을 복사해 전달하므로 네트워크의 대역폭을 줄일 수 있다는 장점이 있습니다. 이로 인해 대형 네트워크 사업자의 경우, 멀티캐스트 통신이 무척 중요한 의미를 갖습니다. 이와 관련해서는 Lesson 1.2에서 자세히 설명하겠습니다.

멀티캐스트 패킷을 전달하는 멀티캐스트 라우터[160]는 유니캐스트 패킷을 전달하는 라우터와 다른 알고리즘으로 동작합니다.[161] 지금부터 목적지 경로를 찾는 데 있어 멀티캐스트 라우팅과 유니캐스트 라우팅의 차이에 대해 알아보겠습니다.

라우터는 패킷을 수신하면 패킷을 버릴지, 다른 네트워크로 전달할지를 결정합니다. 다른 네트워크로 전달하는 것으로 결정하면 해당 패킷을 어떤 네트워크로 전달해야 하는지에 기준이 되는 테이블이 있는데, 이것이 '라우팅 테이블(Routing Table)'입니다.

160 멀티캐스트 라우팅 기능을 갖고 있는 라우터를 말합니다.

161 라우터는 기본적으로 유니캐스트 패킷을 전달하는 기능을 갖고 있지만, 이 기능이 없는 라우터도 있습니다. 당연히 멀티캐스트 패킷을 전달하는 기능을 가진 라우터는 그렇지 않은 라우터에 비해 단가가 비쌉니다.

라우팅 테이블은 다시 유니캐스트 패킷의 경로를 결정하는 유니캐스트 라우팅 테이블과 멀티캐스트 패킷의 경로를 결정하는 멀티캐스트 라우팅 테이블로 나뉩니다.

유니캐스트 네트워크에서는 네트워크마다 서로 다른 네트워크 프리픽스(Network Prefix)를 가져야 합니다. 예를 들어 [그림 5-3]과 같이 라우터 A에 서울시 영등포구 네트워크와 서울시 동작구 네트워크가 연동돼 있다면 영등포구 네트워크와 동작구 네트워크는 서로 다른 네트워크 프리픽스를 가져야 합니다.

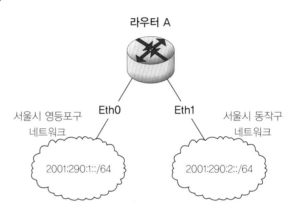

그림 5-3
유니캐스트 네트워크

반면, 멀티캐스트 네트워크에서는 네트워크마다 동일한 네트워크 프리픽스를 가질 수 있습니다. 즉, [그림 5-4]처럼 영등포구와 동작구는 동일한 네트워크 프리픽스인 FF35::4000:1/128을 가질 수 있습니다. 만약, [그림 5-4]의 멀티캐스트 라우터 A가 목적지 주소가 FF35::4000:1/128인 멀티캐스트 패킷을 수신하면 멀티캐스트 라우터 A는 해당 멀티캐스트 패킷을 2개로 복사해 동시에 Eth0과 Eth1 포트로 전달합니다.

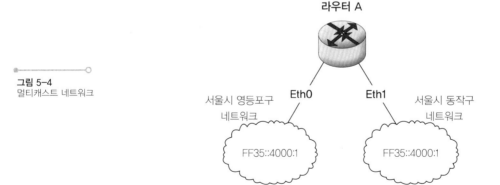

그림 5-4
멀티캐스트 네트워크

유니캐스트 라우팅의 경우, 수신된 패킷에 대해 목적지 주소를 기준으로 유니캐스트 라우팅 테이블을 참조해 최적의 경로를 결정합니다.[162] 그리고 해당 패킷을 목적지에 전달할 수 있는 포트

---

[162] 유니캐스트 패킷의 목적지 주소뿐 아니라 패킷의 사이즈, 페이로드의 프로토콜 타입, 출발지 주소 등을 참조해 라우팅을 하는 정책 기반 라우팅(Policy-Based Routing)이라는 알고리즘도 있습니다. 하지만 일반적인 유니캐스트 라우팅이 아니기 때문에 유니캐스트 라우팅은 목적지 주소만을 참조한다고 설명했습니다.

로 전달합니다. 예를 들어 [그림 5-5]의 유니캐스트 라우터는 2001:290:1::/64의 네트워크로 가는 IPv6 유니캐스트 패킷을 수신할 경우, 유니캐스트 라우팅 테이블을 참조해 패킷을 Ethernet Port 0으로 전달합니다.

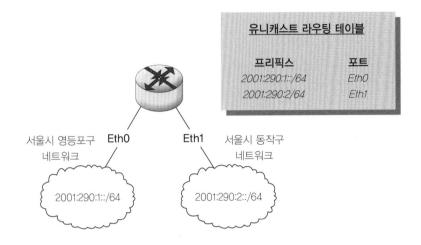

그림 5-5
유니캐스트 라우팅
테이블

하지만 멀티캐스트 라우팅의 경우, 멀티캐스트 라우팅 테이블을 참조할 때 수신된 패킷의 목적지 주소뿐 아니라 출발지 주소까지 함께 고려해 전달할 포트를 결정합니다. 예를 들어, [그림 5-6]과 같이 동일한 콘텐츠(FF35::4000:1)를 제공하는 콘텐츠 서버(Contents Server)가 두 대 있고, 각각 2001:290:3::1, 2001:290:4::1의 글로벌 유니캐스트 주소를 가지며, 콘텐츠는 FF35::4000:1인 멀티캐스트 그룹 주소(Multicast Group Address)로 서비스되고 있다고 가정해 보겠습니다. 이때 목적지 주소가 동일한 경우에도 (멀티캐스트 그룹 주소가 동일한 경우에도) 출발지 주소가 다르면 [그림 5-6]의 멀티캐스트 라우팅 테이블처럼 출력 포트가 다를 수 있습니다.

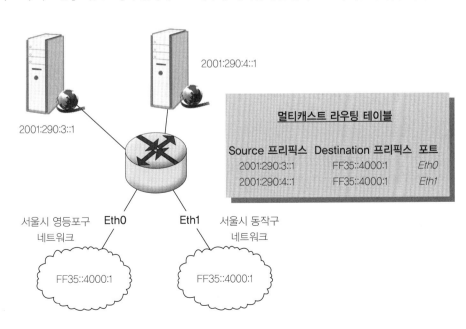

그림 5-6
멀티캐스트 라우팅
테이블

[그림 5-6]에서 멀티캐스트 라우팅 테이블을 참조하는 Key 값은 (Source 주소, Destination 주소)가 됩니다. 이때 소스 주소가 특정 주소일 경우에는 (S, G), 소스 주소가 임의의 주소가 되는 경우에는 (∗, G)라고 표기하며, 각각 '에스 지', '스타 지'라고 읽습니다. 여기서 'G'는 멀티캐스트 그룹(Group) 주소를 의미합니다. 당연히 소스 주소인 'S'는 Unicast 주소가 됩니다.

유니캐스트, 멀티캐스트 라우팅은 라우팅 테이블 엔트리(Routing Table Entry)의 생성/관리에도 차이가 있습니다. 유니캐스트 라우팅 테이블의 경우, 운용자가 직접 입력하거나(스태틱 라우팅, Static Routing) 다이내믹 라우팅 프로토콜(Dynamic Routing Protocol)에 의해 라우팅 정보를 취합해 라우팅 테이블 엔트리를 생성합니다. 하지만 멀티캐스트 라우팅 테이블은 신규 멀티캐스트 패킷이 유입돼 멀티캐스트 패킷을 전달해야 하거나 하위 라우터로부터 멀티캐스트 트래픽의 요청이 있는 경우에 생성됩니다.

또한 유니캐스트 라우팅 테이블의 경우, 이벤트가 발생하지 않는 한(예 운용자가 라우팅 테이블을 삭제하거나 특정 링크가 다운되거나) 라우팅 엔트리가 삭제되지 않는 반면, 멀티캐스트 라우팅 테이블의 경우에는 일정 시간 이상 멀티캐스트 트래픽이 없을 때 해당 라우팅 테이블 엔트리가 자동으로 삭제됩니다. 이는 멀티캐스트 라우팅 테이블의 사이즈를 최소로 유지해 불필요한 멀티캐스트 트래픽이 네트워크의 대역폭을 차지하는 것을 방지하기 위한 것입니다.

멀티캐스트 프로토콜에 대해 자세히 알아보기 전에 멀티캐스트 서비스 모델에 대해 좀 더 상세히 알아볼 필요가 있습니다.

멀티캐스트 서비스 모델로는 ASM(Any-Source Multicast)과 SSM(Source-Specific Multicast)이 있습니다. ASM은 멀티캐스트 소스가 네트워크 내에서 어디에 있는지 신경 쓰지 않는 서비스 모델이고, SSM은 네트워크 내에서 멀티캐스트 소스의 위치를 명시적으로 가리키는 서비스 모델입니다. 각 모델의 특징과 차이점은 다음과 같습니다.

❶ ASM

ASM(Any-Source Multicast)은 1:N, N:M의 멀티캐스트를 지원하는 서비스 모델입니다. 멀티캐스트 호스트(Multicast Host)[163]는 멀티캐스트 트래픽을 수신하고자 할 때 멀티캐스트 소스를 상관하지 않는 방식입니다. 따라서 호스트가 멀티캐스트 라우터에게 Multicast Traffic Request 메시지를 보낼 때 멀티캐스트 소스를 명시하지 않습니다. 이 경우, ASM 모델의 멀티캐

---

163 멀티캐스트 호스트(Multicast Host): 멀티캐스트 기능을 갖고 있는 호스트를 멀티캐스트 호스트라고 합니다. Chapter 5에 등장하는 모든 호스트는 멀티캐스트 기능을 갖고 있다고 가정합니다.

스트 라우팅 테이블에는 (∗, G)로 표시됩니다.

이 서비스 모델에서는 Multicast Traffic Request 메시지에 멀티캐스트 소스가 명시돼 있지 않기 때문에 각 라우터는 멀티캐스트 트래픽을 요청받은 경우에 어디에서 멀티캐스트 트래픽을 수신할 수 있을지 알 수 없게 됩니다. 따라서 이 경우에는 (미리 약속된) 특정 노드에 모든 멀티캐스트 트래픽이 집결되도록 할 필요가 있습니다. 왜냐하면 멀티캐스트 라우터가 멀티캐스트 소스의 위치를 모르고 있는 상황에서 모든 멀티캐스트 트래픽이 모이게 되는 노드만 알고 있으면 (그 노드로부터 멀티캐스트 소스를 받아) 호스트에 멀티캐스트 트래픽을 전달할 수 있기 때문입니다. 이처럼 ASM 모델에서 멀티캐스트 트래픽이 모이는 노드를 랑데부 포인트(Rendezvous Point, 지정 집결 지점)[164]라고 합니다.

[그림 5-7]은 ASM 서비스 모델을 나타낸 것입니다. [그림 5-7]처럼 모든 멀티캐스트 소스가 랑데부 포인트로 모이면 라우터/호스트들은 멀티캐스트 소스의 위치를 모르더라도 멀티캐스트 트래픽을 전달하거나 수신할 수 있습니다.

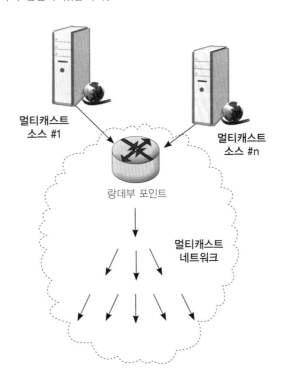

그림 5-7
ASM 서비스 모델

멀티캐스트
소스 #1

멀티캐스트
소스 #n

랑데부 포인트

멀티캐스트
네트워크

❷ SSM

SSM(Source-Specific Multicast) 모델은 멀티캐스트 소스의 위치를 모든 호스트가 알고 있는 경우입니다. 따라서 호스트가 Multicast Traffic Request 메시지를 보낼 때 멀티캐스트 소스의 위치를 명시적으로 지목합니다. 그 메시지를 받은 라우터는 해당 멀티캐스트 소스로 멀티캐스트 트래픽을 전달해줄 것을 요청하고 멀티캐스트 트래픽이 수신되면 해당 멀티캐스트 트래픽을

164 불어에서 온 단어로, '누구 누구와 만나기로 한 장소'라는 의미입니다.

호스트에게 전달합니다. 따라서 SSM 모델의 멀티캐스트 라우팅 테이블은 (S, G)로 표현합니다. [그림 5-8]은 SSM 서비스 모델을 나타낸 것입니다.

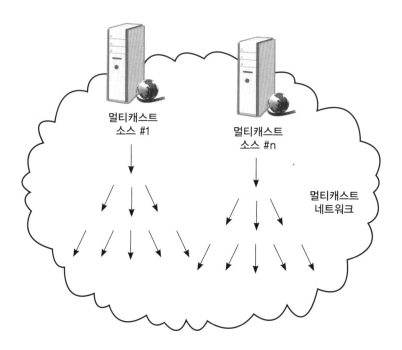

그림 5-8
SSM 서비스 모델

지금까지 멀티캐스트 서비스 모델인 ASM과 SSM의 정의에 대해 알아봤습니다. 지금부터는 이 2개 서비스 모델의 장단점을 비교해보겠습니다.

SSM 모델의 장점은 (호스트가 멀티캐스트 소스를 지정해주기 때문에) 멀티캐스트 라우터가 멀티캐스트 트래픽의 소스를 찾을 필요가 없다는 점입니다. ASM 모델에서는 멀티캐스트 트래픽의 소스를 찾기 위해 매우 복잡한 RP(Rendezvous Point) 관련 프로토콜과 MSDP(Multicast Source Discovery Protocol)를 사용해야 합니다. 이러한 프로토콜은 멀티캐스트 라우터에게 상당한 부하를 일으키며, 멀티캐스트 네트워크를 확장하는 데 있어 여러 문제를 야기합니다. 또한 RP와 MSDP가 필요 없다는 것은 멀티캐스트 네트워크를 확장하는 데 있어 크게 신경 쓸 일이 없다는 것을 의미합니다.

반면, 멀티캐스트 네트워크를 확장할 필요가 없는 상황에서는 SSM 모델보다 ASM 모델이 네트워크 운용자들이 멀티캐스트 네트워크를 관리하는 데 훨씬 편리합니다. 왜냐하면 멀티캐스트 채널(예 지상파 채널 등)은 늘어나기 마련인데, 그럴 때마다 SSM 모델에서는 멀티캐스트 리스너(Multicast Listener)들의 소스 리스트에 새로운 멀티캐스트 소스 리스트를 추가해야 합니다. IPTV 서비스를 제공하는 대형 ISP들의 경우, 멀티캐스트 리스너들이 상당히 많기 때문에 멀티캐스트 소스 리스트를 업데이트하는 것은 상당한 업무 부하를 일으킵니다. 하지만 ASM 모델의 경우에는 새로운 멀티캐스트 소스 리스트들이 추가되더라도 동일한 RP에서 멀티캐스트 트래픽을 수신하기 때문에 네트워크 운용자들이 새롭게 설정할 필요가 없습니다.

이처럼 ASM이 SSM 서비스 모델에 비해 멀티캐스트 라우터/호스트들을 관리하는 데 장점이 있는 반면, 망 안정성 측면에서는 심각한 위험성이 있습니다. SSM의 경우에는 [그림 5-8]처럼 멀티캐스트 네트워크 내에 멀티캐스트 소스 서버가 여러 대 존재하기 때문에 하나의 서버에 문제가 있더라도 해당 서버로 서비스되는 멀티캐스트 트래픽에만 영향을 미칩니다. 반면, ASM 서비스 모델에서는 [그림 5-7]처럼 모든 멀티캐스트 트래픽이 RP에 모이고 전달되기 때문에 만약 RP에 장애가 발생하면 모든 멀티캐스트 트래픽에 영향을 미치게 되는 대형 장애가 발생할 수 있습니다.

지금까지 멀티캐스트 네트워크의 기본 특성 및 종류에 대해 알아봤습니다. 다음에는 이런 멀티캐스트 네트워크가 ISP들에 어떤 역할을 하는지 알아보겠습니다.

02 멀티캐스트의 의의

이번에는 멀티캐스트 서비스가 네트워크 사업자에게 있어 어떠한 의미를 지니고 있는지 간단히 소개를 함으로써 멀티캐스트 서비스가 얼마나 중요한지 알아보려고 합니다.

멀티캐스트가 유니캐스트 전달 방식에 비해 갖는 장점은 다음과 같이 두 가지가 있습니다.

❶ 네트워크 대역폭을 효율적으로 사용할 수 있습니다.

어떤 네트워크 사업자가 방송 콘텐츠를 전달하는 사업을 하고 있고, [그림 5-9]와 같은 네트워크가 있다고 가정합니다.[165]

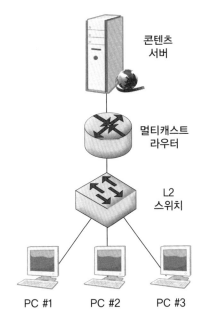

그림 5-9
일반적인 네트워크
구성도

콘텐츠
서버

멀티캐스트
라우터

L2
스위치

PC #1   PC #2   PC #3

---

165 여기서는 트래픽을 방송 콘텐츠로 예를 들었지만 어느 트래픽이든 상관 없습니다. 다만, 방송 콘텐츠를 멀티캐스트로 많이 전달하기 때문에 방송 콘텐츠를 예로 든 것입니다.

이때 PC #1과 PC #2는 방송 콘텐츠를 시청하고 PC #3의 경우에는 시청하지 않는다고 가정해 보겠습니다. 이 경우, 네트워크 사업자가 방송 콘텐츠를 각각 유니캐스트와 멀티캐스트로 전달하는 경우의 트래픽을 비교한 것이 각각 [그림 5-10]과 [그림 5-11]입니다.

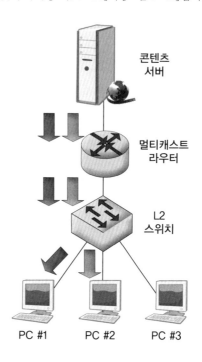

그림 5-10
유니캐스트 방식으로
방송 콘텐츠를 전달
하는 경우의 트래픽

[그림 5-10]에서 콘텐츠 서버는 방송 콘텐츠를 2개 복사한 후, 이를 라우터와 L2 스위치에 전달합니다.

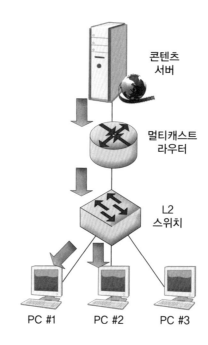

그림 5-11
멀티캐스트 방식으로
방송 콘텐츠를 전달
하는 경우의 트래픽

반면, [그림 5-11]에서는 콘텐츠 서버가 콘텐츠를 1개만 라우터와 L2 스위치에 전달하면 됩니다.

[그림 5-10]의 경우, [그림 5-11]보다 콘텐츠 서버와 멀티캐스트 라우터 구간의 트래픽이 2배로 발생하는 것을 알 수 있습니다. 이처럼 [그림 5-10]과 [그림 5-11]을 비교하면 멀티캐스트 방식이 유니캐스트 방식보다 네트워크 트래픽이 줄어든다는 사실을 알 수 있습니다.

[그림 5-9]에서는 방송을 시청하는 PC가 두 대뿐이었지만, 만약 PC 수가 급격히 증가하면 멀티캐스트는 유니캐스트 통신 방식에 비해 네트워크 트래픽을 줄일 수 있는 효과는 더 커질 것입니다. 이에 대한 답변은 [그림 5-12]를 통해 유추할 수 있습니다.

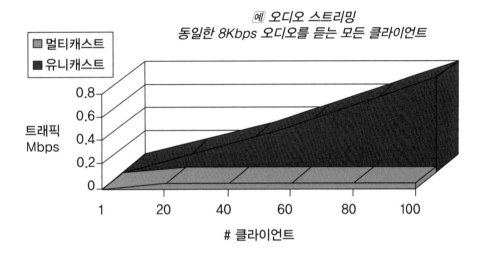

그림 5-12
유니캐스트와 멀티캐스트 통신 방식에 따른 네트워크 트래픽 발생 비교

[그림 5-12]는 모든 PC(클라이언트)가 8Kbps 오디오를 수신받고 있다고 가정했을 때 PC(클라이언트)의 수에 따라 네트워크 트래픽이 어떻게 증가하는지를 보여주는 시뮬레이션 결과 값입니다.[166] 이처럼 PC(클라이언트) 수가 증가함에 따라 멀티캐스트 방식이 유니캐스트 방식에 비해 네트워크 트래픽을 확연히 줄여준다는 것을 알 수 있습니다.[167]

❷ 네트워크 성능을 높여주며 엔드 유저(End User)들 간의 방송 콘텐츠 수신 시간의 차이를 줄여줍니다.

[그림 5-10]에서 유니캐스트 라우터는 자신이 수신한 방송 콘텐츠를 2개의 방송 콘텐츠를 복사해 전달하게 되는데, 이때 2개의 방송 콘텐츠를 동시에 보내는 것이 아니라 순차적으로 보낼 수밖에 없습니다. 따라서 PC들은 콘텐츠를 동시에 받을 수 없게 되며, 필연적으로 PC들 간에 방송

---

166 1998년 시스코 사가 하나로 텔레콤에 보내준 멀티캐스트 관련 자료를 인용했습니다.

167 최근 들어 스마트 TV, 넷플릭스와 같은 OTT(Over The Top) 서비스가 등장하고 있습니다. 이런 서드 플레이어(Third Player)들에 의해 발생하는 트래픽들은 모두 유니캐스트로 전달되기 때문에 네트워크 사업자에게 상당한 부담을 주고 있습니다. 이를 두고 2012년 LG U+의 이상철 회장은 '자전거 길을 만들었더니 트럭을 몰고 왔다.'라고 표현했습니다.

콘텐츠 수신 시간에 차이가 발생합니다. 즉, 동일하게 축구 경기 방송을 보고 있는데 집마다 골인 순간이 다를 수 있게 됩니다. 반면, [그림 5-11]에서의 멀티캐스트 라우터는 자신이 수신한 방송 콘텐츠를 그대로 전달만 하면 되기 때문에 라우터의 CPU 부담이 작게 발생합니다. 당연히 각 PC들마다 방송 콘텐츠를 수신하는 시간이 동일합니다.

지금까지 멀티캐스트의 장점들에 대해 알아봤습니다. 하지만 멀티캐스트가 유니캐스트에 비해 장점만 있는 것이 아니라 다음과 같은 단점도 있습니다.

❶ Best Effort Delivery이므로 신뢰성이 확보되지 않습니다

대부분의 멀티캐스트 애플리케이션들은 UDP로 전송됩니다. 따라서 TCP로 전송되는 유니캐스트 패킷들에 비해 패킷 로스(Packet Loss)를 감수해야 합니다.

❷ 트래픽이 전달되는 과정에서 패킷의 순서가 뒤바뀌어 전달될 수 있습니다

이것 역시 많은 멀티캐스트 애플리케이션들이 UDP로 전송되기 때문에 발생하는 문제입니다.

멀티캐스트 그룹 관리 프로토콜

멀티캐스트 그룹을 관리하는 프로토콜에 대해 알아보겠습니다. 그리고 IPv4와 IPv6의 멀티캐스트 그룹 관리 프로토콜의 차이점과 ASM, SSM의 멀티캐스트 서비스 모델에 따라 멀티캐스트 그룹 관리 프로토콜이 어떻게 달라지는지 알아보겠습니다.

[그림 5–13]은 멀티캐스트 트래픽을 갖고 있는 콘텐츠 서버로부터 가입자 PC까지의 멀티캐스트 네트워크 구성도를 간략하게 표현한 것입니다.

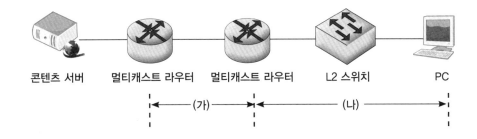

그림 5–13
멀티캐스트 네트워크
End–to–End 구성도

| 콘텐츠 서버 | 멀티캐스트 라우터 | 멀티캐스트 라우터 | L2 스위치 | PC |

[그림 5–13]에서 멀티캐스트 트래픽은 콘텐츠 서버로부터 가입자 PC까지 가는 데 있어 많은 멀티캐스트 라우터와 L2 스위치를 거칩니다. 멀티캐스트 라우터와 멀티캐스트 라우터 구간에([그림 5–13]의 (가) 부분) 사용되는 프로토콜은 멀티캐스트 라우팅 프로토콜이고, 멀티캐스트 라우터와 멀티캐스트 호스트 구간에([그림 5 – 13]의 (나) 부분) 사용되는 프로토콜은 멀티캐스트 그룹 관리 프로토콜입니다.

Lesson 2에서는 멀티캐스트 라우터와 멀티캐스트 호스트 사이의 멀티캐스트 트래픽을 관리하는 멀티캐스트 그룹 관리 프로토콜에 대해 설명하겠습니다. IPv4 네트워크에서는 IGMP(Internet Group Management Protocol), IPv6 네트워크에서는 MLD(Multicast Listener Discovery)가 그 역할을 수행합니다.

[그림 5–14][168]는 IPv4 네트워크와 IPv6 네트워크의 컨트롤 프로토콜을 나타낸 것입니다.

168 Jordi Palet(IPv6 Forum Fellow)가 2011년 APNIC 회의 때 발표했던 자료에서 인용했습니다.

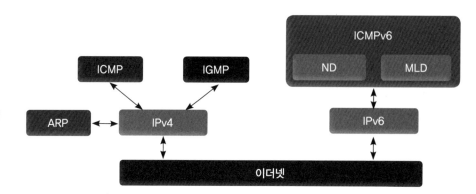

그림 5-14
IPv4, IPv6 네트워크의
컨트롤 프로토콜

IPv4 네트워크에서는 IGMP 프로토콜이 멀티캐스트 그룹 관리 기능을 담당했습니다. 반면, IPv6 네트워크에서는 ICMPv6 프로토콜의 기능이 멀티캐스트 그룹 관리 관리 기능을 통합했습니다. ICMPv6 메시지들 중 타입 130, 131, 132 메시지가 멀티캐스트 그룹 관리 기능을 담당하며, 해당 메시지들을 별도로 MLD 프로토콜이라 부릅니다. MLD는 [표 5-2]와 같이 ICMPv6 메시지 중에서 타입 130~132를 사용합니다.

표 5-2
ICMPv6 내의 MLD

ICMPv6 타입	내용
130	Multicast Listener Query
131	Multicast Listener Report
132	Multicast Listener Done

멀티캐스트 라우터는 IGMP/MLD 메시지를 이용해 멀티캐스트 그룹 정보를 관리합니다. IGMP, MLD 프로토콜은 멀티캐스트 라우터와 멀티캐스트 리스너(Multicast Listener)[169]가 서로 다르게 동작하는 비대칭 프로토콜입니다.

IGMP, MLD는 크게 다음과 같은 목적으로 사용합니다.

• 라우터가 자신의 링크상에 있는 호스트들 중에서 멀티캐스트 리스너가 존재하는지를 찾기 위해 사용합니다.

• 라우터가 자신의 링크상에 있는 멀티캐스트 리스너가 어떤 멀티캐스트 패킷을 원하는지(어떤 멀티캐스트 그룹 주소에 조인하기를 원하는지) 알아내기 위해 사용됩니다.

IPv4의 IGMP가 세부 기능에 따라 IGMPv1, IGMPv2, IGMPv3로 나뉜 것처럼 MLD 역시 MLDv1, MLDv2로 나눕니다. MLDv1은 IGMPv2의 IPv6 버전이라고 생각해도 무방합니다. IGMPv3가 IGMPv2에서 SSM(Source Specific Multicast) 기능을 추가했던 것처럼 MLDv2는 MLDv1에서 SSM 기능을 추가했습니다. 즉, MLDv2는 IGMPv3의 IPv6 버전이라고 생각해도

---

169 Multicast Listener: 멀티캐스트 패킷을 수신하기를 원하는 호스트를 말합니다.

무방합니다. 당연히 MLDv2는 MLDv1과 호환 기능(Backward Compatibility)이 지원됩니다.

모든 MLD 메시지는 링크 도메인(Link Domain) 내에서만 유효하도록 링크로컬 유니캐스트 주소로 전송되며, 이때 Hop Limit는 1이고, IPv6 Router Alert 옵션을 포함하고 있습니다.

IPv6 네트워크의 멀티캐스트 그룹 관리 프로토콜인 MLD는 IPv4 네트워크의 멀티캐스트 그룹 관리 프로토콜인 IGMP와 유사합니다. 따라서 IGMPv1, IGMPv2, IGMPv3가 만들어진 배경과 동작 알고리즘을 고찰함으로써 MLDv1, MLDv2의 이해를 돕고자 합니다.

먼저 IGMP에 대해 알아본 후, IPv6 네트워크의 멀티캐스트 그룹 관리 프로토콜인 MLDv1, MLDv2에 대해 알아보겠습니다.

01 IGMP

IGMP 프로토콜은 기본적으로 멀티캐스트 라우터에서 호스트들이 요청한 멀티캐스트 그룹 정보를 관리하기 위해 사용합니다. 멀티캐스트 라우터는 자신에게 접속된 호스트들이 요청한 멀티캐스트 그룹 정보를 취합한 후, 필요한 멀티캐스트 트래픽을 멀티캐스트 소스로부터 전달받아 호스트에게 전달하는 기능을 수행합니다. 이 과정에서 IGMP 프로토콜은 멀티캐스트 라우터에 접속된 호스트들이 요청한 멀티캐스트 그룹 정보를 취합하고 유지하기 위해 사용됩니다.

▶ IGMPv1

IGMPv1 프로토콜은 멀티캐스트 서비스를 위해 처음으로 정의된 멀티캐스트 그룹 관리 프로토콜로 아주 단순하게 정의됐습니다. IGMPv1 프로토콜에서는 멀티캐스트 그룹 관리를 위해 두 가지의 메시지 타입만 정의했습니다. 그중 하나는 호스트가 필요로 하는 멀티캐스트 그룹을 라우터에게 요청하기 위해 사용하는 Membership Report 메시지입니다. 또 다른 Message Type은 멀티캐스트 라우터에서 각 인터페이스에 조인돼 있는 멀티캐스트 그룹 정보를 주기적으로 확인하기 위해 사용하는 Membership Query 메시지입니다.

각 호스트는 새로운 멀티캐스트 그룹에 조인하고자 할 경우에 [그림 5-15]와 같이 수신하고자 하는 멀티캐스트 그룹을 명시한 Membership Report 메시지를 라우터에게 알려줍니다.

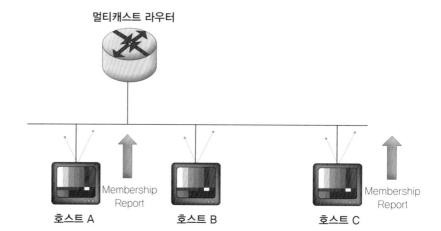

그림 5-15
Membership Report
메시지를 보내는 호
스트 A와 C

멀티캐스트 라우터에서는 이렇게 수신된 Membership Report 메시지를 바탕으로 각 인터페이스에 전달해야 할 멀티캐스트 그룹을 추가합니다.

또한 멀티캐스트 라우터에서는 자신이 전달해야 할 멀티캐스트 그룹을 파악하기 위해 Membership Query 메시지를 주기적으로 전송합니다.

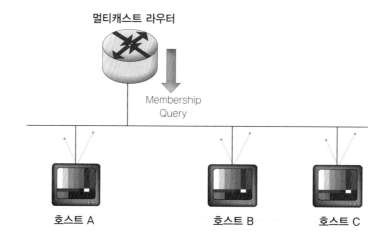

그림 5-16
Membership Query
메시지를 전송하는
멀티캐스트 라우터

호스트들은 Membership Query 메시지를 수신하면 자신이 조인돼 있는 모든 멀티캐스트 그룹에 대해 Membership Report 메시지를 송신합니다. 이러한 과정을 통해 멀티캐스트 라우터는 자신에게 접속돼 있는 호스트들이 필요로 하는 멀티캐스트 그룹 정보를 지속적으로 갱신하면서 관리할 수 있습니다.

멀티캐스트 라우터는 조인돼 있는 멀티캐스트 그룹 중에서 일정 횟수 이상 Membership Query 메시지에 대한 응답이 없으면 해당 멀티캐스트 그룹이 더 이상 필요하지 않은 것으로 판단하고, 해당 멀티캐스트 그룹의 트래픽을 전달하지 않습니다. 이처럼 IGMPv1 프로토콜에서는 호스트가 새로운 멀티캐스트 그룹에 조인해야 할 경우에는 Membership Report 메시지를 이용해 라우터에게 알려주고 멀티캐스트 라우터는 주기적으로 Membership Query 메시지를 전송해 지속적으로 전달해야 할 멀티캐스트 그룹 정보를 관리합니다. 하지만 호스트에서 더 이상 수신 중인 멀티캐스트 그룹이 필요 없는 경우에는 호스트가 멀티캐스트 라우터에게 이를 알릴 수 있는 메시지가 없으므로 라우터에서 일정 횟수 동안 Query 메시지를 송신해 응답이 없음을 확인할 때까지 계속 불필요한 멀티캐스트 그룹의 트래픽을 전달해야 하는 문제점이 발생합니다. 이러한 문제점을 개선하기 위해 Leave 메시지를 추가한 IGMPv2가 만들어졌습니다.

멀티캐스트 라우터에 매우 많은 수의 호스트가 연동돼 있는 경우, 라우터에서 Membership Query 메시지를 송신한 후, 이를 수신한 모든 호스트에서 동시에 Membership Report 메시지를 응답하면 짧은 시간 내에 너무 많은 Membership Report 메시지가 라우터에 수신됩니다. 이로 인해 멀티캐스트 라우터의 부하를 유발하고, 멀티캐스트 라우터에서 이를 모두 처리하지 못하는 경우가 발생할 수 있습니다. 이러한 문제점을 방지하기 위해 IGMPv1에서는 호스트에서 Membership Query 메시지를 수신한 후, 즉시 Report 메시지를 응답하지 않고 각 호스트별로 최대 10초까지 임의의 시간까지 기다렸다가 응답합니다. 이를 통해 Membership Query 메시지에 대한 응답 메시지들은 10초 동안 분산돼 멀티캐스트 라우터에 도달합니다. 하지만 라우터에 호스트가 매우 많이 접속돼 있어서 이 시간을 늘리거나 호스트가 아주 조금만 접속돼 있어서 이 시간을 줄여 운용할 필요성이 발생할 수 있습니다. 하지만 IGMPv1에서는 운용자의 설정에 따라 이 시간을 변경할 수 없으며, 무조건 10초로 고정돼 있습니다.

[그림 5-17]은 IGMPv1 메시지 데이터 포맷을 나타낸 것입니다. [그림 5-17]에서 Version 필드와 Type 필드는 후에 IGMPv2에서 합쳐져 8비트 모두가 Type 필드로 사용됩니다.

그림 5-17
IGMPv1 메시지
데이터 포맷

4	4	8	8	8
Version	Type	Unused	Checksum	
Group Address				

- **Version 필드**: IGMP 프로토콜의 버전을 의미하며, IGMPv1에서는 1로 세팅합니다.
- **Type 필드**: IGMPv1프로토콜의 메시지 타입을 나타내며, 1은 Membership Query 메시지, 2는 Membership Report 메시지를 의미합니다.
- **Unused 필드**: 사용하지 않는 필드로, 송신 측에서는 '0'으로 채워 송신하고, 수신 측에서는 무시합니다.
- **Checksum 필드**: 16비트 체크섬(Checksum) 필드로, 수신한 8바이트의 IGMP 메시지가 유효한지 확인하기 위해 사용합니다.
- **Group Address 필드**: Membership Query 메시지에서는 '0'으로 채워 송신하고, 수신 측은 무시합니다. Membership Report 메시지에서는 필요한 멀티캐스트 그룹의 IPv4 주소를 포함합니다.

▶ IGMPv2

IGMPv2 프로토콜은 IGMPv1 프로토콜을 운용하면서 IGMPv1 프로토콜에서 정의되지 않아 불편했던 부분을 추가로 정의했으며, 이미 IGMPv1 프로토콜로 동작하는 호스트들을 함께 수용하는 경우도 고려해 IGMPv1 호스트와 IGMPv2 호스트가 함께 동작하는 경우에도 정상 동작할 수 있도록 정의했습니다(Backward Compatibility). 현재 IPv4 네트워크에서 멀티캐스트 서비스를 제공하는 대부분의 장비나 단말들은 IGMPv2 프로토콜을 사용하고 있습니다.

우선 IGMPv2 프로토콜에 새롭게 추가된 기능에 대해 알아보겠습니다. IGMPv2 프로토콜에서 추가된 가장 큰 특징은 호스트가 더 이상 멀티캐스트 트래픽의 수신을 원하지 않을 경우에 이를 직접 멀티캐스트 라우터에 알려줘 빠른 시간에 반영할 수 있도록 Leave 메시지가 추가됐다는 점입니다. 이를 통해 IGMPv2 멀티캐스트 라우터에서는 호스트에서 Leave 메시지를 수신하면 불필요한 멀티캐스트 트래픽을 전달하지 않도록 동작할 수 있게 됐습니다. 하지만 멀티캐스트 라우터의 인터페이스에 접속된 여러 호스트 중에서 하나의 호스트가 특정 멀티캐스트 그룹을 더 이상 수신하길 원하지 않는다고 해서 즉시 멀티캐스트 트래픽의 송신을 중단할 수는 없습니다. 이는 동일 인터페이스에 접속된 여러 호스트에서 동시에 동일한 멀티캐스트 그룹을 수신하고 있는 경우가 있기 때문입니다. 이를 위해 멀티캐스트 라우터는 Leave 메시지를 수신하면 해당 멀티캐스트 그룹을 수신하는 다른 호스트가 존재하는지의 여부를 확인해야 합니다. 이 과정을 통해 해당 멀티캐스트 그룹을 수신하는 다른 호스트가 더 이상 존재하지 않으면 멀티캐스트 라우터에서는 해당 인터페이스에 더 이상 그 멀티캐스트 트래픽을 전달할 필요가 없음을 인지하고 해당 멀티캐스트 그룹에 해당하는 멀티캐스트 트래픽의 전달을 중지합니다. 이처럼 IGMPv2 프로토콜에서는 Leave 메시지의 추가와 함께 특정 멀티캐스트 그룹의 수신 여부를 확인하기 위한 Group Specific Query 메시지가 추가됐습니다.

[그림 5–18]은 IGMPv2 메시지 데이터 포맷을 나타낸 것입니다.

그림 5–18
IGMPv2 메시지
데이터 포맷

8	8	8	8
Type	Max Response Time	Checksum	
Group Address			

- **Type 필드**: 메시지 타입을 나타내며 0x11은 Membership Query 메시지, 0x12는 Membership Report Version 1, 0x12는 Membership Report Version 2 그리고 0x17은 Leave Group 메시지를 의미합니다. Membership Query 메시지는 다시 General Query 메시지와 Group Specific Query 메시지로 분류됩니다.

- **Max Response Time**: General Query 메시지에서만 값이 기입되며, 다른 메시지에서는 '0'으로 채워집니다. General Query 메시지를 수신한 호스트들은 최대 Max Response Time만큼 기다렸다가 Membership Report 메시지를 보냅니다.

- **Checksum 필드**: 16비트 체크섬 필드로, 수신한 8바이트의 IGMP 메시지가 유효한지 확인하

기 위해 사용합니다.

- **Group Address 필드**: `Membership Query` 메시지일 경우에는 '0'으로 채워 송신하고, 수신 측은 무시합니다. `Membership Report` 메시지일 경우에는 호스트가 수신하고자 하는 멀티 캐스트 트래픽의 멀티캐스트 그룹 주소를 기입합니다.

IGMPv2 동작 방식에 대해 간단히 설명하겠습니다.

[그림 5-19]는 동일한 멀티캐스트 그룹인 224.1.1.1에 2개의 호스트인 호스트 B와 C가 함께 조인돼 있는 상태입니다.

멀티캐스트 라우터

그림 5-19
멀티캐스트 그룹
(224.1.1.1)을 수신하고
있는 호스트 B와
호스트 C

호스트 A	호스트 B	호스트 C
	Join(224.1.1.1)	Join(224.1.1.1)

이때 호스트 B가 멀티캐스트 그룹(224.1.1.1)을 더 이상 수신하고 싶지 않으면 [그림 5-20]과 같이 멀티캐스트 그룹(224.1.1.1)에 대해 Leave 메시지를 라우터 A에게 전달합니다.

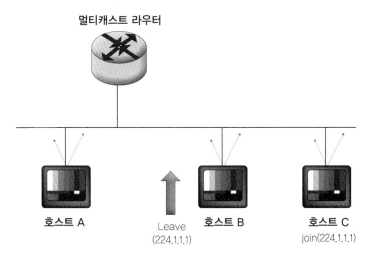

멀티캐스트 라우터

그림 5-20
Leave 메시지를
전송하는 호스트 B

호스트 A   Leave (224.1.1.1)   호스트 B   호스트 C   join(224.1.1.1)

호스트 B로부터 Leave 메시지를 수신한 라우터 A는 멀티캐스트 그룹 224.1.1.1을 수신하는 호스트가 더 이상 존재하지 않는지의 여부를 확인하기 위해 [그림 5-21]과 같이 목적지 주소를 224.1.1.1로 하고 Group Specific Query 메시지를 전송합니다.

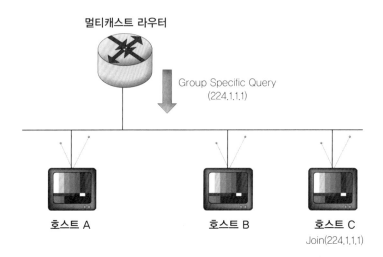

그림 5-21
Group Specific
Query 메시지를
보내는 멀티캐스트
라우터

멀티캐스트 라우터

Group Specific Query
(224.1.1.1)

호스트 A   호스트 B   호스트 C
Join(224.1.1.1)

이때 호스트 C에서는 자신이 멀티캐스트 그룹 224.1.1.1에 조인돼 있으므로 라우터 A가 보내는 목적지 주소가 224.1.1.1인 Group Specific Query 메시지를 수신하게 되며, 그 응답으로 Report 메시지에 그룹 주소를 224.1.1.1로 명시해 회신합니다.

라우터 A에서는 이 Report 메시지를 수신함으로써 해당 인터페이스에서 동일한 멀티캐스트 그룹에 조인돼 있는 다른 호스트가 존재하고 있다는 것을 확인해 Leave 절차를 중단하고 계속 224.1.1.1에 대한 멀티캐스트 트래픽을 전달합니다.

이 상태에서 호스트 C가 다시 224.1.1.1에 대해 Leave 메시지를 전달하면, 라우터 A는 똑같이 Group Specific Query 메시지를 송신해 확인을 시도합니다. 하지만 호스트 C가 해당 멀티캐스트 그룹의 마지막 멤버이므로 라우터 A는 더 이상 Report 메시지를 수신하지 않게 됩니다.

라우터 A에서는 오류 등의 이유로 Group Specific Query 메시지가 호스트에 진달되지 않은 경우에 대비해 일반적으로 2회 정도 Group Specific Query 메시지를 전송한 후, 응답이 없으면 해당 멀티캐스트 그룹을 수신하고 있는 호스트가 더 이상 존재하지 않는다고 판단하고 해당 그룹 주소를 멀티캐스트 라우팅 테이블에서 삭제해 더 이상 해당 멀티캐스트 트래픽이 전달되지 않도록 합니다.

IGMPv1 프로토콜에서 라우터에서 송신한 Membership Query 메시지를 수신한 호스트에서 최대 10초까지 임의의 시간 동안 지연시킨 후 Report 메시지를 응답하도록 돼 있었으며, 라우터에 접속될 수 있는 호스트의 수에 따라 이를 변경할 수 없어 불편했습니다. IGMPv2에서는 이 시간을 10초로 고정하지 않고 운용자의 설정에 따라 Membership Query 메시지에 실어 전송할 수 있도록 기능을 추가했습니다. 따라서 각 호스트는 Membership Query 메시지에 포함된 Maximum

Response Time Field의 값에 표시된 시간(단위는 0.1초)에 따라 최대 지연 시간을 변경할 수 있습니다.

IGMPv2 프로토콜에서는 동일 LAN에 여러 개의 멀티캐스트 라우터가 접속돼 있는 경우, 그 중 하나의 라우터만 쿼리어(Querier) 역할을 수행할 수 있도록 하는 쿼리어 선출 절차를 추가했습니다. IGMPv1 프로토콜에서는 이러한 기능이 정의돼 있지 않았기 때문에 동일 LAN에 다수의 쿼리어가 존재할 수 있었습니다. 반면, IGMPv2에서는 IPv4 주소를 기반으로 가장 낮은 IP 주소를 갖는 라우터가 쿼리어 역할을 수행할 수 있도록 정의했습니다.

쿼리어 선출 과정은 다음과 같습니다. 각 라우터는 초기화 후에 처음에는 모두 Query 메시지를 송신할 수 있는 상태가 되며, 각각의 주기에 따라 Query 메시지를 송신합니다. 각 라우터는 상대방 라우터가 송신한 Query 메시지를 수신한 후, 수신한 Query 메시지의 소스 IP 주소가 자신보다 낮으면 난-쿼리어(Non-Querier) 상태로 변경하고, 더 이상 Query 메시지를 송신하지 않습니다. 이러한 과정을 거쳐 하나의 LAN 내에서는 가장 낮은 IP 주소를 갖는 라우터만이 쿼리어 역할을 수행하고 나머지 라우터들은 난-쿼리어가 됩니다.

[그림 5-22]는 하나의 LAN에 IP 주소가 1.1.1.1인 라우터 A와 IP 주소가 1.1.1.2인 라우터 B가 존재하는 경우, 쿼리어 선출 과정을 통해 낮은 IP 주소를 갖는 라우터 A가 쿼리어가 되고, 라우터 B가 난-쿼리어가 되는 과정을 나타낸 것입니다.

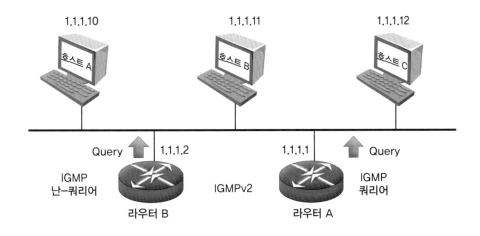

그림 5-22
쿼리어 선출 절차

난-쿼리어는 쿼리어가 송신하는 Query 메시지를 계속 감시하다가 일정 시간 이상 Query 메시지가 수신되지 않으면 자신이 쿼리어로 변경하고 Query 메시지의 송신을 시작합니다.

IGMPv2 프로토콜에서는 리포트 억제(Report Suppression)에 대한 정의를 추가했습니다. 리포트 억제 기능은 쿼리어가 송신한 Query 메시지를 수신한 후, 호스트들이 Report 메시지를 송신할 때 동일 LAN에 접속된 여러 호스트가 동일한 멀티캐스트 그룹에 조인돼 있는 상태에서 하나의 Report 메시지만 송신할 수 있도록 하는 기능입니다.

[그림 5-23]은 하나의 LAN에 3개의 호스트가 동일한 멀티캐스트 그룹인 224.1.1.1에 조인돼 있는 상태에서 쿼리어에서 송신한 Query 메시지를 수신한 후, Report 메시지를 억압(Suppression)하는 과정을 보여줍니다.

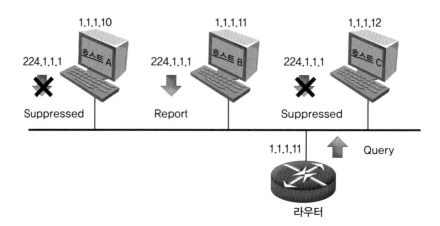

그림 5-23
Report 메시지의
억압 과정

우선 Query 메시지를 수신한 각 호스트는 Query 메시지에 포함돼 있는 Maximum Response Time Field를 참고해 각각 임의의 시간 동안 224.1.1.1에 대한 Report 메시지의 송신을 지연시킵니다. 이 중에서 호스트 B가 가장 빠른 시간에 Report 메시지에 응답하고, 이 Report 메시지를 Querier뿐 아니라 동일 LAN에 속한 다른 호스트 A 및 호스트 C들도 수신합니다. 이 Report 메시지를 수신한 다른 호스트들은 이미 224.1.1.1 멀티캐스트 그룹에 대한 Report 메시지가 쿼리어에게 전달됐음을 알고, 송신 대기 중이던 224.1.1.1 멀티캐스트 그룹에 대한 Report 메시지를 송신하지 않습니다. 이를 통해 동일 LAN에 속한 여러 호스트가 하나의 멀티캐스트 그룹에 중복돼 조인한 경우에는 오직 하나의 Report 메시지만 쿼리어로 전달되도록 해 리포트 억압(Report Suppression) 기능을 수행합니다.

▶ IGMPv3

IGMPv3 프로토콜의 가장 큰 특징은 소스 필터 기능이 추가된 것입니다. 즉, 기존의 IGMPv1이나 IGMPv2 프로토콜에서는 멀티캐스트 그룹에 대해서만 관심을 갖고 해당 멀티캐스트 그룹이 어떤 소스에서 송신되는 것인지에 대해서는 상관하지 않았습니다. 하지만 IGMPv3 프로토콜에서는 호스트에서 Report 메시지를 송신할 때 어떤 소스에서 송신한 멀티캐스트 그룹을 수신할 것인지를 명시할 수 있는 기능이 추가됐습니다. 이를 통해 멀티캐스트 라우터에서는 IGMPv3 Report 메시지를 수신하면 소스의 IP 주소를 알 수 있게 됐습니다. 따라서 기존의 IGMPv1 또는 IGMPv2 프로토콜을 사용하는 경우에 멀티캐스트 라우터에서 소스를 찾아가기 위해 사용했던 다양하고 복잡한 알고리즘이 필요 없게 됨으로써 멀티캐스트 라우팅 동작을 단순화할 수 있습니다.

또한 소스 필터 기능을 사용함으로써 Join/Leave 메시지를 별도로 구분하는 것이 불필요해졌습니다. 이는 소스 필터 모드를 활용하면 Report 메시지 하나만으로 Join과 Leave 동작을 수행할 수 있기 때문입니다.

이에 대한 이해를 돕기 위해 IGMPv3의 Source Filter 모드에 대해 간략히 설명합니다. IGMPv3 Source Filter 모드에는 Include 모드와 Exclude 모드가 있습니다. Include 모드는 명시한 모든 소스 리스트를 포함한다는 의미이고, Exclude 모드는 명시한 소스 리스트를 제외한 모든 소스에 대해 허용한다는 의미입니다.

'Exclude Null'의 의미는 모든 소스에서 전달받는 멀티캐스트 트래픽을 수신하겠다는 의미입니다. 예를 들어 IGMPv2의 224.1.1.1 그룹에 대한 조인(Join)은 224.1.1.1 그룹에 대한 소스 리스트를 Exclude Null로 Report 메시지를 송신하면 됩니다. 'Include Null'은 어떠한 소스에서도 멀티캐스트 트래픽을 수신하지 않겠다는 의미입니다. 예를 들어 IGMPv2의 224.1.1.1에 대한 Leave 메시지는 224.1.1.1 그룹에 대한 소스 리스트를 Include Null로 설정해 Report를 송신하면 됩니다.

이와 같이 IGMPv3 프로토콜에서는 Join 메시지와 Leave 메시지에 대한 구분이 불필요하며 Report 메시지 하나만 사용해 Join/Leave를 요청할 수 있습니다. 더욱이 IGMPv3 Report 메시지는 하나의 메시지에 여러 개의 멀티캐스트 그룹에 대한 요청을 동시에 실어 전달할 수 있습니다. 이는 IGMP 메시지의 전송에 있어서 큰 장점이라고 할 수 있습니다. 예를 들어 IPTV를 수신하다가 채널을 변경하는 경우에 대해 생각해보면 일반적으로 IPTV에서의 채널 변경은 기존의 시청하던 멀티캐스트 그룹에 대해 Leave한 후에 새로운 채널에 대해 Join 처리를 수행합니다. 따라서 IGMPv2에서 채널을 변경하면 Leave 메시지를 송신한 후, 다시 Join 메시지를 송신합니다. 하지만 IGMPv3에서는 Leave 메시지와 Join 메시지를 하나로 합쳐 1개의 메시지만을 송신할 수 있습니다.

예를 들어 소스 S1에서 송신한 멀티캐스트 그룹 G1을 수신하다가 소스 S2에서 송신한 멀티캐스트 그룹 G2를 수신하고자 하는 경우에는 IGMPv3 Report 메시지에 다음과 같은 2개의 그룹 레코드를 추가해 전송하면 됩니다. 이와 관련된 메시지 포맷은 MLDv2에서 자세하게 설명하겠습니다.

- (Include Null, Group G1): 멀티캐스트 그룹 G1을 Leave함.
- (Include S2, Group G2): 소스 S2에서 입력되는 멀티캐스트 그룹 G2에 Join함.

IGMPv2에서는 Leave 메시지와 함께 이를 확인하기 위해 Group Specific Query가 추가됐습니다. IGMPv3에서는 이와 함께 호스트에서 동일한 멀티캐스트 그룹에 대해 소스 리스트만 변경하기 위해 요청한 경우, 해당 인터페이스에 접속된 호스트들에게 해당 그룹에 대해 기존의 소스에서 수신 중인 호스트가 존재하는지 물어볼 수 있어야 합니다. 따라서 IGMPv3에서는 Group-and-Source Specific Query가 추가됐습니다.

IGMPv3에서는 호스트의 리포트 억압 기능이 삭제됐습니다. 이는 IGMPv3에서는 하나의 리포트에 여러 개의 그룹 레코드를 실을 수 있기 때문에 기존의 IGMPv2에서와 같이 하나의

Report 메시지에 하나의 그룹에 대한 정보만 송신하던 것에 비해 호스트에서 이웃의 호스트들이 송신한 IGMPv3 리포트를 처리하기 위해 부하가 많이 소모되고, 이를 관리하기 위한 상태 머신(State Machine)이 복잡해지는 것을 방지하기 위해서입니다. 이 밖에도 요즘의 라우터에는 멀티캐스트 그룹 정보만을 관리하던 기존 라우터들과 달리 호스트별 멤버십(Membership) 정보를 관리하는 기능이 추가돼 리포트 억압이 더 이상 필요 없기도 합니다.

지금까지 간략하게 IPv4 네트워크에서 멀티캐스트 라우터가 멀티캐스트 그룹 관리를 위해 사용하는 IGMP 프로토콜에 대해 알아봤습니다. IPv6 네트워크에서는 이러한 기능을 MLD Protocol이 담당하며, Lesson 2.2에서 MLD 프로토콜에 대해 자세히 설명합니다.

02 MLDv1

MLDv1은 [표 5-3]과 같이 3개의 메시지로 구분됩니다. 타입 130, Query 메시지는 다시 General Query 메시지와 Multicast-Address-Specific Query 메시지로 나뉩니다.

표 5-3
MLDv1 메시지

ICMPv6 타입		메시지 구분
130	Query	General Query
		Multicast-Address-Specific Query
131		Report
132		Done

[표 5-4]는 각 메시지를 보내는 주체와 목적을 정리한 것입니다.

표 5-4
MLDv1 메시지별 보내는 주체와 목적

메시지 구분	보내는 주체	목적
Query	라우터	현재 어떤 호스트들이 어떤 멀티캐스트 트래픽을 수신하고 있는지 알기 위해
Report	호스트	1) 라우터에게 멀티캐스트 트래픽을 요청하기 위해 2) 라우터의 Query 메시지의 응답을 하기 위해
Done	호스트	라우터에게 더 이상 멀티캐스트 트래픽을 받고 싶지 않다는 것을 알리기 위해

Query 메시지는 다시 2개의 서브메시지로 구분된다고 했습니다. General Query와 Multicast-Address-Specific Query 메시지가 이에 속합니다. 2개의 서브메시지 모두 라우터가 호스트에게 보내는 메시지입니다. General Query는 자신의 리스너(Listener)들이 어떤 멀티캐스트 주소에 조인돼 있는지 알기 위해 보내는 메시지입니다. Multicast-

Address-Specified Query는 특정 멀티캐스트 그룹 주소가 리스너를 갖고 있는지 알고자 할 때 보내는 메시지입니다.

Query 메시지를 받은 호스트는 그 응답으로 Report 메시지를 보냅니다. 즉, MLD Report 메시지는 다음 두 가지 경우에 생성될 수 있습니다. 호스트가 신규 멀티캐스트 그룹 주소에 조인하고자 할 때 (라우터로부터 Query 메시지를 받지 않음에도) Report 메시지를 보내거나 라우터의 Query 메시지에 응답하기 위해 Report 메시지를 보냅니다.

호스트는 Report 메시지를 라우터에게 보냄으로써 멀티캐스트 트래픽을 수신할 수 있게 됩니다. 그런데 호스트는 더 이상 해당 멀티캐스트 트래픽을 수신하지 않고 싶을 때가 있을 수 있습니다. 이때 호스트는 Done 메시지를 라우터에게 보냄으로써 더 이상 수신하고 싶지 않다는 것을 알려줍니다. 그런데 라우터는 특정 호스트에게 Done 메시지를 받았다고 해서 해당 멀티캐스트 트래픽을 자신의 인트라네트워크에서 전달하는 것을 멈출 수 없습니다. 왜냐하면 자신의 네트워크 안에 특정 멀티캐스트 트래픽을 수신하고 있는 호스트가 2개 이상 존재할 수 있기 때문입니다. 따라서 라우터는 임의의 호스트로부터 Done 메시지를 받으면 또 다른 호스트가 해당 멀티캐스트 트래픽을 수신하고 있는지 알기 위해 Query 메시지를 자신의 네트워크에 보내야 합니다. 이것이 바로 앞에서 설명했던 Multicast-Address-Specified Query 메시지입니다.

Multicast-Address-Specific Query 메시지를 보냈는데 호스트들로부터 아무런 응답이 없다면 라우터는 그제서야 해당 멀티캐스트 트래픽을 자신의 인트라 네트워크에 전달하는 것을 멈춥니다.

[그림 5-24]은 MLDv1 메시지 포맷을 보여주고 있습니다.

8	8	8	8
Type	Code	Checksum	
Maximum Response Delay		Reserved	
Multicast Address			

그림 5-24
MLDv1 메시지 데이터 포맷

- **Type 필드**: Query, Report, Done 메시지를 구별하는 식별자입니다.
- **Code 필드**: '0'으로 세팅되며, 아무 의미 없는 숫자입니다.
- **Maximum Response Delay 필드**: Query 메시지에서만 의미 있는 숫자입니다. 라우터가 Query 메시지를 보낸 후 호스트들로부터 Report 메시지를 받기 전까지 얼만큼 기다려줘야 하는지 가리키는 숫자입니다. Query 메시지가 아닌 다른 메시지들에서는 '0'으로 채워집니다. 호스트는 수신된 Query 메시지의 Maximum Response Delay 필드의 값에 해당하는 시간의 범위 내에서 임으로 시간을 지연해 Report 메시지를 송신합니다. 이는 Query 메시지에 대한 응답 Report 메시지가 한꺼번에 라우터에게 전달되는 것을 방지하기 위해 이용합니다.

• **Multicast Address 필드**: [표 5-5]와 같이 메시지 타입에 따라 멀티캐스트 주소 필드에 채워지는 주소가 다릅니다.

표 5-5
MLDv1 메시지별 멀
티캐스트 주소 필드
값

메시지 구분	Multicast Address Field
General Query	모두 0으로 세팅
Multicast-Address-Specific Query	현재 수신하고 있는지 알고자 하는 멀티캐스트 주소
Report	호스트가 수신하고자 하는 멀티캐스트 주소
Done	호스트가 그만 수신하고 싶은 멀티캐스트 주소

지금까지, MLDv1 메시지 타입의 용도와 메시지 포맷을 알아봤습니다. 현재 멀티캐스트 라우팅 기능을 제공하는 모든 라우터는 MLDv1뿐 아니라 MLDv2를 기본적으로 지원합니다. 이때 MLDv2는 MLDv1보다 확장된 기능을 갖고 있음으로 인해 (MLDv1보다) MLDv2를 더 많이 사용할 것으로 추측됩니다.[170] 따라서 MLDv1에 대한 설명은 여기서 마치고 MLD 프로토콜의 세부적인 동작 설명은 Lesson 2.3에서 자세히 설명하겠습니다.

 콕콕! 질문 있어요!

Q 호스트는 (자신이 수신하고 싶은) 멀티캐스트 트래픽을 수신하기 위해 라우터에게 MLD Report 메시지를 보낸다고 했습니다. 그런데 호스트는 단순히 자신이 받고 싶은 멀티캐스트 트래픽에 해당하는 멀티캐스트 주소만 자신의 인터페이스에 할당하면(조인하면) 되는 것 아닌지요? 즉, 굳이 MLD Report 메시지를 라우터에게 보내지 않아도 호스트는 알아서 멀티캐스트 트래픽을 수신할 수 있을 텐데, 왜 MLD Report 메시지를 라우터에게 보내는 것인지요? 불필요한 행동으로 보입니다.

A 라우터는 자신의 인트라네트워크 안에 있는 호스트들이 어느 멀티캐스트 주소에 조인돼 있는지 알아야 하기 때문입니다. 만약, 라우터가 자신의 호스트들이 조인돼 있는 멀티캐스트 주소를 모른다면 라우터는 모든 멀티캐스트 트래픽을 자신의 인트라 네트워크에 보내야 합니다. 이는 대역폭의 낭비를 불러일으킵니다.
따라서 호스트는 멀티캐스트 트래픽을 새로 수신하고(또는 변경하고) 싶을 때마다 Report 메시지를 라우터에게 보냄으로써 자신이 수신하고 있는 멀티캐스트 트래픽의 정보를 라우터에게 알려줘야 합니다.

---

170 2019년 12월 현재, (IPv6 유니캐스트 네트워크를 운용하는 곳은 있어도) 아직까지 IPv6 멀티캐스트 네트워크를 운용하는 곳은 거의 없습니다.

03 MLDv2

MLDv1에 비해 MLDv2의 가장 큰 특징은 SSM(Source-Specific Multicast) 모델[171]을 지원한다는 것입니다. 따라서 MLDv2 메시지는 (MLDv1 메시지에는 없었던) 멀티캐스트 소스를 지목하는 필드가 있습니다. MLDv2에 들어가기에 앞서 (MLDv2의 가장 큰 특징인) SSM에 대해 설명하겠습니다.

MLDv1에서 지원하던 ASM(Any-Source Multicast) 모델과 MLDv2에서 지원하는 SSM(Source-Specific Multicast) 모델에서 쓰이는 용어를 우선 구별할 필요가 있습니다. [표 5-6]은 멀티캐스트 서비스 모델에 따른 용어의 차이를 나타내고 있습니다.[172]

	ASM 모델	SSM 모델
Network Abstraction	Group	Channel
Identifier	G	S,G
Receiver Operation	Join, Leave	Subscribe, Unsubscribe

표 5-6
ASM과 SSM의 용어 차이

ASM과 SSM의 차이는 [그림 5-25]를 예로 들어 설명하겠습니다.

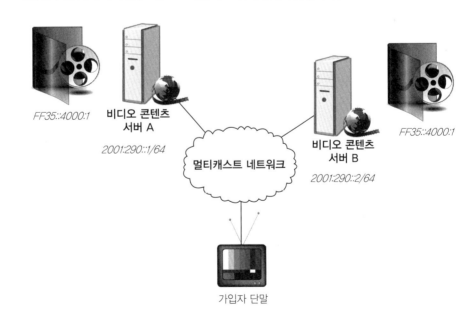

FF35::4000:1

비디오 콘텐츠
서버 A

2001:290::1/64

멀티캐스트 네트워크

비디오 콘텐츠
서버 B

2001:290::2/64

FF35::4000:1

가입자 단말

그림 5-25
멀티캐스트 네트워크 예

[그림 5-25]는 멀티캐스트 네트워크의 일부라고 가정합니다. 그리고 '부르르'라는 비디오 콘텐츠가 멀티캐스트 주소, FF35::4000:1로 연결돼 있고, 비디오 콘텐츠 서버 A, B에서 전송된다고

---

171 SSM 모델은 Lesson 1에서 설명했습니다.

172 머리말에서 말했듯이, RFC에 나와 있는 영어 용어를 (무리하게 한국말로 번역하지 않고) 그대로 인용했습니다.

가정해보겠습니다. 이때 비디오 콘텐츠 서버 A, B의 위치는 물리적으로 다르고, 이에 따라 각 서버들의 IPv6 글로벌 유니캐스트 주소도 다릅니다.

ASM 모델에서는 멀티캐스트 소스의 위치를 신경 쓰지 않습니다. 따라서 가입자 단말은 단순히 비디오 콘텐츠와 연결된 멀티캐스트 주소만 알면 됩니다. 그러므로 '부르르' 멀티캐스트 트래픽을 수신하기 위해 MLDv1 메시지는 G, 즉 (FF35::4000:1)만 표시할 수 있으면 됩니다. 이를 '(Multicast) Group'이라고 표현합니다. 이와 반대로 SSM 모델에서는 멀티캐스트 소스의 위치를 추가로 지목해야 합니다. [그림 5-60]에서 동일한 '부르르' 트래픽이더라도 서로 다른 비디오 콘텐츠 서버에서 전송될 수 있습니다. 따라서 SSM 모델에서는 명시적으로 멀티캐스트 소스를 지목해야 하고, 이를 (S, G)로 표기합니다. (S, G)를 '(Multicast) Channel'이라고 부릅니다. 즉, [그림 5-60]의 (2001:290::1, FF35::4000:1)과 (2001:291::2, FF35::4000:1)은 서로 다른 'Channel'입니다(당연히, ASM 모델에서는 동일한 그룹입니다).

ASM에서 [그림 5-25]의 멀티캐스트 트래픽을 수신하기 시작하는 것을 'Join(FF35::4000:1)'이라고 합니다. 이와 반대로 멀티캐스트 트래픽을 더 이상 수신하지 않겠다는 것을 'Leave(FF35::4000:1)'라고 합니다. SSM에서는 이 행동을 각각 'Subscribe(2001:290::1,FF35::4000:1)', 'Unsubscribe(2001:290::1,FF35::4000:1)'라고 표현합니다.

SSM에서 쓰이는 주소 대역은 FF3x::/32입니다. 자세한 FF3x::/32 대역은 부록 D에 설명했습니다.

MLDv2에 들어 MLDv1과 달라진 점에 대해 몇 가지 소개하겠습니다.

MLDv2에는 Filter 모드라는 것이 생겼습니다. Filter 모드는 [표 5-7]과 같이 Include 모드와 Exclude 모드가 있습니다.

표 5-7
MLDv2 메시지의
필터 모드

필터 모드	의미
Include	Source-list에 나열된 곳에서 유발된 멀티캐스트 트래픽만 수신
Exclude	Source-list에 나열되지 않은 곳에서 유발된 멀티캐스트 트래픽만 수신

예를 들어 [그림 5-25]에서 Include(2001:290::1)는 멀티캐스트 콘텐츠 서버 A를 통해서만 '부르르'를 수신하겠다는 뜻입니다. 만약 Exclude(2001:290::1, 2001:290::2)이면 멀티캐스트 콘텐츠 서버 A, B 말고 제3의 서버를 통해 '부르르' 트래픽을 수신하겠다는 의미입니다. 만약, Source-List를 지정하기 싫으면 Null로 표시하면 됩니다. 따라서 멀티캐스트 트래픽을 어떤 소스이든 수신하길 원하면 Exclude Null로 표기되며, 이와 마찬가지로 MLDv1 Done 메시지는 Include Null로 표기할 수 있습니다.

MLDv2가 MLDv1과 또 달라진 것은 리포트 억압 기능이 없어졌다는 것입니다. 리포트 억압 기능이 없어진 이유는 이미 IGMPv3에서 설명했습니다.

MLD 메시지는 ICMPv6 메시지의 일부라고 했습니다. 이때 MLDv1과 MLDv2는 서로 다른 ICMPv6 메시지입니다. [표 5-8]에 MLDv2와 MLDv1 메시지 종류의 차이를 표시했습니다.

ICMPv6 타입	MLDv1 메시지	MLDv2 메시지
130	General Query	General Query
	Multicast Address Specific Query	Multicast Address Specific Query
	없음	Multicast Address and Source Specific Query
131	Report	없음
132	Done	없음
143	없음	Report

표 5-8
MLD 버전별 ICMPv6 메시지

MLDv1에 있던 ICMPv6 Type 130, 'Multicast Listener Query' 메시지가 MLDv2에서 3개의 서브메시지로 변화했습니다. MLDv2에서는 기존 ICMPv6 타입 131을 Report 메시지로 사용하지 않고 ICMPv6 타입 143, 'Version2 Multicast Listener Report'라는 메시지를 새로 추가해 Report 메시지로 사용합니다. [표 5-8]처럼 MLDv2에서는 'Done' 메시지를 활용하지 않습니다. 기존 'MLDv1 Done' 메시지의 기능은 'Version2 Multicast Listener Report' 메시지가 대신합니다.

MLDv1만 지원하는 노드와의 호환을 위해 MLDv2에서는 기존 MLDv1 메시지인 'Multicast Listener Report'와 'Multicast Listener Done' 메시지를 지원합니다.

MLDv2 메시지는 (MLDv1 메시지와 마찬가지로) 링크로컬 유니캐스트 주소로 전송되며, 이때 Hop Limit는 1이고, IPv6 Router Alert 옵션을 포함합니다.

그러면 지금부터 [표 5-8]의 MLDv2 Query 메시지와 Report 메시지의 주요 특징을 알아보겠습니다.

MLDv2 Query 메시지는 세 가지 종류가 있습니다.

❶ General Query
쿼리어가 자신의 링크상에 있는 멀티캐스트 리스너들이 어떤 채널을 구독(Subscribe)하고 있는지 알고자 보내는 것입니다. 이 경우에는 [그림 5-26]의 멀티캐스트 주소 필드와 Number of Sources 필드가 모두 '0'으로 세팅됩니다. 목적지 주소는 모든 노드가 수신할 수 있는 FF02::1입니다.

❷ Multicast Address Specific Query

쿼리어가 자신의 링크상에 있는 멀티캐스트 리스너들이 특정 멀티캐스트 주소를 구독하고 있는지 알고자 보내는 것입니다. 이 경우에는 [그림 5-26]의 멀티캐스트 주소 필드는 자신이 알고자 하는 멀티캐스트 주소가 표기되고, Number of Sources 필드는 '0'으로 세팅됩니다. 목적지 주소는 멀티캐스트 주소 필드의 주소와 같습니다. 따라서 해당 멀티캐스트 주소를 구독하고 있는 노드만이 'Multicast Address Specific Query' 메시지를 받게 되고, 이에 대한 응답으로 쿼리어에게 'Report' 메시지를 보냅니다.

❸ Multicast Address and Source Specific Query

쿼리어가 자신의 링크상에 있는 멀티캐스트 리스너들 중에서 특정 소스로부터 특정 멀티캐스트 주소를 구독하고 있는 리스너가 있는지 파악하고자 보내는 것입니다. [그림 5-26]의 멀티캐스트 주소 필드에는 자신이 알고자 하는 멀티캐스트 주소가 표기되고, Source Address [i] 필드에는 쿼리어가 지목한 소스 리스트 중 하나가 표기됩니다. 목적지 주소는 멀티캐스트 주소 필드의 주소와 같습니다.

[그림 5-26]은 멀티캐스트 리스너 쿼리 메시지 데이터 포맷을 보여주고 있습니다.

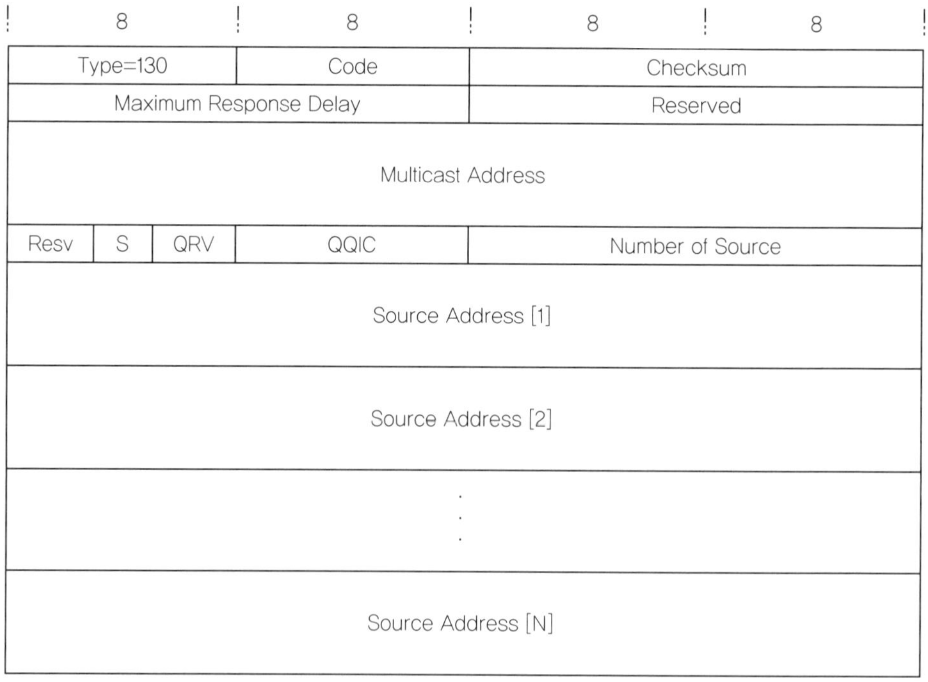

그림 5-26
멀티캐스트 리스너
쿼리 메시지 데이터
포맷

- **Code 필드**: 모두 '0'으로 세팅됩니다.
- **Maximum Response Delay 필드**: (MLDv1 메시지에 쓰인 것처럼) 라우터가 Query 메시지를 보낸 후, 호스트들로부터 Report 메시지를 받기 전까지 얼만큼 기다려야 하는지를 가리키는 의

미입니다. 다만 MLDv1 메시지와 달리, Maximum Response Code Field의 숫자가 의미하는 것이 조금 달라졌습니다.[173]

- **Multicast Address 필드**: General Query 메시지일 경우, 모두 '0'으로 채워집니다. 만약, Multicast Address Specific Query, Multicast Address and Source Specific Query 메시지일 경우에는 물어보고자 하는 멀티캐스트 주소로 채워집니다.

- **S(Suppress Router-Side Processing) Flag 필드**: Query 메시지를 수신한 라우터가 Query 메시지를 처리해야 하는지, 무시해야 하는지를 가리키는 플래그입니다. 만약 수신한 Query 메시지의 S 플래그가 1이면 라우터는 Query 메시지를 수신하면 실행하는 각종 타이머들의 갱신을 수행하지 않습니다.

- **QQIC(Querier's Query Interval Code) 필드**: Query 메시지를 보내는 주기를 결정하는 필드로, 단위는 초입니다.

- **Number of Source 필드**: Query 메시지 안에 얼마나 많은 소스 주소가 기입돼 있는지 알려주는 필드입니다. General Query와 Multicast Address Specific Query 메시지일 때는 '0'으로 세팅되고, Multicast Address and Source Specific Query 메시지일 때는 0이 아닌 다른 숫자가 표기됩니다.

- **Source Address[i] 필드**: Multicast Address and Source Specific Query 메시지일 때만 의미가 있는 필드입니다. 쿼리가 알고자 하는 특정 멀티캐스트 소스의 글로벌 유니캐스트 주소가 기입됩니다.

이제 Multicast Listener Report 메시지에 대해 알아보겠습니다.
노드는 다음과 같은 상황이 생겼을 때 Multicast Listener Report 메시지를 보냅니다.

❶ 쿼리어의 Query 메시지의 응답으로 현재 Multicasting Listening State를 알려줄 때

❷ Filter 모드가 바뀔 때(Include 모드에서 Exclude 모드 또는 Exclude 모드에서 Include 모드로 바뀌는 경우)

❸ 소스 리스트가 바뀔 때

[그림 5-27]은 멀티캐스트 리스너 리포트 메시지 데이터 포맷을 보여주고 있습니다.

---

173 좀 더 자세히 알고 싶으면 RFC 3810(Multicast Listener Discovery Version 2 for IPv6)을 참고하십시오.

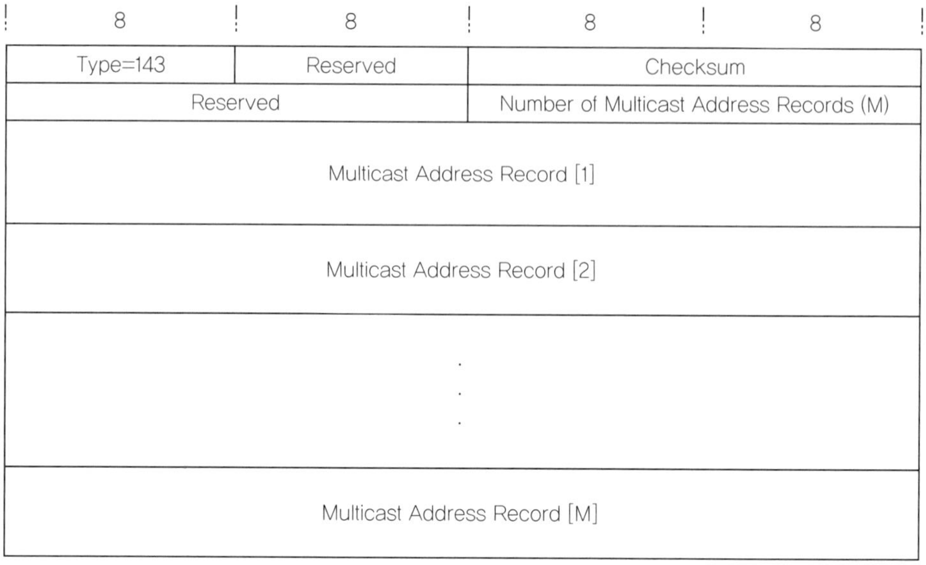

8	8	8	8
Type=143	Reserved	Checksum	
Reserved		Number of Multicast Address Records (M)	
Multicast Address Record [1]			
Multicast Address Record [2]			
· · ·			
Multicast Address Record [M]			

그림 5-27
Multicast Listener
Report Message
Data Format

- **Number of Multicast Address Records 필드**: Report 메시지 안에 얼마나 많은 멀티캐스트 주소 레코드 필드가 있는지 알려줍니다.

- **Multicast Address Record 필드**: Report를 보낸 인터페이스가 어떤 채널(Channel)을 구독 (Subscribe)하고 있는지 알려줍니다. 멀티캐스트주소 레코드 필드는 [그림 5-28]의 포맷을 가 집니다.

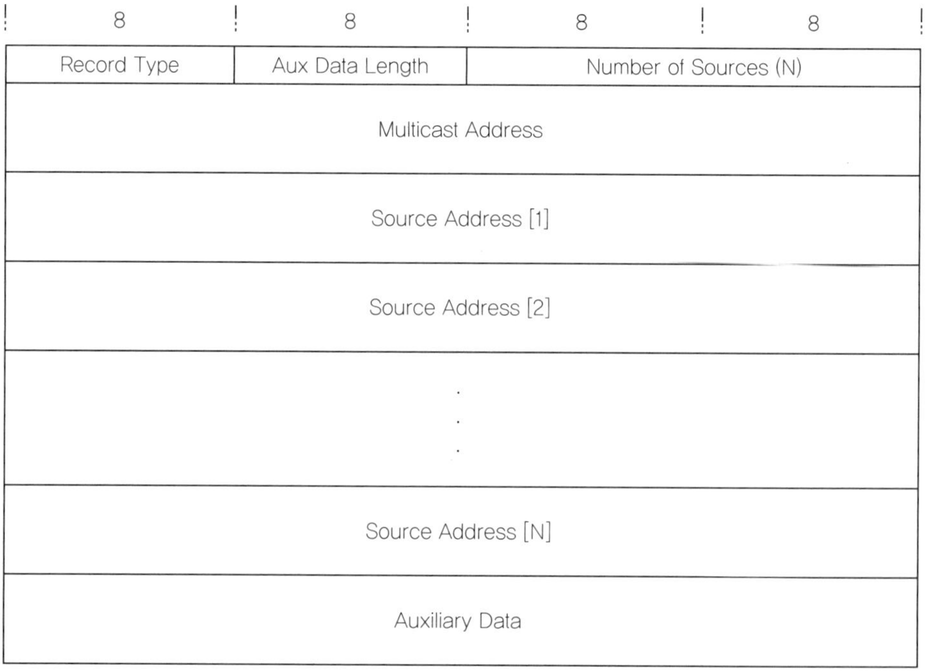

8	8	8	8
Record Type	Aux Data Length	Number of Sources (N)	
Multicast Address			
Source Address [1]			
Source Address [2]			
· · ·			
Source Address [N]			
Auxiliary Data			

그림 5-28
Multicast Address
Record Field Format

- **Record Type 필드**: 멀티캐스트 주소 레코드가 어떤 타입인지 알려줍니다. 필드 값에 따른 멀티캐스트 주소 레코드의 종류를 [표 5–9]에 표기했습니다.

표 5–9
멀티캐스트 주소 레코드 타입

필드 값	멀티캐스트 주소 레코드 타입
1	Current State Record
2	
3	Filter Mode Change Record
4	
5	Source List Change Record
6	

Query 메시지의 응답으로 Report 메시지를 보낼 때의 멀티캐스트 주소 레코드 타입은 'Current State Record'입니다. 이때 Report 메시지를 보내는 인터페이스가 Include 모드일 때는 Multicast Address record 필드에 '1' 값, Exclude 모드일 때는 '2' 값이 기입됩니다.

Filter 모드가 바뀔 때도 노드는 Multicast listener Report 메시지를 보내는데, 그때의 멀티캐스트 주소 레코드 타입이 'Filter Mode Change Record'입니다. Exclude 모드에서 Include Mode로 바뀔 때 Multicast Address record 필드에 '3' 값이 기입되고, Include 모드에서 Exclude 모드로 바뀔 때 '4' 값이 기입됩니다.

노드는 소스 리스트가 바뀔 때도 Multicast listener Report 메시지를 보냅니다. 그때의 멀티캐스트 주소 레코드 타입이 'Source List Change Record'입니다. 새로운 소스 리스트가 추가될 경우에는 멀티캐스트 주소 레코드 필드에 '5' 값, 소스 리스트를 없애는 경우에는 '6' 값이 기입됩니다. 여기서 한 가지 주의해야 할 점은 Filter 모드에 따라 실제 구독하는 채널이 결정된다는 것입니다. 예를 들어 Filter 모드가 Include 모드인 상태에서는 멀티캐스트 주소 필드 값이 '5'일 때 해당 소스 리스트에서 구독하고, '6'일 때는 해당 소스 리스트에서 구독하지 않게 됩니다. 하지만 Filter 모드가 Exclude 모드인 상태에서는 이와 반대의 상황이 발생합니다. 즉, Filter 모드가 Exclude 모드이고 멀티캐스트 주소 필드 값이 '5'일 경우에는 해당 소스 리스트에서 구독하지 않습니다.

'Filter Mode Change Record'와 'Source List Change Record'를 합쳐 'State Change Record'라고 부릅니다.

- **Aux Data Length 필드**: 이 멀티캐스트 주소 레코드의 보조 데이터(Auxiliary Data)가 몇 비트인지 알려주는 필드입니다. '0'이면 보조 데이터가 없는 것을 뜻합니다.

- **Number of Source (N) 필드:** 이 멀티캐스트 주소 레코드에 몇 개의 소스 주소가 있는지를 가리키는 필드입니다.
- **Multicast Address 필드:** 이 멀티캐스트 주소 레코드가 적용되는 멀티캐스트 주소를 가리킵니다.
- **Source Address [N] 필드:** 멀티캐스트 소스의 글로벌 유니캐스트 주소가 기입됩니다.
- **Auxiliary Data 필드:** 멀티캐스트 주소 레코드의 추가적인 정보를 전달하기 위해 만든 필드입니다. 하지만 아직까지 특별한 용도는 찾지 못하고 있습니다. 따라서 현재는 이 필드는 사용되지 않고 있습니다.

그러면 이제 MLDv2 Report 메시지의 출발지(Source) 주소와 목적지(Destination) 주소에 대해 알아보겠습니다.

모든 MLDv2 Report 메시지의 목적지 주소는 'FF02::16'입니다. 'FF02:16'은 MLDv2 기능이 활성화돼 있는 모든 라우터가 수신하는 멀티캐스트 주소입니다.

이 Lesson의 앞부분에 MLDv2 메시지는 (MLDv1 메시지와 마찬가지로) 링크로컬 유니캐스트 주소로 전송된다고 했습니다. 그런데 MLDv2 Report 메시지의 경우, 인터페이스가 아직 링크로컬 유니캐스트 주소를 할당받지 못한 상태인 경우에는 MLDv2 Report 메시지가 Unspecified Address(::)로 전송되기도 합니다. 이 경우가 바로 Chapter 3에서 설명했던 DAD(Duplicate Address Detection) 과정의 일부분입니다. (MLD에 대해 공부했으므로) DAD 알고리즘을 MLD 메시지와 연관 지어 다시 한번 설명하겠습니다.

[그림 5-29]는 어떤 노드가 Stateless Address Autoconfiguration으로 링크로컬 유니캐스트 주소(FE80::CE03:1AFF:FE30:0)를 생성할 때 노드가 전송하고 있는 메시지들을 캡처한 화면입니다. NS 메시지를 보낸 후 곧바로 MLDv2 Report 메시지를 보낸 것을 알 수 있습니다.

그림 5-29
DAD를 수행하는 메시지들

Time	Source	Destination	Protocol	Length	Info
13:38:36.952250	::	ff02::1:ff30:0	ICMPV6	78	Neighbor Solicitation for fe80::ce03:
13:38:36.999250	::	ff02::16	ICMPV6	90	Multicast Listener Report Message v2
13:38:37.718250	::	ff02::16	ICMPV6	90	Multicast Listener Report Message v2
13:38:38.734250	fe80::ce03:1aff:fe30:0	ff02::16	ICMPV6	90	Multicast Listener Report Message v2

Chapter 3에서 배웠듯이 노드는 새로운 유니캐스트 주소를 생성하고자 할 때 우선 DAD 과정을 수행한다고 했습니다. [그림 5-30]의 PC는 DAD를 수행하기 위해 NS 메시지를 보냅니다. NS 메시지의 Target 주소 필드에는 생성하고자 하는 유니캐스트 주소(FE80::CE03:1AFF:FE30:0)가 담겨 있다고 했습니다.

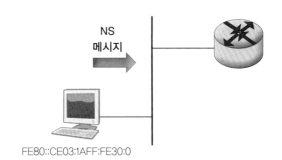

그림 5-30
DAD 과정을 수행하기 위해 NS 메시지를 보냄

NS
메시지

FE80::CE03:1AFF:FE30:0

이때 어떤 노드가 Target 주소를 이미 사용하고 있다면 NA(Neighbor Advertisement) 메시지를 [그림 5-30]의 PC에게 알려줘 해당 Target 주소를 사용하지 못하게 해야 한다고 설명했습니다. 그런데 아직 [그림 5-30]의 PC는 Preferred 주소[174]를 갖고 있지 않습니다. 따라서 [그림 5-30]의 PC는 다른 노드가 보내는 NA 메시지를 받을 수 있는 주소를 갖고 있어야 할 필요성이 있습니다. 이러한 목적을 가진 주소가 바로 Solicited-Node 멀티캐스트 주소입니다. 따라서 Solicited-Node 멀티캐스트 주소를 생성하기 위해 [그림 5-31]처럼 NS 메시지를 보내자마자 MLDv2 Report 메시지를 동시에 보내는 것입니다.

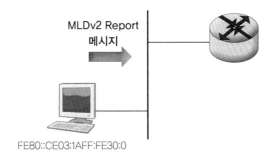

그림 5-31
Solicited-Node 멀티캐스트 주소를 생성하기 위해 MLDv2 Report 메시지 보내는 PC들

MLDv2 Report
메시지

FE80::CE03:1AFF:FE30:0

이때의 MLDv2 Report 메시지가 Unspecified 주소로 전송합니다. [그림 5-31]의 MLDv2 Report 메시지를 캡처한 것이 [그림 5-32]입니다.

174 [그림 4-1]를 참조하기 바랍니다.

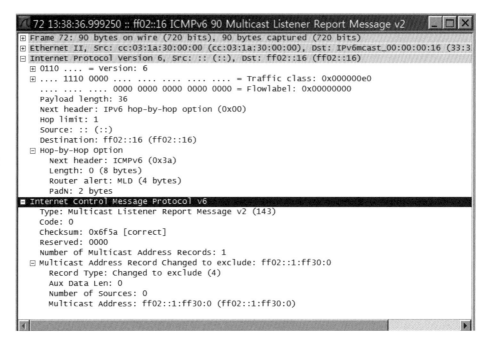

그림 5-32
[그림 5-31]의 Report
메시지 캡처 화면

([그림 5-32]를 분석해보면) Report 메시지의 'Multicast Address Record'가 Exclude Mode인데 멀티캐스트 소스 리스트(Multicast Source list)는 0인 것으로 돼 있습니다. 즉, 이는 멀티캐스트 소스와 상관 없이 모든 멀티캐스트 트래픽을 수신하겠다는 의미입니다. 이때의 멀티캐스트 주소는 'FF02::1:FF30:0'으로 돼 있습니다. 우리가 생성하려는 링크로컬 유니캐스트 주소(FE80::CE03:1AFF:FE30:0)의 Solicited-Node 멀티캐스트 주소인 것을 쉽게 눈치챌 수 있습니다. 이처럼 Unspecified 주소로 전송되는 MLDv2 Report 메시지로 인해 Solicited-Node 멀티캐스트 주소를 생성할 수 있게 되는 것입니다.

지금까지 MLDv2 Query, Report 메시지의 용도와 포맷을 알아봤습니다. 지금부터는 실제로 멀티캐스트 트래픽이 전달되는 과정을 예로 들어 MLDv2 프로토콜의 동작 원리를 자세히 알아보겠습니다.

SK브로드밴드는 유료 TV 서비스(IPTV)를 하고 있습니다. 유료 TV 프로그램 중에 SK브로드밴드만 독점적으로 공급하는 '부르르'라는 콘텐츠가 있다고 가정합니다. 따라서 (고객이 원할 경우) SK브로드밴드는 '부르르' 동영상을 가입자들에게 실시간으로 전송해야 합니다. 당연히 Lesson 1.2에서 설명했던 것처럼 SK브로드밴드는 '부르르' 트래픽을 유니캐스트 패킷보다 멀티캐스트 패킷으로 전송하는 것이 네트워크 효율성 측면에서 훨씬 유리합니다.

[그림 5-33]이 SK브로드밴드의 멀티캐스트 네트워크의 한 부분이라고 가정해보겠습니다.

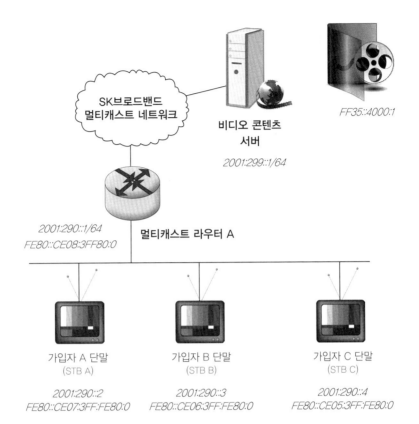

SK브로드밴드
멀티캐스트 네트워크

비디오 콘텐츠
서버

2001:299::1/64

FF35::4000:1

그림 5-33
멀티캐스트 네트워크
구성 예

2001:290::1/64
FE80::CE08:3FF80:0

멀티캐스트 라우터 A

가입자 A 단말
(STB A)

가입자 B 단말
(STB B)

가입자 C 단말
(STB C)

2001:290::2
FE80::CE07:3FF:FE80:0

2001:290::3
FE80::CE06:3FF:FE80:0

2001:290::4
FE80::CE05:3FF:FE80:0

'부르르' 트래픽은 SK브로드밴드의 비디오 콘텐츠 서버에서 각 고객들로 전송됩니다. 이때 '부르르' 트래픽은 멀티캐스트 그룹 주소 'FF35::4000:1'로 정의돼 있다고 가정해보겠습니다. 멀티캐스트 라우터 A는 2001:290::1 /64의 주소를 갖고 있으며, 가입자 A, B, C가 그 네트워크 (2001:290::1/64)에 속해 있는 가입자들입니다.

이때 가입자 A가 '부르르' 를 시청하고자 TV 리모컨을 누르면 '부르르' 트래픽이 가입자 A로 흐르기까지의 과정은 크게 두 가지로 나뉩니다.

❶ '부르르' 트래픽이 비디오 콘텐츠 서버로부터 전송돼 수많은 멀티캐스트 라우터를 거쳐 멀티캐스트 라우터 A까지 도달하는 과정 그리고 ❷ 멀티캐스트 라우터 A에서 가입자 A로 '부르르' 트래픽이 흐르는 과정입니다. ❶의 과정은 Lesson 5에서 설명하겠습니다. 따라서 이 Lesson에서는 '부르르' 트래픽이 [그림 5-33]의 멀티캐스트 라우터 A까지 왔다고 가정하고 그 이후의 과정을 설명합니다.

[그림 5-33]의 멀티캐스트 라우터 A는 멀티캐스트 트래픽을 관리하기 위해 주기적으로 MLDv2 General Query 메시지를 보냅니다. 당연히 멀티캐스트 라우터 A의 인트라 네트워크 안에 있는 모든 노드가 MLDv2 General Query 메시지를 수신할 수 있도록 FF02::1로 전송합니다. [그림 5-34]는 MLDv2 General Query 메시지를 캡처한 것입니다.

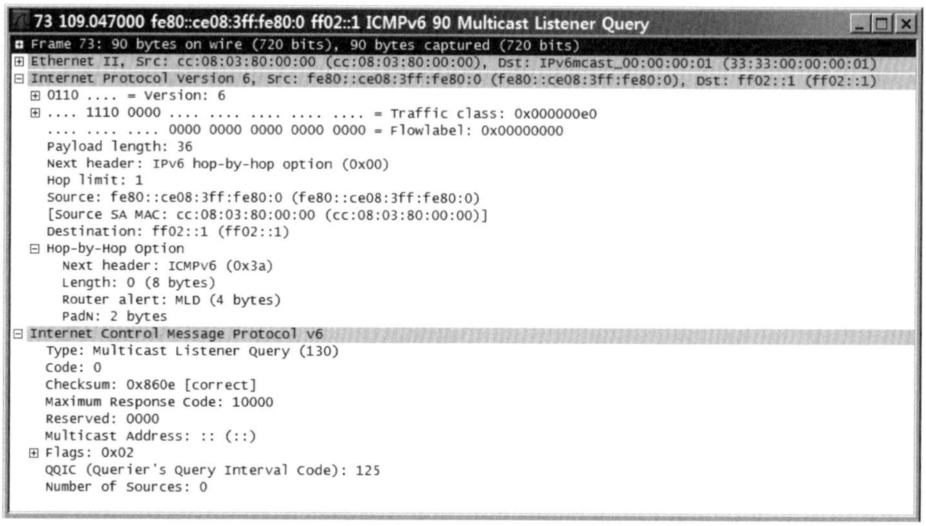

```
73 109.047000 fe80::ce08:3ff:fe80:0 ff02::1 ICMPv6 90 Multicast Listener Query
⊞ Frame 73: 90 bytes on wire (720 bits), 90 bytes captured (720 bits)
⊞ Ethernet II, Src: cc:08:03:80:00:00 (cc:08:03:80:00:00), Dst: IPv6mcast_00:00:00:01 (33:33:00:00:00:01)
⊟ Internet Protocol Version 6, Src: fe80::ce08:3ff:fe80:0 (fe80::ce08:3ff:fe80:0), Dst: ff02::1 (ff02::1)
    ⊞ 0110 .... = Version: 6
    ⊞ .... 1110 0000 .... .... .... .... .... = Traffic class: 0x000000e0
      .... .... .... 0000 0000 0000 0000 0000 = Flowlabel: 0x00000000
      Payload length: 36
      Next header: IPv6 hop-by-hop option (0x00)
      Hop limit: 1
      Source: fe80::ce08:3ff:fe80:0 (fe80::ce08:3ff:fe80:0)
      [Source SA MAC: cc:08:03:80:00:00 (cc:08:03:80:00:00)]
      Destination: ff02::1 (ff02::1)
    ⊟ Hop-by-Hop Option
        Next header: ICMPv6 (0x3a)
        Length: 0 (8 bytes)
        Router alert: MLD (4 bytes)
        PadN: 2 bytes
⊟ Internet Control Message Protocol v6
      Type: Multicast Listener Query (130)
      Code: 0
      Checksum: 0x860e [correct]
      Maximum Response Code: 10000
      Reserved: 0000
      Multicast Address: :: (::)
    ⊞ Flags: 0x02
      QQIC (Querier's Query Interval Code): 125
      Number of Sources: 0
```

그림 5-34
멀티캐스트 라우터 A
가 보내는 General
Query Message 캡
처 화면

표 5-10
[그림 5-34] 메시지
내용

	필드	값	설명
IPv6 헤더	Source Address	fe80::ce08:3ff:fe80:0	—
	Destination Address	ff02::1	All-Nodes Multicast Address
	Next Header	0	IPv6 Hop-by-Hop Option
Hop-by-Hop 옵션	Next Header	58	ICMPv6
ICMPv6 메시지	Type	130	Multicast Listener Query
	Multicast Address	::	Unspecified Address

- **Source Address**: MLDv2 Query 메시지의 소스 주소는 라우터의 링크로컬 유니캐스트 주소로 전송됩니다.

- **Destination Address**: General Query 메시지는 모든 노드가 수신할 수 있도록 All-Nodes 멀티캐스트 주소로 전송됩니다.

- **Next Header**: 모든 MLDv2 메시지는 Hop-by-Hop 옵션으로 전송됩니다. IPv6 헤더에 Hop-by-Hop 옵션이 있으면 홉을 거칠 때마다 모든 라우터가 해당 IPv6 패킷을 검사합니다.

- **Type 필드**: MLDv2 Query 메시지를 뜻하는 130이 기입됩니다.

- **Multicast Address 필드**: General Query 메시지일 때는 멀티캐스트 주소 필드에 아무런 값도 기입되지 않습니다.

General Query 메시지를 받은 [그림 5-33]의 STB A, B, C는 그 응답으로 Report 메시지를 보냅니다. [그림 5-35]는 STB A가 보내는 Report 메시지를 캡처한 것입니다.

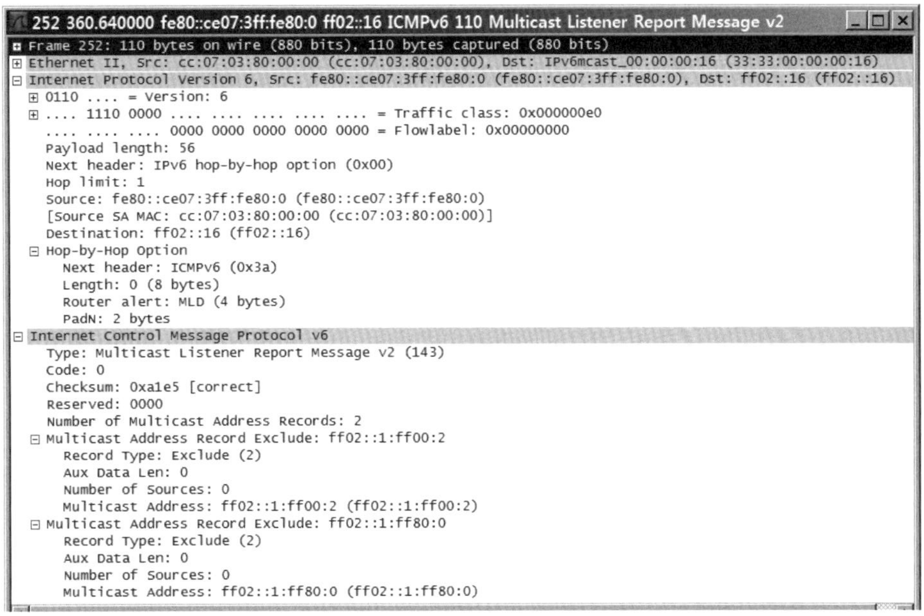

그림 5-35
STB A가 보내는
Report 메시지 캡처
화면

```
252 360.640000 fe80::ce07:3ff:fe80:0 ff02::16 ICMPv6 110 Multicast Listener Report Message v2    _ □ X
⊞ Frame 252: 110 bytes on wire (880 bits), 110 bytes captured (880 bits)
⊞ Ethernet II, Src: cc:07:03:80:00:00 (cc:07:03:80:00:00), Dst: IPv6mcast_00:00:00:16 (33:33:00:00:00:16)
⊟ Internet Protocol Version 6, Src: fe80::ce07:3ff:fe80:0 (fe80::ce07:3ff:fe80:0), Dst: ff02::16 (ff02::16)
  ⊞ 0110 .... = Version: 6
  ⊞ .... 1110 0000 .... .... .... .... = Traffic class: 0x000000e0
    .... .... .... 0000 0000 0000 0000 0000 = Flowlabel: 0x00000000
    Payload length: 56
    Next header: IPv6 hop-by-hop option (0x00)
    Hop limit: 1
    Source: fe80::ce07:3ff:fe80:0 (fe80::ce07:3ff:fe80:0)
    [Source SA MAC: cc:07:03:80:00:00 (cc:07:03:80:00:00)]
    Destination: ff02::16 (ff02::16)
  ⊟ Hop-by-Hop Option
    Next header: ICMPv6 (0x3a)
    Length: 0 (8 bytes)
    Router alert: MLD (4 bytes)
    PadN: 2 bytes
⊟ Internet Control Message Protocol v6
    Type: Multicast Listener Report Message v2 (143)
    Code: 0
    Checksum: 0xa1e5 [correct]
    Reserved: 0000
    Number of Multicast Address Records: 2
  ⊟ Multicast Address Record Exclude: ff02::1:ff00:2
    Record Type: Exclude (2)
    Aux Data Len: 0
    Number of Sources: 0
    Multicast Address: ff02::1:ff00:2 (ff02::1:ff00:2)
  ⊟ Multicast Address Record Exclude: ff02::1:ff80:0
    Record Type: Exclude (2)
    Aux Data Len: 0
    Number of Sources: 0
    Multicast Address: ff02::1:ff80:0 (ff02::1:ff80:0)
```

표 5-11
[그림 5-35] 메시지
내용

필드		값	설명
IP 헤더	Source Address	fe80::ce07:3ff:fe80:0	—
	Destination Address	ff02::16	All-MLDv2 Capable Routers
	Next Header	0	IPv6 Hop-by-Hop Option
Hop-by-Hop 옵션	Next Header	58	ICMPv6
ICMPv6 메시지	Type	143	MLDv2 Report
	# of Multicast Address Record	2	—
	Multicast Address Record #1 — Record Type	2	Exclude
	# of Source	0	—
	Multicast Address	ff02::1:ff00:2	Solicited-Node Multicast Address
	Multicast Address Record #2 — Record Type	2	Exclude
	# of Source	0	—
	Multicast Address	ff02::1:ff80:0	Solicited-Node Multicast Address

- **Source Address**: Report 메시지를 보내는 인터페이스의 링크로컬 유니캐스트 주소가 기입됩니다.

- **Destination Address**: MLDv2 기능을 갖고 있는 모든 라우터가 수신할 수 있도록 FF02::16 주소로 발송됩니다.

- **Next Header**: 모든 MLDv2 메시지는 Hop-by-Hop 옵션을 가집니다.

- **Type 필드**: MLDv2 Report 메시지를 뜻하는 143이 기입됩니다.

- **Number of Multicast Address Record 필드**: [그림 5-33]의 TV_A는 현재 3개의 멀티캐스트 주소를 갖고 있습니다. FF02::1과 글로벌 유니캐스트 주소, 링크로컬 유니캐스트 주소의 Solicited-Node 멀티캐스트 주소가 바로 그것입니다. 이때 모든 노드가 갖고 있는 FF02::1을 제외하고 2개의 멀티캐스트 주소 레코드를 갖고 있다는 것을 라우터에게 알립니다.

- **멀티캐스트 주소 레코드 #1, #2 Field**: 각각 글로벌 유니캐스트 주소, 링크로컬 유니캐스트 주소의 Solicited-Node 멀티캐스트 주소의 정보를 가리킵니다. 이때의 Filter 모드는 exclude이고, 멀티캐스트 소스 리스트가 없으므로 모든 멀티캐스트 소스에서 구독한다는 의미입니다.

이제 가입자 A([그림 5-33]의 TV_A)가 멀티캐스트 트래픽을 수신하는 경우를 생각해보겠습니다. 가입자 A가 '부르르' 콘텐츠를 수신하기 위해 리모컨을 누르면 가입자 A 단말(STB)에서 MLDv2 Report 메시지가 멀티캐스트 라우터 A로 전송됩니다.[175] 이때의 MLDv2 Report 메시지를 캡처한 것이 [그림 5-36]입니다.

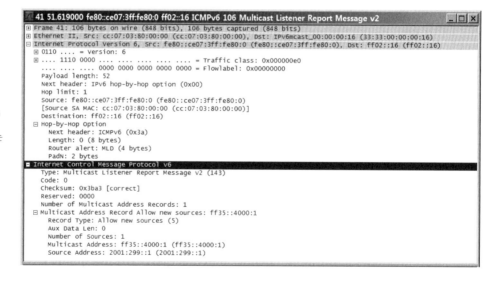

그림 5-36
가입자 A가 전송하는 Report 메시지 캡처 화면

---

[175] 이후부터 설명할 내용들을 알기 쉽게 이해할 수 있도록 Lesson 4에 실습할 수 있도록 했습니다.

필드			값	설명
IP 헤더	Source Address		fe80::ce07:3ff:fe80:0	—
	Destination Address		ff02::16	All-MLDv2 Capable Routers
	Next Header		0	IPv6 Hop-by-Hop Option
Hop-by-Hop 옵션	Next Header		58	ICMPv6
ICMPv6 메시지	Type		143	MLDv2 Report
	Number of Multicast Address Record		1	—
	Multicast Address Record #1	Record Type	5	Allow New Sources
		Number of Source	1	—
		Multicast Address	ff35::4000:1	—
		Source Address	2001:299::1	—

표 5-12
[그림 5-36] 메시지 내용

- IP 헤더와 Hop-by-Hop 옵션은 [그림 5-35]의 Report 메시지와 동일합니다.
- **Number of Multicast Address 필드**: '부르르' 콘텐츠 하나만 구독하므로 숫자 1이 기입됩니다.
- **Record Type 필드**: [표 5-9]에서 새로운 멀티캐스트 소스를 추가하는 경우이므로 '5'가 기입 됩니다.
- **Multicast Address 필드**: 구독하고자 하는 '부르르' 콘텐츠의 멀티캐스트 주소인 FF35::4000:1 이 기입됩니다.
- **Source Address 필드**: 구독하고자 하는 멀티캐스트 소스의 글로벌 유니캐스트 주소가 기입됩 니다.

 지금까지 멀티캐스트 트래픽을 구독하는 과정을 알아봤습니다. 이제부터 구독을 해제 (Unsubscribe)하는 과정을 알아보겠습니다.

 [그림 5-33]에서 가입자 A, B 둘 다 '부르르'를 시청하고 있다고 가정해보겠습니다. 이때 가 입자 A가 다른 채널을 돌리면 STB A가 Report 메시지를 보냄으로써 구독 해제합니다. [그림 5-37]은 그 Report 메시지를 캡처한 것입니다.

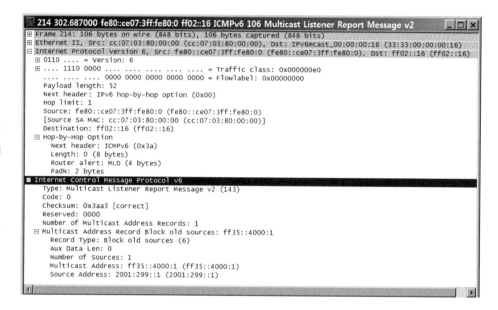

```
214 302.687000 fe80::ce07:3ff:fe80:0 ff02::16 ICMPv6 106 Multicast Listener Report Message v2    _ □ X
⊞ Frame 214: 106 bytes on wire (848 bits), 106 bytes captured (848 bits)
⊞ Ethernet II, Src: cc:07:03:80:00:00 (cc:07:03:80:00:00), Dst: IPv6mcast_00:00:00:16 (33:33:00:00:00:16)
⊟ Internet Protocol Version 6, Src: fe80::ce07:3ff:fe80:0 (fe80::ce07:3ff:fe80:0), Dst: ff02::16 (ff02::16)
    ⊞ 0110 .... = Version: 6
    ⊞ .... 1110 0000 .... .... .... .... .... .... = Traffic class: 0x000000e0
      .... .... .... 0000 0000 0000 0000 0000 = Flowlabel: 0x00000000
      Payload length: 52
      Next header: IPv6 hop-by-hop option (0x00)
      Hop limit: 1
      Source: fe80::ce07:3ff:fe80:0 (fe80::ce07:3ff:fe80:0)
      [Source SA MAC: cc:07:03:80:00:00 (cc:07:03:80:00:00)]
      Destination: ff02::16 (ff02::16)
    ⊟ Hop-by-Hop Option
        Next header: ICMPv6 (0x3a)
        Length: 0 (8 bytes)
        Router alert: MLD (4 bytes)
        PadN: 2 bytes
  ■ Internet Control Message Protocol v6
      Type: Multicast Listener Report Message v2 (143)
      Code: 0
      Checksum: 0x3aa3 [correct]
      Reserved: 0000
      Number of Multicast Address Records: 1
    ⊟ Multicast Address Record Block old sources: ff35::4000:1
        Record Type: Block old sources (6)
        Aux Data Len: 0
        Number of Sources: 1
        Multicast Address: ff35::4000:1 (ff35::4000:1)
        Source Address: 2001:299::1 (2001:299::1)
```

필드			값	설명
IPv6 헤더	Source Address		fe80::ce07:3ff:fe80:0	—
	Destination Address		ff02::16	All-MLDv2 Capable Router
	Next Header		0	IPv6 Hop-by-Hop Option
Hop-by-Hop 옵션	Next Header		58	ICMPv6
ICMPv6 메시지	Type		143	MLDv2 Report
	Number of Multicast Address Record		1	—
	Multicast Address Record #1	Record Type	6	Block old Sources
		Number of Source	1	—
		Multicast Address	ff35::4000:1	—
		Source Address	2001:299::1	—

- 구독 해제하는 Report 메시지의 경우 'Record Type' 말고 모든 것이 [그림 5-36]과 동일합니다.
- **Record Type**: [표 5-9]에 따라 Type 6이 기입됩니다.

멀티캐스트 리스너(Multicast Listener)로부터 구독 해제 메시지를 받은 멀티캐스트 라우터의 동작 알고리즘은 [그림 5-38]과 같습니다.

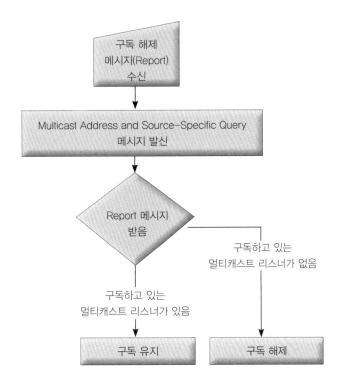

그림 5-38
구독 해제 메시지를
받는 멀티캐스트
라우터의 동작
알고리즘

구독 해제 Report 메시지를 받은 [그림 5-33]의 멀티캐스트 라우터는 [그림 5-38]의 순
서도와 같이 자신의 멀티캐스트 리스너들에게 Query 메시지를 발송합니다. [그림 5-39]는 그
Query 메시지를 캡처한 것입니다.

```
215 302.703000 fe80::ce08:3ff:fe80:0 ff35::4000:1 ICMPv6 106 Multicast Listener Query

⊞ Frame 215: 106 bytes on wire (848 bits), 106 bytes captured (848 bits)
⊞ Ethernet II, Src: cc:08:03:80:00:00 (cc:08:03:80:00:00), Dst: IPv6mcast_40:00:00:01 (33:33:40:00:00:01)
⊟ Internet Protocol Version 6, Src: fe80::ce08:3ff:fe80:0 (fe80::ce08:3ff:fe80:0), Dst: ff35::4000:1 (ff35::4000:1)
  ⊞ 0110 .... = Version: 6
  ⊞ .... 1110 0000 .... .... .... .... = Traffic class: 0x000000e0
    .... .... .... 0000 0000 0000 0000 0000 = Flowlabel: 0x00000000
    Payload length: 52
    Next header: IPv6 hop-by-hop option (0x00)
    Hop limit: 1
    Source: fe80::ce08:3ff:fe80:0 (fe80::ce08:3ff:fe80:0)
    [Source SA MAC: cc:08:03:80:00:00 (cc:08:03:80:00:00)]
    Destination: ff35::4000:1 (ff35::4000:1)
  ⊟ Hop-by-Hop Option
      Next header: ICMPv6 (0x3a)
      Length: 0 (8 bytes)
      Router alert: MLD (4 bytes)
      Padn: 2 bytes
⊟ Internet Control Message Protocol v6
    Type: Multicast Listener Query (130)
    Code: 0
    Checksum: 0x0720 [correct]
    Maximum Response Code: 1000
    Reserved: 0000
    Multicast Address: ff35::4000:1 (ff35::4000:1)
  ⊞ Flags: 0x02
    QQIC (Querier's Query Interval Code): 125
    Number of Sources: 1
    Source Address: 2001:299::1 (2001:299::1)
```

그림 5-39
Multicast Address
and Source-
Specific Query 메시
지 캡처 화면

5

표 5-14
[그림 5-39]의
메시지 내용

필드		값	설명
IPv6 헤더	Source Address	fe80::ce08:3ff:fe80:0	—
	Destination Address	ff35::4000:1	—
	Next Header	0	IPv6 Hop-by-Hop Option
Hop-by-Hop 옵션	Next Header	58	ICMPv6
ICMPv6 메시지	Type	130	Multicast Listener Query
	Multicast Address	ff35::4000:1	—
	Number of Sources	1	—
	Source Address	2001:299::1	—

- **Destination Address**: 멀티캐스트 라우터가 보내는 General Query 메시지([그림 5-34])와 다른 점 중 하나가 목적지(Destination) 주소입니다. General Query 메시지일 경우에는 FF02::1(All-Nodes Multicast 주소)이었습니다. 하지만 Multicast Address and Source-Specific Query 메시지 경우에는 '부르르' 콘텐츠를 시청하고 있는 가입자들에게만 보내면 되기 때문에 목적 주소가 'FF35::4000:1'이 됩니다.
- **Type 필드**: MLDv2 Query 메시지를 뜻하는 130이 기입됩니다.
- **Multicast Address 필드**: '부르르' 콘텐츠의 그룹 주소인 'FF35::4000:1'이 기입됩니다.
- **Source Address 필드**: [그림 5-33]의 멀티캐스트 소스의 글로벌 유니캐스트 주소가 기입됩니다.

[그림 5-33]에서 STB A, B가 '부르르' 콘텐츠를 시청하고 있다고 했습니다. 멀티캐스트 라우터가 Multicast Address and Source-Specific Query 메시지를 보내면 STB A, B는 그 응답으로 Report 메시지를 보냅니다. [그림 5-37]과 같이 구독 해제 Report 메시지를 보냈던 STB A도 Multicast Address and Source-Specific Query 메시지에 반응해 Report 메시지를 보내는 것에 주의해야 합니다. STB A가 보내는 Report 메시지는 [그림 5-37]과 동일합니다. 우리가 주목해야 할 것은 '부르르' 콘텐츠를 계속 시청하고자 하는 가입자 B가 (Multicast Address and Source-Specific Query 메시지에 반응해) 보내는 Report 메시지입니다. [그림 5-40]은 STB B가 보내는 Report 메시지를 캡처한 것입니다.

그림 5-40
STB B가 보내는
Report 메시지 캡처
화면

```
216 302.984000 fe80::ce06:3ff:fe80:0 ff02::16 ICMPv6 106 Multicast Listener Report Message v2    _□×
⊞ Frame 216: 106 bytes on wire (848 bits), 106 bytes captured (848 bits)
⊞ Ethernet II, Src: cc:06:03:80:00:00 (cc:06:03:80:00:00), Dst: IPv6mcast_00:00:00:16 (33:33:00:00:00:16)
⊟ Internet Protocol Version 6, Src: fe80::ce06:3ff:fe80:0 (fe80::ce06:3ff:fe80:0), Dst: ff02::16 (ff02::16)
    ⊞ 0110 .... = Version: 6
    ⊞ .... 1110 0000 .... .... .... .... = Traffic class: 0x000000e0
      .... .... .... 0000 0000 0000 0000 0000 = Flowlabel: 0x00000000
      Payload length: 52
      Next header: IPv6 hop-by-hop option (0x00)
      Hop limit: 1
      Source: fe80::ce06:3ff:fe80:0 (fe80::ce06:3ff:fe80:0)
      [Source SA MAC: cc:06:03:80:00:00 (cc:06:03:80:00:00)]
      Destination: ff02::16 (ff02::16)
    ⊟ Hop-by-Hop Option
        Next header: ICMPv6 (0x3a)
        Length: 0 (8 bytes)
        Router alert: MLD (4 bytes)
        PadN: 2 bytes
■ Internet Control Message Protocol v6
      Type: Multicast Listener Report Message v2 (143)
      Code: 0
      Checksum: 0x3fa4 [correct]
      Reserved: 0000
      Number of Multicast Address Records: 1
    ⊟ Multicast Address Record Include: ff35::4000:1
        Record Type: Include (1)
        Aux Data Len: 0
        Number of Sources: 1
        Multicast Address: ff35::4000:1 (ff35::4000:1)
        Source Address: 2001:299::1 (2001:299::1)
```

표 5-15
[그림 5-40] 메시지
내용

	필드		값	설명
IPv6 헤더	Source Address		FE80::CE06:3FF:FE80:0	—
	Destination Address		ff02::16	All-MLDv2 Capable Router
	Next Header		0	IPv6 Hop-by-Hop Option
Hop-by-Hop 옵션	Next Header		58	ICMPv6
ICMPv6 메시지	Type		143	MLDv2 Report
	Number of Multicast Address Record		1	
	Multicast Address Record #1	Record Type	1	Include
		Number of Source	1	—
		Multicast Address	FF35::4000:1	—
		Source Address	2001:299::1	—

• 가입자 B(STB B)가 '부르르' 콘텐츠를 계속 시청하고 있으므로 레코드 타입에는 '1'이 기입됩니다.

가입자 A가 '부르르' 콘텐츠를 구독 해제한다는 Report 메시지를 보냈더라도 가입자 B가 '부르르' 콘텐츠를 구독하고 있으므로 [그림 5-38]의 순서도에 따라 멀티캐스트 라우터는 계속 '부르르' 콘텐츠를 구독합니다. 만약 가입자 B도 '부르르' 콘텐츠를 구독하고 있지 않았다면 [그림 5-33]의 멀티캐스트 라우터 역시 (가입자 B와 마찬가지로) 더 이상 '부르르' 콘텐츠를 구독하지 않을 것입니다.

지금까지 멀티캐스트 네트워크([그림 5-33])의 멀티캐스트 라우터, 멀티캐스트 리스너들의 동작을 예로 들어 MLDv2에 대해 자세히 알아봤습니다. 이것으로 IPv6 네트워크의 멀티캐스트 그룹 관리 프로토콜인 MLD의 설명을 마치겠습니다. 이 Lesson에서 배웠던 MLD 프로토콜은 Lesson 4에서 실습하겠습니다.

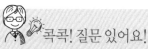

콕콕! 질문 있어요!

Q IPv6 헤더에 Hop-by-Hop 옵션이 있으면 매 홉마다 모든 라우터가 해당 패킷을 검사한다고 했잖아요. [그림 5-34], [그림 5-35]를 보면 Query, Report 메시지에 IPv6 Hop-by-Hop 옵션이 있던데요. 이 옵션이 MLDv2 메시지에 왜 필요한지 이해가 되지 않아요.

예를 들어 MLDv2 General Query 메시지의 목적지 주소는 FF02::1(All-Nodes 멀티캐스트 주소)이잖아요. 그렇다면 IPv6 Hop-by-Hop 옵션이 없어도 모든 라우터가 General Query 메시지를 처리하는 것이 아닌지요? 그리고 MLDv2 Report 메시지의 경우에는 목적지 주소가 FF02::16(All-MLDv2 Capable Routers)이 잖아요. 그렇다면 MLDv2 기능을 지원하는 모든 라우터가 Report 메시지를 처리하는 것이 아닌지요?

즉, MLDv2 메시지는 IPv6 Hop-by-Hop 옵션이 없어도 MLDv2를 지원하는 모든 라우터가 처리할 수 있는 데 왜 굳이 Hop-by-Hop 옵션을 집어넣었는지 모르겠어요.

A MLDv2 기능을 지원하지 않는 다른 모든 라우터도 반드시 MLDv2 메시지를 조사하도록 만들기 위해 IPv6 Hop-by-Hop 옵션을 집어넣은 것입니다.

Q [그림 5-34]를 보면 라우터가 General Query 메시지를 보낼 때 자신의 링크로컬 유니캐스트 주소를 소스 주소로 보낸다고 나와 있어요. 그리고 General Query 메시지를 받은 노드는 Report 메시지를 보내는데, 그때의 목적지 주소가 FF02:16(All-MLDv2 Capable Routers)이라고 했잖아요. 제 생각엔 Report 메시지 를 보낼 때 General Query 메시지를 보낸 라우터의 링크로컬 유니캐스트 주소로 보내면 될 텐데 왜 굳이 FF02::16 으로 보내 불필요한 트래픽을 발생시키는지 모르겠어요.

A 그림과 같이 복수 개의 멀티캐스트 라우터가 존재하는 경우가 있습니다.

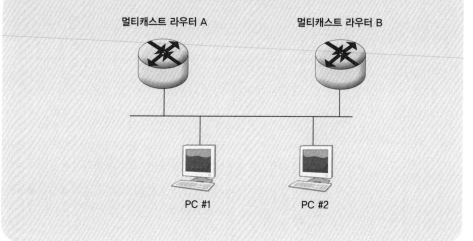

이런 경우에는 다수의 라우터 중에서 하나의 라우터만 선출해 멀티캐스트 라우터 역할을 수행하도록 하는 과정이 있습니다. 하지만 선택되지 못한 나머지 멀티캐스트 라우터들도 후보 멀티캐스트 라우터의 역할을 수행하면서 언제든지 메인(Main) 멀티캐스트 라우터(DR: Designated Router, 데지그네이티드 라우터)라고 합니다)가 다운되거나 없어지는 경우에는 즉시 자신이 Multicast DR의 역할을 수행해야 합니다. 따라서 General Query 메시지를 보내는 main 멀티캐스트 라우터뿐 아니라 다른 후보 멀티캐스트 라우터도 자신의 네트워크 안에 있는 멀티캐스트 리스너의 상태를 알고 있어야 합니다. 이런 이유로 MLDv2 Report 메시지의 목적지 주소가 General Query를 송신한 라우터의 링크로컬 유니캐스트 주소가 아닌 FF02::16 주소를 사용하는 것입니다.

5

실습 멀티캐스트 주소 생성

라우터에 멀티캐스트 라우팅 기능을 활성화시키려면 다음과 같이 별도의 명령어를 입력해야 합니다.

명령어

> *Router# configure terminal*
>
> *Router (config)# ipv6 unicast-routing*
>
> *Router (config)# ipv6 multicast-routing*

라우터에 멀티캐스트 라우팅이 동작하기 위해서는 우선, 유니캐스트 라우팅 기능을 활성화시킨 후에 멀티캐스트 라우팅 기능을 활성화시켜야 합니다. 'ipv6 multicast-routing' 명령어가 라우터에 멀티캐스트 라우팅 기능을 활성화시키는 명령어입니다.

이제 라우터에 멀티캐스트 주소를 Join시키고 실제로 멀티캐스트 패킷이 전달되는지 실습해 보겠습니다.

[그림 5-41]의 라우터 A와 라우터 B에 멀티캐스트 라우팅 기능을 활성화시킵니다.

라우터 A   **라우터 B**

그림 5 – 41
멀티캐스트 라우터
A와 B

f0/0   f0/0

명령어

> *Router_B# configure terminal*
>
> *Router_B (config)# ipv6 unicast-routing*
>
> *Router_B (config)# ipv6 multicast-routing*
>
> *Router_B (config)# interface FastEthernet 0/0*
>
> *Router_B (config-if)# no shutdown*
>
> *Router_B (config-if)# ipv6 enable*

멀티캐스트 라우팅 기능만을 활성화시켰을 때 자동으로 Join되는(자동으로 생성되는) 멀티캐스트 주소를 알아보기 위해 라우터 B의 FastEthernet 0/0을 살펴보겠습니다. (우리가 본문에서 배운 대로) 하나의 인터페이스는 복수 개의 멀티캐스트 주소를 가질 수 있다는 것을 확인할 수 있습니다.

```
Router_B#show ipv6 interface f0/0
FastEthernet0/0 is up, line protocol is up
  IPv6 is enabled, link-local address is FE80::CE06:AFF:FE3C:1
  No Virtual link-local address(es):
  No global unicast address is configured
  Joined group address(es):
    FF02::1
    FF02::2
    FF02::D
    FF02::16
    FF02::1:FF3C:1
  MTU is 1500bytes
  ICMP error messages limited to one every 100 milliseconds
  ICMP redirects are enabled
  ICMP unreachables are sent
  ND DAD is enabled, number of DAD attempts: 1
  ND reachable time is 30000 milliseconds
  ND advertised reachable time is 0 milliseconds
  ND advertised retransmit interval is 0 milliseconds
  ND router advertisements are sent every 200 seconds
  ND router advertisements live for 1800 seconds
  ND advertised default Router preference is Medium
  Hosts use stateless autoconfig for addresses
```

라우터 B의 FastEthernet 0/0에 Join돼 있는 멀티캐스트 주소들을 [표 5-19]로 정리했습니다.[176]

표 5-16
라우터 B에 조인
(Join)돼 있는 멀티캐
스트 주소

멀티캐스트 주소	의미	비고
FF02::1	All Nodes Address	IPv6 Enable하면 자동 Join
FF02::1:FF3C:1	Solicited-Node Address	
FF02::2	All Routers Address	유니캐스트 라우팅 기능을 Enable시키면 자동 Join
FF02::D	All PIM Routers	멀티캐스트 라우팅 기능을 Enable시키면 자동 Join
FF02::16	All MLDv2-Capable Routers	

[표 5-16]을 보면 자동으로 조인되는 멀티캐스트 주소는 모두 링크로컬 스코프를 갖는다는 것

176 모든 멀티캐스트 주소를 부록 D에 표기했습니다. 필요할 때마다 참조하기 바랍니다.

을 확인할 수 있습니다.

[표 5-16]의 멀티캐스트 주소는 멀티캐스트 라우팅 기능을 활성화시키면 자동으로 생성되는 주소들입니다. 이제 수동으로 멀티캐스트 주소를 조인시켜보겠습니다.

수동으로 생성하는 멀티캐스트 주소는 사이트로컬 스코프를 갖는 FF05::2로 하겠습니다. 라우터 B의 FastEthernet Interface 0/0에 FF05::2를 생성시키는 명령어는 다음과 같습니다.

명령어

Router_B# configure terminal

Router_B (config)# interface FastEthernet 0/0

Router_B (config-if)# ipv6 mld join-group FF05::2

'`ipv6 mld join-group `*`group-address`*'가 MLD Report 메시지를 생성하는 명령어입니다. 그룹 주소에는 자신이 조인하려는 멀티캐스트 주소를 써주면 됩니다. 실제로 라우터 B의 FastEthernet 0/0에 FF05::2가 생성됐는지 확인해봅니다.

```
Router_B#show ipv6 interface f0/0
FastEthernet0/0 is up, line protocol is up
  IPv6 is enabled, link-local address is FE80::CE06:AFF:FE3C:1
  No Virtual link-local address(es):
  No global unicast address is configured
  Joined group address(es):
    FF02::1
    FF02::2
    FF02::D
    FF02::16
    FF02::1:FF3C:1
    FF05::2
  MTU is 1500bytes
  ICMP error messages limited to one every 100 milliseconds
  ICMP redirects are enabled
  ICMP unreachables are sent
  ND DAD is enabled, number of DAD attempts: 1
  ND reachable time is 30000 milliseconds
  ND advertised reachable time is 0 milliseconds
  ND advertised retransmit interval is 0 milliseconds
  ND router advertisements are sent every 200 seconds
  ND router advertisements live for 1800 seconds
  ND advertised default Router Preference is Medium
  Hosts use stateless autoconfig for addresses.
```

MLDv2 실습

이번 Lesson에서는 MLDv2 Report, Done 그리고 Query 메시지를 생성하는 방법을 실습해
보겠습니다.

네트워크 환경은 [그림 5-33]을 참조해 [그림 5-42]와 같이 구성합니다.

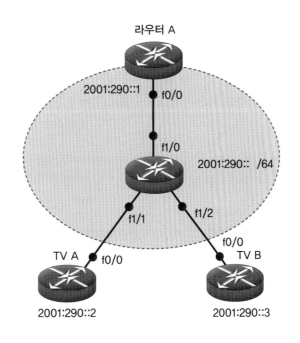

그림 5-42
멀티캐스트 네트워크
구성

MLDv2 메시지를 생성하기에 앞서, 라우터 A, TV A, B에 멀티캐스트 기능을 활성화시켜야
합니다.

라우터 A의 멀티캐스트 관련 기능을 활성화시키는 것은 Lesson 3에서 설명했으므로 별 문제
없이 설정할 수 있을 것입니다. TV의 역할을 하는 IPv6 호스트에 멀티캐스트 기능을 활성화시키
는 것은 다음 명령어대로 입력하면 됩니다.

```
TV_A# configure terminal
TV_A (config)# interface FastEthernet 0/0
TV_A (config-if)# no shutdown
TV_A (config-if)# ipv6 enable
TV_A (config-if)# ipv6 address 2001:290::2/64
```

TV A는 라우터가 아니기 때문에 라우터 A와 달리 'ipv6 unicast-routing', 'ipv6 multicast-routing' 명령어를 입력해줄 필요가 없습니다. TV B도 위 명령어처럼 입력합니다.

이제 TV A가 [그림 5-33]의 '부르르' 콘텐츠를 수신하기 위해 (2001:299::1, FF35::4000:1)을 구독(Subscribe)해보겠습니다. 특정 멀티캐스트 트래픽을 구독하는 명령어는 'ipv6 mld join-group *multicast_address* include(exclude) *multicast_source_address*'입니다. 다음과 같이 입력해봅니다.

명령어

```
TV_A# configure terminal
TV_A (config)# interface FastEthernet 0/0
TV_A (config-if)# ipv6 mld join-group ff35::4000:1 include 2001:299::1
```

멀티캐스트 노드에서 사용할 수 있는 MLD 관련 명령어는 'show ipv6 mld *sub_command*'를 통해 알 수 있습니다. [표 5-17]은 각각의 Sub_Command가 의미하는 바를 정리한 것입니다.

표 5-17
멀티캐스트 라우터의
MLD 관련 명령어

명령	설명
groups	MLD 메시지를 통해 알게 된 Multicast Group 정보를 알려준다.
interface	각 인터페이스의 MLD 관련 정보를 보여준다.
traffic	MLD 관련 메시지들의 트래픽 통계량을 보여준다.

TV A가 (2001:299::1, FF35::4000:1)를 제대로 구독하고 있는지 다음과 같이 입력해봅니다.

```
TV_A# show ipv6 mld groups
```

```
TV_A#show ipv6 mld groups
MLD Connected Group Membership
Group Address                    Interface      Uptime    Expires
FF35::4000:1                     FastEthernet0/0  00:05:51  never
```

FastEthernet0/0에서 새로운 멀티캐스트 그룹 주소, FF35::4000:1이 생성된 것을 확인할 수 있습니다.

이제 TV A가 (2001:299::1, FF35::4000:1)를 구독 해제해보겠습니다. 다음과 같이 입력하면 됩니다.

명령어

```
TV_A# configure terminal
TV_A (config)# interface FastEthernet 0/0
TV_A (config-if)# no ipv6 mld join-group ff35::4000:1 include 2001:299::1
```

제대로 구독 해제됐는지 확인해봅니다.

명령어

```
TV_A# show ipv6 mld groups
```

```
TV_A#show ipv6 mld groups
No groups found.
```

TV A가 어떤 채널도 구독하고 있지 않은 것으로 나옵니다.

멀티캐스트 라우팅 프로토콜

멀티캐스트 라우터 간의 멀티캐스트 트래픽을 제어하는 멀티캐스트 라우팅 프로토콜에 대해 알아봅니다. 멀티캐스트 라우팅 프로토콜의 종류와 각 특징에 대해서도 알아보겠습니다.

[그림 5-43]은 멀티캐스트 콘텐츠 서버로부터 가입자 PC인 호스트까지의 네트워크 구성도를 간략하게 표현한 것입니다.

그림 5-43
멀티캐스트 프로토콜
분류

| 콘텐츠 서버 | 멀티캐스트 라우터 | 멀티캐스트 라우터 | L2 스위치 | PC |

|◄────── (가) ──────►|◄────────── (나) ──────────►|

Lesson 2 ~ Lesson 4에서는 [그림 5-43]의 (나) 영역(멀티캐스트 라우터 ↔ 호스트)에서 호스트와 멀티캐스트 라우터 간에 필요한 멀티캐스트 트래픽을 요청하고 멀티캐스트 라우터에서 호스트로 전달할 멀티캐스트 그룹들을 관리하는 데 이용되는 프로토콜인 IGMP와 MLD에 대해 알아봤습니다.

이 Lesson 5에서는 [그림 5-43]의 (가) 영역(멀티캐스트 라우터 ↔ 멀티캐스트 라우터)에서의 멀티캐스트 트래픽을 관리하는 프로토콜인 멀티캐스트 라우팅 프로토콜에 대해 알아볼 것입니다.

기존 IGMP나 MLD 프로토콜로는 라우터 간의 멀티캐스트 트래픽 제어가 되지 않는 이유는 무엇일까요? 왜 IGMP나 MLD와는 다른 새로운 멀티캐스트 라우팅 프로토콜이 필요하게 됐을까요? 그 배경을 먼저 이해하고 넘어가겠습니다.

[그림 5-44]와 같은 멀티캐스트 네트워크가 있고, 호스트인 PC #1이 콘텐츠 서버로부터 멀티캐스트 트래픽을 수신하기를 원한다고 가정해보겠습니다.

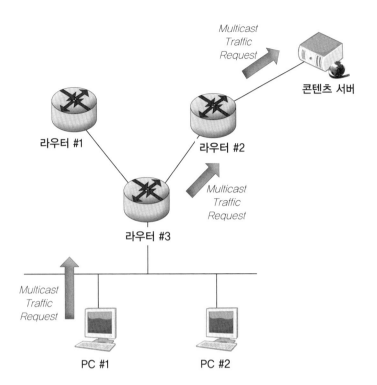

그림 5-44
멀티캐스트 네트워크
의 예

이 경우, PC #1은 Multicast Traffic Request 메시지를 보내고, 그 메시지는 콘텐츠 서버까지 전달돼야 합니다. 이때 PC #1이 자신의 이더넷 링크상에 있는 라우터 #3에게 Multicast Traffic Request 메시지를 전달하는 과정이 (Lesson 4에서 설명했던) IGMP, MLD 프로토콜입니다.

그런데 라우터 #3이 Multicast Traffic Request 메시지를 보내는 상황은 호스트가 Multicast Traffic Request 메시지를 보내는 경우와 다릅니다. 왜냐하면 라우터 #3의 입장에서 Request 메시지를 라우터 #1에 보내야 할지, 라우터 #2에 보내야 할지 결정해야 하기 때문입니다. 즉, 라우터는 서로 다른 라우터와 수많은 인터페이스로 연결돼 있기 때문에 어느 인터페이스로 Multicast Traffic Request 메시지를 보내야 하는지에 대한 의사 결정이 필요합니다. 따라서 라우터의 입장에서는 멀티캐스트 트래픽 소스의 위치를 알아야 하고, 그 소스와 연결돼 있는 라우터([그림 5-44]의 경우 라우터 #2)들을 찾아야 하는 동작(Action)이 필요합니다. 이런 추가 동작이 필요하기 때문에 IGMP/MLD로는 부족하고 새로운 멀티캐스트 프로토콜이 필요합니다.

멀티캐스트 라우터와 호스트 간의 관계처럼 직접 연결돼 있지 않고, 수많은 멀티캐스트 라우터로 구성돼 있는 멀티캐스트 네트워크에서의 멀티캐스트 트래픽의 요청과 전달 기능은 IGMP 또는 MLD에 비해 훨씬 복잡합니다.

이처럼 망 내에서 멀티캐스트 라우터 간에 멀티캐스트 트래픽을 전달하기 위해 사용되는 프로토콜을 '멀티캐스트 라우팅 프로토콜'이라고 하며, 이에는 DVMRP(Distance Vector 멀티캐스트 라우팅 Protocol), MOSPF(Multicast OSPF), PIM-DM(Protocol Independent Multicast – Dense

Mode), PIM-SM(Protocol Independent Multicast - Sparse Mode) 및 CBT(Core-Based Tree) 등의 다양한 프로토콜이 있습니다.

Lesson 5에서는 이 중 가장 많이 사용되는 멀티캐스트 라우팅 프로토콜인 PIM-DM, PIM-SM Protocol 및 PIM-SSM(PIM - Source Specific Multicast) 프로토콜의 동작 방식에 대해 자세히 설명하고, IPv6 네트워크에서 PIM-SM 프로토콜의 동작에 대해 설명합니다.

01 PIM-DM

PIM-DM(Protocol Independent Multicast-Dense Mode) 프로토콜은 멀티캐스트 가입자가 밀집된 소규모의 네트워크에서 사용하기에 적합하며, 설정이나 동작 방식이 매우 간단합니다. PIM-DM의 동작 방식은 다음과 같습니다.

우선 PIM-DM 기능을 수행하는 멀티캐스트 라우터는 PIM-DM 기능이 활성화된 모든 인터페이스로 일정 주기(hello period)마다 PIM Hello 메시지를 전송하고, 이를 수신한 이웃 노드와 네이버(Neighbor) 관계를 맺습니다. PIM Hello 메시지의 목적지 주소는 ALL-PIM-Router 주소 (IPv4에서는 224.0.0.13, IPv6에서는 FF02::D)를 사용합니다. PIM 프로토콜에서는 이렇게 맺어진 네이버들과 PIM 메시지를 주고받으며, 네이버가 아닌 멀티캐스트 라우터가 송신한 PIM 메시지는 무시합니다.

PIM-DM 라우터는 멀티캐스트 패킷이 입력되는 인터페이스가 멀티캐스트 소스가 있는 방향으로 인식하고, 그 외의 모든 PIM 네이버를 Downstream 방향으로 판단해 입력된 멀티캐스트 패킷을 Downstream 방향의 모든 인터페이스로 전달합니다. 이를 수신한 PIM-DM Router 중에서 불필요한 멀티캐스트 패킷을 수신했다고 판단한 PIM-DM 라우터는 Prune 메시지를 전달해 해당 멀티캐스트 패킷의 전송 중단을 요청합니다. Prune 메시지를 수신한 PIM-DM 라우터는 해당 멀티캐스트 패킷의 전송을 중단합니다.

PIM-DM 라우터로 계속 멀티캐스트 패킷이 입력되고 있으면 3분의 시간이 지난 후에 전송이 중단된 네이버 노드(Neighbor Node)들에게 다시 해당 멀티캐스트 패킷을 플러딩(Flooding)해 전달합니다. 그리고 멀티캐스트 패킷의 수신이 불필요한 노드는 다시 Prune 메시지를 전송해 멀티캐스트 패킷의 송신 중단을 요청하는 과정을 반복합니다. 이처럼 PIM-DM 프로토콜에서는 3분마다 멀티캐스트 패킷을 플러딩하고 중단하는 과정이 반복되며, 이로 인해 네트워크에 불필요한 트래픽 부하가 발생하는 단점이 있습니다. 이러한 PIM-DM의 Flood-and-Prune 방식의 문제점을 보완하기 위해 3분마다 멀티캐스트 패킷을 플러딩하는 대신, State-refresh 메시지를 전송해 Prune 상태의 유지 여부를 결정할 수 있도록 기능이 개선됐습니다.[177]

----

177 자세한 정보는 RFC 3973, 'Protocol Independent Multicast - Dense Mode(PIM-DM): Protocol Specification(Revised)' 을 참고하십시오.

PIM-DM 프로토콜에서 멀티캐스트 패킷을 전달하는 과정을 [그림 5-45]와 같이 구성된 네트워크를 예로 들어 다시 설명합니다.

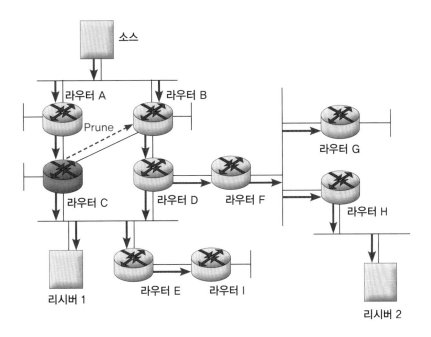

그림 5-45
PIM-DM의 Source
전달 네트워크

앞서 기본적인 PIM-DM 프로토콜의 동작에 대해 설명한 바와 같이 멀티캐스트 소스에서 입력된 멀티캐스트 패킷을 수신한 라우터 A와 B는 멀티캐스트 패킷이 입력되는 인터페이스를 소스가 있는 방향으로 인식하고, 다른 모든 이웃 노드가 있는 인터페이스로 멀티캐스트 패킷을 전달합니다. 또한 이를 수신한 다른 모든 라우터도 동일한 동작을 통해 멀티캐스트 패킷을 전달합니다. 이 상황에서 라우터 C는 2개의 입력 인터페이스를 통해 동일한 멀티캐스트 패킷을 수신합니다.

기본적으로 PIM-DM에서는 멀티캐스트 패킷을 수신하면 그 패킷이 소스 측 인터페이스에서 수신됐는지 확인하기 위해 RPF(Reverse Path Forwarding) 체크 기능을 실행합니다. RPF 체크 기능은 입력된 멀티캐스트 패킷의 Source IP 주소를 자신의 유니캐스트 라우팅 테이블의 내용과 비교해 해당 소스 IP 주소를 목적지로 해서 패킷을 전송하기 위해 사용할 인터페이스와 멀티캐스트 패킷의 입력 인터페이스가 동일한지 확인하는 과정입니다. 예를 들어 [그림 5-45]에 있는 라우터 C의 유니캐스트 라우팅 테이블에 해당 멀티캐스트의 소스 측 주소에 대한 Next Hop이 라우터 A로 저장돼 있다고 가정하면 라우터 A에서 입력되는 멀티캐스트 패킷은 RPF 체크 기능을 통과해 받아들이고 라우터 B에서 입력되는 멀티캐스트 패킷은 잘못된 플러딩으로 판단해 Prune 메시지를 통해 라우터 B에게 더 이상 해당 멀티캐스트 패킷을 전달하지 않도록 요청합니다.

PIM-DM 라우터에서는 이와 같이 수신한 멀티캐스트 스트림의 소스 IP 주소를 이용해 RPF가 아닌 인터페이스에서 멀티캐스트 스트림이 수신될 때 Prune 메시지를 전송하는 경우 외에도 다음과 같은 경우에 Prune 메시지를 전달해 멀티캐스트 스트림의 송신 중단을 요청합니다. 먼저 멀티캐스트 스트림이 입력되는 인터페이스를 제외하고는 PIM-DM 이웃 노드가 없는 리프 라우터(Leaf Router)이면서 자신에게 연결된 모든 호스트가 해당 멀티캐스트 스트림을 수신하지 않는 경우입니다. 이 경우에는 멀티캐스트 스트림을 전달할 이웃 노드가 없으므로 당연히 멀티캐스트 스트림의 전달자 역할이 불필요한 상황입니다. 더욱이 자신에게 접속된 리시버(Receiver)들 중에서 입력된 멀티캐스트 스트림을 수신하는 호스트가 없는 경우라면 해당 멀티캐스트 스트림을 수신하는 것이 불필요한 상황입니다. 이 경우에 멀티캐스트 스트림 송신 중단을 요청하는 Prune 메시지를 멀티캐스트 스트림의 입력 인터페이스를 통해 송신합니다. 그리고 리프 노드(Leaf Node)는 아니지만, 자신과 연결된 모든 다운스트림 이웃 노드로부터 Prune 메시지를 수신한 경우에도 역시 해당 멀티캐스트 스트림을 수신할 필요가 없으므로 Prune 메시지를 멀티캐스트 스트림의 입력 인터페이스에 연결된 이웃 노드에 전달합니다. 예를 들어 [그림 5-46]과 같이 구성된 멀티캐스트 네트워크에서 PIM-DM 프로토콜을 통해 멀티캐스트 스트림이 전달되고 있는 경우에 라우터 C는 앞서 설명한 바와 같이 라우터 A와 B에서 멀티캐스트 스트림 패킷을 입력으로 받아 RPF 체크 기능을 수행하고, 라우터 B에게 Prune 메시지를 전달합니다.

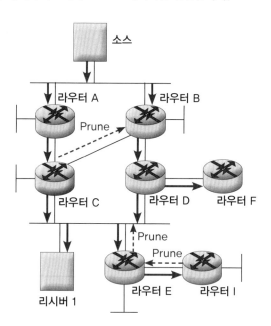

그림 5-46
PIM-DM Prune
절차 예

그리고 라우터 I는 리프 노드이면서 자신에게 접속된 모든 호스트가 해당 멀티캐스트 스트림을 수신하지 않으므로 Prune 메시지를 라우터 E로 전달합니다. 라우터 E는 리프 노드는 아니지만, 자신에게 직접 연결된 모든 다운스트림 이웃 노드에서 Prune 메시지를 수신한 상태이며, 자신의 호스트들 중에도 해당 멀티캐스트 스트림을 수신하는 호스트가 없으므로 라우터 C와 D를 향해 Prune 메시지를 전송합니다. 라우터 C와 라우터 D는 Prune 메시지를 수신했지만, 동일 LAN에 속한 Receiver 1이 계속 멀티캐스트 스트림을 수신하고 있으므로 라우터 E에서 송신한 Prune 메시지를 무시하고 계속 멀티캐스트 스트림을 해당 LAN 인터페이스로 전달합니다. 이 경우, 라우터 E는 매 3분마다 Prune 메시지를 계속 전송하고, 이는 계속 라우터 C와 라우터 D에서 무시됩니다.

지금까지는 간략하게 PIM-DM 프로토콜의 기본 동작 방식에 대해 설명했습니다. 지금부터는 PIM 프로토콜에서 필요로 하는 기본 동작에 대한 세부 규격에 대해 설명합니다. 지금부터 설명하는 각 세부 규격은 PIM-DM뿐 아니라 PIM-SM에서도 함께 사용됩니다.

우선 PIM 프로토콜에서 이웃 노드를 결정하기 위해 사용하는 PIM Hello 메시지에 대해 설명합니다. PIM Hello 메시지의 소스 IP 주소는 자신의 인터페이스 주소, 목적지 IP 주소는 ALL-PIM-Router 주소(IPv4에서는 224.0.0.13, IPv6에서는 FF02::D)로 채워 일정 주기(Hello Period: 기본값은 30초)마다 전송합니다. PIM Hello 메시지를 수신한 PIM 라우터는 PIM Hello 메시지에 포함된 소스 IP 주소와 입력 인터페이스 정보를 이웃 노드 정보에 추가해 관리합니다. 하지만 이웃 노드에 장애가 발생해 연결이 끊어지거나 네트워크 구성이 변경돼 이웃 노드가 네트워크에서 사라지는 경우가 발생할 수도 있습니다. 이처럼 네트워크 구성이 변경되는 경우에도 자동으로 반영하기 위해 PIM Hello 메시지에 Hold Time을 명시해 전송합니다. PIM 라우터는 이 기간 동안 새로운 PIM Hello 메시지를 수신하지 못하면 해당 이웃 노드가 네트워크에서 사라진 것으로 간주하고 해당 라우터의 정보를 이웃 노드 정보에서 삭제합니다. PIM Hello 메시지의 Hold Time은 일반적으로 PIM Hello Period의 3배인 90초를 사용하며, 운용자가 필요에 따라 명령어를 통해 변경할 수 있습니다.

또한 PIM Hello 메시지에는 DR(Designated Router) 프라이오리티(Priority) 정보를 실어 전달하는데, 이는 동일 인터페이스에 여러 PIM 라우터가 접속된 경우에 DR 라우터를 결정하기 위해 사용합니다. DR 라우터는 동일 인터페이스에 여러 PIM 라우터가 접속된 경우, 그중에서 하나의 PIM 라우터만 선택해 멀티캐스트 스트림을 전달하기 위해 이용합니다. [그림 5-46]의 라우터 A와 B와 같이 하나의 멀티캐스트 소스에서 입력된 멀티캐스트 스트림을 동일 LAN 인터페이스에 연결된 여러 멀티캐스트 라우터가 수신한 경우에 어떤 라우터가 해당 멀티캐스트 스트림을 전달할 것인지를 결정하기 위해 사용합니다. PIM-DM에서는 모든 라우터가 멀티캐스트 스트림을 전송하도록 동작하므로 DR 라우터가 별 의미가 없습니다. 하지만 PIM-SM 프로토콜에서는 이 경우에 반드시 하나의 라우터만 멀티캐스트 스트림을 망으로 전달하는 역할을 수행할 수 있으므로 DR 선출 과정이 중요합니다.

PIM 프로토콜에서는 PIM Hello 메시지에 DR 프라이오리티 값을 실어 전송하며, 각 라우터들은 입력 인터페이스에서 수신된 DR 프라이오리티 값을 기반으로 가장 높은 DR 프라이오리티 값을 갖는 라우터가 DR로 선출됩니다. 일반적으로 운용자가 별도로 설정하지 않는 경우, DR 프라이오리티 값은 '1'로 동작하며 운용자가 추가로 별도의 DR 프라이오리티 값을 설정하지 않아 동일 LAN 인터페이스에 접속된 모든 라우터의 DR 프라이오리티 값이 같은 경우에는 가장 높은 IP 주소를 갖는 라우터가 PIM DR이 됩니다. 간혹 DR 프라이오리티 옵션을 지원하지 않는 라우터가 존재하는 경우도 있으며, 동일 LAN 인터페이스에 접속된 PIM 라우터 중에서 하나라도 DR 프라이오리티 옵션 기능을 지원하지 않는 경우에는 IP 주소를 기반으로 PIM DR을 선택합니다.

앞서 설명한 PIM DR과 달리, 각자 다른 인터페이스를 통해 수신한 멀티캐스트 스트림을 동일한 LAN 인터페이스에 송신하고자 하는 경우가 발생할 수도 있습니다. [그림 5-47]의 예에서 보는 바와 같이 라우터 C와 D는 각자 다른 인터페이스를 통해 동일한 멀티캐스트 스트림을 수신했지만, Output 인터페이스가 동일한 LAN 인터페이스에 접속된 경우입니다. 이 경우에 라우터 E는 멀티캐스트 스트림을 이중으로 수신합니다. 이러한 문제를 해결하기 위해 PIM 프로토콜에서는 PIM Assert 방식을 사용합니다. 라우터 C와 D는 특정 멀티캐스트 스트림의 Output 인터페이스를 통해 동일한 멀티캐스트 스트림을 수신하면 이와 같은 상황이 발생했다는 것을 감지할 수 있습니다. 이러한 상황을 감지하면 해당 라우터들은 어떤 라우터가 계속 해당 멀티캐스트 스트림을 전송할지 결정하기 위해 PIM Assert 메시지를 송신합니다.

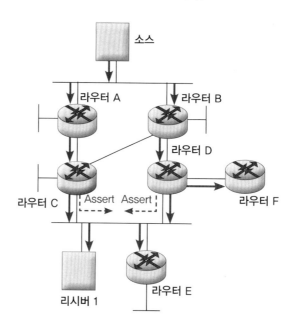

그림 5-47
PIM Assert 절차

PIM assert 메시지에는 해당 멀티캐스트 스트림 소스까지의 AD(Administrative Distance), 메트릭(Metric) 값 및 Assert 메시지를 전송하는 라우터의 인터페이스 IP 주소가 포함돼 있습니다. 이러한 정보는 기본적으로 멀티캐스트 소스까지 어떤 라우터가 더 가까이 있는지를 판단하기 위해 이용됩니다. 메트릭 값은 일반적으로 유니캐스트 라우팅 프로토콜에서 가장 효율적인 경로(route)를 선택하기 위해 사용하는 값입니다. 하지만 간혹 운용자가 assert winner를 강제로 변경하고자 하는 경우도 있습니다. 이런 경우, 운용자는 AD 값의 설정을 변경해 PIM Assert winner를 변경할 수 있습니다.

PIM Assert 메시지의 AD 값과 메트릭 값이 동일한 경우에는 IP 주소가 높은 라우터가 Assert winner가 돼 멀티캐스트 스트림을 계속 전송할 권한을 갖습니다.

PIM 프로토콜에서 사용하는 또 다른 특징으로 프룬 오버라이드(Prune Override) 기능이 있습니다. 이는 동일 LAN 인터페이스에 여러 라우터가 접속된 상태에서 하나의 라우터가 Prune 메시지를 통해 특정 멀티캐스트 그룹의 전송 중단을 요청한 경우에도 다른 라우터에서 계속 해당 멀티캐스트 스트림을 수신할 수 있으므로 즉시멀티캐스트 스트림의 송신을 중단하지 않고 일정 시간 Join 메시지를 기다리는 기능입니다. 일반적으로 PIM 프로토콜에서는 프룬 오버라이드 기능을 위해 3초 정도 기다립니다.

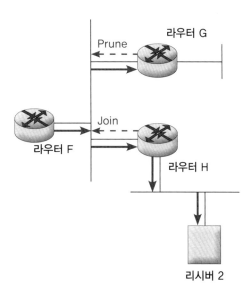

그림 5-48
PIM 프룬 오버라이드
동작

[그림 5-48]과 같이 라우터 F에서 LAN 인터페이스를 통해 특정 멀티캐스트 스트림을 송신하면 리시버(Receiver)가 연결되지 않은 라우터 G는 PIM Prune 메시지를 송신해 멀티캐스트 스트림의 송신 중단을 요청합니다. 라우터 F는 Prune 메시지를 수신한 후, 바로 멀티캐스트 스트림의 송신을 중단하지 않고 3초 정도 대기합니다. 자신이 접속된 LAN 인터페이스를 통해 PIM Prune 메시지를 수신한 라우터 H는 해당 멀티캐스트 스트림을 계속 수신하기 위해 PIM Join 메시지를 전달합니다. 라우터 F는 Prune 메시지를 수신한 후 3초 동안 대기하면서 다시 PIM Join 메시지를 수신하면 해당 멀티캐스트 스트림을 중단하지 않고 계속 전송합니다.

프룬 오버라이드 기능을 위해 PIM 프로토콜에서는 Prune 메시지를 수신한 후 Prune 지연 시간이 3초 정도 발생하며, 이로 인해 멀티캐스트 스트림이 Prune을 요청한 후에도 계속 해당 인터페이스의 대역폭을 차지하게 되므로 네트워크를 설계할 때는 이 부분을 고려해야 합니다.

02 PIM-SM

PIM-SM(Protocol Independent Multicast-Sparse Mode) 프로토콜은 모든 PIM 이웃 노드에게 주기적으로 멀티캐스트 스트림을 전달하는 PIM-DM 프로토콜과 달리, 멀티캐스트 패킷을 요청한 노드에게만 전달하는 방식으로 동작합니다. 멀티캐스트 패킷의 요청은 PIM Join 메시지를 사용해 이뤄지는데, 최초에 IGMP 또는 MLD 프로토콜을 통해 호스트로부터 멀티캐스트 패킷에 대한 요청을 수신한 노드는 요청받은 멀티캐스트 패킷의 소스 주소를 알지 못하므로 어떤 이웃 노드에게 PIM Join 메시지를 전달해야 할지 알 수 없습니다. 이를 위해 PIM-SM 프로토콜에서는 RP 노드를 이용합니다. PIM-SM에서 멀티캐스트 패킷을 수신하고자 하는 모든 노드는 RP 노드를 향해 Hop-by-Hop 방식으로 멀티캐스트 패킷의 전송을 요청합니다. 또한 멀티캐스트 소스가 연결된 노드는 RP에게 멀티캐스트 패킷을 직접 전달합니다. 따라서 멀티캐스트 네트워크를 구성하는 모든 노드는 RP Node의 주소만 알고 있으면 RP Node를 통해 필요한 멀티캐스트 패킷을 수신할 수 있습니다.

PIM-SM 프로토콜에서는 RP가 루트 노드인 Shared Tree(RP 트리 또는 RPT라고도 함)와 소스가 루트 노드인 Shortest Path Tree(SPT 또는 소스 트리라고도 함)가 존재하며, 두 가지 트리의 특성에 대해 설명합니다.

▶ PIM-SM Shared Tree

PIM-SM 프로토콜에서 Shared Tree는 RP를 루트 노드로 하는 트리로, 멀티캐스트 패킷을 수신하고자 하는 호스트가 접속된 last-Hop 라우터가 특정 멀티캐스트 그룹을 수신하기 위해 사용하는 트리입니다. last-Hop 라우터는 RP에게 해당 멀티캐스트 그룹의 송신을 요청하기 위해 Shared Tree(RPT)에 있는 이웃 노드로 PIM Join 메시지를 송신합니다.

[그림 5-49]의 예제를 통해 Shared Tree를 통한 PIM Join 메시지의 전달 과정을 알아보겠습니다.

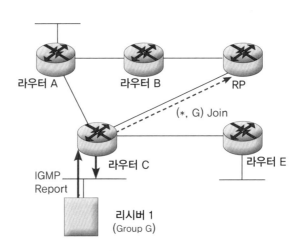

그림 5-49
Shared Tree 조인
절차: Receiver의
조인 요청을 RP에
전달

우선 리시버 1이 특정 멀티캐스트 패킷을 수신하기 위해 멀티캐스트 그룹(G)에 대해 IGMP Join 또는 MLD Report 메시지를 통해 자신이 접속된 라우터인 라우터 C에 요청합니다. 라우터 C는 리시버 1이 Multicast Group(G)을 처음으로 요청했으므로 자신의 멀티캐스트 라우팅 테이블에 (*, G) 항목을 생성합니다. (*, G) 항목은 소스와 상관없이 멀티캐스트 그룹(G)에 대한 상태 정보를 관리합니다. 즉, 어떤 소스에서 입력된 멀티캐스트 패킷인지와는 관계없이 목적지 주소가 해당 멀티캐스트 그룹(G)인 패킷들에 대한 입력 인터페이스와 출력 인터페이스를 관리합니다. 이는 리시버 1에서 수신한 멀티캐스트 그룹 요청에 소스 정보가 포함되지 않았으며, 네트워크 내에서 해당 멀티캐스트 그룹(G)에 대한 소스가 누구인지도 모르는 상태이기 때문입니다.

라우터 C에서는 이처럼 (*, G) State 항목을 생성한 후에 출력 인터페이스 list에 IGMP Report 또는 MLD Report 메시지를 수신한 이더넷 인터페이스를 추가합니다. 즉, 해당 멀티캐스트 그룹(G)에 속한 패킷을 수신하면 출력 인터페이스 리스트에 설정돼 있는 모든 인터페이스로 전달하는 기능을 수행합니다. 이때 라우터 C가 Shared Tree에 PIM Join을 수행하기 위해서는 (*, G) Join 메시지를 RP 노드가 있는 방향으로 전달해야 합니다. 이를 위해 PIM 프로토콜에서는 유니캐스트 라우팅 정보를 활용합니다. 이때 활용하는 유니캐스트 라우팅 정보는 운용자가 직접 설정한 스태틱 라우트(Static Route) 정보일 수 있으며, BGP 또는 OSPF와 같은 동적 라우팅 프로토콜에서 수집된 유니캐스트 라우팅 정보일 수도 있습니다. PIM에서는 어떤 유니캐스트 라우팅 프로토콜을 통해 수집된 정보인지 상관하지 않고 해당 라우터 내에 설정돼 있는 유니캐스트 라우팅 정보만을 활용해 RP 주소를 향한 Next-Hop 주소를 찾습니다. 이러한 특성으로 인해 PIM(Protocol Independent Multicast) 프로토콜이라는 이름이 사용됩니다.

[그림 5-49]의 라우터 C에서는 RP 노드가 바로 연결돼 있으므로 RP를 향해 PIM (*, G) Join 메시지를 전달합니다. RP 노드가 PIM (*, G) Join 메시지를 수신하면, 역시 동일하게 (*, G) 항목을 생성하고 라우터 C로의 링크를 출력 인터페이스 리스트에 추가합니다. 이러한 과정을 거쳐 RP와 라우터 C 사이에 멀티캐스트 그룹(G)에 대한 Shared Tree가 생성됩니다.

이 상태에서 RP 노드로 멀티캐스트 그룹(G)에 대한 트래픽이 입력되면 Shared Tree에 속한 노드들을 통해 리시버 1까지 해당 멀티캐스트 트래픽이 전달됩니다.

[그림 5-50]은 이미 생성돼 있는 Shared Tree에 PIM(*, G) Join을 통해 추가로 Shared Tree를 생성하는 경우에 대한 예를 나타낸 것입니다.

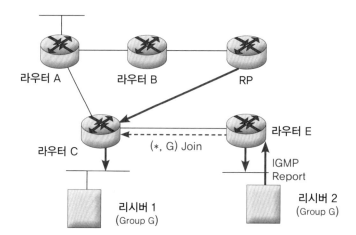

그림 5-50
Shared Tree Join
절차: 기존 Shared
Tree에 PIM Join을
추가하는 경우

라우터 A

라우터 B

RP

라우터 C

라우터 E

(∗, G) Join

IGMP
Report

리시버 1
(Group G)

리시버 2
(Group G)

RP 노드에서 라우터 C까지 이미 Shared Tree가 생성돼 있는 상태에서 라우터 E에 연결된 리시버 2가 동일한 멀티캐스트 그룹(G)을 수신하고자 하는 상황이 되면, 리시버 2는 라우터 E에게 IGMP Report 또는 MLD Report 메시지를 통해 멀티캐스트 그룹(G)에 대한 Join을 요청합니다. 라우터 E에서는 이러한 요청을 수신한 후, RP 노드에 대한 IP 주소와 라우터 E에 설정돼 있는 유니캐스트 라우팅 정보를 바탕으로 RP 노드를 향한 Next-Hop인 라우터 C에게 PIM(∗,G) Join 메시지를 전달합니다. 이와 함께 라우터 E에서는 (∗,G) 항목의 출력 인터페이스 리스트에 리시버 2가 접속된 링크를 추가합니다.

라우터 C는 이미 (∗,G) State 항목이 존재하므로 기존 (∗,G) 항목의 출력 인터페이스에 라우터 E가 연결된 링크를 추가하는 것만으로 PIM(∗,G) Join에 대한 요청을 마무리합니다.

[그림 5-51]은 이러한 과정을 거쳐 생성된 최종 Shared Tree의 모습과 이를 통해 멀티캐스트 그룹(G)의 패킷이 전달되는 모습을 보여줍니다.

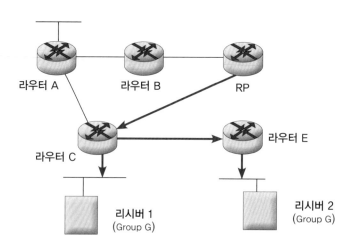

그림 5-51
Shared Tree Join
절차: 최종적으로
생성된 Shared Tree

라우터 A

라우터 B

RP

라우터 C

라우터 E

리시버 1
(Group G)

리시버 2
(Group G)

PIM-SM은 멀티캐스트 트래픽을 전달하는 Tree를 구성하기 위해 Join/Prune 메시지를 명시적으로 요청하는 방식으로 동작합니다. 따라서 더 이상 멀티캐스트 트래픽의 수신을 원하지 않을 경우에는 이미 구성돼 있는 Tree를 수정하기 위해 PIM Prune 메시지를 이용합니다.

[그림 5-51]과 같이 생성된 Shared Tree에서 리시버 2가 더 이상 멀티캐스트 그룹(G)을 수신하길 원하지 않는 경우에 PIM Prune이 진행되는 과정을 설명합니다.

[그림 5-52]의 예에서 리시버 2는 더 이상 멀티캐스트 그룹(G)의 트래픽이 필요 없으므로 IGMP Leave 또는 MLD Done 메시지를 라우터 E에 송신합니다. 리시버 2는 라우터 E의 이더넷 인터페이스에서 멀티캐스트 그룹(G)에 조인돼 있던 유일한 호스트이므로 (*, G) State 항목의 출력 인터페이스 리스트에서 해당 이더넷 인터페이스를 삭제합니다. 이때 (*, G) State 항목의 출력 인터페이스 리스트가 Null 상태가 되며, 라우터 E에서는 더 이상 해당 멀티캐스트 그룹(G)이 필요 없는 상태가 됩니다. 따라서 라우터 E는 RP를 향해 PIM(*, G) Prune 메시지를 송신하며, 이는 Shared Tree의 이웃 노드인 라우터 C로 전달됩니다.

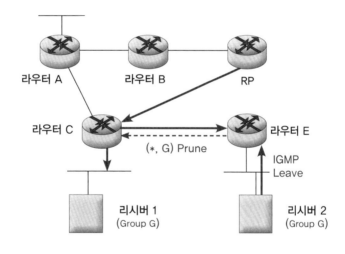

그림 5-52
Shared Tree Prune
절차

라우터 C에서는 PIM(*, G) Prune 메시지를 전달받아 라우터 E와 연결된 링크를 (*, G) 항목의 출력 인터페이스 리스트에서 삭제합니다. 하지만 라우터 C는 해당 멀티캐스트 그룹(G)에 Join 돼 있는 호스트를 갖고 있으며, 라우터 C의 (*, G) 항목의 출력 인터페이스 리스트는 Null이 아닙니다. 따라서 라우터 C는 Shared Tree에 여전히 남아 있으며 PIM(*, G) Prune 메시지를 RP를 향해 전달하지 않습니다. [그림 5-53]은 이러한 과정을 통해 최종적으로 생성된 Shared Tree 구조를 나타낸 것입니다.

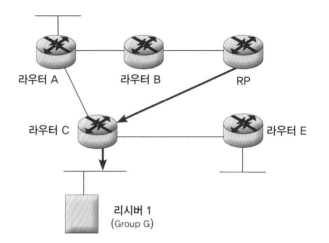

그림 5-53
리시버 2가 Leave
한 후의 최종 Shared
Tree 구조

라우터 A 　 라우터 B 　 RP

라우터 C 　 라우터 E

리시버 1
(Group G)

▶ PIM-SM Shortest Path Tree

PIM-SM 프로토콜에서는 Shared Tree를 구성하기 위해 명시적인 PIM Join/Prune 메시지를 사용한 것처럼 루트 노드가 소스인 Shortest Path Tree(SPT)를 구성하기 위해 SPT에 직접 Join/Prune할 수 있습니다.

SPT를 사용하면 멀티캐스트 트래픽이 RP를 통해 전달되지 않고 직접 리시버에 전달되므로 네트워크 지연(Network Latency)을 줄일 수 있습니다. 예를 들어 [그림 5-53]의 라우터 A에 연결된 멀티캐스트 소스의 경우, RP 노드를 거치지 않고 직접 라우터 A에서 C로 멀티캐스트 패킷을 전달하면 훨씬 빠르게 전달할 수 있습니다.

이처럼 Shortest Path Tree를 이용하는 것이 훨씬 더 효율적인데, PIM-SM 프로토콜에서는 왜 Shared-Tree를 사용할까요? 이 질문에 대한 답은 단순합니다. 처음의 조인 요청을 받은 라우터는 멀티캐스트의 소스가 누구인지 모르기 때문입니다. 즉 최초에 IGMP Report 메시지 또는 MLD Report 메시지를 수신할 때 멀티캐스트 그룹(G)에 대한 정보만을 갖고 있으며, 이로 인해 망 내에서 어떤 소스가 해당 멀티캐스트 그룹(G)을 송신하고 있는지 알 수 없기 때문에 단순히 RP의 주소만을 이용해 Shared Tree에 Join하는 과정을 실행합니다.

하지만 일단 Shared Tree에 Join하는 과정이 완료돼 소스에서 전달된 멀티캐스트 트래픽이 수신되기 시작하면 수신된 멀티캐스트 트래픽에서 해당 멀티캐스트 그룹에 대한 Source의 IP 주소를 추출할 수 있습니다. 따라서 멀티캐스트 트래픽이 수신되면 Shortest Path Tree에 조인할 수 있게 됩니다. 운용자는 설정을 통해 멀티캐스트 트래픽이 수신된 후에 Shortest Path Tree로 전환할지, 계속 Shared Tree를 통해 해당 멀티캐스트 트래픽을 수신할지를 선택할 수 있습니다. Shared Tree에 조인된 상태에서 Shortest Path Tree로 전환하는 과정은 뒤에서 추가로 설명하기로 하고, 여기서는 Shortest Path Tree에 대한 Join/Prune 절차에 대해 설명합니다.

[그림 5-54]는 라우터 E에서 멀티캐스트 그룹(G)에 대한 멀티캐스트 트래픽을 수신한 후, 해당 멀티캐스트 트래픽에 대한 소스가 S1인 것을 알고 있는 상태에서 Shortest Path Tree에 조인하는 과정을 나타낸 것입니다.

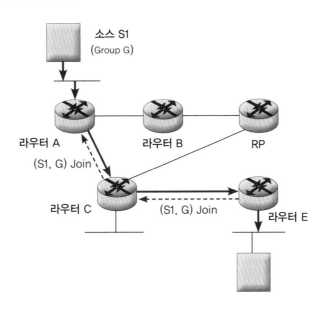

그림 5-54
Shortest Path Tree
의 Join 절차

우선 라우터 E는 소스 S1을 루트 노드로 하는 Shortest Path Tree에 조인하기 위해 자신의 유니캐스트 라우팅 테이블을 참조해 S1에 대한 Next-Hop 인터페이스를 찾습니다. 이렇게 찾은 Next-Hop 인터페이스에 있는 PIM 이웃 노드로 PIM (S1, G) Join 메시지를 전달합니다. (S1, G) Join 메시지는 (*, G) Join 메시지와 달리, 반드시 S1이 소스인 멀티캐스트 그룹(G)에 대한 트래픽만을 전달해줄 것을 요청합니다.

라우터 C는 라우터 E로부터 (S1, G) Join 메시지를 수신한 후, (S1, G) 항목을 멀티캐스트 포워딩 테이블(Forwarding Table)에 추가하고 라우터 E와 연결된 링크를 (S1, G) 항목의 출력 인터페이스 리스트에 추가합니다. 라우터 C는 새롭게 (S1, G) 항목을 추가했으므로 자신도 (S1, G) Join 메시지를 S1으로 향하는 이웃 노드인 라우터 A로 전달합니다.

라우터 A는 PIM (S1, G) Join 메시지를 수신해 라우터 C와 연결된 링크를 자신의 (S1, G) 항목의 출력 Interface list에 추가합니다. 또한 라우터 A는 소스 S1과 직접 연결돼 있는 First-Hop 라우터이므로 소스에서 입력된 멀티캐스트 패킷을 수신한 후 (S1, G)에 대한 엔트리를 미리 생성해둔 상태입니다. 따라서 라우터 A로 입력된 소스 S1의 멀티캐스트 트래픽은 라우터 A를 거쳐 라우터 E까지 전달됩니다.

Shortest Path Tree에서의 PIM (S, G) 프룬 절차는 Shared Tree에서 (*, G) 프룬 절차와 동일한 방식으로 진행됩니다. [그림 5-55]와 같이 라우터 E에 연결돼 있던 리시버 1이 더 이상 존재하지 않으면 라우터 E는 PIM (S1, G) Prune 메시지를 소스 S1 방향인 라우터 C로 전달합니다.

라우터 C는 라우터 E에서 (S1, G) 프룬 메시지를 수신하면 (S1, G) 항목의 출력 인터페이스 리스트에서 라우터 E와 연결된 링크를 삭제합니다. 이를 통해 라우터 C의 (S1, G) 항목의 출력 인터페이스리스트는 Null됩니다.

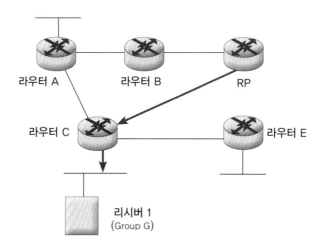

그림 5-55
Shortest Path Tree
의 프룬 절차

라우터 C의 (S1, G) 항목의 출력 인터페이스 리스트가 Null이므로 라우터 C는 (S1, G) 항목을 유지할 필요성이 없어집니다. 따라서 라우터 C에서는 자신의 (S1, G) 항목을 삭제하고 PIM (S1, G) Prune 메시지를 소스 S1 방향인 라우터 A로 전달합니다.

라우터 A는 (S1, G) 프룬 메시지를 수신한 후, 자신의 (S1, G) 항목의 출력 인터페이스에서 라우터 C와 연결된 링크를 삭제합니다. 하지만 라우터 A는 소스 S1에 직접 연결돼 계속 멀티캐스트 그룹(G)에 대한 트래픽을 수신하고 있는 상태이므로 더 이상의 동작 없이 절차를 마무리합니다.

이처럼 PIM-SM에서는 명시적으로 PIM Join/Prune 메시지를 전송해 Shared Tree와 Shortest Path Tree를 구성하고, 이를 통해 멀티캐스트 트래픽을 전달합니다. 그리고 지금까지는 PIM-SM 프로토콜에서 Shared Tree를 구성해 RP에서 멀티캐스트 트래픽을 전달받는 과정과 Shared Tree를 통해 트래픽을 전달받은 이후에 소스의 IP 주소를 알고 있는 상태에서 Shortest Path Tree를 구성하는 방법에 대해 설명했습니다. 그렇다면 PIM-SM 프로토콜에서 멀티캐스트 소스에서 입력된 멀티캐스트 트래픽을 어떻게 RP까지 전달할까요? 이제부터는 PIM-SM 프로토콜에서 멀티캐스트 소스에서 입력된 멀티캐스트 트래픽을 RP까지 전달하는 과정에 대해 설명하겠습니다.

▶ PIM 소스 등록

PIM-SM 프로토콜에서는 멀티캐스트 소스에서 입력된 멀티캐스트 트래픽을 RP로 전달해야만 Shared Tree를 통해 멀티캐스트 트래픽을 전달할 수 있습니다. RP에서 멀티캐스트 트래픽을 전달받기 위해서는 RP에서 소스가 루트인 Shortest Path Tree에 조인해야 합니다. RP가 Shortest Path Tree에 조인하기 위해서는 멀티캐스트 트래픽 소스의 IP 주소를 알아야 합니다.

PIM-SM 프로토콜에서는 PIM Register 메시지와 PIM Register-Stop 메시지를 이용해 소스 측에서 RP에게 멀티캐스트 소스가 있다는 것을 알리는 기능을 수행합니다.

PIM-SM 프로토콜에서 리시버들은 멀티캐스트 소스가 없는 경우에도 Shared Tree에 조인할 수 있으며, 후에 멀티캐스트 소스가 활성화되면 RP가 Shortest Path Tree에 조인해 소스에서 전달되는 멀티캐스트 트래픽을 Shared Tree를 통해 전달받을 수 있습니다.

이와 반대로 리시버가 없는 상태에서 소스가 먼저 활성화된 경우에 소스 측에서 먼저 RP에 등록할 수 있습니다. 이 경우에는 뒤에 리시버가 해당 멀티캐스트 그룹에 조인하면 RP에서 해당 멀티캐스트 그룹에 대한 모든 소스에 대해 Shortest Path Tree에 조인해 멀티캐스트 트래픽을 리시버에게 전달합니다.

PIM-SM 프로토콜에서 소스와 직접 연결된 DR(Designated Router)[178]에서는 멀티캐스트 소스에서 입력되는 멀티캐스트 패킷을 수신한 후, 소스의 IP 주소가 자신에게 접속된 IP 대역인 것을 확인합니다. 이를 통해 멀티캐스트 소스가 직접 연결된 것을 판단할 수 있습니다. 이 경우, DR에서는 PIM Register 메시지를 RP로 전달해 멀티캐스트 소스가 특정 멀티캐스트 그룹(G)을 송신하고 있음을 알려줍니다. 이와 동시에 소스의 IP 주소를 RP에게 알려줘 RP가 Shortest Path Tree에 Join할 수 있도록 하는 역할을 수행합니다.

이 부분에서 DR에 대해 다시 한번 간략히 설명하겠습니다. 멀티캐스트 소스가 라우터에 직접 연결된 것이 아니라 이더넷 망과 같은 멀티-액세스 네트워크를 통해 여러 개의 라우터와 함께 연결된 경우가 있다고 가정합니다. 이 경우, 멀티캐스트 소스에서 입력된 트래픽을 여러 라우터가 함께 수신하고, 이 라우터가 모두 RP를 통해 멀티캐스트 네트워크에 트래픽을 전달하면 동일한 멀티캐스트 트래픽 여러 개가 리시버들에게 전달되는 문제가 발생합니다. 따라서 멀티캐스트 소스와 연결된 여러 개의 라우터 중에서 하나의 멀티캐스트 라우터만을 선출해 멀티캐스트 트래픽을 망으로 전달할 수 있는 권한을 할당합니다. 이처럼 멀티캐스트 트래픽을 망으로 전달할 권한을 갖는 라우터를 DR(Designated Router)이라고 합니다.

멀티캐스트 소스에서 멀티캐스트 트래픽을 전송하면 이와 직접 연결된 DR에서는 멀티캐스트 패킷을 수신해 (S1, G) 항목을 생성합니다. 그런 다음, 멀티캐스트 패킷을 인캡슐레이션(Encapsulation)해 RP의 유니캐스트 IP 주소를 목적지로 해 전달합니다. 여기서 주의할 점은 다른 PIM-SM 프로토콜의 메시지들과 달리 PIM Register 메시지와 PIM Register-Stop 메시지는 RP와 DR 간에 유니캐스트로 전달한다는 것입니다. 이는 소스 측 DR과 RP 사이에 Shortest Path Tree가 아직 생성돼 있지 않아 멀티캐스트 트래픽을 RP까지 전달할 방법이 없기 때문입니다.

RP에서는 PIM Register 메시지를 수신한 후 PIM Register 메시지에 포함돼 있는 멀티캐스트 패킷을 디캡슐레이션합니다. 이렇게 얻어진 멀티캐스트 패킷의 그룹 주소에 대한 리시

178 PIM DR에 대해서는 Lesson 3.1 PIM-DM의 마지막 부분에서 설명했습니다.

버가 존재하는 경우(즉, Shared Tree가 미리 구성돼 있는 경우)에는 디캡슐레이션된 패킷을 Shared Tree를 통해 리시버에게 전달합니다. 그리고 디캡슐레이션된 패킷에서 해당 멀티캐스트 그룹(G)에 대한 소스 주소를 확인해 소스가 루트인 Shortest Path Tree에 Join하는 과정을 수행합니다. 이렇게 Shortest Path Tree에 Join을 진행하는 동안에는 계속 PIM Register 메시지에 포함돼 있는 멀티캐스트 트래픽을 디캡슐레이션해 리시버에게 전달하는 기능도 지속적으로 수행합니다.[179]

RP에서는 다음과 같은 조건에서 First-Hop DR에게 (S1,G) PIM Register 메시지의 송신을 중단하도록 요청합니다.

- RP가 Shortest Path Tree를 통해 소스 S1에서 멀티캐스트 트래픽을 직접 수신하는 경우
- RP에 해당 Multicast Group(G)에 대한 Shared Tree가 없는 경우, 즉 리시버가 존재하지 않아 더 이상 멀티캐스트 트래픽의 수신이 불필요한 경우

RP에서 Source S1과 연결된 First-Hop DR에게 PIM Register 메시지의 송신을 중단하도록 PIM Register-Stop 메시지를 송신하고, First-Hop DR이 PIM Register-Stop 메시지를 수신하면 앞서 기술한 두 가지 조건 중 한 가지에 해당하는 상황이라는 것을 알 수 있으며, 어떤 경우이든 First-Hop DR은 PIM Register 메시지의 송신을 중단합니다.

하지만 리시버가 없어서 PIM Register 메시지의 송신을 중단한 상태에서는 언제 리시버로부터 해당 멀티캐스트 그룹에 대한 조인을 요청받을지 알 수 없으며, 그 시간 동안 소스의 IP 주소가 변경될 수도 있습니다. 따라서 PIM Register-Stop 메시지를 수신한 후, 영원히 PIM Register 메시지의 전송을 중단한 상태라면 RP에서 다시 해당 멀티캐스트 그룹에 대해 Shortest Path Tree에 조인해야 할 시점에 소스의 IP 주소를 알 수 없으므로 Shortest Path Tree에 조인하지 못하는 문제가 발생할 수 있습니다.

이를 위해 First-Hop DR에서는 PIM Register-Stop 메시지를 수신한 후, 주기적으로 PIM Register 메시지를 송신하고, RP에서는 이를 수신한 후 소스에서 입력되는 멀티캐스트 트래픽이 불필요한 경우에는 PIM Register Stop 메시지를 응답하고 그렇지 않은 경우에는 PIM Register-Stop 메시지를 보내지 않습니다. First-Hop DR에서는 PIM Register 메시지를 보낸 후 일정 시간이 지난 후에도 PIM Register-Stop 메시지가 도착하지 않으면 다시 PIM Register 메시지를 계속 전달합니다.

일반적으로 PIM Register Stop 메시지를 받은 상태에서 일정 시간이 경과한 후에 다시 보내는 PIM Register 메시지에는 멀티캐스트 트래픽을 인캡슐레이션하지 않고 멀티캐스트 트래픽의 소스 주소만 포함하는 Null Register 메시지를 전송합니다. 그리고 이러한 Null

---

179 간혹, PIM Register 메시지에 멀티캐스트 트래픽을 인캡슐레이션해 RP로 전달하고, RP에서 디캡슐레이션해 이를 Shared Tree로 전달하는 것에 너무 CPU 부하가 많이 필요하다고 판단해 제조사에 따라 PIM Register 메시지에 Source IP 주소와 멀티캐스트 그룹 주소만을 포함해 보내는 경우가 있습니다. 이 경우에는 RP가 Shortest Path Tree에 Join하는 과정을 완료한 후에 리시버에 멀티캐스트 패킷을 전달할 수 있습니다.

Register 메시지에 대한 Register Stop 메시지 응답이 없으면 다시 PIM Register 메시지를 계속 전달하는데, 이때는 PIM Register 메시지에 멀티캐스트 트래픽을 인캡슐레이션해 RP로 전달합니다.

[그림 5-56]은 PIM Register 메시지의 전달 과정을 보여줍니다.

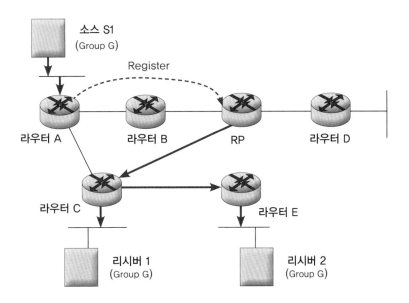

그림 5-56
PIM Register 메시지
의 전달 과정

[그림5-56]의 예에서는 RP에서 리시버까지의 Shared Tree가 이미 구성돼 있는 상태에서 소스 S1이 멀티캐스트 그룹(G)에 대한 트래픽의 전송을 시작하는 경우에 대해 알아보겠습니다.

라우터 A는 소스 S1에서 송신한 멀티캐스트 트래픽을 수신한 후, 소스 IP 주소를 확인해 자신이 First-Hop 라우터라는 것을 인식합니다. 라우터 A에서는 (S1, G) 항목을 생성해 출력 인터페이스를 Null로 채웁니다. 그리고 수신한 멀티캐스트 패킷을 PIM Register 메시지에 인캡슐레이션해 RP에 유니캐스트로 전달합니다. RP는 수신된 PIM Register 메시지를 디캡슐레이션한 후 Shared Tree를 통해 멀티캐스트 패킷을 전달합니다.

[그림 5-57]은 RP에서 PIM Register 메시지를 수신해 멀티캐스트 소스의 IP 주소를 인식한 후, 멀티캐스트 소스로부터 직접 멀티캐스트 트래픽을 수신하기 위해 소스와 연결된 First-Hop DR에 PIM Join 메시지를 전달해 Shortest Path Tree에 Join하는 과정을 보여줍니다.

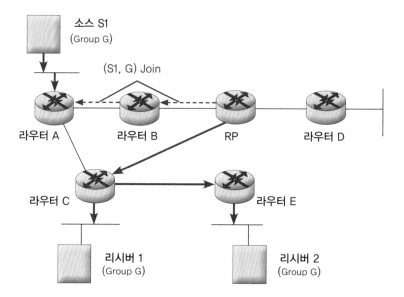

그림 5-57
PIM Register 메
시지를 수신한 후
Shortest Path Tree
에 조인

RP에서 송신한 PIM Join 메시지는 First-Hop DR까지 Hop-by-Hop으로 전달되며, First-Hop DR과 RP 사이의 라우터들은 PIM Join 메시지에 포함돼 있는 소스의 IP 주소인 S1을 이용해 First-Hop DR까지 PIM Join 메시지를 전달합니다. 이와 같은 과정을 거쳐 First-Hop 라우터와 RP 사이에 Shortest Path Tree가 형성됩니다.

[그림 5-58]은 RP에서 송신한 PIM Join 메시지가 First-Hop DR인 라우터 A까지 전달돼 Shortest Path Tree가 생성된 후, 멀티캐스트 트래픽이 Shortest Path Tree를 통해 RP까지 전달되는 모습을 보여줍니다.

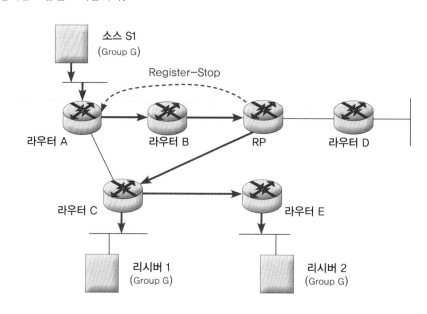

그림 5-58
Shortest Path Tree
를 통해 Traffic 수
신 후 PIM Register-
Stop 메시지 전달

RP에서 멀티캐스트 트래픽을 Shortest Path Tree를 통해 직접 수신하면 더 이상 멀티캐스트 트래픽을 Receiver에 전달하기 위해 PIM Register 메시지에 포함돼 있는 멀티캐스트 패킷을 디캡슐레이션할 필요가 없습니다. 따라서 RP에서는 First-Hop DR에게 PIM Register 메시지의 송신 중단을 요청하는 PIM Register-Stop 메시지를 유니캐스트로 전달합니다. First-Hop DR은 PIM Register-Stop 메시지를 수신한 후, PIM Register 메시지의 송신을 중단함으로써 PIM Registration 절차를 마칩니다.

[그림 5-59]는 소스 S1이 멀티캐스트 그룹(G)에 대한 트래픽을 송신하고 있는 상태에서 또 다른 소스 S2가 동일한 멀티캐스트 그룹(G)에 대한 트래픽을 송신하는 경우의 모습을 나타낸 것입니다.

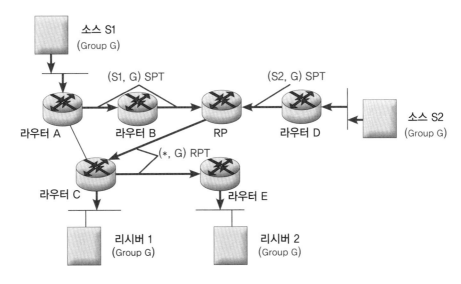

그림 5-59
소스 S2에서 동일한
멀티캐스트 그룹(G)
을 송신하는 경우

소스 S2에서는 소스 S1과 동일한 PIM Registration 절차를 통해 RP에서 소스 S2까지의 Shortest Path Tree에 조인하고 소스 S2에서 송신한 멀티캐스트 트래픽 (S2, G)이 RP까지 전달됩니다. RP에서는 (S1, G)와 (S2, G)의 Shortest Path Tree에 모두 조인한 상태를 유지하며 두 가지의 트래픽은 모두 (*, G) Shared Tree를 통해 리시버에게 전달됩니다.

▶ SPT 스위치오버

PIM-SM 프로토콜에서 리시버가 연결된 last-Hop DR[180]은 Shared Tree에서 Shortest Path Tree로 변경할 수 있습니다. 'Shortest Path Tree'에서 설명했던 것처럼 멀티캐스트 트래픽이 입력되기 이전까지는 소스의 IP 주소를 알 수 없으므로 last-Hop DR은 RP까지의 Shared Tree에 Join해야 합니다. 이후 Shared Tree를 통해 멀티캐스트 트래픽을 수신한 last-Hop DR에서는 수신된 멀티캐스트 패킷에서 해당 멀티캐스트 트래픽에 대한 소스 IP 주소를 추

---

180 last-Hop DR은 리시버가 직접 연결된 멀티캐스트 라우터를 의미하며, 멀티액세스 네트워크를 통해 여러 라우터가 함께 리시버와 연결된 경우에는 DR 선출 과정을 거쳐 PIM Join 메시지를 RP 또는 Source 측으로 전달할 수 있는 권한을 갖는 라우터를 의미합니다.

출할 수 있습니다. 이렇게 멀티캐스트 그룹의 소스의 IP 주소를 파악한 후에는 효율성을 위해 Shortest Path Tree에 조인해 Shortest Path Tree를 통해 멀티캐스트 트래픽을 수신할 수 있습니다. 이처럼 Shared Tree를 통해 RP에서 멀티캐스트 트래픽을 전달받는 상태에서 Shortest Path Tree를 통해 멀티캐스트 트래픽을 전달받도록 전환하는 과정이 Shortest Path Tree Switchover이며, 줄여서 SPT 스위치오버(Swichover)라고도 합니다. 이번에는 SPT 스위치오버 절차에 대해 설명하겠습니다.

[그림 5-60]은 Shortest Path Tree로 스위치오버하는 초기 과정을 나타낸 것입니다.

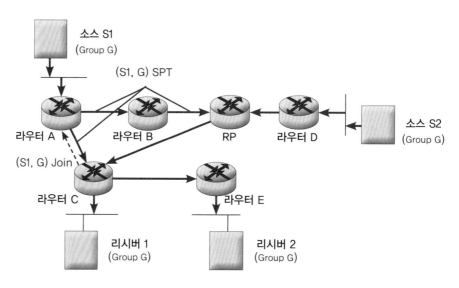

그림 5-60
(S1, G) Multicast
Traffic을 수신한 후
(S1, G) Join 메시지를
Source 측으로 전송

라우터 C는 Shared Tree를 통해 (S1, G) 트래픽을 수신한 후 수신된 트래픽에서 소스 IP 주소인 S1을 추출합니다. 이렇게 얻어진 S1 주소와 라우터 C에 설정돼 있는 유니캐스트 라우팅 테이블을 활용해 소스 S1을 향해 PIM (S1, G) Join 메시지를 라우터 A로 전달합니다.

라우터 A는 First-Hop 라우터이므로 이미 (S1, G) 엔트리가 생성돼 있는 상태이며 (S1, G) Join 메시지를 수신한 후 (S1, G) 엔트리의 출력 인터페이스 리스트에 (S1, G) Join 메시지를 수신한 인터페이스를 추가합니다. 이러한 과정을 통해 라우터 A에서 라우터 C까지의 Shortest Path Tree가 생성되고 (S1, G) 트래픽이 라우터 C로 직접 전달됩니다.

하지만 이 경우에 라우터 C에서는 Shortest Path Tree를 통해 (S1, G) 트래픽을 수신하고 동시에 Shared Tree를 통해 RP에서도 동일한 트래픽을 수신해 중복된 (S1, G) 트래픽을 전달받습니다. 따라서 라우터 C에서는 Shortest Path Tree를 통해 (S1, G) 트래픽을 수신하면 RP에 (S1, G) 트래픽을 전달하지 않도록 요청해야 합니다.

[그림 5-61]은 라우터 C가 Shortest Path Tree에서 (S1, G) 트래픽을 수신한 후 RP에 (S1, G) Prune 메시지를 전달하는 과정을 나타낸 것입니다.

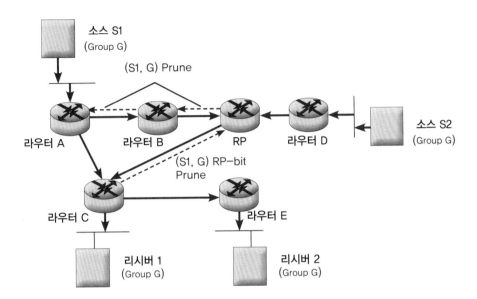

그림 5-61
Shared Tree에서 (S1,
G) Prune 절차

라우터 C는 Shortest Path Tree에서 (S1, G) 트래픽을 수신한 후, RP에 (S1, G) 트래픽의 전송을 중단하도록 (S1, G) Prune 메시지를 전달합니다. 이때 전달하는 (S1, G) Prune 메시지는 RP에게 (*, G) Shared Tree에서 소스 S1에 대한 트래픽만을 프룬하도록 요청합니다. 이를 위해 라우터 C는 송신하는 (S1, G) Prune 메시지의 RP 플래그를 set해 전송합니다. 이와 같은 Prune 메시지를 (S1, G) RP-bit Prune 메시지라고 합니다.

RP는 (S1, G) RP-bit Prune 메시지를 수신한 후 (S1, G) 엔트리의 출력 인터페이스 리스트에서 프룬 메시지를 수신한 인터페이스를 삭제합니다. 이때 RP의 (S1, G) 엔트리의 출력 인터페이스 리스트가 Null되고 RP에서는 더 이상 (S1, G) 트래픽의 수신이 불필요한 상황됩니다. 따라서 RP는 (S1, G) 프룬을 Shortest Path Tree를 통해 소스 S1에게 전달합니다.

[그림 5-62]는 최종적으로 RP가 (S1, G) Shortest Path Tree에서 프룬한 후의 상태를 보여줍니다.

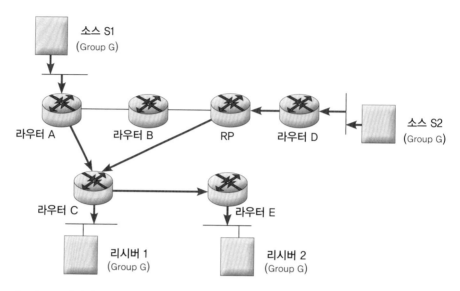

그림 5-62
(S1, G) SPT에서 RP
프룬 후의 최종 상태

소스 S1
(Group G)

라우터 A

라우터 B

RP

라우터 D

소스 S2
(Group G)

라우터 C

라우터 E

리시버 1
(Group G)

리시버 2
(Group G)

[그림 5-62]에서 RP는 (S1, G) Shortest Path Tree에서 프룬돼 더 이상 라우터 A에서 RP로 (S1, G) 트래픽이 전달되지 않고, 라우터 A에서 라우터 C까지의 (S1, G) Shortest Path Tree만 남는 상태됩니다. 이 상태에서 라우터 C는 라우터 A를 통해서만 (S1, G) 트래픽을 수신하고, RP를 통해서는 (S1, G) 트래픽을 수신하지 않습니다. 또한 라우터 E는 라우터 C를 통해 (S1, G) 트래픽을 수신하므로 라우터 C가 스위치오버한 것을 알 필요가 없습니다. 또한 이 상태에서 (S2, G) 트래픽은 여전히 RP를 통해 Shared Tree로 전달되며 리시버 1과 리시버 2는 (S2, G) 트래픽을 수신할 수 있습니다.

지금까지 PIM-SM 프로토콜의 동작에 대해 설명했습니다. 지금까지 설명한 내용을 요약하면 다음과 같습니다.

A. 특정 멀티캐스트 그룹(G)에 조인하길 원하는 리시버가 연결된 last-Hop 라우터는 Shared Tree 조인을 통해 RP에게 멀티캐스트 트래픽의 전송을 요청합니다.

B. 멀티캐스트 소스가 연결된 First-Hop 라우터는 RP에게 멀티캐스트 소스가 존재한다는 것을 PIM Register 메시지를 통해 알립니다.

C. RP는 멀티캐스트 소스를 향해 Shortest Path Tree에 조인하고 Shortest Path Tree를 통해 멀티캐스트 트래픽을 전달받아 Shared Tree로 전달합니다.

D. last-Hop 라우터는 해당 멀티캐스트 트래픽을 수신한 후, 소스의 IP 주소를 획득하고 Shortest Path Tree에 직접 조인합니다.

E. last-Hop 라우터가 Shortest Path Tree에서 멀티캐스트 트래픽을 수신하면 Shared Tree를 통해 수신되는 멀티캐스트 트래픽이 필요 없으므로 RP에게 (S, G) RP-bit Prune 메시지를 전송해 해당 소스에서 전송한 멀티캐스트 트래픽을 전송하지 않도록 요청합니다.

F. 최종적으로 last-Hop 라우터는 멀티캐스트 소스에서 Shortest Path Tree를 통해 직접 멀티캐스트 트래픽을 수신합니다.

03 BSR

Lesson 5.2에서 설명한 바와 같이 PIM-SM 프로토콜에서 RP는 매우 중요한 역할을 수행하며 PIM-SM 프로토콜이 정상적으로 동작하기 위해서는 멀티캐스트 네트워크에 속해 있는 모든 라우터가 동일한 RP 주소를 알고 있어야 합니다. 하지만 네트워크가 커질수록 망 운용자가 모든 라우터의 RP 주소를 관리하는 데 어려움이 따릅니다. 예를 들어 RP인 라우터가 고장 나서 RP의 주소를 변경해야 하는 경우에는 망 운용자가 모든 PIM-SM 라우터의 RP 주소를 변경해야 합니다. 운용자가 일일이 멀티캐스트 라우터의 RP 주소 설정을 변경하는 작업은 아주 번거로운 과정이고, 이 과정을 수행하는 동안 멀티캐스트 서비스가 정상적으로 동작하지 않습니다. 따라서 멀티캐스트 네트워크가 커지고 라우터 수가 많아지면 운용자가 RP 주소를 직접 입력하는 방식은 사용하기 어렵습니다.

이를 위해 RP 주소를 자동으로 설정하기 위한 방법이 필요하게 됐으며, 시스코 사에서 최초로 자사의 라우터에 Auto-RP 기능을 구현해 RP 주소가 자동으로 설정되고 유지될 수 있도록 했습니다. 이 기능은 시스코 라우터들 간에만 동작하는 방식이며, PIMv2 프로토콜이 표준화되면서 모든 라우터가 RP 주소를 자동으로 설정할 수 있는 BSR(Bootstrap Router) 기능이 추가됐습니다. 이번에는 BSR 기능에 대해 알아보겠습니다.

BSR 방식이 동작하기 위해 운용자는 후보 BSR(C-BSR, Candidate BSR)과 후보 RP(C-RP, Candidate RP)를 설정해야 합니다. 이 방식은 운용자가 망 내의 모든 멀티캐스트 라우터에 RP를 일관성 있게 설정하는 것에 비해서는 간편합니다. 운용자는 BSR로 동작하길 원하는 일부의 라우터에 C-BSR로 설정하고 또 다른 일부 라우터에 C-RP로 동작하도록 설정하면 됩니다. 그러면 망 내에서 자동으로 BSR 선출 과정을 거쳐 하나의 멀티캐스트 라우터가 BSR로 동작합니다. BSR 선출이 완료되면 C-RP에서는 주기적으로 RP 정보를 BSR로 전달하고 BSR이 C-RP에서 수신한 RP 정보를 모아 망 내의 모든 멀티캐스트 라우터에 RP 정보를 전파해 공유하는 방식으로 동작합니다. 그러면 BSR 동작 방식을 각 단계별로 자세히 알아보겠습니다.

▶ BSR 선출

BSR 선출을 위해 운용자는 망 내의 일부 라우터를 C-BSR로 설정하며, 이때 BSR의 우선순위 값(priority)을 함께 설정합니다. 그러면 각각의 C-BSR은 주기적으로 All-PIM-Router 주소(IPv4: 224.0.0.13, IPv6: FF02::D)로 자신이 BSR임을 알려주는 메시지인 BSM(Bootstrap Message)을 일정 주기로 전송합니다. 이를 전달받은 각각의 PIM 라우터들은 BSM을 수신한 이웃 노드를 제외한 나머지 이웃 노드들에게 다시 BSM 메시지를 전달합니다. 이때 한 라우터에서 여러 C-BSR로부터 BSM을 수신한 경우에는 BSM에 포함된 프라이오리티 값을 비교해 가장 프라이오리티가 높은 C-BSR이 전송한 BSM만을 이웃 노드로 전달합니다. 만일 동일한 프라이오리티 값을 갖고 있는 경우에는 IP 주소가 가장 높은 C-BSR에서 송신한 BSM을 이웃 노드로 전달합니다. 이러한 과정을 거쳐 망 내에서 하나의 BSR만이 선택돼 BSR로서 동작하게 되고, 나머지

C-BSR은 계속 Candidate BSR로 동작합니다. 이 상태에서 선출된 BSR이 고장 등의 원인으로 정상 동작을 하지 못하는 경우에는 다시 C-BSR들 중에서 가장 높은 프라이오리티를 갖는 라우터가 BSR로 선출돼 동작합니다.

▶ RP 정보 수집

BSR 선출 과정이 완료되면 C-RP로 설정된 라우터들은 BSR로 선출된 라우터에게 RP 정보를 포함하고 있는 C-RP Advertisement 메시지를 BSR의 유니캐스트 주소로 직접 전달합니다. C-RP Advertisement 메시지를 수신한 BSR은 이렇게 수신된 정보를 바탕으로 망 내의 모든 RP 정보를 취합해 RP-set을 생성합니다. 이렇게 생성된 RP-set 정보는 다시 BSM에 담아 모든 이웃 노드에 전송합니다.

C-RP는 기본적으로 60초마다 BSR에게 C-RP Advertisement 메시지를 전송하며, 이의 2.5배인 150초 동안 C-RP Advertisement 메시지가 도착하지 않은 C-RP에 대해서는 BSR의 RP-set에서 해당 RP 정보를 삭제합니다.

여기서 한 가지 유의해야 할 점은 RP 주소 설정이 각 멀티캐스트 그룹별로 다르게 설정해 운용할 수 있다는 점입니다. 지금까지는 망 내에 RP가 하나만 존재하는 것처럼 설명했습니다. 하지만 여러 가지 운용의 편리성을 위해 RP 주소는 멀티캐스트 그룹별로 다르게 설정해 운용하는 것이 일반적입니다.

▶ BSM의 분배

BSR에서는 수집된 RP-set 정보를 BSM에 담아 이웃 노드로 주기적으로 전달합니다. 모든 PIM 라우터들은 BSM을 수신한 후 다음과 같은 과정을 수행합니다.

A. RPF(Reverse Path Forwarding) 검사를 수행해 BSR과 연결된 적합한 인터페이스에서 BSM이 수신됐는지의 여부를 확인합니다. 이러한 RPF 검사를 통해 BSM 전달에 루프(Loop)가 발생하는 것을 방지합니다.

B. RPF 검사에 이상이 없으면 수신된 BSM의 프라이오리티 값을 확인해 BSM이 유효한(Valid) BSR에서 입력된 것인지 확인합니다. 확인이 완료되면 RP-set 정보를 업데이트하고 부트스트랩 타이머(Bootstrap Timer)를 다시 시작합니다.

C. 마지막으로 BSM을 전달받은 이웃 노드를 제외한 나머지 모든 이웃 노드에게 BSM을 전달합니다.

04 PIM-SSM

PIM-SSM(Protocol Independent Multicast-Source Specific Multicast) 프로토콜은 멀티캐스트 트래픽을 요청하는 리시버(Receiver)가 명시적으로 해당 멀티캐스트 그룹(G)에 대한 소스의 주소를 지정해 요청합니다. 이를 위해서는 last-Hop 라우터와 리시버 간에 IGMPv3 또는 MLDv2 프로토콜이 동작해야 합니다. IGMPv3와 MLDv2에서는 소스 필터링 기능이 지원되며, 조인할 때 소스의 주소를 명시적으로 last-Hop 라우터에게 알려줄 수 있습니다.

last-Hop 라우터에서는 IGMPv3 또는 MLDv2 Join 메시지에 이미 소스의 주소 정보가 포함돼 있으므로 RP를 향해 Shared Tree에 조인할 필요 없이 바로 소스를 향한 Shortest Path Tree에 조인할 수 있습니다. 즉, PIM-SM 프로토콜에서 필요로 했던 Shared Tree에 조인한 후 해당 멀티캐스트 트래픽을 수신해 소스 주소를 알고 난 후에 다시 Shortest Path Tree로 스위치 오버하는 과정이 불필요합니다.

다만 PIM-SSM을 위해서는 리시버에서 각 멀티캐스트 그룹별 소스의 주소를 미리 알고 있어야 한다는 점과 IGMPv3 또는 MLDv2를 이용해야 한다는 점이 불편합니다. 더욱이 기존의 리시버 또는 last-Hop 라우터가 IGMPv3 또는 MLDv2를 지원하지 않는 경우도 있으므로 PIM-SSM을 사용하기 어렵게 합니다. 하지만 이를 위해 멀티캐스트 라우터에서 멀티캐스트 그룹(G)별로 소스의 주소 정보를 미리 설정한 ssm-map 정보를 운용자가 설정하는 기능을 제공하는 라우터가 많습니다. 이 기능을 사용하면 기존의 리시버들을 모두 IGMPv3 또는 MLDv2를 지원하는 리시버로 변경하지 않고도 last-Hop 라우터에서 멀티캐스트 그룹별 소스 주소 맵을 관리하는 방법으로 소스의 주소를 알 수 있습니다.

IANA(Internet Assigned Numbers Authority)에서는 SSM 기능을 사용하는 애플리케이션이나 프로토콜들을 위해 SSM용 주소 범위로 IPv4 주소의 232.0.0.0~232.255.255.255범위를 할당했으며, IPv6 주소의 FF3x::4000:0001~FF3x::7FFF:FFFF를 할당했습니다. 즉, 대부분의 멀티캐스트 라우터에서는 IANA에서 할당한 SSM 주소 범위의 멀티캐스트 그룹인 경우에는 자동으로 SSM 빙식으로 동작하도록 구현돼 있습니다. 또한 망 운용자의 입장에서는 IANA에서 할당하지 않은 멀티캐스트 그룹 주소에 대해서도 SSM 방식으로 운용할 필요성이 있을 수 있습니다. 이를 위해 대부분의 멀티캐스트 라우터에서는 명령어를 통해 IANA에서 할당한 SSM 주소 범위가 아닌 경우에도 SSM 방식으로 동작할 수 있도록 기능이 구현돼 있습니다.

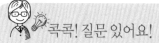

콕콕! 질문 있어요!

Q 라우터가 멀티캐스트 트래픽을 처리하는 데 사용되는 프로토콜에는 PIM과 MLD 프록시가 있다고 했는데요. 그렇다면 네트워크를 설계할 때 이 두 가지 프로토콜 중 어느 것을 사용하는 것이 좋은가요? 아니면 선택하는 데 있어 기준 같은 것이 있나요?

A 우선 라우터는 PIM으로 동작하는 것이 표준입니다. 즉, MLD 프록시로 동작하는 것은 표준이 아닙니다. 하지만 MLD 프록시가 표준이 아님에도 여러 가입자망 라우터에서 사용되는 이유는 다음과 같습니다.

첫째, 라우터에게 부담을 덜 주기 때문입니다. PIM 프로토콜이 MLD 프록시보다 훨씬 복잡하다 보니 수행하는 명령어가 많아지고, 이는 라우터에 부담을 주게 됩니다.

둘째, 운용자의 입장에서 PIM에 비해 MLD 프록시의 설정이 훨씬 단순하고 운용이 편리하기 때문입니다.

본인의 개인적인 생각은 MLD 프록시가 라우터나 운용자에게 편리함을 준다고는 하지만, 역시 표준인 PIM으로 동작하는 것이 맞는 것 같습니다. 참고로 몇몇 제조사에서는 MLD 프록시 자체를 지원하지 않는 장비가 있기도 합니다.

Understanding

IPv6 Network

IPv6 전환 기술

6장에서는 실제 우리나라 인터넷 사업자들의 IPv6 사용 현황에 대해서 알아보겠습니다.

Lesson 1에서는 IPv6 상용화가 되기까지의 인터넷 관련 사업자들의 IPv6 전환 노력에 대해서 설명합니다. Lesson 2에서는 IPv6 전환 기술들의 종류 및 특징에 대해 설명하고, 그중 NAT와 듀얼 스택(Dual Stack) 기술에 대해 Lesson 3과 Lesson 4에서 설명합니다. 그리고 SK텔레콤이 LTE 네트워크에 IPv6 상용화를 하는 데 있어서 핵심 IPv6 전환 기술인 NAT64/DNS64 기술과 464XLAT 기술을 Lesson 5와 Lesson 6에서 설명합니다.

우리나라의 IPv6 전환 현황

IPv6 전환 기술들을 설명하기에 앞서 대형 ISP(Internet Service Provider)의 네트워크 구조에 대해 설명하겠습니다. 네트워크 구조에 따라 IP 주소 사용 용도와 수요가 되는 IP 주소의 개수가 다르고, 이로 인해 서로 다른 IPv6 전환 기술들이 적용되기 때문입니다.

일반적으로 대형 ISP의 네트워크를 [그림 7-1]과 같이 코어 네트워크(Core Network), 디스트리뷰션 네트워크(Distribution Network) 그리고 액세스 네트워크(Access Network)로 나누곤 합니다.

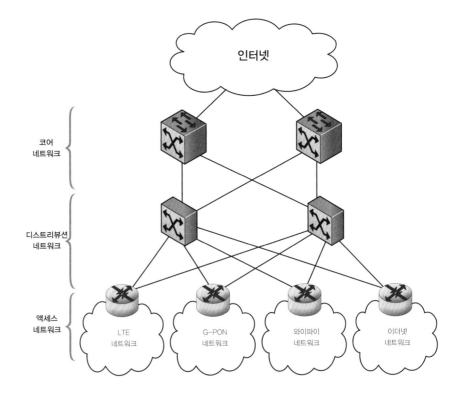

그림 6-1
코어, 디스트리뷰션,
액세스 네트워크
구분

액세스 네트워크(가입자망)는 유·무선 인터넷 서비스에 가입한 고객들에게 인터넷의 접근을 제공해주는 네트워크입니다. 무선(Wireless) 매체에서 인터넷에 접속하기 위한 LTE 네트워크/와이파이 네트워크와 광코어(Fiber) 매체에서 인터넷에 접속하기 위한 G-PON/GE-PON 네트워크가 대표적인 액세스 네트워크입니다.

현재 무선 이동통신 사업자들의 주력 가입자망은 LTE 네트워크입니다. 그리고 유선 인터넷 제공 사업자의 주력 가입자망[181]은 SK브로드밴드의 경우 G-PON 네트워크, KT/LG U+의 경우 GE-PON 네트워크입니다.

참고로 엔드 투 엔드 네트워크(End-to-End Network)의 성능에 크게 영향을 미치는 것은 액세스 네트워크입니다. 각 네트워크 구간에서 성능이 가장 취약한 구간이 액세스 네트워크이며, 따라서 액세스 네트워크의 성능에 따라 전체 네트워크 성능이 영향을 받습니다. 무선 가입자망 기술이 2G에서 WCDMA로 다시 LTE로 발전하면서 고객들의 무선 인터넷 체감 속도가 몰라보게 빨라진 것이 그 예입니다.

디스트리뷰션 네트워크는 액세스 네트워크의 트래픽을 집선해 코어 네트워크로 전달하는 네트워크입니다. 액세스 네트워크(고객 단말과 최초의 라우터 간의 구간)의 데이터는 각 통신 기술(예 LTE, G-PON, 와이파이)의 고유의 데이터 포맷으로 통신이 이뤄지며, 디스트리뷰션 네트워크부터는 데이터가 IP 패킷으로 전달됩니다.

코어 네트워크는 다른 ISP들(예 SK↔KT)과 IP 패킷을 고속으로 교환하는 네트워크입니다.

코어, 디스트리뷰션, 액세스 네트워크들 중에서 IPv6 전환에 가장 어려움을 겪고 있는 부분은 액세스 네트워크입니다. 그 이유는 다음과 같습니다.

코어, 디스트리뷰션 네트워크에서 수행하는 라우터들의 기능들은 단순하고 범용적인 기능들뿐입니다. 코어, 디스트리뷰션 네트워크 라우터에 필요한 요구 사항은 복잡하고 다양한 기능보다는 대용량의 트래픽을 안정적으로 처리하는 능력입니다. 이런 이유로 보통 코어, 디스트리뷰션 네트워크의 라우터는 대용량의 트래픽을 처리하는 데 전 세계적으로 안정성이 검증된 글로벌 벤더(Global Vendor, 예 Cisco, Juniper, Nokia)의 라우터를 사용합니다.

반면, 액세스 네트워크에서 수행하는 라우터들의 기능들은 매우 복잡하고 다양합니다. ISP마다 액세스 네트워크에서 처리하는 기능들이 서로 다르기 때문입니다. 따라서 액세스 네트워크 라우터에서 필요로 하는 가장 중요한 요구 사항은 ISP의 기능 개발 요청에 대한 신속한 커스터 마이징입니다. 글로벌 벤더는 ISP마다 서로 다른 모델을 개발하거나 세일즈하는 것이 힘들기 때문에 전 세계 어디에서나 액세스 네트워크는 그 나라의 로컬 벤더 라우터(Local Vendor Routers)를 사용하는 것이 일반적입니다.

로컬 벤더의 경우에는 일반적으로 개발 환경과 재무 환경이 글로벌 벤더에 비해 열악한 편입니다. 그래서 IPv6 프로토콜을 개발하고 적용하는 데 어려움이 많습니다. 예를 들어 IPv6 통신을 하려

6

---

181 각 사업자별 광가입자망 기술은 다음 기술 문서를 참조하기 바랍니다. '광가입자망 표준화 및 시장 동향', 2014년 11월 SK텔레콤 고득녕 매니저(https://www.netmanias.com/ko/?m=view&id=blog&no=6698)

면 IPv6 다이내믹 라우팅이 정상적으로 동작해야 하는데, 상당히 고가의 IPv6 다이내믹 라우팅 프로그램 원천 소스를 구입하고 해당 소스를 커스터마이징하는 것이 어려운 실정입니다.

그나마 IPv6 스택을 개발할 수 있는 프로그래머들이 있다면 다행인데, 액세스 네트워크 라우터에서 인터넷 계층 동작을 관장하는 칩이 아예 IPv6 스택을 지원하지 않는 경우도 적지 않습니다. 이런 이유로 IPv6 전환의 가장 큰 걸림돌은 액세스 네트워크이며, 이는 전 세계 ISP들의 공통된 사항입니다.

지금까지 대형 ISP의 네트워크 구조와 액세스 네트워크 라우터들이 IPv6 전환을 하는 데 있어 어려운 점들에 대해 설명했습니다. 지금부터는 우리나라 IPv6 전환 현황에 대해 설명하겠습니다.

우리나라에는 수많은 네트워크 사업자가 있으며, 모든 네트워크 사업자의 IPv6 전환 현황을 필자가 정확히 아는 것은 거의 불가능합니다. 다만, 대형 기간 통신 사업자들(SK텔레콤, SK브로드밴드, KT, LGU+)의 경우에는 한국인터넷진흥원(KISA)과 방송통신위원회에서 진행 현황을 수시로 체크하고, 그 현황을 발표하고 있기 때문에 IPv6 전환 현황을 정확히 알 수 있습니다. 따라서 이 책에서는 대형 기간 통신 사업자들로 한정해 IPv6 전환 현황에 대해 언급하겠습니다.

우리나라는 전 세계에서 인터넷(IPv4 네트워크)이 두 번째로 개발된 나라인 만큼, 인터넷/IT 강국입니다. 하지만 차세대 인터넷(IPv6 네트워크)의 도입은 다른 나라에 비해 늦은 편이었습니다.

[그림 6-2]는 2014년 10월 기준으로 IPv6 가입자 수를 나타내는 통계 자료[182]입니다. 그림에서 색이 짙어질수록 IPv6 가입자 수가 많다는 것을 의미합니다.

그림 6-2
IPv6 가입자 수 통계
(2014년 10월 기준)

182 http://6lab.cisco.com/stats/

[그림 6-2]의 통계를 보면 미국, 프랑스, 독일, 루마니아, 일본이 IPv6가 활성화돼 있고, 한국은 IPv6이 거의 활성화돼 있지 않은 것을 알 수 있습니다.[183]

그렇다면 인터넷/IT 강국인 우리나라가 외국에 비해 IPv6 도입이 늦었던 이유는 무엇일까요? IPv6를 도입하는 주체는 영리를 목적으로 하는 일반 사기업들(예 네이버, 다음, SK텔레콤, SK브로드밴드, KT 등)입니다. IPv6의 도입은 상당히 많은 돈과 시간, 노력이 필요로 하는 대형 프로젝트입니다. 하지만 힘들게 IPv6를 도입했다 하더라도 매출이 증가한다는 확실한 보장이 없으므로 사기업의 입장에서는 IPv6 도입을 망설일 수밖에 없습니다.

그러면 독일, 프랑스, 루마니아, 일본의 사기업들은 왜 IPv6를 도입했던 것일까요? 결론부터 말씀드리면 독일, 프랑스, 루마니아, 일본은 다른 나라에 비해 IPv4 보유 수가 부족했고, 그래서 IPv6를 도입할 수밖에 없는 상황이었기 때문입니다.

[표 6-1][184]은 2014년 10월 기준으로 인구 1,000명당 IPv4 주소 보유 개수를 나타내고 있습니다.

표 6-1
주요 나라 중 인구
1,000명당 IPv4 주소
보유 개수

나라	인구 1,000명당 IPv4 주소 보유 개수
브라질	236.11
중국	245.91
루마니아	*582.13*
이탈리아	832.5
프랑스	*1448.68*
독일	*1452.93*
일본	*1587.39*
대영제국	1958.85
남한	2297.13
캐나다	2332.06
미국	4911.96

[표 6-1]을 보면 루마니아, 프랑스, 독일, 일본의 경우, 다른 나라에 비해 인구당 IPv4 주소 보유 수가 상당히 적은 것을 알 수 있습니다. 반면, 미국은 인구당 IPv4 주소를 상대적으로 많이 보유하고 있음에도 IPv6 도입이 빠릅니다. 그 이유는 구글, 페이스북 등의 글로벌 IT 회사들이 IPv6 도입을 빠르게 진행했기 때문입니다.

183 실제로 SK텔레콤이 우리나라에서 최초로 IPv6 상용 서비스를 한 시기가 2014년 9월 25일이므로 2014년 10월경에는 IPv6 가입자 수가 미비한 상황이었습니다.

184 http://en.wikipedia.org/wiki/List_of_countries_by_IPv4_address_allocation#cite_note-3

다른 나라들에 비해 IPv6 도입이 늦은 사실에 대해 대한민국 정부는 다음과 같은 이유로 심각한 우려를 갖고 있었습니다.

첫째, 대한민국이 보유하고 있는 IPv4 주소가 고갈됨에 따라 신규 IT 사업자에게 할당해줄 IPv4 주소가 없는 상황입니다. 이로 인해 신규 IT 사업자들이 자칫 정상적인 인터넷 서비스를 운용할 수 없는 상황될 가능성이 있습니다.

둘째, 사물 인터넷(IoT)과 같은 차세대 인터넷 서비스에는 IPv6 주소 체계를 사용할 가능성이 큽니다.[185] 따라서 사물 인터넷 산업에서 자칫 대한민국 IT 회사들의 글로벌 IT 회사들에 비해 기술 경쟁력이 떨어질 가능성이 있기 때문입니다.

이런 이유들로 한국인터넷진흥원과 방송통신위원회는 적극적으로 대형 기간 통신 사업자들의 IPv6 도입을 장려하기 시작했습니다. 그 일환으로 한국인터넷진흥원은 2011년부터 매년 Korea IPv6 Day를 개최해 통신 사업자, 콘텐츠 사업자, 장비 제조사들 간의 IPv6 테스트를 주도했습니다.

2012년 5월 31일, Korea IPv6 Day에서 SK브로드밴드는 기간 통신 사업자중 최초로 가입자 단말에서 콘텐츠 서버까지 IPv6 End-to-End 통신의 시범 서비스를 시작[186]했다고 발표[187]했습니다. 그리고 그해 SK텔레콤도 LTE 네트워크에 IPv6를 시범 적용했습니다.[188]

그림 6-3
SK브로드밴드의
IPv6 시범 서비스를
발표하고 있는 필자

---

185 2018년 5월 IoT 통신 기술로 상용화된 서비스들에는 LoRa, LTE eMTC 그리고 NB-IoT가 있습니다. LTE eMTC는 IPv6 주소가 필수이며 NB-IoT는 선택 사항입니다. LoRa는 IP 주소를 사용하지 않습니다.

186 가입자 장치는 HFC DOCSIS 3.0 모뎀 가입자이며 Contents 서버는 구글 Contents 서버입니다. 자세한 내용은 http://blog.naver.com/nackji80/220435638067을 참조하기 바랍니다.

187 발표 제목: '명품 IPv6 Migration 전략', SK브로드밴드 고득녕 매니저

188 https://www.youtube.com/watch?v=wYzN0c7go4M

2014년에는 행사명을 'IoT를 위한 IPv6 전략 컨퍼런스'로 변경해 건국대학교 새천년관에서 행사가 열렸습니다. 해당 행사에서 SK텔레콤은 국내 최초, 전 세계 두 번째로 IPv6 End-to-End 상용 서비스의 성공 사례와 차세대 IPv6 ICT 플랫폼 제공 계획에 대해 발표했습니다. 해당 행사에서 SK텔레콤과 다음은 성공적인 IPv6 도입의 공로를 인정받아 미래부로부터 공로상을 수상했습니다.[189]

그림 6-4
전 세계 두 번째로 LTE IPv6 상용 사례를 발표하고 있는 SK텔레콤의 김종신 팀장

그리고 해당 행사에서 필자는 'LTE 무선 환경에서의 IPv6 보안 이슈 및 대응 방안 소개'의 주제로 IPv6 보안 이슈와 IPv6 보안 취약점 대응 방법에 대해 발표했습니다.

우리나라 대형 기간 통신 사업자들 중에서 가장 먼저 IPv6 End-to-End 상용 서비스를 시작한 것은 SK텔레콤입니다.[190] SK텔레콤은 2014년 9월 25일에 IPv6 상용 서비스를 시작했으며, T-Mobile에 이어 전 세계 두 번째로 모바일 네트워크(LTE 네트워크)에 IPv6를 상용화한 통신 사업자입니다.

비록 SK텔레콤이 T-Mobile에 이어 전 세계 두 번째로 LTE 네트워크에 IPv6 상용 적용을 했지만 T-Mobile의 IPv6 상용 서비스와는 의미하는 바가 사뭇 다릅니다.

T-Mobile은 소수 몇 개의 애플리케이션에만 IPv6를 적용한 반면, SK텔레콤은 당시 무선 인터넷 가입자에게 제공되고 있는 모든 애플리케이션에 대해 IPv6 서비스를 검증 및 적용했기 때문입니다. 즉, T-Mobile이 LTE 네트워크의 IPv6 적용 가능성을 제시했다면 SK텔레콤은 IPv6 상용 서비스의 안정성을 전 세계 기간 통신 사업자들에게 보여준 것입니다.

189 공로상 수상 대상자는 SK텔레콤 김은철 매니저와 다음카카오 이용민 실장입니다.
190 http://news.mt.co.kr/mtview.php?no=2014092511435159903&outlink=1&ref=%3A%2F%2F

이런 이유로 SK텔레콤은 2014년 9월 25일 IPv6 상용 서비스 시작한 이래 전 세계 국가 및 이동통신 사업자들을 대상으로 LTE 네트워크의 IPv6 적용 사례를 전파했고, 전 세계 이동통신 사업자들은 SK텔레콤의 성공 사례를 통해 모바일 네트워크의 IPv6 전환을 긍정적으로 검토하기 시작했습니다.

그림 6-5
베트남 초청으로 SK텔레콤의 IPv6 상용 사례를 발표하는 필자[188]

IPv6 전환 기술의 종류

[그림 6-6]은 IPv4 네트워크에서 IPv6 네트워크로 진화하는 단계를 나타내는 것입니다. [그림 6-6]의 2단계는 IPv4 네트워크와 IPv6 네트워크가 공존하는 환경을 보여주고 있습니다.

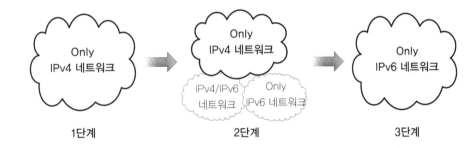

그림 6-6
IPv6 네트워크 도입
과정

IPv6는 IPv4 주소 부족 문제를 해결하기 위해 만든 새로운 주소 체계라고 했습니다. 따라서 IPv6 주소 체계를 만들었던 최종 목적은 [그림 6-6]의 3단계처럼 모든 IPv4 네트워크가 IPv6 네트워크로 전환되는 것입니다.

하지만 경제적인 이유[192]와 주위 환경의 문제[193]로 상당히 오랫동안 IPv4 네트워크와 IPv6 네트워크가 공존하는 시기([그림 6-6]의 2단계)가 있을 것이 분명합니다. 따라서 IPv4 네트워크와 IPv6 네트워크가 공존하는 시기에는 IPv4 노드들과 IPv6 노드들이 서로 통신할 수 있게 만드는 IPv6 전환 기술들이 필요합니다. 이 Lesson에서는 IPv6 전환 기술에 대해 간략히 설명하겠습니다.

IPv6 전환 기술들은 터널링(Tunneling), 트랜슬레이션(Translation) 그리고 듀얼 스택(Dual Stack) 기술로 나눌 수 있습니다.

[그림 6-7]은 터널링 기술의 개념을 보여주고 있습니다.

---

192 2018년 현재 판매되는 IP 장비(라우터, 스위치, 서버 등)들은 IPv6 기능을 지원하지만 그 이전에 판매됐던 IP 장비들은 거의 대부분 IPv6 기능을 지원하지 못합니다. 따라서 모든 네트워크를 IPv6 네트워크로 전환하게 된다면 이 오래된 IP 장비들을 모두 최신 (IPv6 기능을 지원하는) IP 장비로 바꿔야 하는 경제적인 문제가 발생합니다.

193 예를 들어, SK브로드밴드가 IPv6 네트워크의 준비가 100%됐다 하더라도 포털 사업자 등의 콘텐츠 사업자들이 IPv6 서비스를 지원하지 않는다면 SK브로드밴드는 IPv6 서비스를 할 수 없게 됩니다.

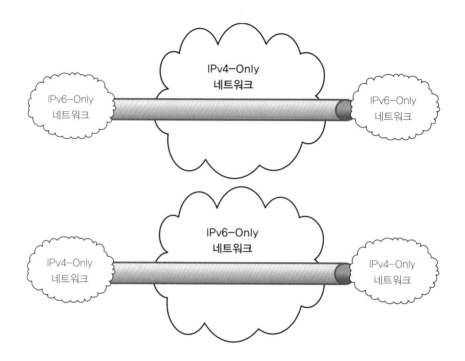

IPv6 네트워크로의 전환 과정에서 초기에는 IPv4 네트워크가 대부분이고, 극히 일부분 지역에서만 IPv6 네트워크가 생겨날 것입니다. 이때 터널링 기술은 IPv6 노드의 IPv6 패킷을 IPv4 네트워크를 통해 IPv6 노드까지 전달해주는 기능을 수행합니다.

이와 반대로 시간이 흐르면 대부분의 네트워크가 IPv6 네트워크로 구성되고, 일부분 지역에만 IPv4 네트워크가 남아 있는 상태가 될 것입니다. 이러한 상황에서의 터널링 기술은 IPv4 노드의 IPv4 패킷을 IPv6 네트워크를 통해 IPv4 노드까지 전달해주는 기능을 수행합니다. 터널링 기술로는 6to4, teredo, 6rd 등이 있습니다.[194]

[그림 6-8]은 트랜슬레이션 기술의 개념을 보여주고 있습니다.

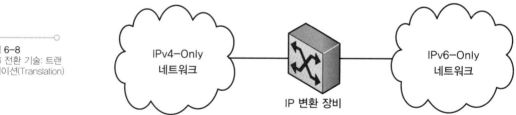

---

194 RFC 3056, 'Connection of IPv6 Domains via IPv4 Clouds', 2001.
   RFC 4380, 'Teredo: Tunneling IPv6 over UDP through Network Address Translations (NATs)', 2006.
   RFC 5969, 'IPv6 Rapid Deployment on IPv4 Infrastructures (6rd) -- Protocol Specification', 2010.

이 기술은 IPv6 노드가 전송하는 IPv6 패킷의 목적지 주소를 IPv4 주소로 변경해 IPv4 네트워크로 전달하거나 IPv4 노드가 보내는 IPv4 패킷의 목적지 주소를 IPv6 주소로 변경해 IPv6 네트워크로 전달하는 기능을 수행합니다. 트랜슬레이션 기술로는 NAT-PT, CGN(Carrier Grade NAT), A+P, NAT64 그리고 XLAT464 등이 있습니다.[195]

마지막으로 소개할 IPv6 전환 기술로 듀얼 스택 기술이 있습니다. 듀얼 스택은 [그림 6-9]와 같이 IP 장비가 IPv4, IPv6 스택을 모두 갖고 있어 IPv4, IPv6 패킷을 동시에 처리할 수 있는 것을 말합니다. 따라서 듀얼 스택 기능이 활성화된 IP 노드들은 IPv4-Only, IPv6-Only 노드들 모두와 IP 통신할 수 있게 됩니다. 듀얼 스택이 활성화된 IP 노드는 당연히 IPv4와 IPv6 주소를 동시에 갖게 됩니다.

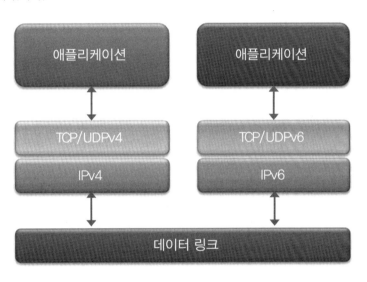

그림 6-9
IPv6 전환 기술: 듀얼 스택

듀얼 스택이 다른 전환 기술들에 비해 갖는 장점은 IP 노드가 IPv4, IPv6 네트워크와 통신을 하는 데 있어서 별다른 기술적 이슈들이 없다는 것입니다. 이로 인해 모든 네트워크 사업자가 듀얼 스택 전환 기술을 사용하고 있습니다. 반면, 듀얼 스택의 단점은 IPv4 주소가 필요하기 때문에 IPv4 주소 고갈의 문제에는 도움이 안 된다는 것입니다. 즉, IPv6-Only 네트워크([그림 6-6]의 3단계)으로 넘어가는 데 있어 과도기적 상황([그림 7-6]의 2단계)에서나 쓰일 수 있는 기능입니다.

[표 6-2]는 각 전환 기술 프로토콜의 표준화 진행 현황을 보여주고 있습니다.

195 RFC 2766, 'Network Address Translation – Protocol Translation (NAT-PT)', 2000.
RFC 6264, 'An Incremental Carrier-Grade NAT (CGN) for IPv6 Transition', 2011.
RFC 6346, 'The Address plus Port (A+P) Approach to the IPv4 Address Shortage' 2011.
RFC 6674, 'Gateway-Initiated Dual-Stack Lite Deployment,' 2012.
RFC 6877, '464XLAT: Combination of Stateful and Stateless Translation', 2013.

단계	터널링	트랜슬레이션	듀얼 스택
Standard Track	6to4, Teredo, 6rd, MAP-E[193]	NAT64, MAP-T[194]	DS-lite
Experimental	TSP[195]	—	
Informational	ISATAP[196]	464XLAT	
Draft	4rd	—	
Deprecated	—	NAT-PT, NAPT-PT	—

표 6-2
전환 기술들의 표준
화 진행 현황

참고로 T-Mobile과 SK텔레콤이 464XLAT 기술을 이용해 IPv6 상용화를 이뤘고, IETF에서 현재 464XLAT 기술을 스탠더드 트랙(Standard Track)으로 논의 중입니다.

콕콕! 질문 있어요!

Q 듀얼 스택 기능이 활성화된 IP 장비는 IPv4와 IPv6 통신이 모두 가능하다고 했잖아요. 그렇다면 듀얼 스택 기능이 활성화된 노드가 듀얼 스택 기능이 활성화된 외부 네트워크(또는 서버)와 통신할 때 IPv4와 IPv6 통신 중 우선순위가 어떻게 되나요?

A 듀얼 스택 노드의 IPv4와 IPv6 통신의 우선순위는 목적지 주소로 결정됩니다. 예를 들어 목적지 주소가 IPv4-Only이면 듀얼 스택 노드는 IPv4 통신만 시도합니다. 이와 반대로 목적지 주소가 IPv6-Only일 경우, 듀얼 스택 노드는 IPv6 통신만 시도합니다.

Q 듀얼 스택 노드가 IPv4와 IPv6 주소를 모두 갖고 있는 노드(또는 서버)로 패킷을 보내게 될 경우에는 어떻게 되나요? 예를 들어 www.nate.com라는 사이트 주소가 IPv4와 IPv6 주소를 모두 갖고 있다고 가정하면요. 이런 경우 듀얼 스택 노드가 www.nate.com으로 접속을 시도할 경우 www.nate.com과 IPv4 통신을 시도하나요? 아니면 IPv6 통신을 시도하나요?

A www.nate.com처럼 IPv4와 IPv6 주소를 모두 갖고 있는 노드(또는 서버)에 접속할 경우, IPv4와 IPv6 통신의 우선순위는 송신자 노드의 운영 체제에 의해 결정됩니다. 참고로 윈도우 7 운영 체제, 안드로이드 운영 체제의 경우에는 IPv6 통신의 우선순위가 높습니다. 따라서 윈도우 7 PC는 IPv6 통신을 먼저 시도하고 이것이 실패하면 IPv4 통신을 시도합니다.

196 RFC 7597, 'Mapping of Address and Port with Encapsulation(MAP-E)', 2015.

197 RFC 7599, 'Mapping of Address and Port using Translation(MAP-T)', 2015.

198 Tunnel Setup Protocol: RFC 5572, 'IPv6 Tunnel Broker with the Tunnel Setup Protocol(TSP)', 2010.

199 ISATAP: Intra-Site Automatic Tunnel Addressing Protocol

NAT

IPv6를 도입하기 전, 대형 기간 통신 사업자들이 IPv4 주소 부족 문제를 해결하기 위해 사용했던 통신 기술은 NAT(Network Address Translation)였습니다. 이 Lesson에서는 유·무선 ISP들이 사용했던 NAT 기술 현황 및 동작 방식에 대해 설명하겠습니다.

대형 기간 통신 사업자들은 유선 인터넷을 제공하는 회사(예 SK브로드밴드, KT, LG U+)와 무선 인터넷을 제공하는 회사(예 SK텔레콤, KT, LG U+)로 나눌 수 있습니다.

고객이 초고속 인터넷 서비스에만 가입하면 유선 인터넷 서비스를 제공하는 ISP는 고객에게 [그림 6-10]과 같이 공인 IPv4 주소 1개를 할당했습니다.

그림 6-10
고객이 초고속 인터넷 서비스에만 가입한 경우

만약, 고객이 초고속 인터넷과 IPTV, 와이파이 등의 복수 개의 서비스에 가입한다면 유선 ISP는 [그림 6-11]과 같이 고객에게 NAT 기능이 있는 유·무선 공유기를 배분했습니다.

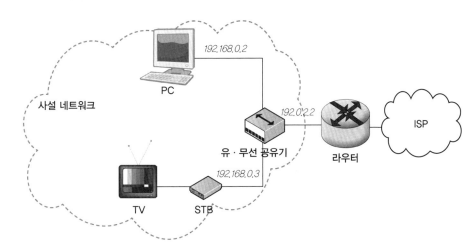

그림 6-11
고객이 초고속, IPTV 등 복수 개의 서비스에 가입한 경우

유·무선 공유기는 NAT 기능이 동작해 PC, STB 등에게 사설 IP 주소를 할당해줘 고객의 집 안을 사설 네트워크(Private Network)로 만들고 외부와의 통신은 공인 IP 주소([그림 6-11]에서는 192.0.2.2)를 이용합니다.

이처럼 유선 ISP는 고객의 집 안에 사설 네트워크를 구성해줌으로써 IPv4 주소 부족 문제를 해결해왔습니다.

전 세계 이동통신 사업자들은 부족한 IPv4 주소 문제를 해결하기 위해 캐리어 그레이드(Carrier Grade) NAT(또는 Large Scale NAT라고도 합니다) 기술을 사용해왔습니다. 유선 인터넷 제공사업자들이 사용한 NAT 기술과의 차이점은 유선 통신 사업자들은 NAT 기능을 고객의 집에서 처리하는 반면, 이동통신 사업자들은 백본망에서 처리한다는 것입니다.

[그림 6-12]는 이동통신 사업자들이 사용했던 캐리어 그레이드(Carrier Grade) NAT의 개념을 보여주고 있습니다.

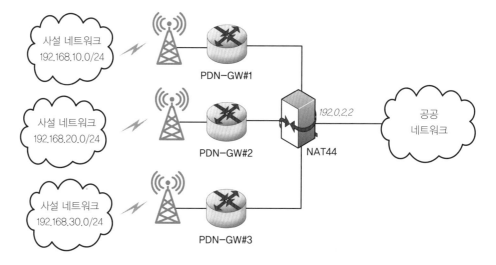

그림 6-12
이동통신 사업자들의
캐리어 그레이드
NAT 구성도

[그림 6-12]에서 PDN-GW(Packet Data Network-Gateway)는 GTP[200](GPRS[201] Tunneling Protocol) 패킷과 IP 패킷을 서로 변환해주는 장비이고, NAT44는 사설 IP 주소와 공인 IP 주소를 변환해주는 장비입니다.

유선 인터넷 네트워크에서 고객 단말(예 PC)이 IP 패킷을 송신하기 때문에 고객단에서 NAT 기능(사설 IP 주소와 공인 IP 주소의 변환)을 수행할 수 있었습니다. 반면, 무선 인터넷 네트워크에서의 고객 단말(예 LTE 핸드폰)은 IP 패킷을 GTP 패킷에 인캡슐레이션을 한 후에 해당 GTP 패킷을 송

---

200 LTE UE(User Equipment)와 LTE 코어 네트워크 간의 통신 방식을 정의한 프로토콜입니다. LTE UE는 IP 패킷을 GTP 패킷에 인캡슐레이션한 후에 GTP 패킷을 LTE 코어 네트워크로 전달하고, LTE 코어 네트워크는 IP 패킷을 디캡슐레이션한 후에 공공 네트워크로 전달합니다.
201 General Packet Radio Service

신하게 되며, [그림 6-12]의 PDN-GW에서 비로소 고객의 IP 패킷이 GTP 패킷에서 디캡슐레이션됩니다. 따라서 무선 인터넷 네트워크에서는 NAT 기능을 [그림 6-12]에서와 같이 백본 네트워크에서 수행할 수밖에 없습니다.

이로 인해 이동통신 사업자들의 NAT 장비는 유선 통신 사업자들의 NAT 장비에 비해 고용량이며, 해당 장비에 문제가 발생했을 때에는 자칫 대형 장애로 이어질 수 있는 구조적인 위험 요소가 있습니다.

우리나라에서 유선 인터넷 제공 사업자들보다 이동통신 사업자들이 먼저 IPv6 상용 도입을 한 이유는 다음과 같습니다.

첫째, 일반적으로 무선 인터넷을 제공하는 회사들이 IPv4 주소 부족의 문제가 더욱 심각했습니다.

무선 인터넷에 가입한 가입자 수(LTE 가입자 수)가 유선 인터넷에 가입한 가입자 수(집/회사 인터넷)보다 월등하게 많기 때문입니다. 그리고 유선 인터넷은 24시간 컴퓨터를 켜놓는 일이 일반적이지 않기 때문에 가입자당 IPv4 주소 필요 수가 채 1개가 되지 않는 반면, 핸드폰의 경우에는 최대 2개의 IPv4 주소(❶ LTE 통신을 하기 위한 IPv4 주소와 ❷ 와이파이 통신을 하기 위한 IPv4 주소)를 갖고 있기 때문에 가입자당 필요한 IPv4 주소도 많았습니다.

둘째, 늘어나는 NAT 장비 투자비도 이동통신 사업자들에게 있어서 근심이었습니다.
[그림 6-12]의 NAT 기능을 하는 NAT44 장비는 [그림 7-11]의 NAT 기능을 하는 유·무선 공유기에 비해 상당히 고가입니다.

크게 위의 두 가지 이유 때문에 전 세계적으로 이동통신 사업자들이 유선 인터넷 제공 사업자들에 비해 IPv6 전환에 더 관심을 갖고 있는 상황이었습니다. 그리고 마침내 T-Mobile과 SK텔레콤을 시작으로 이동통신 사업자들은 자신들의 네트워크에 IPv6를 적용하기 시작했습니다.

Lesson 4부터 이동통신 사업자들이 적용한 IPv6 전환 기술들에 대해 자세히 설명하겠습니다. Lesson 5와 Lesson 6에서 소개하는 IPv6 전환 알고리즘(NAT64, 464XLAT)은 국내외에서 발표됐던 자료[202]들과 RFC 문서를 기반으로 일반적인 동작 방식만을 간략하게 설명합니다.

6

202 SK텔레콤 고득녕 매니저, 'LTE무선 환경에서의 IPv6 보안 이슈 및 대응 방안 소개', IoT를 위한 IPv6 전략 컨퍼런스, 2014년 12월 3일
SK텔레콤 김종신 팀장, 'SK텔레콤 상용화 추진 과정', IoT를 위한 IPv6 전략 컨퍼런스, 2014년 12월 3일
SK텔레콤 고득녕 매니저, 'Applying IPv6 to LTE Networks', IPv6 World Congress, 2015년 3월 18일
SK텔레콤 고득녕 매니저, 'Applying IPv6 to LTE Networks', APNIC40, 2015년 3월 18일

듀얼 스택

대형 ISP의 네트워크 구조는 [그림 6–13]과 같이 코어(Core) 네트워크와 디스트리뷰션 네트워크(Distribution Network) 그리고 액세스 네트워크로 나뉜다고 했습니다.

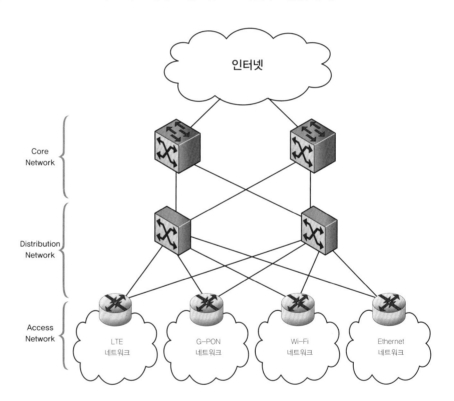

그림 6–13
코어, 디스트리뷰션과
액세스 네트워크
구분

업계에서는 통상적으로 코어 네트워크와 디스트리뷰션 네트워크를 합쳐 백본 네트워크(Backbone Network, 백본망)이라 부릅니다. 지금부터는 ISP의 전체 네트워크를 백본 네트워크(백본망)와 액세스 네트워크(가입자망)의 두 단계로 분류해 설명하겠습니다.

이동통신 사업자든, 유선 인터넷 제공 사업자든 백본 네트워크에 적용하는 IPv6 전환 기술은 듀얼 스택으로 동일합니다. 물론 다른 IPv6 전환 기술을 백본 네트워크에 적용할 수도 있겠지만, 굳이 안정적인 듀얼 스택을 제쳐놓고 위험 요소가 있는 다른 IPv6 전환 기술을 적용할 이유는 전혀 없어 보입니다.

　대형 ISP는 수많은 액세스 네트워크를 갖고 있는데, [그림 6-14]와 같이 일부는 오직 IPv4 통신 또는 IPv6 통신만 가능할 것이고, 또 일부는 IPv6 통신과 IPv4 통신이 모두 가능할 것입니다.

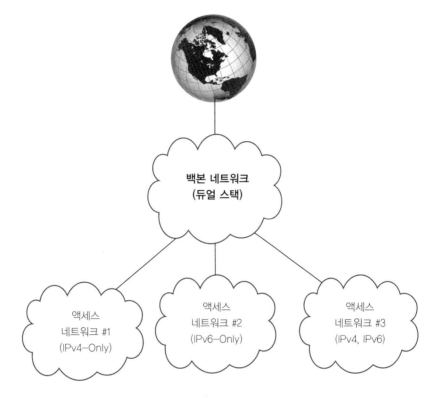

그림 6-14
IPv4-Only 네트워크와 IPv6-Only 네트워크가 혼합돼 있는 ISP 네트워크

　[그림 6-13]과 같이 IPv4-Only 액세스 네트워크와 IPv6-Only 액세스 네트워크가 혼재돼 있는 경우에는 백본 네트워크에서 IPv4 통신과 IPv6 통신을 모두 지원해야 합니다. 따라서 하나의 라우터에서 IPv4 통신과 IPv6 통신을 모두 지원할 수 있는 IPv6 전환 기술인 듀얼 스택이 최적의 솔루션입니다.

　백본 네트워크에 사용되는 라우터들은 일반적으로 글로벌 벤더 라우터들을 선택한다고 했습니다. 글로벌 벤더의 라우터들은 예전부터 IPv6 패킷 스위칭 기능을 제공했고, 단순히 해당 인터페이스에 IPv6 패킷 스위칭 기능만 활성화시키는 것으로 듀얼 스택이 동작합니다.

　글로벌 라우터 벤더별로 듀얼 스택 기능을 활성화시키기 위해서는 각 인터페이스별로 [표 6-3]과 같이 IPv6 패킷 스위칭 기능을 활성화시켜주는 명령어를 입력하면 됩니다.

라우터 제조사(운영 체제)	명령어
시스코(IOS)	ipv6 enable
시스코(IOS-XR)	ipv6 enable

주니퍼(JunOS)	unit 0 {
	family inet6[200]
	}

노키아(TiMOS)	ipv6

표 6-3
제조사별 IPv6 패킷
스위칭을 활성화시켜
주는 명령어

지금까지 백본 네트워크의 IPv6 전환 기술인 듀얼 스택 대해 설명했습니다. Lesson 5와 Lesson 6에서는 액세스 네트워크(LTE 네트워크)의 IPv6 전환 기술에 대해 설명하겠습니다.[203]

---

[203] inet은 유닉스에서 사용하는 용어로, InterNET의 약자입니다. 주니퍼 OS(JunOS)가 유닉스 기반으로 개발돼 유닉스에서 사용하는 용어들을 그대로 승계했습니다. 유닉스에서 inet는 IPv4, inet6은 IPv6를 의미합니다.

NAT64, DNS64

백본 네트워크에서는 단순히 라우터들의 IPv6 패킷 스위칭 기능을 활성화시킴으로써 IPv6 전환(Dual Stack)이 이뤄진다고 했습니다. 하지만 액세스 네트워크에서는 IPv6 전환이 백본 네트워크에 비해 상당히 어렵습니다.

무선 인터넷 네트워크의 액세스 네트워크에는 LTE 네트워크, WCDMA 네트워크, Wi-Fi 네트워크 등이 있습니다. 이 중 IPv6 네트워크로의 전환 대상은 LTE 네트워크입니다.[204] 그 이유는 다음과 같습니다.

첫째, WCDMA 등의 레거시 네트워크(Legacy Network)에는 IPv6 기능을 지원하지 못하는 시스템들이 많기 때문입니다. 이런 레거시 네트워크의 IPv6 전환을 하기 위해서는 IPv6 기능을 지원하지 못하는 시스템들을 모두 신규 시스템으로 대체해야 합니다. 이때 소요되는 시스템 투자비가 이동통신 사업자들에게는 상당히 부담이 가는 금액입니다. 반면, LTE 네트워크의 시스템들은 최근에 도입한 장비들이기 때문에 대부분 IPv6 기능을 지원하고, 따라서 별도의 투자비가 필요 없습니다.

둘째, IPv6 전환의 궁극적인 목적은 IPv4 주소 부족 문제를 해결하기 위함입니다. 액세스 네트워크들 중에서 가입자 수가 가장 많이 수용된 네트워크가 LTE 네트워크입니다. 따라서 LTE 네트워크만 IPv6으로 전환하더라도 IPv4 주소 부족 문제를 해결할 수 있기 때문입니다.

셋째, 레거시 네트워크가 점차 Fade Out돼 결국은 LTE 또는 5G 네트워크로 진화합니다. 따라서 레기시 네트워크에 굳이 투자비를 들여 IPv6 전환을 하지 않더라도 저절로 IPv6를 완벽하게 지원하는 LTE/5G 네트워크로 대체되기 때문입니다.

위의 세 가지 이유로 무선 가입자망들 중에서 LTE 네트워크만이 IPv6 전환 대상입니다.

무선 가입자 단말(LTE UE[205])에 IPv6 주소를 할당했을 때 가입자 단말과 콘텐츠 서버(예 구글, 네이버 등) 간의 IPv6 통신 방식에는 다음 두 가지 시나리오가 있습니다.

---

204 이동 통신 사업자들이 IPv6 전환을 고민할 때(2014년경)에는 5G 네트워크가 도입되기 전이었습니다. 당연히 5G 네트워크는 도입될 당시부터 IPv6-Only로 설계됐습니다.

205 LTE UE : LTE User Equipment, LTE 통신을 할 수 있는 단말들을 말합니다(핸드폰, 태블릿 등).

❶ 콘텐츠 서버가 IPv6 통신이 가능한 경우

❷ 콘텐츠 서버가 IPv6 통신이 불가능한 경우

[그림 6-15]는 첫 번째 시나리오의 경우를 나타낸 것입니다.

그림 6-15
콘텐츠 서버가 IPv6
통신이 가능한 시나
리오

[그림 6-15]에서 페이스북 서비스와 구글 서비스를 제공하는 서버가 각각 듀얼 스택과 IPv6-Only 기능이 활성화돼 있다고 가정합니다. 이런 환경에서는 가입자 단말(LTE 장비)와 콘텐츠 서버 간에 End-to-End IPv6 커넥티비티가 성립돼 IPv6-Only 가입자가 IPv6 통신을 하는 데 아무런 문제가 없습니다.

문제가 발생하는 경우는 [그림 6-16]과 같은 두 번째 시나리오입니다.

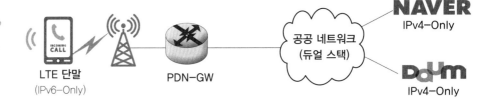

그림 6-16
콘텐츠 서버가 IPv6
통신이 불가능한
경우

IPv6-Only 노드는 IPv4-Only 노드와 IP 통신할 수 없습니다. 따라서 [그림 6-16]과 같은 환경에서 LTE 고객(IPv6-Only)은 네이버와 다음 서비스를 제공받을 수 없습니다.

SK텔레콤은 IPv6 주소를 할당받은 LTE UE가 네이버와 다음의 서비스를 제공받을 수 있도록 하기 위해 [그림 6-17]과 같이 NAT64 장비와 DNS(도메인명 System) 64 장비를 도입했습니다.

그림 6-17
LTE 코어 네트워크
에 위치한 NAT64와
DNS64

NAT64와 DNS64의 도입으로 어떻게 IPv6-Only 노드가 IPv4-Only 노드/서버와 통신할 수 있게 되는지를 설명하기 전에 IPv6 네트워크에서의 DNS 서버가 어떻게 동작하는지부터 간략히 설명하겠습니다.

인터넷에는 두 가지 종류의 주소, 즉 인터넷상에 있는 IP 노드의 위치를 알려주는 IP 주소와 IP 주소를 사람들이 쉽게 기억할 수 있도록 만든 도메인명(Domain Name)이 있습니다.

인터넷의 특정 웹 페이지에 접속하고자 할 때, 일반적으로 사람들은 IP 주소 대신 기억하기 쉬운 도메인명으로 접속을 시도합니다. 하지만 IP 노드(예 PC, 핸드폰 등)는 텍스트 기반의 도메인명을 해석할 수 없습니다. 따라서 IP 노드에게 도메인명에 해당하는 IP 주소를 알려줘야 하는데, 이 역할을 하는 것이 DNS 서버입니다.

DNS 서버는 IPv4 주소(A Type) 레코드, 네임 서버(NS Type) 레코드 그리고 메일 익스체인저(MX Type) 레코드 등을 저장한 서버를 말합니다.

기존 IPv4용 DNS 서버는 IP 주소 타입이 A 타입뿐이었지만, IPv6를 지원하는 DNS 서버는 IPv6 주소 레코드인 AAAA 타입이 새롭게 정의됐습니다.

예를 들어 LTE UE의 웹 브라우저에서 http://en.wikipedia.org/wiki/example.com을 입력하면 LTE UE는 DNS 서버에게 http://en.wikipedia.org/wiki/example.com의 IP 주소를 문의하고, DNS 서버는 A 타입(192.0.43.10)과 AAAA 타입(2620:0:2D0:200::10)을 PC에게 알려주는 역할을 합니다.

LTE UE가 IPv4-Only이면 192.0.43.10 주소, IPv6-Only이면 2620:0: 2D0:200::10 주소로 접속을 시도합니다. 만약 LTE UE이 듀얼 스택 기능이 활성화돼 있다면 운영 체제마다 IPv4/IPv6 접속 우선순위가 다른데 윈도우 운영 체제와 안드로이드 운영 체제의 경우에는 IPv6 주소로 먼저 접속을 시도합니다.

이제 [그림 6-18]은 NAT64와 DNS64가 있는 LTE 네트워크를 보여주고 있습니다. [그림 6-18]의 네트워크에서 NAT64와 DNS64가 어떤 방식으로 동작하는지 설명하겠습니다.

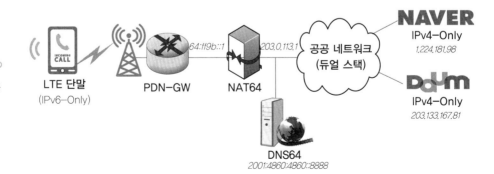

그림 6-18
NAT64와 DNS64가
있는 LTE 네트워크
구성 예

유선 인터넷에 가입된 고객 PC들의 경우에는 IPv6 주소를 DHCPv6 서버로부터 할당받거나 (Stateful Autoconfiguration 방식) IPv6 라우터로부터(Stateless Autoconfiguration 방식) 할당받습니다. 이때 DHCPv6 서버 또는 IPv6 라우터가 각각 전송하는 DHCPv6 Reply 메시지와 RA 메시지 안에는 IPv6 주소뿐 아니라 DNS 서버 주소도 함께 포함돼 있습니다.

LTE 네트워크에서 UE에게 IPv6 주소를 할당해주는 역할은 [그림 6-18]의 PDN-GW가 수행합니다. 그리고 IPv6 핸드폰에게 DNS 서버의 주소를 알려주는 역할도 PDN-GW가 수행합니다. 정확하게는 IPv6 핸드폰이 Attach하는 과정에서 PDN-GW가 전송하는 크리에이트 세션 메시지(Create Session Message) 안에 DNS 서버의 주소가 포함돼 있습니다.[206]

SK텔레콤과 T-Mobile USA는 IPv6-Only UE에게 일반적인 DNS 서버의 주소가 아니라 DNS64 서버의 주소를 알려줍니다. 예를 들어 [그림 6-18]에 있는 DNS64 서버의 주소를 2001:4860:4860::8888[207]이라고 하겠습니다.

LTE 고객이 핸드폰 웹 브라우저에 www.naver.com을 입력하면 LTE 단말은 미리 설정된 DNS64 서버 주소(2001:4860:4860::8888)로 DNS Query 메시지를 보냅니다. 이때 DNS64 서버가 해당 도메인에 해당하는 AAAA 레코드(IPv6 주소)를 갖고 있으면, AAAA 레코드를 포함한 DNS Response 메시지를 전송합니다.

하지만 [그림 6-18]의 네트워크에서 www.naver.com은 오직 IPv4 주소만 갖고 있다고 가정했습니다. 이 경우, 일반적인 DNS 서버라면 A 레코드(1.224.181.98)만 포함한 DNS Response 메시지를 전송합니다. 반면, DNS64 서버는 A 레코드와 AAAA 레코드를 모두 알려주는데, 만약 AAAA 레코드가 없다면, A 레코드(IPv4 주소)를 AAAA 레코드(IPv6 주소)로 변환해 응답합니다. 해당 DNS Response 메시지를 받은 LTE IPv6-Only 단말은 www.naver.com이 IPv4 주소와 IPv6 주소를 모두 갖고 있다고 생각합니다.

DNS64 서버가 IPv4 주소(32비트)를 IPv6 주소(128비트) 형식으로 바꾸는 규칙은 여러 가지가 있으며, 해당 규칙을 설명하는 것이 [그림 6-19]입니다.

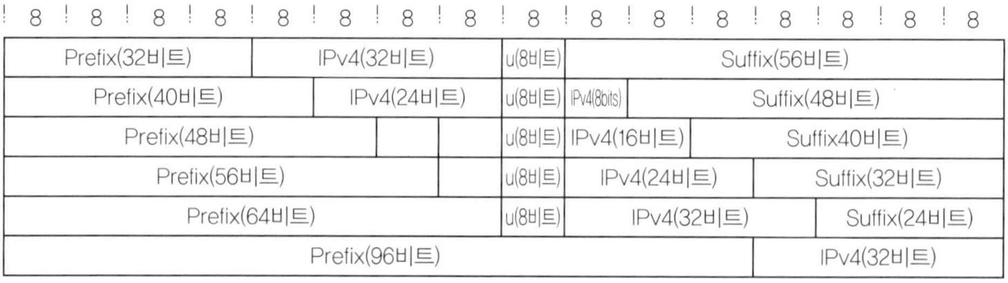

그림 6-19
IPv4-Embedded
IPv6 주소 포맷

8	8	8	8	8	8	8	8	8	8	8	8	8	8	8	8
Prefix(32비트)				IPv4(32비트)				u(8비트)	Suffix(56비트)						
Prefix(40비트)					IPv4(24비트)			u(8비트)	IPv4(8bits)	Suffix(48비트)					
Prefix(48비트)						u(8비트)	IPv4(16비트)		Suffix40비트						
Prefix(56비트)							u(8비트)	IPv4(24비트)			Suffix(32비트)				
Prefix(64비트)								u(8비트)	IPv4(32비트)			Suffix(24비트)			
Prefix(96비트)												IPv4(32비트)			

206 LTE 핸드폰이 LTE 네트워크에 Attach하는 구체적인 프로세스는 3GPP 기술 문서를 참조하기 바랍니다.
207 구글의 공공(Public) DNS 서버 주소입니다. 전 세계에서 가장 널리 사용되는 DNS 서버입니다. 참고로 IPv4 주소는 8.8.8.8입니다.

- **Prefix**: 전 세계적으로 유일한 'Well-Known Prefix'이거나 네트워크 관리자가 정하는 'Network-Specific Prefix'입니다. 'Well-Known Prefix는 64:FF9B::/96'입니다.
- **u, Suffix**: Reserved Bits입니다. 현재는 모두 '0'으로 세팅됩니다.

IPv4 주소와 IPv6 주소 간의 주소 변환 알고리즘 대한 좀 더 자세한 내용은 RFC 6052 문서 ('IPv6 Addressing of IPv4/IPv6 Translators')를 참조하기 바랍니다. 그리고 DNS64의 더 자세한 동작 방식에 대해 알고 싶다면 RFC 6147 문서("DNS64: DNS Extensions for Network Address Translation from IPv6 Clients to IPv4 Servers")를 참조하기 바랍니다.

[그림 6-18]의 DNS64 서버가 IPv4 주소를 IPv6 주소로 변환할 때 Well-Known Prefix인 '64:FF9B::/96'을 사용한다고 가정해보겠습니다. 그러면 [그림 6-18]의 DNS64 서버는 www. naver.com의 주소를 '1.224.181.98'와 '64:FF9B::1.224.181.98'로 알려줍니다.

이때 [그림 6-18]의 LTE 단말은 IPv6만 활성화돼 있는 상태이기 때문에 www.naver.com 에 접속하기 위해 목적지 주소가 '64:FF9B::1.224.181.98'인 IPv6 패킷을 전송합니다.

DNS64의 동작 방식에서 눈여겨봐야 할 부분은 IPv4-Only 콘텐츠 서버의 IPv4 주소는 DNS64 서버에 의해 IPv6 주소로 변환되는데, 이때 IPv6 주소의 상위 96비트가 '64:FF9B::/96' 이 된다는 사실입니다. 따라서 네트워크 관리자가 목적지 주소가 '64:FF9B::/96'인 모든 IPv6 패킷들을 64:FF9B::1([그림 6-20]의 NAT64 장비의 인터페이스 주소)로 향하도록 라우팅 설정을 하면 www.naver.com과 www.daum.net 등 IPv4-Only 콘텐츠 서버로 향하는 모든 IPv6 패킷은 결국 NAT64 장비로 향합니다.

NAT64 장비는 자신에게 들어오는 모든 IPv6 패킷은 IPv4 패킷으로 변환해야 하는 패킷으로 간주합니다. 따라서 NAT64 장비는 Ingress 패킷의 Destination IPv6 주소(예 64:FF9B:: 1.224.181.98) 128비트 중에서 LSB 32비트(예 1.224.181.98)를 목적지 주소로 하는 IPv4 패킷으로 변환해 보냅니다.

즉 [그림 6-20]에서와 같이 LTE UE와 NAT64 장비는 IPv6 통신, NAT64 장비와 공공 네트 워크 간은 IPv4 통신을 합니다.

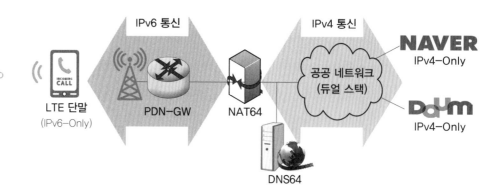

그림 6-20
IPv6 통신과 IPv4
통신을 연결해주는
NAT64

NAT64 장비가 IPv6 패킷과 IPv4 패킷을 서로 교환하기 위해서는 IPv6 패킷의 출발지/목적지 주소와 IPv4 패킷의 출발지/목적지 주소를 관리하는 테이블이 있어야 합니다. 이런 IP 주소 교환 테이블을 생성하고 관리하는 알고리즘에 따라 NAT64 장비는 Stateless NAT64와 Stateful NAT64로 나뉩니다.

IPv6 주소와 IPv4 주소를 1:1로 변환하는 NAT64를 Stateless NAT64라고 합니다. 1:1으로 변환하기 때문에 IPv6 주소와 IPv4 주소 간의 교환 테이블을 관리하는 데 큰 어려움이 없습니다.

[표 6-4]는 Stateless NAT64 장비의 IP 주소 교환 테이블 예를 보여주고 있습니다.

표 6-4
Stateless NAT64의
IP 주소 교환 테이블
예

LTE UE	UE IPv6 주소	IPv4 주소
UE #1	2001:DB8:1::122:34F2	192.0.2.1
UE #2	2001:DB8:2::A42:12:F4F2	192.0.2.2
UE #3	2001:DB8:3::1D2:F48:23F2	192.0.2.3
UE #4	2001:DB8:4::372D:2242:34F2:A3	192.0.2.3

예를 들어 LTE UE #1의 IPv6 주소가 2001:DB8:1::122:34F2라고 가정해보겠습니다. LTE UE #1가 www.naver.com으로 보내는 IPv6 패킷은 출발지 주소가 2001:DB8:1::122:34F2가 되며, 목적지 주소는 64:FF9B:: 1.224.181.98 주소가 됩니다. 네트워크 라우팅 정책에 의해 해당 IPv6 패킷은 NAT64 장비가 수신하게 되며, NAT64 장비는 해당 IPv6 패킷을 목적지 주소가 1.224.181.98이고 출발지 주소가 192.0.2.1인 IPv4 패킷으로 변환해 전송합니다. 해당 패킷을 수신한 www.naver.com의 서버는 목적지 주소가 192.0.2.1인 IPv4 패킷을 전송합니다. 목적지 주소가 192.0.2.1인 IPv4 패킷을 수신한 NAT64 장비는 [표 6-4]에 의해 목적지 주소를 2001:DB8:1::122:34F2로 바꿉니다.

이처럼 Stateless NAT64 장비는 IPv4 패킷과 IPv6 패킷 간의 교환에 별다른 기술적인 어려움이 없습니다. 하지만 [표 6-4]처럼 교환해야 하는 IPv6 주소의 수만큼 IPv4 주소가 필요하기 때문에 IPv4 주소 고갈 문제에는 전혀 도움이 되지 않습니다. 따라서 IPv6 상용 서비스를 하는 이동통신 사업자들이 사용하는 NAT64 장비는 Stateful NAT64입니다.

Stateful NAT64 장비는 n개의 IPv6 주소를 1개의 IPv4 주소로 변환합니다. 1개의 IPv4 주소에 대응하는 IPv6 주소가 n개이다 보니 IPv4 주소와 IPv6 주소 간의 교환 테이블을 생성하고 관리하는 것이 굉장히 복잡해집니다. Stateful NAT64의 자세한 IP 주소 변환 알고리즘은 RFC 6146, 'Stateful NAT64: Network Address and Protocol Translation from IPv6 Clients to IPv4 Servers'를 참조하기 바랍니다.

지금까지 설명한 것을 볼 때 DNS64와 NAT64를 도입하면 LTE IPv6-Only 고객들에게 인터넷 서비스를 완벽하게 제공할 수 있어 보입니다. 하지만 DNS64와 NAT64로도 해결하지 못하는 문제가 있습니다. 바로 IPv4 주소가 하드 코딩(Hard Coding)된 애플리케이션들 때문입니다.

IP 주소가 하드 코딩됐다는 의미는 애플리케이션 소스에 www.naver.com과 같은 도메인 주소 대신 1.224.181.98과 같은 IP 주소를 명시적으로 표기했다는 의미입니다.[208]

LTE IPv6-Only 단말이 하드 코딩된 애플리케이션을 실행하게 될 경우, IPv4 주소(예 1.224.181.98)를 해석할 수 없으므로 프로그램 오류가 생깁니다. 이런 IPv4 주소가 하드 코딩된 애플리케이션에서도 IPv6 인터넷 통신이 가능하게 만든 것이 Lesson 6에서 설명하는 464XLAT IPv6 전환 기술입니다.

6

---

208 사실 이런 하드 코딩 방식은 매우 좋지 않은 프로그래밍 습관이며, 프로그램의 유지 보수를 조금이라도 고려하는 프로그래머라면 절대로 사용하지 말아야 하는 코딩 방식입니다. 애플 마켓의 경우에는 애플리케이션들을 철저하게 통제하고 있어 이런 하드 코딩 방식은 엄격히 금지하고 있습니다. 반면, 안드로이드 마켓은 애플리케이션들을 통제하지 않는 관계로 이런 하드 코딩 방식의 애플리케이션이 꽤 있습니다.

464XLAT

464XLAT는 애플리케이션의 IPv4 주소 하드 코딩(Hard Coding) 이슈를 해결하기 위해 도입된 IPv6 전환 기술입니다.

RFC 6877 문서(464XLAT, Combination of Stateful and Stateless Translation)에 정의돼 있으며, 2018년 3월 현재 Informational 단계입니다. 비록 정보(Information) 단계의 RFC 문서이긴 하지만, SK텔레콤을 비롯한 여러 이동 통신 사업자가 464XLAT를 채택함으로써 IPv6 전환을 성공적으로 달성했습니다. 따라서 IETF 내 IPv6 Operations(v6ops) 워킹 그룹에서 RFC 6877 문서를 보안해 표준 트랙으로 추진하는 사람들이 있습니다.

안드로이드 운영 체제에서는 2014년 이전에 이미 기본 장착된 기능입니다. 반면, 윈도우 운영 체제에서는 2017년 10월에서야 윈도우 10 Autumn Creators 업데이트에 포함됐습니다.

[그림 6-21]은 464XLAT 시스템 구조(System Architecture)를 보여주고 있습니다.

그림 6-21
464XLAT 시스템
아키텍처

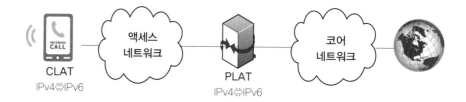

464XLAT는 두 번의 IP 변환이 이뤄집니다. LTE UE에서 수행되는 CLAT(Customer-side transLATor)와 LTE 코어 네트워크에서 수행되는 PLAT(Provider-side transLATor)입니다.

CLAT는 IPv4와 IPv6 변환, PLAT는 IPv6와 IPv4 변환을 수행합니다. 사실 PLAT의 동작 방식은 NAT64의 동작 방식과 동일합니다. 464XLAT의 이름은 IP가 변환되는 순서(IPv4 ↔ IPv6 ↔ IPv4)와 수학에서 미지수를 뜻하는 x(CLAT또는 PLAT)를 결합해 붙인 것입니다.

지금부터 464XLAT 동작 방식에 대해 설명하겠습니다.

LTE IPv6-Only 단말은 3GPP 규격에 의해 프리픽스 64인 글로벌 유니캐스트 주소를 PDN-

GW로부터 할당받습니다.[209] 그리고 자신의 Interface ID를 LSB 64비트에 추가함으로써 글로벌 유니캐스트 주소 128비트 주소를 생성합니다.

보통의 IPv6-Only 단말이라면 인터넷 통신 용도로 IPv6 주소를 1개만을 갖지만, CLAT 기능이 동작하는 단말은 CLAT 인터페이스가 추가돼 IPv4 주소 1개와 IPv6 주소 1개를 추가로 생성합니다. IPv4 주소는 안드로이드 운영 체제의 경우, 모두 동일한 192.0.0.4가 생성됩니다. CLAT 인터페이스의 IPv6 주소는 PDN-GW로부터 할당받은 프리픽스 64비트에 '::464'라는 서픽스(Suffix)를 붙여 128비트를 생성합니다. 이때 PDN-GW가 할당하는 프리픽스 64비트는 전역 고유(Globally Unique)한 프리픽스입니다. 따라서 CLAT 인터페이스의 IPv6 주소 역시 전역 고유(Globally Unique)한 IPv6 주소가 됩니다.

CLAT 기능이 활성화돼 있는 LTE IPv6-Only 단말이 PDN-GW로부터 2001:DB8::/64 프리픽스를 할당 받았다면, [표 6-5]와 같이 인터넷 통신 용도로 2개의 IPv6 글로벌 유니캐스트 주소와 1개의 IPv4 더미 주소(Dummy Address)를 생성합니다.

표 6-5
CLAT 기능이 활성화
돼 있는 LTE IPv6-
Only 단말의 IP 주소
현황 예

구분	IP 주소	비고
기존 인터넷 통신 인터페이스	2001:DB8::879:2296	PDN-GW로부터 할당받은 Prefix 64비트와 자신의 Interface ID를 결합
CLAT 인터페이스	192.0.0.4	고정 IPv4 주소
	2001:DB8::464	PDN-GW로부터 할당받은 Prefix 64비트와 Suffix (::464)를 결합

[표 6-5]의 LTE 단말이 애플리케이션을 실행할 때 프로그램 소스에서 도메인 주소를 만나면, 해당 단말은 기존 인터넷 통신 인터페이스로 DNS 쿼리 메시지를 보냅니다. 하지만 [표 6-5]의 단말이 애플리케이션을 실행할 때 프로그램 소스에서 하드 코딩된 IPv4 주소(예 1.224.181.98)를 만나면 LTE 단말은 CLAT 동작을 실행시킵니다.

LTE 단말이 애플리케이션을 실행하는 도중에 IPv4 주소를 만났으므로 CLAT는 우선 IPv4 패킷을 생성합니다. 이때 IPv4 패킷의 목적지 주소는 하드 코딩된 IPv4 주소(예 1.224.181.98)가 되며, 출발지 주소는 CLAT 인터페이스의 IPv4 주소인 192.0.0.4가 됩니다.

그리고 CLAT는 IPv4 패킷을 IPv6 패킷으로 변환합니다. IPv6 패킷의 목적지 주소를 생성하려면 IPv4 주소를 IPv6 주소로 변환해야 하는데, 이때 사용하는 방법이 Well-Known 프리픽스인 '64:FF9B::/96'를 붙이는 방식입니다. 그리고 IPv6 패킷의 출발지 주소는 CLAT 인터페이스의 IPv6 주소가 됩니다.

209 사실 VoLTE(Voice over LTE) 용도로 IPv6 주소를 하나 더 할당받지만, 이 책에서는 인터넷 용도로 할당받는 IPv6 주소만을 고려하겠습니다. VoLTE용 애플리케이션은 모두 이동통신 사업자가 직접 개발하거나 통제하는 프로그램들이기 때문에 IP 주소가 하드 코딩하는 수준 낮은 프로그램들이 없으며, 이로 인해 VoLTE 애플리케이션들은 464XLAT를 사용할 일이 없기 때문입니다.

따라서 [표 6-5]의 IPv6-Only 단말이 하드 코딩된 1.224.181.98 주소를 만나면 CLAT 알고리즘을 통해 출발지 주소가 2001:DB8::464이고, 목적지 주소가 64:FF9B::1E0:B563인 IPv6 패킷을 전송합니다.

네트워크 관리자가 '64:FF9B::/64'인 IPv6 패킷들은 모두 PLAT(NAT64) 장비로 전달되도록 라우팅 설정을 했기 때문에 CLAT 인터페이스가 전송하는 IPv6 패킷들은 모두 PLAT(NAT64)로 전달됩니다.

PLAT의 동작 방식은 NAT64와 동일합니다. 즉, PLAT는 IPv6 패킷을 다시 목적지 주소가 1.224.181.98인 IPv4 패킷으로 변환해 전송합니다. 결국 www.naver.com 서버는 해당 IPv4 패킷을 수신하게 됩니다.

IPv6 프로토콜이 개발된 이후 오랫동안 IPv6 전환 기술들에 대한 연구가 진행됐습니다. 하지만 대다수의 IPv6 전환 기술들은 테스트 베드 또는 소규모 네트워크에서 시범 서비스를 진행한 것이 전부였고, 지금까지 실제 상용 고객들을 대상으로 검증된 적이 없었습니다.

대형 ISP의 모바일 네트워크에서 실제 상용 고객들을 대상으로 IPv6 전환 기술이 적용된 것은 NAT64/DNS64와 464XLAT 기술이 처음입니다.

T-Mobile USA가 세계 최초로 LTE 네트워크에 IPv6를 적용하긴 했지만, 소수의 애플리케이션에 한정된 IPv6 적용이었습니다. 반면 SK텔레콤은 2014년 당시에 서비스되고 있는 1,500여 개의 애플리케이션들에 대해 464XLAT 알고리즘 안정성 테스트를 진행해 기술 검증을 완료했고, 결국 2014년 9월부로 LTE 네트워크에 수용된 모든 상용 가입자에게 IPv6 주소를 할당해 IPv6 상용 서비스를 시작했습니다.

SK텔레콤의 IPv6 상용 서비스로 인해 NAT64/DNS64와 464XLAT 알고리즘에 대한 안정성이 검증됐고, 이로 인해 전 세계 이동통신 사업자들이 LTE 네트워크에 IPv6를 적용하기 시작했습니다.

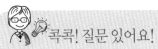

콕콕! 질문 있어요!

Q IPv6 전문가가 되기 위한 역량을 쌓기 위해 어떤 것부터 하는 것이 좋을지 조언을 듣고 싶습니다. 제 꿈은 개발 도상국에서 진정한 End-to-End IPv6 망을 구축하는 것입니다. 이를 위해서는 지금부터라도 해당 분야에 대한 역량을 기르고 싶습니다. 우선 선배님의 IPv6 이해 개정판 버전이 나오면 바로 구매할 예정입니다! 다른 추천해주실 만한 도서가 있으면 참고하겠습니다(2018. 4. 9, 소OO 님).

A 소OO 님이 지금 학생이신지 회사에 취직한 상태인지 모르겠네요. 소OO 님의 신분에 따라 답변이 크게 다를 거 같아서요. 소OO 님이 학생 신분이라고 가정하고 답변드리겠습니다.

소OO 님이 가장 중요하게 관리해야 할 것은 취직 준비인 것 같습니다. 농담반 진담반입니다. 취직이 안 되면 IPv6 전문가, 네트워크 보안 전문가 등과 같은 꿈을 꿀 기회조차 없으니까요.

그래서 우선은 취직을 하는 것이 가장 중요해 보입니다. 이를 위해 학과 공부와 영어 공부를 많이 하시는 것을 개인적으로 추천드립니다. 특히, 개발 도상국에서 IPv6를 구축하는 것이 꿈이라고 하니 영어 공부가 중요해 보입니다.

저희 회사에서도 해외 망을 구축하는 업무가 있습니다. 당연히 인기가 높은 업무입니다. 저 역시 너무나 가고 싶은 팀이고요. 그런데 해당 업무에 지원할 수 있는 자격 조건은 유창한 영어 실력입니다. 사실 망 구축 실력이나 네트워크 지식 등은 그다지 중요하지 않습니다. 프로젝트는 혼자 하는 것이 아니기 때문입니다.

참고로 저 역시 회사 생활을 하면서 영어 실력이 미흡해 놓친 기회가 많습니다. 네트워크 공부는 언제든지 할 수 있지만 영어/전공 공부는 학생 때가 아니면 하기 어렵습니다. 회사에 취직해 네트워크 업무를 하게 된다면 시스코 사에서 나온 네트워크 기본서를 읽어보는 것을 추천드립니다.

부록

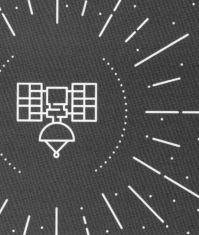

Understanding

IPv6 Network

참고 문헌

RFC 문서 외 서적 및 기타 문서

[001] Ruud Louwersheimer, 『Implementing Anycast in IPv4 네트워크』, 2004.

[002] Silvia, 『IPv6 Essentials 2nd Edition』, O'REILLY, 2009.

[003] 피터전, 『Dynamips』, NEVER STOP, 2010.

[004] 진강훈, 『후니의 쉽게 쓴 시스코 네트워킹(3rd Edition)』, 성안당, 2011.

[005] 고득녕, 『명품 IPv6 Migration』, Korea IPv6 Day, 2012.

[006] 고득녕, 『LTE 무선 환경에서의 IPv6 보안 이슈 및 대응 방안 소개』, IoT를 위한 IPv6 전략 컨퍼런스, 2014.

[007] 고득녕, 『Applying IPv6 to LTE Networks』, IPv6 World Congress, 2015.

[008] 고득녕, 『Applying IPv6 to LTE Networks』, APNIC40, 2015.

[009] 고득녕, 『LTE 네트워크의 IPv6 전환 기술들』, OSIA standards & technology review, 2018.

[010] Cisco IOS IPv6 Configuration Guide Release 12. 4.

[011] 김윤석, 『Multicast 와 IPTV(Cisco 장비에서의 이론 및 실무)』, 미출간

RFC(Request for Comments)

[001] RFC 1045, "VMTP: Versatile Message Transaction Protocol: Protocol specification", 1988.

[002] RFC 1075, "Distance Vector Multicast Routing Protocol", 1988.

[003] RFC 1122, "Requirements for Internet Hosts – Communication Layers", 1989.

[004] RFC 2080, "RIPng for IPv6", 1997.

[005] RFC 2328, "OSPF Version 2", 1998.

[006] RFC 2460, "Internet Protocol, Version 6 Specification", 1998.

[007] RFC 2464, "Transmission of IPv6 Packets over Ethernet Networks", 1998.

[008] RFC 2467, "Transmission of IPv6 Packets over FDDI Networks", 1998.

[009] RFC 2470, "Transmission of IPv6 Packets over Token Ring Networks", 1998.

[010] RFC 2492, "IPv6 over ATM Networks", 1999.

[011] RFC 2590, "Transmission of IPv6 Packets over Frame Relay Networks Specification", 1999.

[012] RFC 2710, "Multicast Listener Discovery(MLD) for IPv6", 1999.

[013] RFC 2711, "IPv6 Router Alert Option", 1999.

[014] RFC 2766, "Network Address Translation – Protocol Translation(NAT–PT)", 2000.

[015] RFC 3056, "Connection of IPv6 Domains via IPv4 Clouds", 2001.

[016] RFC 3111, "Service Location Protocol Modifications for IPv6", 2001.

[017] RFC 3259, "A Message Bus for Local Coordination", 2002.

[018] RFC 3306, "Unicast–Prefix–based IPv6 Multicast Addresses", 2002.

[019] RFC 3307, "Allocation Guidelines for IPv6 Multicast Address", 2002.

[020] RFC 3315, "Dynamic Host Configuration Protocol for IPv6(DHCPv6)", 2003.

[021] RFC 3319, "Dynamic Host Configuration Protocol(DHCPv6) Options for Session Initiation Protocol(SIP) Servers", 2003.

[022] RFC 3590, "Source Address Selection for the MLD Protocol", 2003.

[023] RFC 3596, "DNS Extensions to Support IP Version 6", 2003.

[024] RFC 3633, "IPv6 Prefix Options for DHCPv6", 2003.

[025] RFC 3646, "DNS Configuration options for Dynamic Host Configuration Protocol for IPv6(DHCPv6)", 2003.

[026] RFC 3736, "Stateless Dynamic Host Configuration Protocol(DHCP) Service for IPv6", 2004.

[027] RFC 3849, "IPv6 Address Prefix Reserved for Documentation", 2004.

[028] RFC 3879, "Deprecating Site Local Addresses", 2004.

[029] RFC 3898, "Network Information Service(NIS) Configuration Options for Dynamic Host Configuration Protocol for IPv6(DHCPv6)", 2004.

[030] RFC 3973, "Protocol Independent Multicast — Dense Mode(PIM—DM)：
Protocol Specification(Revised)", 2005.

[031] RFC 4038, "Application Aspects of IPv6 Transition", 2005.

[032] RFC 4075, "Simple Network Time Protocol(SNTP) Configuration Option for
DHCPv6", 2005.

[033] RFC 4191, "Default Router Preference and More—Specific Routes", 2005.

[034] RFC 4193, "Unique Local IPv6 Unicast Address", 2005.

[035] RFC 4213, "Basic Transition Mechanisms for IPv6 Hosts and Routers", 2005.

[036] RFC 4241, "A Model of IPv6/IPv4 Dual Stack Internet Access Service", 2005.

[037] RFC 4242, "Information Refresh Time Option for Dynamic Host Configuration
Protocol for IPv6(DHCPv6)", 2005.

[038] RFC 4280, "Dynamic Host Configuration Protocol(DHCP) Options for
Broadcast and Multicast Control Servers", 2005.

[039] RFC 4286, "Multicast Router Discovery", 2005.

[040] RFC 4291, "IP Version 6 Addressing Architecture", 2006.

[041] RFC 4311, "IPv6 Host—to—Router Load Sharing", 2005.

[042] RFC 4380, "Teredo：Tunneling IPv6 over UDP through Network Address
Translations(NATs)", 2006.

[043] RFC 4443, "Internet Control Message Protocol for IPv6 Specification", 2006.

[044] RFC 4580, "Dynamic Host Configuration Protocol for IPv6(DHCPv6) Relay
Agent Subscriber—ID Option", 2006.

[045] RFC 4605, "IGMP/MLD—Based Multicast Forwarding(IGMP/MLD Proxying)",
2006.

[046] RFC 4607, "Source—Specific Multicast for IP", 2006.

[047] RFC 4620, "IPv6 Node Information Queries", 2006.

[048] RFC 4704, "The Dynamic Host Configuration Protocol for IPv6(DHCPv6)
Client Fully Qualified Domain Name(FQDN) Option", 2006.

[049] RFC 4776, "Dynamic Host Configuration Protocol(DHCPv4 and DHCPv6)
Option for Civic Addresses Configuration Information", 2006.

[050] RFC 4786, Operation of Anycast Services, 2006.

[051] RFC 4795, "Link—Local Multicast Name Resolution(LLMNR)", 2007.

[052] RFC 4833, "Timezone Options for DHCP", 2007.

[053] RFC 4843, "An IPv6 Prefix for Overlay Routable Cryptographic Hash Identifiers(ORCHID)", 2007.

[054] RFC 4861, "Neighbor Discovery for IPv6", 2007.

[055] RFC 4862, "IPv6 Stateless Address Autoconfiguration", 2007.

[056] RFC 4941, "Privacy Extensions for Stateless Address Autoconfiguration in IPv6", 2007.

[057] RFC 4994, "DHCPv6 Relay Agent Echo Request Option", 2007.

[058] RFC 5007, "DHCPv6 Leasequery", 2007.

[059] RFC 5082, "The Generalized TTL Security Mechanism(GTSM)", 2007.

[060] RFC 5180, "IPv6 Benchmarking Methodology for Network Interconnect Devices", 2008.

[061] RFC 5192, "DHCP Options for Protocol for Carrying Authentication for Network Access(PANA) Authentication Agents", 2008.

[062] RFC 5223, "Discovering Location-to-Service Translation(LoST) Servers Using the Dynamic Host Configuration Protocol(DHCP)", 2008.

[063] RFC 5352, "Aggregate Server Access Protocol(ASAP)", 2008.

[064] RFC 5415, "Control And Provisioning of Wireless Access Points(CAPWAP) Protocol Specification", 2009.

[065] RFC 5417, "Control And Provisioning of Wireless Access Points(CAPWAP) Access Controller DHCP Option", 2009.

[066] RFC 5460, "DHCPv6 Bulk Leasequery", 2009.

[067] RFC 5498, "IANA Allocations for Mobile Ad Hoc Network(MANET) Protocols", 2009.

[068] RFC 5678, "Dynamic Host Configuration Protocol(DHCPv4 and DHCPv6) Options for IEEE 802.21 Mobility Services(MoS) Discovery", 2009.

[069] RFC 5737, "IPv4 Address Blocks Reserved for Documentation", 2010.

[070] RFC 5798, "Virtual Router Redundancy Protocol(VRRP) Version 3 for IPv4 and IPv6", 2010.

[071] RFC 5905, "Network Time Protocol Version 4: Protocol and Algorithms Specification", 2010.

[072] RFC 5908, "Network Time Protocol(NTP) 서버 Option for DHCPv6", 2010.

[073] RFC 5952, "A Recommendation for IPv6 Address Text Representation", 2010.

[074] RFC 5969, "IPv6 Rapid Deployment on IPv4 Infrastructures(6rd) − −Protocol Specification", 2010.

[075] RFC 5970, "DHCPv6 Options for Network Boot", 2010.

[076] RFC 6011, "Session Initiation Protocol(SIP) User Agent Configuration", 2010.

[077] RFC 6052, "IPv6 Addressing of IPv4/IPv6 Translators", 2010.

[078] RFC 6085, "Address Mapping of IPv6 Multicast Packets on Ethernet", 2011.

[079] RFC 6106, "IPv6 Router Advertisement Options for DNS Configuration", 2010.

[080] RFC 6126, "The Babel Routing Protocol", 2011.

[081] RFC 6142, "ANSI C12.22, IEEE 1703 and MC12.22 Transport Over IP", 2011.

[082] RFC 6147, "DNS64: DNS Extensions for Network Address Translation from IPv6 Clients to IPv4 Servers", 2011.

[083] RFC 6177, "IPv6 Address Assignment to End Sites", 2011.

[084] RFC 6255, "Dynamic Host Configuration Protocol Options for Coordinate−Based Location Configuration Information", 2011.

[085] RFC 6264, "An Incremental Carrier−Grade NAT(CGN) for IPv6 Transition", 2011.

[086] RFC 6294, "Servey of Proposed Use Cases for the IPv6 Flow Label", 2011.

[087] RFC 6334, "Dynamic Host Configuration Protocol for IPv6(DHCPv6) Option for Dual−Stack Lite", 2011.

[088] RFC 6346, "The Address plus Port(A+P) Approach to the IPv4 Address Shortage", 2011.

[089] RFC 6355, "Definition of the UUID−Based DHCPv6 Unique Identifier", 2011.

[090] RFC 6398, "IP Router Alert Considerations and Usage", 2011.

[091] RFC 6422, "Relay−Supplied DHCP Options", 2011.

[092] RFC 6434, "IPv6 Node Requirements", 2011.

[093] RFC 6437, "IPv6 Flow Label Specification", 2011.

[094] RFC 6440, "The EAP Re-authentication Protocol(ERP) Local Domain Name DHCPv6 Option", 2011.

[095] RFC 6550, "RPL: IPv6 Routing Protocol for Low-Power and Lossy Networks", 2012.

[096] RFC 6603, "Prefix Exclude Option for DHCPv6-based Prefix Delegation", 2012.

[097] RFC 6610, "DHCP Options for Home Information Discovery in Mobile IPv6 (MIPv6)", 2012.

[098] RFC 6621, "Simplified Multicast Forwarding", 2012.

[099] RFC 6676, "Multicast Addresses for Documentation", 2012.

[100] RFC 6731, "Improved Recursive DNS Server Selection for Multi-Interfaced Nodes", 2012.

[101] RFC 6674, "Gateway-Initiated Dual-Stack Lite Deployment", 2012.

[102] RFC 6676, "Multicast Addresses for Documentation", 2012.

[103] RFC 6784, "Kerberos Options for DHCPv6", 2012.

[104] RFC 6788, "The Line-Identification Option", 2012.

[105] RFC 6877, "464XLAT: Combination of Stateful and Stateless Translation", 2013.

[106] RFC 8200, "RFC 8200, "Internet Protocol, Version 6(IPv6) Specification", 2017.

약어 및 용어 설명

CRC	Cyclic Redundancy Check, 이더넷에서 가장 널리 사용되는 오류 검출 코드
Client(클라이언트)	특정 서버에 접속해 서비스를 제공받을 수 있는 노드
Data(데이터)	컴퓨터 장비에 입력할 수 있는 비트 스트림으로 이뤄진 정보
Data Format(데이터 포맷)	데이터를 기억하거나 인쇄하기 위해 설정하는 일정한 양식
DAD	Duplicate Address Detection
DHCP	Dynamic Host Configuration Protocol
DHCPv6	Dynamic Host Configuration Protocol for IPv6
DHCP Client	DHCP 서버로부터 여러 네트워크 정보를 얻기 위해 요청하는 노드
DHCP Relay Agent	DHCP 클라이언트와 동일한 링크상에 존재하면서 클라이언트와 DHCP 서버 간에 DHCP 메시지를 전달해주는 노드
DHCP 서버	DHCP 클라이언트의 요청에 응답해주는 노드
DUID	DHCP Unique Identifier
Ethernet(이더넷)	IEEE 802.3로 정의된 근거리 통신망(LAN)의 통신 표준
FCS	Frame Check Sequence, 이더넷 프레임에 오류가 발생했는지 판단하는 코드
Field(필드)	특정한 종류의 데이터를 위해 사용되는 지정된 영역
GPON(지폰)	Gigabit Passive Optical Network. 근거리 통신망보다 통신 거리를 늘리기 위해 광케이블을 이용하는 중·장거리 통신망. 유선 통신 사업자들의 가입자망 네트워크 중 하나로 널리 쓰이고 있음. 정식 명칭은 G.984
GPRS	General Packet Radio Service
GTP	LTE UE(User Equipment)와 LTE 코어 네트워크 간의 통신 방식을 정의한 프로토콜. LTE UE는 IP 패킷을 GTP 패킷에 인캡슐레이션(Encapsulation)한 후에 GTP 패킷을 LTE 코어 네트워크로 전달하고, LTE 코어 네트워크는 IP 패킷을 디캡슐레이션(Decapsulation)한 후에 공공 네트워크로 전달

Header(헤더)	실제 데이터를 정확하게 전송하기 위해 데이터 앞에 추가로 붙이는 데이터 집합
Hop(홉)	IP 네트워크에서 라우터와 라우터 사이의 거리 단위. 1홉(Hop)이라고 하면 자기자신과 바로 인접해 있는 라우터들을 말한다.
Host(호스트)	라우터가 아닌 노드
ICMPv6	Internet Control Message Protocol for IPv6
IEEE(아이 트리플 이)	전기 전자공학 전문가들의 국제 조직. 주요 역할은 전기 전자에 대한 산업 표준 회의를 통해 정하고 이것을 공표해 산업 기기 간의 표준화를 구현
IETF	Internet Engineering Task Force. 인터넷의 원활한 사용을 위한 인터넷 표준 규격을 개발하고 있는 미국 IAB(Internet Architecture Board)의 조사 위원회
Interface(인터페이스)	링크에 연결된 노드의 연결 장비
IoT	Internet of Things. 사물 인터넷
IP	Internet Protocol
IPv6	Internet Protocol version 6
Link(링크)	이더넷(Ethernet), 토큰 링(Token Ring), 프레임 릴레이(Frame Relay) 등에서 통신할 수 있게 만들어주는 물리적인 매체
Link-Layer Address	인터페이스의 링크레이어(Link-Layer) 식별자. MAC 주소, 하드웨어 주소(Hardware Address)와 같은 의미
L1	Layer 1, OSI 7 Layer의 1계층
L2	Layer 2, OSI 7 Layer의 2계층
L3	Layer 3, OSI 7 Layer의 3계층
LSB	Least Significant Bit
LTE UE	LTE User Equipment. LTE 통신을 할 수 있는 단말
MLD	Multicast Listener Discovery
MLQ	Multicast Listener Query
MLR	Multicast Listener Request
MSB	Most Significant Bit
MTU	Maximum Transmission Unit. 링크를 통해 전송할 수 있는 최대 데이터의 양
Multicast Listener	멀티캐스트 패킷의 수신을 원하는 노드

NA	Neighbor Advertisement
NAT	Network Address Translation
Neighbor(이웃) Node	동일한 링크에 연결된 노드
Network(네트워크)	사용자들끼리 통신을 가능케 할 목적으로 구성해놓은 장비, 라우터, 서버 등의 집합
Node(노드)	IP 프로토콜을 이용하는 모든 장비
NS	Neighbor Solicitation
NUD	Neighbor Unreachability Detection
Packet(패킷)	TCP/IP 모델의 인터넷 레이어에서 사용되는 기본 단위. IP 헤더와 페이로드로 구성돼 있음.
Payload(페이로드)	헤더 뒤에 따라붙으며 실제 데이터가 저장되는 공간
PER	Packet Error Ratio
Protocol(프로토콜)	한 장비와 다른 장비 사이에 데이터를 원활히 주고받기 위해 미리 약속한 통신 규약
RA	Router Advertisement
RFC	Request For Comment. 인터넷 기술에 적용 가능한 새로운 연구/혁신/기법 등을 아우르는 메모. 일부 RFC 문서는 인터넷 표준이 되기도 함.
Router(라우터)	IP 패킷을 다른 네트워크에 전달할 수 있는 노드
RS	Router Solicitation
TCP	Transmission Control Protocol
Token Ring	IEEE 802.5로 정의된 근거리 통신망의 통신 표준
Traffic(트래픽)	특징 링크상에 일정 시간 동안 흐르는 데이터들의 집합
UDP	User Datagram Protocol
UE	User Equipment
URL	Uniform Resource Locator. 네트워크상에서 자원의 위치를 알려주는 식별자. 일반적으로 웹 주소를 일컬음.

IP 주소 할당 현황

전 세계 IPv4 주소 할당 현황[1]

순위	국가 또는 지역	IP 주소	비율	인구 수[2]	인구 1,000명당 IP 주소
	World	4,294,967,296	100	7,021,836,029	611.66
1	United States	1,541,605,760	35.9	313,847,465	4911.96
2	China	330,321,408	7.7	1,343,239,923	245.91
3	Japan	202,183,168	4.7	127,368,088	1587.39
4	United Kingdom	123,500,144	2.9	63,047,162	1958.85
5	Germany	118,132,104	2.8	81,305,856	1452.93
6	Korea, South	112,239,104	2.6	48,860,500	2297.13
7	France	95,078,032	2.2	65,630,692	1448.68
8	Canada	79,989,760	1.9	34,300,083	2332.06
9	Italy	50,999,712	1.2	61,261,254	832.5
10	Brazil	48,572,160	1.1	205,716,890	236.11

RIR별 IPv6 글로벌 유니캐스트 주소 할당 현황[3]

프리픽스	지명	날짜	후이즈(Whois)[4]	상태
2001:0000::/23	IANA	1999-07-01	whois.iana.org	ALLOCATED
2001:0200::/23	APNIC	1999-07-01	whois.apnic.net	ALLOCATED
2001:0400::/23	ARIN	1999-07-01	whois.arin.net	ALLOCATED
2001:0600::/23	RIPE NCC	1999-07-01	whois.ripe.net	ALLOCATED

1 2012년 4월 2일 기준(자료 출처: http://en.wikipedia.org/wiki/List_of_countries_by_IPv4_Address_allocation#cite_note-3)

2 2012년 말 기준 인구 수입니다.

3 2018년 4월 24일 기준입니다. 자세한 현황은 https://www.iana.org/assignments/ipv6-unicast-address-assignments/ipv6-unicast-address-assignments.xhtml에서 얻을 수 있습니다.

4 좀 더 자세한 사용 현황은 각 RIR별 WHOIS에서 조회하면 얻을 수 있습니다. 우리나라의 IP 주소 할당 현황을 검색하는 사이트는 http://whois.kisa.or.kr/kor/입니다.

프리픽스	지명	날짜	후이즈(Whois)	상태
2001:0800::/23	RIPE NCC	2002-05-02	whois.ripe.net	ALLOCATED
2001:0A00::/23	RIPE NCC	2002-11-02	whois.ripe.net	ALLOCATED
2001:0C00::/23	APNIC	2002-05-02	whois.apnic.net	ALLOCATED
2001:0E00::/23	APNIC	2003-01-01	whois.apnic.net	ALLOCATED
2001:1200::/23	LACNIC	2002-11-01	whois.lacnic.net	ALLOCATED
2001:1400::/23	RIPE NCC	2003-02-01	whois.ripe.net	ALLOCATED
2001:1600::/23	RIPE NCC	2003-07-01	whois.ripe.net	ALLOCATED
2001:1800::/23	ARIN	2003-04-01	whois.arin.net	ALLOCATED
2001:1A00::/23	RIPE NCC	2004-01-01	whois.ripe.net	ALLOCATED
2001:1C00::/22	RIPE NCC	2001-05-04	whois.ripe.net	ALLOCATED
2001:2000::/20	RIPE NCC	2001-05-04	whois.ripe.net	ALLOCATED
2001:3000::/21	RIPE NCC	2001-05-04	whois.ripe.net	ALLOCATED
2001:3800::/22	RIPE NCC	2001-05-04	whois.ripe.net	ALLOCATED
2001:3C00::/22	IANA	–	–	RESERVED
2001:4000::/23	RIPE NCC	2004-06-11	whois.ripe.net	ALLOCATED
2001:4200::/23	AFRINIC	2004-06-01	whois.afrinic.net	ALLOCATED
2001:4400::/23	APNIC	2004-06-11	whois.apnic.net	ALLOCATED
2001:4600::/23	RIPE NCC	2004-08-17	whois.ripe.net	ALLOCATED
2001:4800::/23	ARIN	2004-08-24	whois.arin.net	ALLOCATED
2001:4A00::/23	RIPE NCC	2004-10-15	whois.ripe.net	ALLOCATED
2001:4C00::/23	RIPE NCC	2004-12-17	whois.ripe.net	ALLOCATED
2001:5000::/20	RIPE NCC	2004-09-10	whois.ripe.net	ALLOCATED
2001:8000::/19	APNIC	2004-11-30	whois.apnic.net	ALLOCATED
2001:A000::/20	APNIC	2004-11-30	whois.apnic.net	ALLOCATED
2001:B000::/20	APNIC	2006-03-08	whois.apnic.net	ALLOCATED
2002:0000::/16	6to4	2001-02-01	–	ALLOCATED
2003:0000::/18	RIPE NCC	2005-01-12	whois.ripe.net	ALLOCATED
2400:0000::/12	APNIC	2006-10-03	whois.apnic.net	ALLOCATED
2600:0000::/12	ARIN	2006-10-03	whois.arin.net	ALLOCATED
2610:0000::/23	ARIN	2005-11-17	whois.arin.net	ALLOCATED
2620:0000::/23	ARIN	2006-09-12	whois.arin.net	ALLOCATED
2800:0000::/12	LACNIC	2006-10-03	whois.lacnic.net	ALLOCATED
2A00:0000::/12	RIPE NCC	2006-10-03	whois.ripe.net	ALLOCATED
2C00:0000::/12	AFRINIC	2006-10-03	whois.afrinic.net	ALLOCATED

프리픽스	지명	날짜	후이즈(Whois)	상태
2D00:0000::/8	IANA	1999-07-01	-	RESERVED
2E00:0000::/7	IANA	1999-07-01	-	RESERVED
3000:0000::/4	IANA	1999-07-01	-	RESERVED
3FFE::/16	IANA	2008-04-01	-	RESERVED
5F00::/8	IANA	2008-04-01	-	RESERVED

우리나라 IPv6 글로벌 유니캐스트 주소 할당 현황[5]

기관명	시작 주소	프리픽스	할당일
(주) 엘지씨엔에스	2400:3300::	/32	20110407
(주)가비아	2401:9EC0::	/32	20170811
(주)다우기술	2403:3E00::	/32	20100707
(주)아프리카티비	2406:6600::	/32	20110124
(주)엘지유플러스	2001:0270::	/32	20000908
	2001:0ED0::	/32	20040418
	2001:4430::	/32	20050706
	2001:0E78::	/32	20040317
	2406:5900::	/32	20130306
(주)이지오스	2405:C000::	/32	20070509
(주)이호스트데이터센터	2407:0B00::	/32	20130529
(주)퍼플스톤즈	2001:0EF8::	/32	20040524
(주)한국데이터통신	2405:3500::	/32	20120921
(주)한국무역정보통신	2001:0EB8::	/32	20040407
JCN울산중앙방송(주)	2402:1A00::	/32	20100506
SK(주)	2405:8600::	/32	20101202
금강방송주식회사	2403:6300::	/32	20120326
남인천방송(주)	2407:B800::	/32	20090520
네이버비즈니스플랫폼 주식회사	2402:DE00::	/32	20110107
두루안	2001:0390::	/32	20020207
드림라인(주)	2001:0C48::	/32	20020812
삼성에스디에스(주)	2001:0330::	/32	20010920
	2404:0180::	/28	20060829

5 2018년 8월 21일 기준입니다. 우리나라 IPv6 주소 할당 현황은 http://krnic.kisa.or.kr/jsp/ipas/situation/ ispListIPv6.jsp에서 확인할 수 있습니다.

기관명	시작 주소	프리픽스	할당일
삼정데이터서비스(주)	2403:3700::	/32	20120307
세종텔레콤 주식회사	2001:03A8::	/32	20020402
	2001:0CF0::	/32	20030122
씨디네트웍스	2401:C500::	/32	20110830
에스케이브로드밴드주식회사	2001:0290::	/32	20001030
	2001:0378::	/32	20011218
에스케이텔레콤(주)	2001:02D8::	/32	20010406
	2001:0F28::	/32	20040708
에스케이텔링크주식회사	2001:0E98::	/32	20040329
엔에이치엔엔터테인먼트 주식회사	2405:D880::	/32	20160630
엔티티코리아 주식회사	2001:0D38::	/32	20030515
엘엑스(IP주소 인터넷 서비스 업체)	2402:3100::	/32	20111012
유엘네트웍스	2405:4300::	/32	20120925
주식회사 네트로피	2405:5F00::	/32	20121010
주식회사 넥스지	2402:5800::	/32	20080703
주식회사 딜라이브	2402:BE00::	/32	20100608
주식회사 브이토피아	2406:D700::	/32	20130502
주식회사 씨엠비광주방송	2406:B000::	/32	20080324
	2402:7000::	/32	20080403
	2403:6500::	/32	20120326
주식회사 씨엠비한강케이블티비	2404:2300::	/32	20120607
주식회사 씨제이헬로	2405:7B00::	/32	20121017
주식회사 아이네트호스팅	2001:0F48::	/32	20040806
주식회사 제이엔디통신	2402:6100::	/32	20111101
주식회사 케이아이엔엑스	2001:07FA:0008::	/48	20020402
	2401:2700::	/32	20110615
주식회사 케이티	2001:0220::	/32	19991006
	2001:0280::	/32	20000927
	2001:02B0::	/32	20010102
	2001:0E60::	/32	20040213
	2001:0EA8::	/32	20040331
	2001:0EF0::	/32	20040524
	2400:0000::	/20	20050601

기관명	시작 주소	프리픽스	할당일
	2001:0EE8::	/32	20040517
	2001:44D0::	/28	20051110
	2401:4000::	/32	20070316
	2406:4000::	/32	20070316
	2401:A800::	/32	20080602
	2405:5800::	/32	20081020
	2407:6500::	/32	20130705
	2407:6700::	/32	20130705
주식회사 티브로드 수원방송	2407:9100::	/32	20130718
	2407:C700::	/32	20130822
	2400:4980::	/32	20131106
	2400:4780::	/32	20131111
	2400:9E80::	/32	20140213
	2400:9F80::	/32	20140213
	2400:A580::	/32	20140218
	2400:E180::	/32	20140415
주식회사 하이라인닷넷	2407:B200::	/32	20110314
주식회사 현대에이치씨엔	2001:0EA0::	/32	20040329
케이디디아이코리아(주)	2400:1800::	/32	20090128
피란하시스템즈	2402:F400::	/32	20100113
하이온넷(주)	2404:0800::	/32	20080912
한국과학기술정보연구원	2001:0320::	/32	20010823
한국교육전산망협의회	2001:0E70::	/32	20040317
	2402:0000::	/22	20061107
한국데이터	2406:6800::	/32	20090402
한국정보화진흥원	2407:C000::	/32	20070522
	2406:D000::	/32	20080204
한국케이블TV푸른방송(주)	2407:2000::	/32	20070716
호스트웨이아이디씨(주)	2406:AD00::	/32	20130410
효성ITX	2407:3500::	/32	20130618

IPv6 멀티캐스트 주소 현황

노드-로컬 범위 멀티캐스트 주소(Node-Local Scope Multicast Address)

주소	설명	참고
FF01:0:0:0:0:0:0:1	All Nodes Address	[RFC4291]
FF01:0:0:0:0:0:0:2	All Routers Address	[RFC4291]

링크-로컬 범위 멀티캐스트 주소(Link-Local Scope Multicast Address)

주소	설명	참고
FF02:0:0:0:0:0:0:1	All Nodes Address	[RFC4291]
FF02:0:0:0:0:0:0:2	All Routers Address	[RFC4291]
FF02:0:0:0:0:0:0:3	Unassigned	–
FF02:0:0:0:0:0:0:4	DVMRP Routers	[RFC1075]
FF02:0:0:0:0:0:0:5	OSPFIGP	[RFC2328]
FF02:0:0:0:0:0:0:6	OSPFIGP Designated Routers	[RFC2328]
FF02:0:0:0:0:0:0:7	ST Routers	[RFC1190]
FF02:0:0:0:0:0:0:8	ST Hosts	[RFC1190]
FF02:0:0:0:0:0:0:9	RIP Routers	[RFC2080]
FF02:0:0:0:0:0:0:A	EIGRP Routers	–
FF02:0:0:0:0:0:0:B	Mobile-Agents	–
FF02:0:0:0:0:0:0:C	SSDP	–
FF02:0:0:0:0:0:0:D	All PIM Routers	–
FF02:0:0:0:0:0:0:E	RSVP-ENCAPSULATION	–
FF02:0:0:0:0:0:0:F	UPnP	–
FF02:0:0:0:0:0:0:10	All-BBF-Access-Nodes	[RFC6788]
FF02:0:0:0:0:0:0:12	VRRP	[RFC5798]
FF02:0:0:0:0:0:0:16	All MLDv2-Capable Routers	[RFC3810]
FF02:0:0:0:0:0:0:1A	all-RPL-Nodes	[RFC6550]
FF02:0:0:0:0:0:0:6A	All-Snoopers	[RFC4286]

주소	설명	참고
FF02:0:0:0:0:0:0:6B	PTP-pdelay	−
FF02:0:0:0:0:0:0:6C	Saratoga	−
FF02:0:0:0:0:0:0:6D	LL-MANET-Routers	[RFC5498]
FF02:0:0:0:0:0:0:6E	IGRS	−
FF02:0:0:0:0:0:0:6F	iADT Discovery	−
FF02:0:0:0:0:0:0:FB	mDNSv6	−
FF02:0:0:0:0:0:1:1	Link Name	−
FF02:0:0:0:0:0:1:2	All-dhcp-agents	[RFC3315]
FF02:0:0:0:0:0:1:3	Link-Local Multicast Name Resolution	[RFC4795]
FF02:0:0:0:0:0:1:4	DTCP Announcement	−
FF02:0:0:0:0:0:1:5	afore_vdp	−
FF02:0:0:0:0:0:1:63	Babel	[RFC6126]
FF02::1:FF00:0000/104	Solicited-Node Address	[RFC4291]
FF02:0:0:0:0:2:FF00::/104	Node Information Queries	[RFC4620]

사이트-로컬 범위 멀티캐스트 주소(Site-Local Scope Multicast Address)

주소	설명	참고
FF05:0:0:0:0:0:0:2	All Routers Address	[RFC4291]
FF05:0:0:0:0:0:1:3	All-DHCP-Servers	[RFC3315]
FF05:0:0:0:0:0:1:5	SL-MANET-Routers	[RFC6621]

가변 범위 멀티캐스트 주소(Variable Scope Multicast Address)

주소	설명	참고
FF0X:0:0:0:0:0:0:0	Reserved Multicast Address	[RFC4291]
FF0X:0:0:0:0:0:0:C	SSDP	−
FF0X:0:0:0:0:0:0:FB	mDNSv6	−
FF0X:0:0:0:0:0:0:100	VMTP Managers Group	[RFC1045]
FF0X:0:0:0:0:0:0:101	Network Time Protocol(NTP)	[RFC1119] [RFC5905]
FF0X:0:0:0:0:0:0:102	SGI-Dogfight	−
FF0X:0:0:0:0:0:0:103	Rwhod	−
FF0X:0:0:0:0:0:0:104	VNP	−

주소	설명	참고
FF0X:0:0:0:0:0:0:105	Artificial Horizons-Aviator	-
FF0X:0:0:0:0:0:0:106	NSS-Name Service 서버	-
FF0X:0:0:0:0:0:0:107	AUDIONEWS-Audio News Multicast	-
FF0X:0:0:0:0:0:0:108	SUN NIS+Information Service	-
FF0X:0:0:0:0:0:0:109	MTP Multicast Transport Protocol	-
FF0X:0:0:0:0:0:0:10A	IETF-1-LOW-AUDIO	-
FF0X:0:0:0:0:0:0:10B	IETF-1-AUDIO	-
FF0X:0:0:0:0:0:0:10C	IETF-1-VIDEO	-
FF0X:0:0:0:0:0:0:10D	IETF-2-LOW-AUDIO	-
FF0X:0:0:0:0:0:0:10E	IETF-2-AUDIO	-
FF0X:0:0:0:0:0:0:10F	IETF-2-VIDEO	-
FF0X:0:0:0:0:0:0:110	MUSIC-Service	-
FF0X:0:0:0:0:0:0:111	SEANET-TELEMETRY	-
FF0X:0:0:0:0:0:0:112	SEANET-Image	-
FF0X:0:0:0:0:0:0:113	MLOADD	-
FF0X:0:0:0:0:0:0:114	any private experiment	-
FF0X:0:0:0:0:0:0:115	DVMRP on MOSPF	-
FF0X:0:0:0:0:0:0:116	SVRLOC	-
FF0X:0:0:0:0:0:0:117	XINGTV	-
FF0X:0:0:0:0:0:0:118	microsoft-ds	-
FF0X:0:0:0:0:0:0:119	nbc-pro	-
FF0X:0:0:0:0:0:0:11A	nbc-pfn	-
FF0X:0:0:0:0:0:0:11B	lmsc-calren-1	-
FF0X:0:0:0:0:0:0:11C	lmsc-calren-2	-
FF0X:0:0:0:0:0:0:11D	lmsc-calren-3	-
FF0X:0:0:0:0:0:0:11E	lmsc-calren-4	-
FF0X:0:0:0:0:0:0:11F	ampr-info	-
FF0X:0:0:0:0:0:0:120	mtrace	-
FF0X:0:0:0:0:0:0:121	RSVP-encap-1	-
FF0X:0:0:0:0:0:0:122	RSVP-encap-2	-
FF0X:0:0:0:0:0:0:123	SVRLOC-DA	-
FF0X:0:0:0:0:0:0:124	rln-서버	-
FF0X:0:0:0:0:0:0:125	proshare-mc	-
FF0X:0:0:0:0:0:0:126	dantz	-

주소	설명	참고
FF0X:0:0:0:0:0:0:127	cisco—rp—announce	—
FF0X:0:0:0:0:0:0:128	cisco—rp—discovery	—
FF0X:0:0:0:0:0:0:129	gatekeeper	—
FF0X:0:0:0:0:0:0:12A	iberiagames	—
FF0X:0:0:0:0:0:0:12B	X Display	—
FF0X:0:0:0:0:0:0:12C	oap—Multicast	—
FF0X:0:0:0:0:0:0:12D	DvbServDisc	—
FF0X:0:0:0:0:0:0:12E	Ricoh—device—ctrl	—
FF0X:0:0:0:0:0:0:12F	Ricoh—device—ctrl	—
FF0X:0:0:0:0:0:0:130	UPnP	—
FF0X:0:0:0:0:0:0:131	Systech Mcast	—
FF0X:0:0:0:0:0:0:132	omasg	—
FF0X:0:0:0:0:0:0:133	ASAP	[RFC5352]
FF0X:0:0:0:0:0:0:134	unserding	—
FF0X:0:0:0:0:0:0:135	PHILIPS—HEALTH	—
FF0X:0:0:0:0:0:0:136	PHILIPS—HEALTH	—
FF0X:0:0:0:0:0:0:137	Niagara	—
FF0X:0:0:0:0:0:0:138	LXI—Event	—
FF0X:0:0:0:0:0:0:139	LANCOM Discover	—
FF0X:0:0:0:0:0:0:13A	AllJoyn	—
FF0X:0:0:0:0:0:0:13B	GNUnet	—
FF0X:0:0:0:0:0:0:13C	fos4Xdevices	—
FF0X:0:0:0:0:0:0:13D	USNAMES—NET—MC	—
FF0X:0:0:0:0:0:0:13E~ FF0X:0:0:0:0:0:0:13F	Unassigned	—
FF0X:0:0:0:0:0:0:140~ FF0X:0:0:0:0:0:0:14F	EPSON—disc—set	—
FF0X:0:0:0:0:0:0:150~ FF0X:0:0:0:0:0:0:180	Unassigned	—
FF0X:0:0:0:0:0:0:181	PTP—primary	—
FF0X:0:0:0:0:0:0:182	PTP—alternate1	—
FF0X:0:0:0:0:0:0:183	PTP—alternate2	—
FF0X:0:0:0:0:0:0:184	PTP—alternate3	—

주소	설명	참고
FF0X:0:0:0:0:0:0:185~ FF0X:0:0:0:0:0:0:18B	Unassigned	–
FF0X:0:0:0:0:0:0:18C	All ACs Multicast Address	[RFC5415]
FF0X:0:0:0:0:0:0:18D~ FF0X:0:0:0:0:0:0:200	Unassigned	–
FF0X:0:0:0:0:0:0:201	rwho Group(BSD)(**unofficial**)	–
FF0X:0:0:0:0:0:0:202	SUN RPC PMAPPROC_CALLIT	–
FF0X:0:0:0:0:0:0:204	All C1222 Nodes	[RFC6142]
FF0X:0:0:0:0:0:0:205~ FF0X:0:0:0:0:0:0:2FF	Unassigned	–
FF0X:0:0:0:0:0:0:300	Mbus/IPv6	[RFC3259]
FF0X:0:0:0:0:0:0:301~ FF0X:0:0:0:0:0:0:BAB	Unassigned	–
FF0X:0:0:0:0:0:0:BAC0	BACnet	
FF0X::1:1000/118	Service Location, Version 2	[RFC3111]
FF0X:0:0:0:0:0:2:0000~ FF0X:0:0:0:0:0:2:7FFD	MulTimedia Conference Calls	–
FF0X:0:0:0:0:0:2:7FFE	SAPv1 Announcements	–
FF0X:0:0:0:0:0:2:7FFF	SAPv0 Announcements(**deprecated**)	–
FF0X:0:0:0:0:0:2:8000~ FF0X:0:0:0:0:0:2:FFFF	SAP Dynamic Assignments	–
FF0X::DB8:0:0/96	Documentation Addresses	[RFC6676]

소스 특정 멀티캐스트 주소(SSM, Source–Specific Multicast Address)

주소	설명	참고
FF3X::0:0~FF3X::3FFF:FFFF	Invalid addresses	[RFC4607]
FF3X::4000:0	Reserved	[RFC4607]
FF3X::4000:1~FF3X::7FFF:FFFF	Reserved for IANA allocation	[RFC4607]
FF3X::8000:0~FF3X::FFFF:FFFF	Reserved for local 호스트 allocation	[RFC4607]

IPv6와 관련해 도움이 될 만한 웹 사이트

청년 고득녕 블로그

이 책의 공저자 중 한 명인 고득녕의 개인 블로그입니다. 블로그 주소는 https://blog.naver.com/nackji80입니다.

그림 E-1
필자 개인 블로그 메인 화면

메인 화면의 메인 메뉴들 중 [그림 E-2]와 같이 'IPv6 네트워크의 이해' 메뉴를 선택하면 ❶ IPv6, ❷ IPv6 QnA 및 기타, ❸ TCP/IP와 CCIE, ❹ Python 네트워크, LTE, 광통신과 같은 서브 메뉴들이 있습니다.

그림 E-2
메뉴 화면

❶ 'IPv6' 게시판에는 IPv6와 관련된 여러 정보가 포스팅되고 있습니다. 특히, 필자가 SK브로 드밴드와 SK텔레콤에서 IPv6 관련 업무를 하면서 직접 겪었던 여러 이슈들는 다른 곳에서

는 절대 접할 수 없는 희소성이 있는 정보들이라고 자신 있게 말할 수 있습니다.

❷ 'IPv6 QnA 및 기타' 게시판에는 IPv6 관련 공부를 하면서 궁금하신 것들을 올려주시는 게시판입니다. 질문을 올려주시면 성심성의껏 답변드리겠습니다.

❸ 'TCP/IP와 CCIE' 게시판에는 TCP/IP와 관련된 여러 기술 문서를 포스팅하고 있습니다. 그리고 CCIE 자격증을 공부하면서 알게 된 내용들도 포스팅하고 있습니다.

필자는 2017년부터 SK브로드밴드 NOC(Network Operation Center)에서 운용 업무를 하고 있습니다. 이때 파이썬 프로그램을 활용해 NOC를 효율적으로 관제하고 있습니다. 관련 노하우를 ❹ Python 네트워크에 포스팅하고 있습니다. 파이썬 프로그래밍에 관심이 있으신 분은 참조하시기 바랍니다.

이처럼 블로그에는 IPv6 관련 정보뿐 아니라 우리나라 통신 네트워크 전반에 관해 포스팅되고 있으므로 많은 도움이 될 것입니다.

RFC 표준 문서를 다운로드할 수 있는 곳

통신 쪽과 관련해 표준화를 정하는 기구에는 IEEE(Institute of Electronic and Electronics and Engineers), ITU(International Telecommunication Union) 그리고 IETF(Internet Engineering Task Force)가 있습니다. 이 중 인터넷 전반에 걸쳐 표준화를 제정하는 단체는 IETF이고, 이곳에서 만든 문서를 'RFC(Request For Comments)'라고 합니다. 따라서 IPv6와 관련해 좀 더 공부하고 싶다면 RFC 문서를 보시기 바랍니다.

이 책에 인용되는 모든 RFC 문서들은 성안당 홈페이지(http://www.cyber.co.kr) 내의 자료실에 수록했지만, 향후 심화 학습을 원하는 독자들은 www.ietf.org에 방문해 RFC 문서들을 찾아 공부하면 큰 도움이 될 것입니다.

RFC 표준 문서를 검색 및 다운로드하는 방법에 대해 설명하겠습니다.

[그림 E-3]과 같이 www.ietf.org 메인 화면에서 'INTERNET STANDARDS ➜ RFCs' 메뉴로 가서 RFC 문서들을 검색할 수 있습니다. 또는 https://www.rfc-editor.org/search/rfc_search.php에 접속해 검색할 수도 있습니다.

그림 E-3
www.ietf.org 메인 화면

참고로 모든 RFC 문서가 반드시 지켜야 하는 표준 문서는 아닙니다. 표준 문서가 되기까지의 여러 단계가 있습니다. 각 단계에 대해 간략히 설명하겠습니다.

❶ Informational

정보를 제공하는 단계입니다. 만약 홍길동이 어떤 아이디어가 떠올라 그것의 동작 알고리즘에 대해 기술했다면, 그것은 Informational 단계입니다. 이것 역시 RFC 문서 번호가 있습니다.

❷ Experimental

홍길동이 누군가(혹은 자기자신이) 생각해낸 아이디어를 실제로 시험해본 단계입니다. 계속적으로 검증되고 유명해지면, Experimental RFC는 상위 단계인 Standard Track이 됩니다.

❸ Standard Track

드디어 표준 문서로 인정받은 단계입니다. 한 번 표준 문서로 인정받게 되면, 오타, 치명적인 논리 오류가 발견이 돼도 절대로 수정할 수 없습니다. 다만, 그 표준 문서가 잘못 됐다는 또 다른 표준 문서가 생길 뿐입니다. Standard Track은 다시 3개의 등급(Proposed Standard, Draft Standard, Internet Standard)으로 나뉘는데, 등급의 기준은 '얼마나 더 완벽하게 기술이 돼 있느냐'입니다.

IPv4 주소 고갈 시기를 파악할 수 있는 곳

IPv6가 얼마나 빨리 활성화되느냐의 문제는 과연 IPv4 주소가 얼마나 많이 남아 있느냐의 문제로 귀결됩니다. 그런 의미에서 IPv4 주소 고갈 시기를 예측하는 것은 매우 중요한 문제입니다. 실시간으로 IPv4 주소 고갈 시기를 예측하는 사이트의 주소는 http://www.potaroo.net/tools/ipv4/index.html입니다.

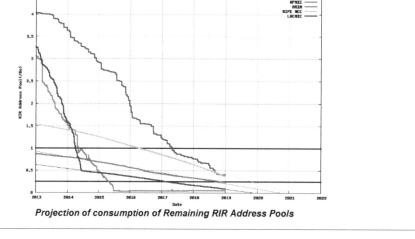

그림 E-4
실시간으로 IPv4 주소
고갈 시기를 예측

전 세계 IPv6 도입 현황을 파악할 수 있는 곳

각 나라별로 IPv6 도입 현황을 알려주는 웹 사이트의 주소는 http://6lab.cisco.com/stats/입니다.

그림 E-5
전 세계별로 IPv6
도입 현황을 알려주는
웹 사이트

GNS3를 활용한 IPv6 실습

'백문이 불여일견'이라는 말이 있듯이 귀로 듣는 것보다는 눈으로 보는 것이, 단순히 눈으로 보는 것보다는 직접 손으로 필기를 해가면서 따라 하는 것이 훨씬 학습에 도움이 됩니다. 특히, 네트워크 관련 지식은 눈으로 이론서를 보는 것보다는 직접 장비를 설정해가면서 네트워크의 변화를 느끼는 것이 중요합니다.

하지만 애석하게도 대부분의 사람은 라우터와 스위치를 학습할 수 있는 테스트 랩(Test Lab)을 갖고 있지 못합니다. 필자도 대형 ISP에 근무하고 있지만, 개인 테스트 랩을 갖고 있지 않습니다. 따라서 일반 사람들이 실제 라우터와 스위치에 직접 IPv6를 설정하는 기회를 갖기는 어렵습니다. 하지만 굳이 비싼 라우터/스위치들을 구입하지 않더라도 자신만의 테스트 랩을 구축해 네트워크 실습을 할 수 있는 방법이 있습니다. 실제 라우터/스위치와 거의 똑같이 동작하는 시뮬레이터 프로그램(Simulator Program)이 존재하기 때문입니다.

시뮬레이터 프로그램에는 패킷 트레이서, Dynamips, IOU 그리고 GNS3 등이 있습니다. 그중에서 지금부터 설명할 GNS3(Graphic Network Simulator)가 가장 사용하기 편한 시뮬레이터 프로그램입니다. 단, 다른 프로그램에 비해 메모리를 많이 차지하는 단점이 있습니다.

부록 F에서는 GNS3 프로그램이 무엇인지와 GNS3를 설치하는 방법에 대해 설명하겠습니다. 그리고 실습에 사용하는 시스코 라우터(Cisco Router)에 대해 간단히 설명하겠습니다.

1. GNS3 프로그램이란?

GNS3(Graphic Network Simulator)는 PC 안에서 실제와 동일한 라우터와 스위치를 동작시켜주도록 도와주는 에뮬레이터[6] 프로그램입니다. GNS3는 GUI(Graphic User Interface) 기반이기 때문에 다른 시뮬레이터 프로그램에 비해 테스트 환경을 손쉽게 구축할 수 있습니다.

GNS3에 쓰이는 라우터들은 실제 라우터들의 운영 체제(Cisco IOS, Juniper JunOS) 이미지를 이용합니다. 이로 인해 실제 네트워크와 동일한 테스트 환경을 PC 안에서 구현할 수 있게 해줍니다.

---

6 시뮬레이터(Simulator)와 에뮬레이터(Emulator)의 차이점은 시뮬레이터는 실제 환경을 모방해 표현하는 반면, 에뮬레이터는 실제와 동일한 것을 구현한다는 것입니다. GNS3는 실제 라우터/스위치의 운영 체제를 사용하기 때문에 시뮬레이터보다 에뮬레이터로 불리는 것이 맞습니다. 다만, GNS3의 풀 네임(Full Name)에 시뮬레이터라는 단어가 포함돼 있어서 흔히 시뮬레이터로 부르곤 합니다.

시스코 라우터를 구매해 사용하는 고객이라면 Cisco IOS[7] 이미지를 쉽게 구할 수 있습니다.

GNS3의 공식 홈페이지 주소는 www.gns3.com입니다.

2. 시스코, 노키아, 주니퍼, 화웨이 라우터의 시뮬레이터 연동 방법

글로벌 라우터(Global Router) 제조사에는 시스코(Cisco), 화웨이(Huawei), 주니퍼(Juniper) 그리고 노키아(Nokia)가 있습니다. 각 제조사별로 라우터 운용자가 자사의 제품을 실습할 수 있도록 시뮬레이터 연동을 지원하고 있습니다. 각 제조사들의 라우터의 시뮬레이터 연동 방법에 대해 설명하겠습니다.

시스코, 주니퍼, 노키아는 GNS3를 통해 실습을 진행할 수 있습니다. 반면, 화웨이는 아직까지 GNS3 프로그램에서 자신들의 라우터를 지원하지 않습니다. 따라서 화웨이 라우터는 화웨이에서 자체적으로 만든 eNSP(Enterprise Network Simulation Platform)라는 별도의 시뮬레이터 프로그램을 사용해야 합니다.

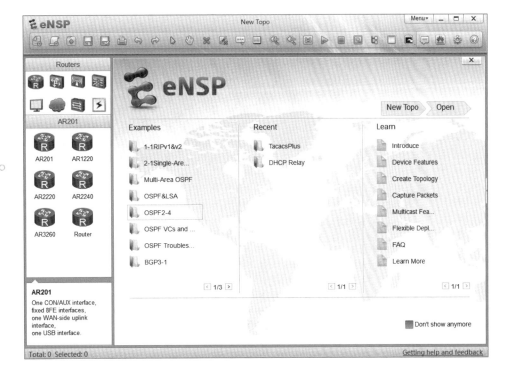

그림 F-1
화웨이 라우터의
시뮬레이터, eNSP

eNSP 프로그램은 화웨이 홈페이지[8]에서 무료로 다운로드할 수 있습니다.

---

7 시스코에서 생산하는 라우터와 스위치에서 사용되는 운영 체제를 일컫습니다.

8 https://support.huawei.com/enterprise/en/network-management/ensp-pid-9017384

GNS3 프로그램을 연동하는 방법에 대해 좀 더 자세히 설명하겠습니다.

GNS3를 활용해 라우터 실습을 하게 될 경우, GNS3 프로그램을 연동하는 방법에는 ❶ GNS3 스탠드얼론(Stand Alone) 방식과 ❷ GNS3 + 버추얼 머신 방식이 있습니다.

전자는 GNS3 프로그램만을 설치해 실습하는 방법이고, 후자는 실습하고자 하는 PC에 버추얼 머신(예 VMware, VirtualBox 등)을 추가로 설치해 GNS3와 연동하는 방식입니다.

❶ 'GNS3 스탠드얼론 방식'이 프로그램을 설치하고 라우터를 연동하는 데 수월합니다. 그럼에도 불구하고 ❷ 'GNS3 + 버추얼 머신' 방식이 필요한 이유는 고사양의 라우터를 연동하거나(비록 저사양이지만) 수많은 라우터를 연동하는 데 있어 'GNS3 스탠드얼론 방식'은 제대로 된 성능을 내기에 적합하지 않기 때문입니다.

주니퍼, 노키아 라우터를 실습하고자 할 때는 후자의 방식을 선택해야 합니다. 즉, 자신의 PC에 가상 머신을 먼저 설치한 후 GNS3를 연동해야 합니다.

시스코 라우터의 경우에는 라우터 모델에 따라 GNS3 연동 방법이 다릅니다. 시스코 라우터의 운영 체제는 IOS-XR과 IOS로 나뉩니다. IOS-XR은 ASR9000 시리즈, CRS 시리즈 등의 대용량 코어 라우터에 사용되는 운영 체제이고 IOS는 액세스 라우터에 사용이 되는 상대적으로 저사양의 C7200, C3600 시리즈에 사용되는 운영 체제입니다.

IOS를 사용하는 시스코 라우터는 'GNS3 스탠드얼론' 방식 혹은 'GNS3 + 버추얼 머신(Virtual Machine)' 방식으로 연동하는 반면에 IOS-XR를 사용하는 시스코 라우터는 오직 'GNS3 + 버추얼 머신' 방식으로만 연동해야 합니다.

글로벌 라우터 제조사들의 시뮬레이터 연동 방식은 다음 표와 같습니다.

제조사(운영 체제)	시뮬레이터
시스코(IOS)	GNS3 Stand Alone, GNS3 + 가상 머신
시스코(IOS-XR)	GNS3 + 가상 머신
주니퍼(JunOS)	
노키아(TiMOS)	
화웨이(VRP)	eNSP + 가상 머신

표 F-1
글로벌 라우터의 시뮬
레이터 연동 방식

3. GNS3 설치

이 Lesson에서는 프리웨어인 GNS3를 설치하는 방법에 대해 설명하겠습니다. IPv6를 지원하는 윈도우 10 OS에 설치하는 것을 기준으로 설명하겠습니다.

설치하기 전에 주의해야 할 점이 몇 가지가 있습니다. 설치하는 PC의 윈도우 계정이 한글 명이면 에러가 발생할 수 있으므로 미리 영어로 변경해야 합니다. 그리고 설치하고자 하는 PC에 구형 버전의 Npcap, 와이어샤크(Wireshark)가 설치돼 있으면 GNS3를 설치하는 과정에서 종종 충돌이 발생하므로 깔끔하게 Npcap, 와이어샤크를 삭제한 후에 최신 GNS3를 설치하는 것이 좋습니다.

GNS3 프로그램은 [그림 F-2]처럼 GNS3 홈페이지(https://www.gns3.com)의 메인 화면에서 무료로 다운로드할 수 있습니다.

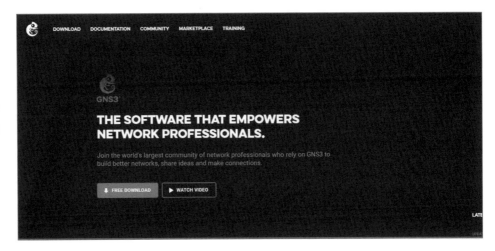

그림 F-2
GNS3를 다운로드할
수 있는 홈페이지
화면

GNS3 프로그램은 ❶ GNS3 스탠드얼론 방식과 ❷ GNS3 + 버추얼 머신 방식에 따라서 다운로드해야 하는 버전이 다릅니다.

❶ GNS3 스탠드얼론 방식에서 가장 최신 GNS3 프로그램을 다운로드하고 싶으면 [그림 F-2]의 첫 화면에서 다운로드하면 됩니다.

그런데 다수의 라우터/스위치 및 고사양의 라우터들(시스코의 ASR/CRC 시리즈 및 주니퍼의 MX960 시리즈 등)을 연동하기 위해서는 일반적인 GNS3 프로그램으로는 한계가 있습니다. 그래서 이런 한계를 극복하고자 GNS3 프로그램을 버추얼 머신(Virtual Machine)과 연동해 동작시킬 수 있다고 했습니다(❷ GNS3 + 버추얼 머신 방식). 다만 버추얼 머신과의 호환성 문제로 인하여 GNS3 최신 버전은 버추얼 머신을 제대로 지원하지 못 할 수도 있습니다. 따라서 GNS3을 버추얼 머신과 연동하고 싶으면 안정성이 확보가 된 버전을 다운로드해야 합니다.

GNS3와 버추얼 머신 간의 연동은 인터넷에 있는 최신 자료를 참조하기 바랍니다. 이 Lesson에서는 ❶ GNS3 스탠드얼론 방식으로 설치하겠습니다.

[그림 F-2] 화면에서 ⬇ FREE DOWNLOAD 버튼을 클릭하면 [그림 F-3]과 같이 회원 가입을 하라는 대화상자가 나타납니다.

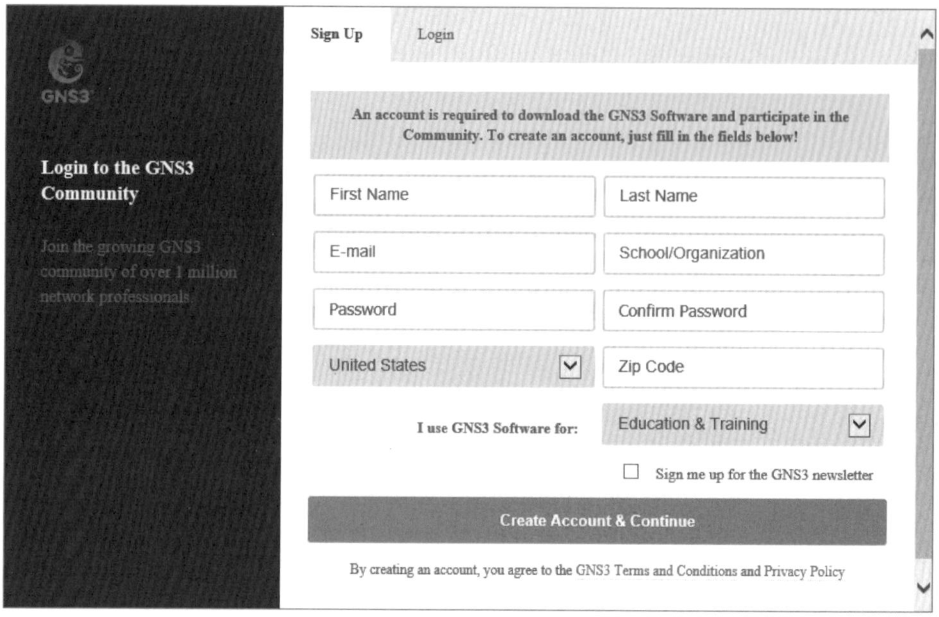

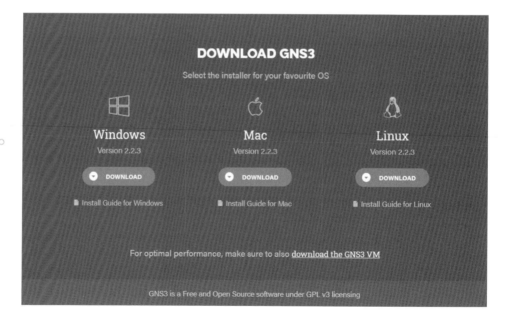
그림 F-3
회원 가입 대화상자

회원 가입을 하지 않으면 프로그램을 다운로드할 수 없습니다. 라우터 시뮬레이터(Router Simulator)를 무료로 사용하는 만큼 회원가입은 예의입니다. 참고로 GNS3의 새로운 버전으로 업데이트되는 경우를 제외하고는 메일이 오지 않으므로 안심해도 됩니다.

로그인을 하면 [그림 F-4]와 같이 운영 체제를 선택하는 대화상자가 나타납니다

그림 F-4
운영 체제 선택

윈도우에 설치하는 경우에 대해 설명하겠습니다. [다운로드] 버튼을 선택하면 'GNS3-

2.2.3-all-in-one-regular.exe' 파일이 다운로드됩니다.

다운로드된 파일을 실행시키면 [그림 F-5]와 같이 설치 마법사 대화상자가 나타납니다.

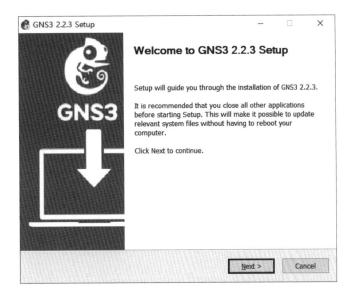

그림 F-5
설치 마법사 대화상자

[그림 F-5]의 `Next >` 를 누릅니다. 그러면 [그림 F-6] 대화상자가 뜨는데 `I Agree` 버튼을 클릭합니다.

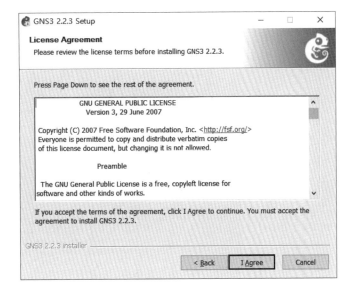

그림 F-6
GNS3 2.2.3 Setup
내화상자

[그림 F-7]처럼 시작 메뉴의 폴더 명을 선택하라는 대화상자가 나타납니다.

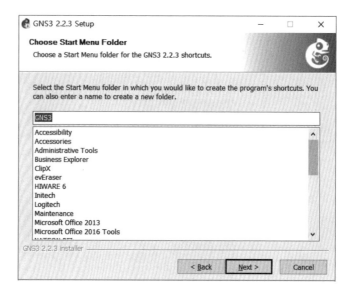

그림 F-7
GNS3 2.1.10 Setup
대화상자

폴더 명을 변경해도 상관없지만 기본 폴더 명인 'GNS3'로 선택하고 Next > 를 누릅니다.

[그림 F-8]과 같이 설치 구성 요소를 선택하는 대화상자가 나타납니다. 기본값대로 두고 Next > 를 누릅니다.

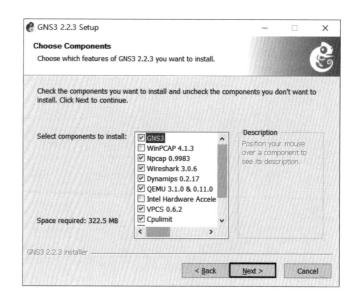

그림 F-8
GNS3 2.2.3 Setup
대화상자

[그림 F-8]에 나타난 구성 요소들 중에서 중요한 몇 가지를 설명하겠습니다.

GNS3는 실제 라우터 이미지(Router Images)에게 개인 PC가 라우터인 것처럼 착각하게 만들어 자신의 PC에서 실제 라우터 동작과 동일하게 동작시킬 수 있도록 도와주는 에뮬레이터 프로그램입니다.

엔피캡(Npcap)은 네트워크에서 돌아다니는 패킷들을 캡처할 수 있도록 도와주는 프로그램입니다. 일반적인 네트워크 장비들은 자신이 수신한 패킷들 중에서 목적지 주소가 자기 자신이 아닌 패킷들은 전부 버리거나 다른 네트워크로 전달합니다. 오직 목적지 주소가 자기 자신인 패킷들만 CPU로 올려 패킷 내부를 들여다봅니다. 하지만 엔피캡 프로그램을 설치하면 자신한테 오는 모든 패킷들을 CPU로 올려 모든 패킷들의 정보를 볼 수 있도록 해줍니다. 엔피캡을 이용해서 만든 대표적인 프로그램이 '윈덤프(WinDump)' 와 '와이어샤크(WireShark)'입니다.

와이어샤크 프로그램은 패킷들을 손쉽게 캡처해주는 프로그램입니다. 네트워크를 공부하는데 있어 필수 프로그램입니다. 참고로 윈도우 10 이전 OS에서는 윈피캡(WinPcap)을 이용하였으나, 윈도우 10부터 엔피캡(Npcap)을 이용하고 있습니다.

다이나밉스(Dynampis)는 시스코 라우터를 시뮬레이션 할 수 있는 에뮬레이터 프로그램(Emulator Program)입니다. 다이나밉스에는 여러 애드온 프로그램(Add On Program)이 있습니다. 그 중 하나가 바로 'GNS3'입니다. GNS3은 다이나밉스의 GUI 버전이라고 생각해도 무방합니다.

퍼티(PuTTY)는 원격 접속 프로그램들 중 하나입니다. 원격 접속 프로그램은 유료 프로그램과 무료 프로그램으로 나눌 수 있는데, 시큐어씨알티(SecureCRT)는 유료인 반면 퍼티(PuTTY)는 무료입니다. 기존에 다른 원격 접속 프로그램을 사용하고 있다면 굳이 체크하지 않아도 됩니다. 만약 'Solar-PuTTY'를 체크하면 설치하는 과정에서 광고 메일 수신을 위해 개인 이메일 주소를 입력하라는 대화상자가 나타납니다.

[그림 F-9]처럼 GNS3의 기본 설치 위치는 C:\Program Files\GNS3입니다. Install 버튼을 누릅니다.

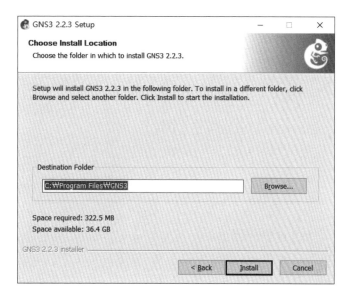

그림 F-9
GNS3 2.2.3 Setup
대화상자

설치를 하는 도중 [그림 F-10], [그림 F-11]과 같이 엔캡(Npcap) 설치 대화상자가 나타납니다. Next > 와 I Agree 를 연달아 누릅니다.

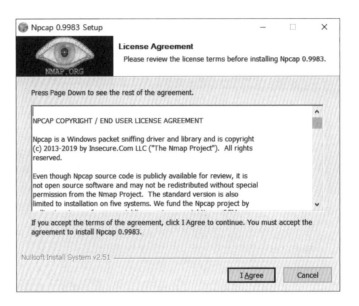

그림 F-10
엔캡(Npcap) Setup
대화상자의 저작관
동의 창

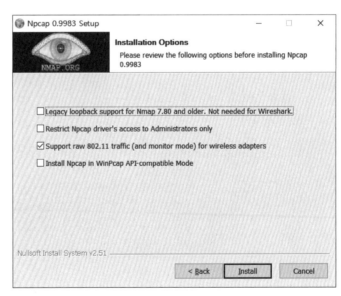

그림 F-11
엔캡 Setup 대화상자의
설치

[그림 F-8]에서 Solar-Putty를 선택했으면 [그림 F-12]과 같이 라이선스 동의에 대해서 묻는 대화상자와 [그림 F-13]과 같이 공지 사항 수신을 위한 개인 이메일 주소를 묻는 대화상자가 나타납니다.

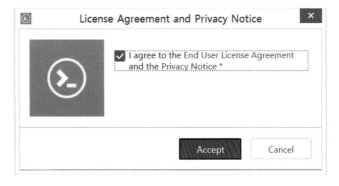

그림 F-12
라이선스 동의 창

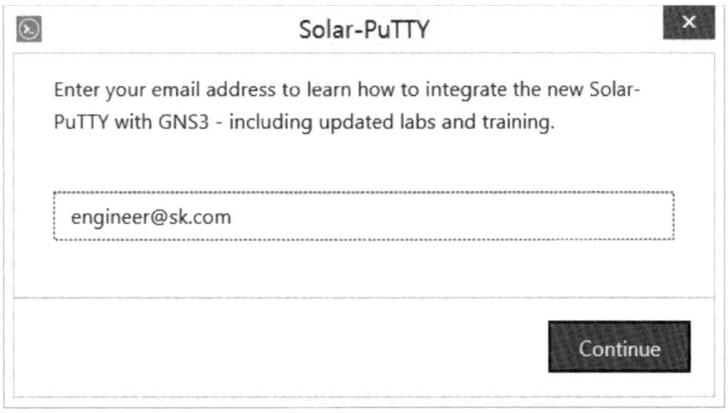

그림 F-13
이메일 주소 입력 창

　설치가 완료되면 [그림 F-14]와 같이 솔라윈드(Solarwinds) 프로그램을 추가로 설치할 것인지 묻는 대화상자가 나타납니다. 솔라윈드는 네트워크 퍼포먼스(Network Performance) 모니터링을 해주는 프로그램입니다. GNS3 에뮬레이터를 동작시키는 데 당장 필요한 기능이 아니므로 ◉No를 선택하고 Next > 버튼을 클릭합니다.

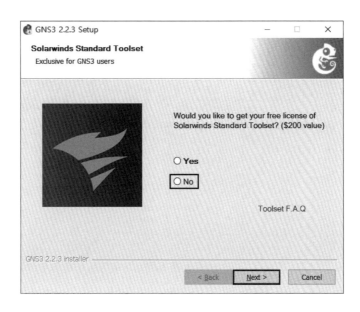

그림 F-14
솔라윈드(Solarwinds)
설치 여부를 묻는
대화상자

설치가 완료됐다는 대화상자가 나타납니다. 그럼 이제 Finish 버튼을 클릭해 GNS3를 실행해봅니다.

그림 F-15
GNS3 프로그램
설치 완료

4. GNS3 환경 설정

처음 실행하면 [그림 F-16]처럼 신규 프로젝트의 설정 마법사 대화상자가 나타납니다.

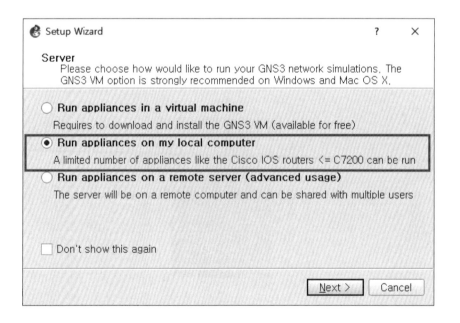

그림 F-16
프로젝트 설정 마법사

[그림 F-16]의 프로젝트 설정 마법사는 3가지 경우에 대해서 선택 옵션을 주고 있습니다.

이전 제목에서 설명했듯이 고성능 라우터 혹은 많은 수의 라우터들을 동시에 동작시키기 위해서는 GNS3를 버추얼 머신과 연동해 동작시켜야 합니다. 그리고 주피터(Juniper)와 노키아 (Nokia)의 라우터를 동작시키기 위해서도 GNS3를 버추얼 머신과 연동해야 합니다. 이런 경우에는 [그림 F-16]에서 첫 번째 옵션을 선택합니다.

상대적으로 저사양의 시스코 IOS 라우터(예 Cisco 7200, 3600 시리즈 등)를 동작시킬 때에는 [그림 F - 16]에서 두 번째 옵션을 선택합니다. 그리고 만약 자신의 PC가 아닌 원격지에 있는 고성능의 서버에서 GNS3를 동작시키고 싶으면 [그림 F-16]에서 세 번째 옵션을 선택합니다.

우리가 하려는 것은 두 번째 옵션이므로 [그림 F-16] 캡처 화면과 같이 두 번째 옵션을 선택하고 Next >를 누릅니다.

[그림 F-17]은 GNS3에 동작하는 로컬 서버(Local Server)의 정보를 설정하는 대화상자 입니다. 로컬 서버는 자신의 PC에서 동작하므로 로컬 서버의 주소는 localhost 혹은 127.0.0.로 설정합니다.

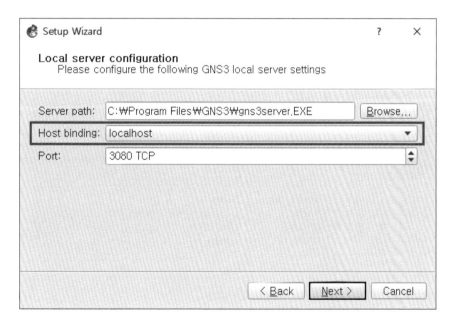

그림 F-17
로컬 서버의 환경
설정 대화상자

Next >를 누르면 [그림 F-18]과 같이 로컬 서버 설정이 완료됐다는 대화상자가 나타납니다.

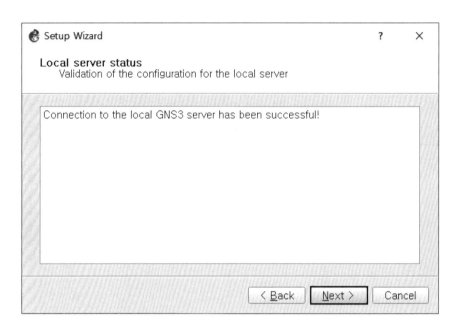

그림 F-18
로컬 서버의 환경
설정 대화상자

다시 Next > 를 누르면 [그림 F-19]과 같이 GNS3에서 동작하는 로컬 서버의 설정 정보를 보여줍니다.

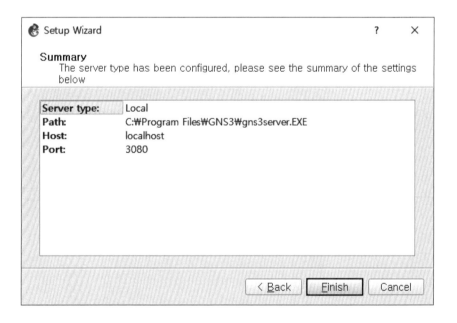

그림 F-19
로컬 서버 설치 요약
(Local Server Setup
Summary) 대화상자

이제 GNS3의 로컬 서버에 접속하기 위해 자신의 PC에서 127.0.0.1 주소와 TCP 3080포트로 접속을 하면 됩니다.

[그림 F-19]에서 Finish 버튼을 누르면 [그림 F-20]과 같이 GNS3 작업창이 나타납니다.

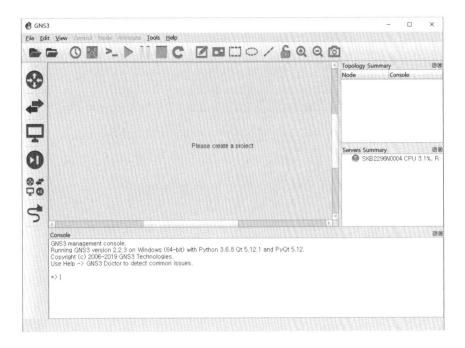

그림 F-20
GNS3 작업창

이제 시스코 IOS 이미지를 연동하는 단계가 남았습니다.

[그림 F-20]에서 [그림 F-21]과 같이 왼쪽 상단에 있는 Browse Routers를 선택한 후에 ➕New template를 누릅니다.

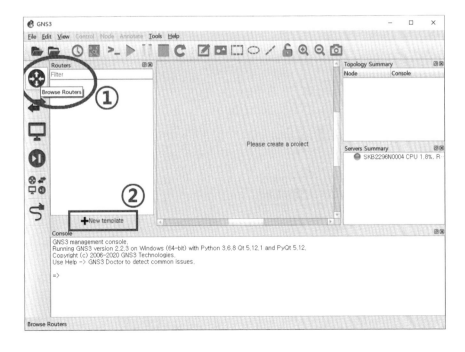

그림 F-21
'Browse Routers'를
선택

[그림 F-22]와 같이 템플릿을 설정하는 대화상자가 나타납니다.

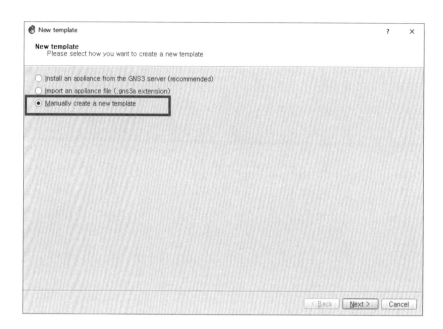

그림 F-22
새 템플릿 설정
대화상자

만약 [그림 F-22]에서 'Install an appliance from GNS3 server(recommended)'를 선택하면 연동이 되는 IOS 이미지가 제한적입니다. 예를 들어 시스코 7200 모델의 경우 IOS 15 버전까지 지원이 되는 반면에 IOS 12 버전의 이미지 밖에 선택을 할 수가 없습니다. 따라서 'Manually create a new template'를 선택합니다.

[그림 F-23]에서 'Dynamips ➡ IOS routers'를 선택한 다음에 ⬚ New ⬚ 를 누릅니다.

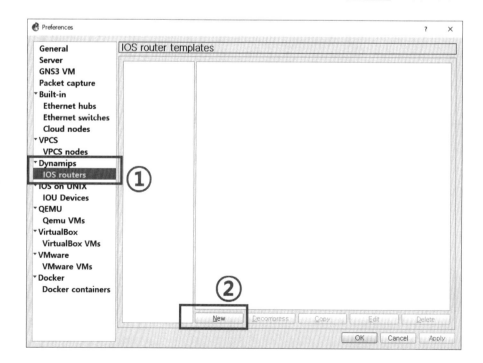

그림 F-23
Preference 대화상자

[그림 F-24]와 같이 시스코 IOS 이미지를 찾는 대화상자가 나타납니다.

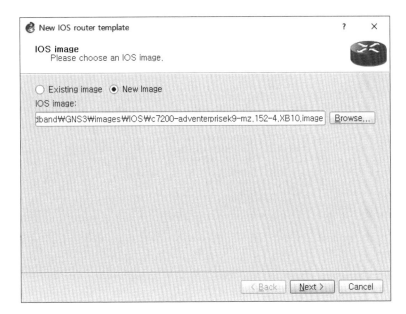

그림 F-24
'New IOS Router
Template' 대화상자

'New Image'를 체크하고 PC 내에 있는 IOS 이미지를 선택한 다음 Next > 를 누릅니다.

[그림 F-25]와 같이 자기가 선택한 IOS 라우터의 플랫폼을 보여주고 이름을 설정하는 대화 상자가 나타납니다. 이름은 초기값 대로 놔두고 Next > 를 누릅니다.

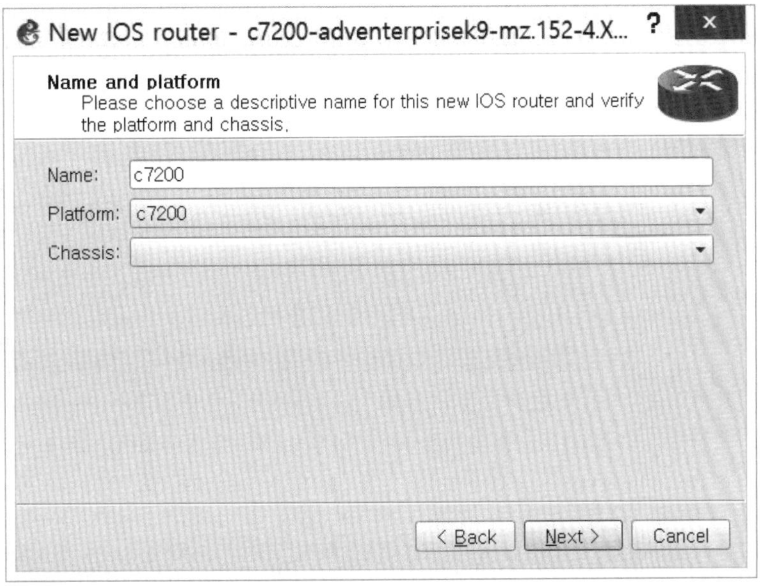

그림 F-25
Router의 이름 설정

[그림 F-26]과 같이 자신이 선택한 라우터의 메모리 할당량을 물어보는 대화상자가 나타납니다.

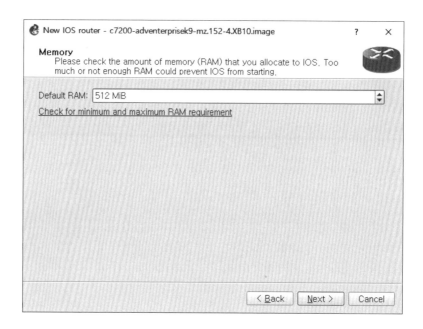

그림 F-26
라우터의 메모리
할당량 선택

GNS3 에뮬레이터에서 동작하는 라우터는 실제 라우터와 동일하게 동작한다고 했습니다. 따라서 실제 라우터의 최소 메모리 할당량을 확인해보는 것이 좋습니다.

[그림 F-26]에서 'Check for minimum and maximum RAM requirement'를 클릭하면 [그림 F-27]과 같이 실제 라우터들의 권장 메모리를 확인할 수 있는 시스코 사이트가 나타납니다.

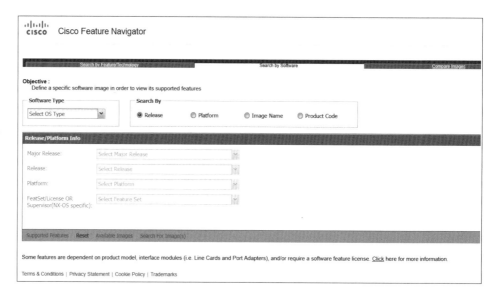

그림 F-27
시스코 피처 내비게이터(Cisco Feature Navigator)

예를 들어 제가 갖고 있는 시스코 라우터의 IOS 이미지는 "c7200-adventerprisek9-mz.152-4.XB10.image"입니다. 해당 이미지 명에서 7200 라이터 플랫폼이고 주요 발표 버전(Major Release Version)이 152.4XB이며 제공하는 기능은 'Advanced Enterprise Service급[9]'이라는 것을 유추할 수 있습니다.

IOS 이미지의 이름에서 유추한 내용에 따라 [그림 F-28]과 같이 검색해봅니다.

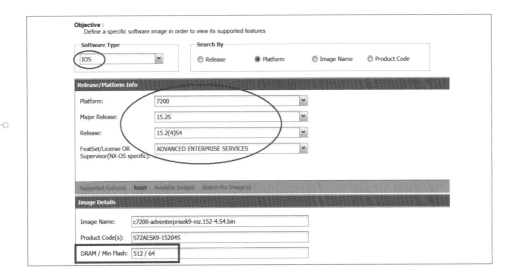

그림 F-28
시스코 라우터
검색 화면

[그림 F-28]과 같이 검색한 결과 최소 권장 메모리 양이 512M로 나타납니다. 따라서 [그림 F-28] 화면에서 512M를 입력하고 [Next]를 누릅니다.

[그림 F-29]과 같이 라우터의 Slot 구성을 선택하는 대화상자가 나타납니다.

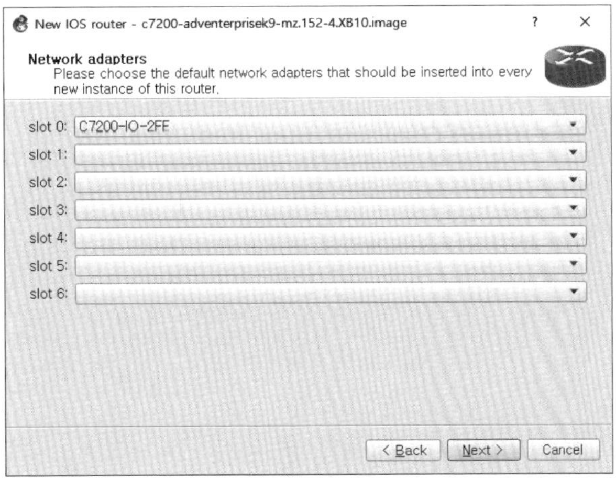

그림 F-29
라우터의 슬롯(Slot)
구성 화면

9 시스코 라우터의 모든 기능을 담고 있는 최상위 서비스 등급입니다.

제가 선택한 C7200 라우터의 경우 [그림 F-29]과 같이 7개의 슬롯이 제공됩니다. Slot 0에 패스트 이더넷(Fast Ethernet) 포트 2개를 지원해주는 'C7200-IO-2FE' 라인 카드를 선택하고 Next > 를 누릅니다. 참고로 추후에 언제든지 라인 카드를 추가할 수 있습니다.

[그림 F-30]과 같이 Idle-PC 설정 대화상자가 나타납니다.

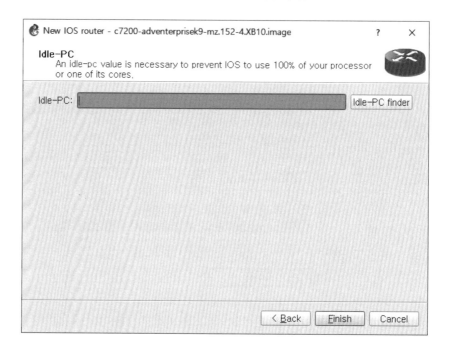

그림 F-30
Idle-PC 설정

Idle-PC 설정을 해야 되는 이유에 대해서 간략히 설명하겠습니다.

GNS3 프로그램에서 사용되는 라우터는 실제 라우터들과 동일한 성능을 갖고 있다고 했습니다. 결국 자신의 PC 성능을 GNS3 안에서 동작하는 라우터들이 공유하게 되는 것입니다. 그러므로 GNS3를 사용하다 보면, PC의 성능이 급격하게 떨어집니다.

하지만 'Idle-PC' 기능을 설정하면 GNS3 내의 라우터들이 명령어를 수행하지 않을 때에는 PC CPU의 리소스를 PC에게 우선적으로 할당해주기 때문에 PC의 성능이 급격하게 떨어지는 일을 방지합니다.

Idle PC를 설정하는 방법은 간단합니다. [그림 F-30]에서 'Idle-PC finder'를 누르면 됩니다. 그러면 GNS3 프로그램이 [그림 F-31]]과 같이 Idle-PC 값을 찾아줍니다.

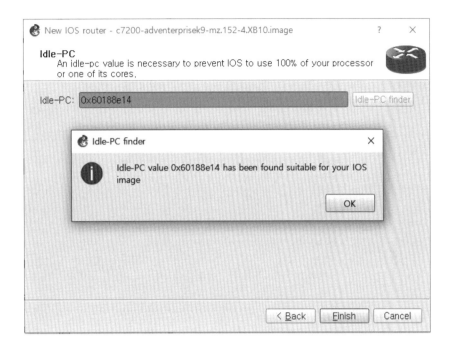

그림 F-31
Idle PC 설정

만약 Idle-PC 값을 찾지 못한다면 여러 차례 시도합니다. 그래도 찾지 못하면 PC를 재부팅하고 다시 시도하기 바랍니다.

Idle-PC 설정을 마무리하면 [그림 F-32]과 같이 설정이 완료된 IOS 라우터의 템플릿을 보여줍니다. Apply 버튼과 OK 버튼을 누릅니다.

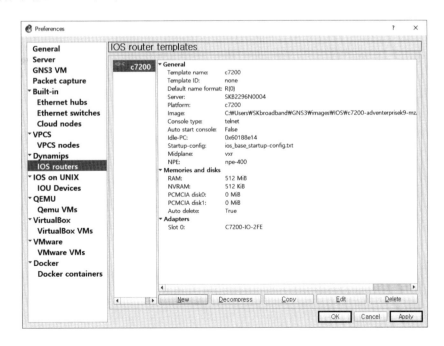

그림 F-32
설정한 라우터의 템플릿
(Template)

이제 GNS3 작업창을 보면 [그림 F-33]과 같이 c7200 이모티콘이 보이는 것을 확인할 수 있습니다.

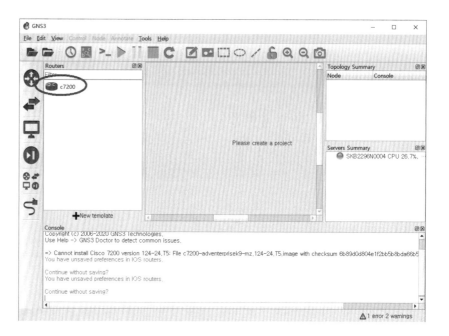

그림 F-33
GNS3 작업창

이것으로 GNS3 설치가 모두 완료됐습니다.

5. 시스코 라우터 시작하기

본문에 설명했던 주요 프로토콜들을 GNS3를 이용해 직접 실습해보겠습니다. 이때 실습 라우터는 전 세계적으로 가장 많이 이용되는 Cisco 제품[10] 중 Cisco 7200시리즈 라우터를 이용할 것입니다. 만약, 시스코 라우터 7200 시리즈의 IOS Image를 구하지 못한다 하더라도 다른 시스코 라우터들 역시 인터페이스 구성만 다를 뿐, 설정하는 방법은 동일하므로 다른 시리즈의 Router IOS Image로 실습을 따라 해도 무방합니다.

이번 제목에서는 본격적으로 IPv6 실습을 하기에 앞서 시스코 라우터 부팅 시 설정 방법과 기본적인 시스코 라우터 명령어 동작 모드에 대해 알아보겠습니다.

[그림 F-34]와 같이 시스코 라우터 이모티콘을 작업창으로 드래그합니다.

---

10 필자는 회사에서 IPv6 개발 업무를 담당하고 있습니다. 통신 장비는 매우 다양한 제조사에서 만듭니다. 이때 서로 다른 제조사 간의 호환성 문제가 발생하곤 하는데, 그럴 때마다 시스코 라우터 동작을 참조해 개발하곤 했습니다. 이처럼 시스코 라우터의 동작 알고리즘은 업계에서는 거의 표준처럼 받아들이고 있습니다.

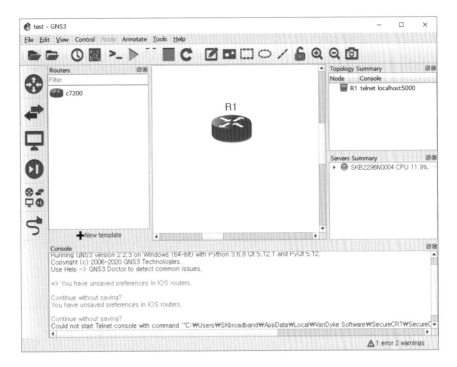

그림 F-34
시스코 라우터를
드래그한 모습

라우터를 부팅시키기 위하여 [그림 F-35]과 같이 [Play] 버튼을 누릅니다. 그러면 'Topology Summary'에 있던 동그라미가 빨간색에서 초록색으로 변화는 것을 확인할 수 있습니다.

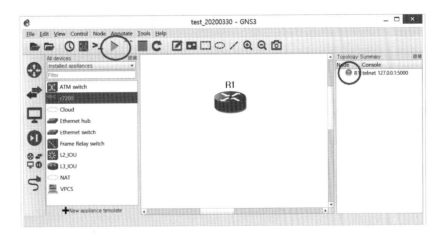

그림 F-35
라우터를 부팅시키는
방법

라우터에 접속하기 위해 라우터 이모티콘을 더블 클릭하면 [그림 F-36]과 같이 프롬포트 모양이 '#'인 채로 나타납니다.

[표 F-2]는 시스코 라우터의 명령어 입력 모드별 설명을 보여주고 있습니다.

명령어 모드	설명
User Mode	일부 제한된 명령어만 가능
Privileged Mode	라우터의 모든 구성을 볼 수 있음
Global Configuration Mode	라우터의 설정을 바꿀 수 있는 명령어 모드
Interface Configuration Mode	특정 인터페이스의 설정을 바꿀 수 있는 명령어 모드

표 F-2
시스코 라우터의
명령어 모드 종류

명령어 입력 모드가 바뀔 때마다 명령어 프롬프트 역시 바뀌게 됩니다. 따라서 명령어 프롬프트를 통해 현재 어떤 모드의 상태인지 유추할 수 있습니다.

프롬프트 모양이 '>'이면 'User Mode', '#'이면 'Privileged Mode'를 뜻합니다.

GNS3 시뮬레이터에서 시스코 라우터를 실행시키면 [그림 F-36] 처럼 곧바로 Privileged 모드로 들어갑니다.

그림 F-36
Privileged 모드

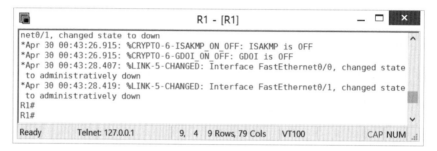

Privileged 모드에서 [그림 F-37]과 같이 '**configure terminal**' 명령어를 입력하면, Global Configuration 모드로 들어갑니다.

그림 F-37
Global Configuration
모드

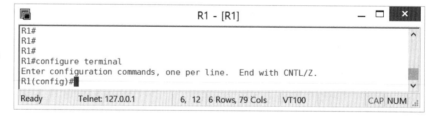

Global Configuration 모드에서 라우터의 여러 설정을 구성할 수 있습니다. 예를 들어 라우팅 설정(Static Routing, Dynamic Routing)을 Global Configuration 모드에서 진행합니다.

각 인터페이스의 구성을 설정하려면, Interface Configuration 모드로 들어가야 합니다. 예를 들어 실습하게 되는 시스코 라우터에 FastEthernet 인터페이스가 2개가 있다고 가정합니다. Interface FastEthernet 0/0의 구성을 설정하기 위해 Global Configuration 모드에서 '**interface FastEthernet 0/0**'이라고 입력합니다. 그러면 [그림 F-38]과 같이 Interface Configuration 모드로 들어갑니다.

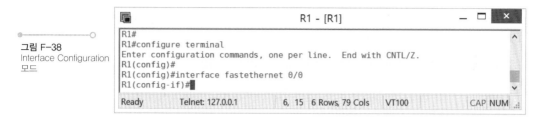

그림 F-38
Interface Configuration
모드

IP 주소 설정 등을 Interface Configuration Mode에서 수행합니다.

Interface Configuration Mode에서 인터페이스 관련된 설정을 마친 후 Global
Configuration 모드로 돌아가기 위해서는 [그림 F-39]와 같이 'exit' 명령어를 입력해야 합니다.

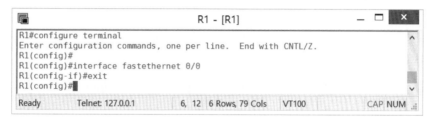

그림 F-39
Global Configuration
Mode로 복귀

Global Configuraton 모드에서 Privileged 모드로 돌아가기 위해서는 'exit' 명령
어를 입력하면 됩니다.

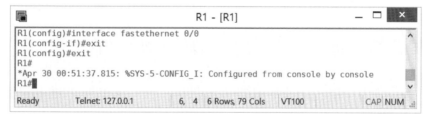

그림 F-40
Privileged 모드로
복귀

이처럼 Interface Configuration 모드에서 Privileged 모드로 돌아가기 위해서
는 'exit' 명령어를 2번 입력해야 하는데, 이것이 번거로우면 'end' 명령어를 입력하면 됩니다.
'end' 명령어를 입력하면 한 번만에 Privileged 모드로 돌아갑니다.

그림 F-41
Privileged 모드로
한 번에 복귀하는
방법

지금까지 IPv6 실습을 하기 위해 실습하고자 하는 시스코 라우터와 기본적인 명령어 체계에
대해 설명했습니다. 시스코 라우터의 더 자세한 IPv6 명령어를 알고 싶으면, www.cisco.com에
방문하기 바랍니다. 시스코 홈페이지에는 시스코 라우터에 대한 설명이 잘 정리돼 있습니다.

시스코, 화웨이, 주니퍼, 노키아 라우터의 IPv6 관련 명령어

전 세계적으로 많이 사용되는 라우터 제조사들은 시스코, 화웨이, 주니퍼, 노키아입니다.[11]

Top 4 제조사들의 IPv6 관련 명령어들을 소개하겠습니다.

참고로 시스코 라우터의 운영 체제는 IOS와 IOS-XR로 나뉩니다. iOS와 IOS-XR은 명령어가 비슷한 부분도 있지만, 사뭇 다릅니다. 따라서 IOS과 IOS-XR를 둘 다 소개하겠습니다.

라우터 제조사들은 꾸준히 운영 체제 업그레이드를 진행하고, 운영 체제 업그레이드를 진행할 때 명령어가 변경되는 경우도 있습니다. 따라서 이 부록은 다음 운영 체제 버전을 기준으로 설명합니다.

제조사	시스코		노키아	주니퍼	화웨이
운영 체제명	IOS	IOS-XR	TiMOS	JunOS	VRP
버전	15.X	6.2.X	14.X	16.X	V800X
주요 라우터 모델 라인업	모델 라인업	ASR900 시리즈 CRS시리즈	7750-SR 시리즈	MX-960 시리즈	NE40E 시리즈

▶ IPv4 ARP와 IPv6 네이버 캐시 엔트리

IPv4 네트워크에서는 IPv4 주소와 링크 계층 주소의 매핑 테이블이 ARP 테이블에 저장됩니다. IPv6 네트워크에서는 IPv6 주소와 링크 계층 주소의 맵핑 테이블이 IPv6 네이버 캐시 엔트리에 저장됩니다.

IP 주소와 링크 계층 주소의 링크 계층 주소의 매핑 테이블을 조회하는 명령어를 설명합니다.

---

11 제조사는 시장 점유율(마켓셰어(Market Share)) 순이 아니라 알파벳 순입니다.

라우터에 저장돼 있는 전체 테이블/엔트리 조회

시스코(IOS)	IPv4	show ip arp
	IPv6	show ipv6 neighbors
시스코(IOS-XR)	IPv4	show arp
	IPv6	show ipv6 neighbors
노키아	IPv4	show router arp
	IPv6	show router neighbor
주니퍼	IPv4	show arp
	IPv6	show ipv6 neighbors
화웨이	IPv4	display arp all
	IPv6	display ipv6 neighbor

특정 인터페이스의 테이블/엔트리 조회

시스코(IOS)	IPv4	show ip arp *인터페이스명*
	IPv6	show ipv6 neighbors *인터페이스명*
시스코(IOS-XR)	IPv4	show arp *인터페이스명*
	IPv6	show ipv6 neighbors *인터페이스명*
노키아	IPv4	show router arp *인터페이스명*
	IPv6	show router neighbor *인터페이스명*
주니퍼	IPv4	show arp interface *인터페이스명*
	IPv6	지원 안 함
화웨이	IPv4	display arp interface *인터페이스명*
	IPv6	display ipv6 neighbor *인터페이스명*

▶ 인터페이스 IP 주소 설정 및 조회

인터페이스의 IP 주소 설정

시스코(IOS)	IPv4	interface *인터페이스명* ip address 192.0.2.1 255.255.255.0
	IPv6	interface *인터페이스명* ipv6 address 2001:DB8::1/64
시스코(IOS-XR)	IPv4	interface *인터페이스명* ip address 192.0.2.1/24
	IPv6	interface *인터페이스명* ipv6 address 2001:DB8::1/64

주니퍼	IPv4	set interfaces *인터페이스명* unit *0* family inet address *192.0.2.1/24*
	IPv6	set interfaces *인터페이스명* unit *0* family inet6 address *192.0.2.1/24*
화웨이	IPv4	interface *인터페이스명* ip address *192.0.2.1 24*

	IPv6	interface *인터페이스명*
		  ipv6 enable
		  ipv6 address *2001:DB8::1 64*

모든 인터페이스의 IP 주소 조회

시스코(IOS)	IPv4	show ip interface brief
	IPv6	show ipv6 interface brief
시스코(IOS-XR)	IPv4	show ip interface brief
	IPv6	show ipv6 interface brief
노키아	IPv4	show router interface
	IPv6	show router interface
주니퍼	IPv4	show interface terse
	IPv6	show interface terse
화웨이	IPv4	display ip interface brief
	IPv6	display ipv6 interface brief

특정 인터페이스의 IP 주소 조회

시스코(IOS)	IPv4	show ip interface brief *인터페이스명*
	IPv6	show ipv6 interface brief *인터페이스명*
시스코(IOS-XR)	IPv4	show ip interface brief *인터페이스명*
	IPv6	show ipv6 interface brief *인터페이스명*
노키아	IPv4	show router interface *인터페이스명*
	IPv6	show router interface *인터페이스명*
주니퍼	IPv4	show interface terse *인터페이스명*
	IPv6	show interface terse *인터페이스명*
화웨이	IPv4	display ip interface brief *인터페이스명*
	IPv6	display ipv6 interface[12] *인터페이스명*

12 IPv6 인터페이스는 brief 형태로 출력되지 않습니다.

▶ 라우팅 테이블 조회

라우팅 테이블 조회

시스코(IOS)	IPv4	show ip route
	IPv6	show ipv6 route
시스코(IOS-XR)	IPv4	show route
	IPv6	show route ipv6
노키아	IPv4	show router route-table
	IPv6	show router route-table ipv6
주니퍼	IPv4	show route
	IPv6	show route table inet6.0
화웨이	IPv4	display ip routing-table
	IPv6	display ipv6 routing-table

▶ OSPF/IS-IS/BGP Table 조회

OSPF 토폴로지 테이블 조회

시스코(IOS)	IPv4	show ip ospf route
	IPv6	show ospfv3 database
시스코(IOS-XR)	IPv4	show ospf route
	IPv6	show ospfv3 route
노키아	IPv4	show router ospf routes
	IPv6	show router ospf3 routes
주니퍼	IPv4	show ospf route
	IPv6	show ospf3 route
화웨이	IPv4	display ip routing-table protocol ospf
	IPv6	display ipv6 routing-table protocol ospfv3

OSPF 네이버(Neighbor) 조회

시스코(IOS)	IPv4	show ip ospf neigbor
	IPv6	show ipv6 ospf neighbor
시스코(IOS-XR)	IPv4	show ospf neigbor
	IPv6	show ospfv3 neighbor

	IPv4	show router ospf neighbor
노키아	IPv6	show router ospf neighbor
주니퍼	IPv4	show ospf neighbor
	IPv6	show ospf3 neighbor
화웨이	IPv4	display ospf peer brief
	IPv6	display ospfv3 peer

IS-IS 네이버(Neighbor) 조회

시스코(IOS)	show isis neighbors
시스코(IOS-XR)	show isis neighbors
노키아	show router isis adjacency
주니퍼	show isis adjacency
화웨이	display isis peer

IS-IS 테이블 조회

시스코(IOS)	show isis rib
시스코(IOS-XR)	show isis ipv6 route
노키아	show router isis routes
주니퍼	show isis route
화웨이	display isis peer

BGP 피어(Peer) 조회

시스코(IOS)	IPv4	show ip bgp ipv4 unicast summary
	IPv6	show ip bgp ipv6 unicast summary
시스코(IOS-XR)	IPv4	show bgp ipv4 all summary
	IPv6	show bgp ipv6 all summary
노키아	IPv4	show router bgp summary
	IPv6	show router bgp summary
주니퍼	IPv4	show bgp summary
	IPv6	show bgp summary
화웨이	IPv4	dispay bgp peer
	IPv6	display bgp ipv6 peer

BGP 테이블 조회

시스코(IOS)	IPv4	show ip bgp
	IPv6	show ip bgp
시스코(IOS-XR)	IPv4	show bgp
	IPv6	show bgp
시스코	IPv4	show router bgp routes
	IPv6	show router bgp routes
주니퍼	IPv4	show route protocol bgp
	IPv6	show route protocol bgp
화웨이	IPv4	display ip routing-table protocol bgp
	IPv6	display ipv6 routing-table protocol bgp

GNS3 시뮬레이터를 활용한
IPv6 네트워크의 이해

2014. 1. 10. 초 판 1쇄 발행
2020. 5. 29. 개정증보 1판 1쇄 발행

지은이 │ 고득녕, 김종민
펴낸이 │ 이종춘
펴낸곳 │ **BM** ㈜도서출판 **성안당**

주소 │ 04032 서울시 마포구 양화로 127 첨단빌딩 3층(출판기획 R&D 센터)
       10881 경기도 파주시 문발로 112 출판문화정보산업단지(제작 및 물류)

전화 │ 02) 3142-0036
       031) 950-6300
팩스 │ 031) 955-0510
등록 │ 1973. 2. 1. 제406-2005-000046호
출판사 홈페이지 │ www.cyber.co.kr
ISBN │ 978-89-315-5613-1 (93000)
정가 │ 26,000원

이 책을 만든 사람들
책임 │ 최옥현
기획·진행 │ 조혜란
교정·교열 │ 안종군
본문·표지 디자인 │ i-Free
홍보 │ 김계향, 유미나
국제부 │ 이선민, 조혜란, 김혜숙
마케팅 │ 구본철, 차정욱, 나진호, 이동후, 강호묵
제작 │ 김유석

■ **도서 A/S 안내**

성안당에서 발행하는 모든 도서는 저자와 출판사, 그리고 독자가 함께 만들어 나갑니다.
좋은 책을 펴내기 위해 많은 노력을 기울이고 있습니다. 혹시라도 내용상의 오류나 오탈자 등이 발견되면 **"좋은 책은 나라의 보배"**로서 우리 모두가 함께 만들어 간다는 마음으로 연락주시기 바랍니다. 수정 보완하여 더 나은 책이 되도록 최선을 다하겠습니다.
성안당은 늘 독자 여러분들의 소중한 의견을 기다리고 있습니다. 좋은 의견을 보내주시는 분께는 성안당 쇼핑몰의 포인트(3,000포인트)를 적립해 드립니다.

잘못 만들어진 책이나 부록 등이 파손된 경우에는 교환해 드립니다.